Gardasee - Allgemeines

Nordufer und Hinterland

Westufer

Ostufer

Südufer und Hinterland

Text und Recherche: Eberhard Fohrer
Lektorat: Sabine Beyer
Redaktion und Layout: Sven Talaron
Fotos: alle Eberhard Fohrer, außer: S. 19, 22, 34, 57 (Lucie Büchert-Fohrer)
Titelfotos: unten: Das Kastell von Sirmione am Südufer,
oben: Punta San Vigilio bei Garda am Ostufer
(Fotos: Eberhard Fohrer)
Umschlaggestaltung: Karl Serwotka
Karten: Susanne Handtmann, Günther Grill, Hana Gundel, David Wendler

Herzlichen Dank allen Lesern, die mit ihren Briefen und E-Mails zur Aktualisierung beigetragen haben:
C. Vallero, Familie Dittmann, K. Gerlach, S. Bethke, D.& D. Wiesner, Familie Gumpoldsberger, M. Weber, M. Großhauser, K. Moritz, K. Wunderlich, I. Hilger, O. Schnak, J. R. Bading, Ch. Bähr, St. Lazarus, St. Dölker, T. & J. Grittner, K. & Th. Barten, H. Kopp, T. Kirschner, G. Hauptner, F. Schröder, S. & K. Seidel, Th. Hilberer, S. Mittermeier, M. Wagenhäuser, A. Rehorn, G. Rath, T. Ostertag, B. Kother

Für Lucie, Dominic & Emily

Die in diesem Reisebuch enthaltenen Informationen wurden vom Autor nach bestem Wissen erstellt und von ihm und dem Verlag mit größtmöglicher Sorgfalt überprüft. Dennoch sind, wie wir im Sinne des Produkthaftungsrechts betonen müssen, inhaltliche Fehler nicht mit letzter Gewissheit auszuschließen. Daher erfolgen die Angaben ohne jegliche Verpflichtung oder Garantie des Autors bzw. des Verlags. Beide übernehmen keinerlei Verantwortung bzw. Haftung für mögliche Unstimmigkeiten. Wir bitten um Verständnis und sind jederzeit für Anregungen und Verbesserungsvorschläge dankbar.

ISBN 978-3-89953-546-4

© Copyright Michael Müller Verlag GmbH, Erlangen 1997, 1998, 2001, 2004, 2007, 2010. Alle Rechte vorbehalten. Alle Angaben ohne Gewähr. Druck: Stürtz GmbH, Würzburg.

Aktuelle Infos zu unseren Titeln, Hintergrundgeschichten zu unseren Reisezielen sowie brandneue Tipps erhalten Sie in unserem regelmäßig erscheinenden Newsletter, den Sie im Internet unter **www.michael-mueller-verlag.de** kostenlos abonnieren können.

6. komplett aktualisierte Auflage 2010

GARDASEE

Eberhard Fohrer

INHALT

Den Gardasee erleben 10
Anreise 13
Unterwegs am Gardasee 19
Übernachten 22
Essen und Trinken 25
Sport 30
Feste, Veranstaltungen, Festivals 34
Einkaufen 36
Mit Kindern am Gardasee 38
Verschiedenes 39

Nordufer und Hinterland 46
Riva del Garda 47
Monte-Rocchetta-Massiv 60
Monte Brione 62
Arco 64
Lago di Tenno und Umgebung 73
Lago di Ledro und Umgebung 76
Torbole 81
Nago 93
Südlich von Torbole 96

Westufer (Nord nach Süd) 97
Limone sul Garda 100
Campione del Garda 109
Hochebene von Tremòsine 111
Pieve di Tremòsine 112
Tignale und Madonna di Monte Castello 115
Riviera Bresciana 118
Gargnano 118
Drei-Seen-Tour: Lago di Garda, Lago di Valvestino, Lago d'Idro 126
Toscolano-Maderno 128
Valle delle Cartiere 132
Gardone Riviera und Umgebung 134
Gardone Riviera 134
Il Vittoriale degli Italiani 139
Fasano 142
Salò 143
La Valtenesi 149
San Felice del Benaco 151
Manerba del Garda 152
Moniga del Garda 154
Padenghe sul Garda 154

Ostufer (Nord nach Süd) 156
Von Torbole nach Malcésine 157
Malcésine 158
Monte Baldo 169
Monte Baldo/Wandern 172
Von Malcésine nach Torri del Benaco 174
Brenzone 175
Torri del Benaco 179
Prada-Hochebene 185
Garda 187
Bardolino 198
Cisano 206
Lazise 209
Pacengo 214
Vergnügungsparks und andere Attraktionen im Südosten 214

Südufer und Hinterland (Ost nach West) 217

Peschiera del Garda 218
Zwischen Peschiera
  und Sirmione 223
Sirmione 224
Grotten des Catull 232
Desenzano 234

Südlich vom Gardasee 240

San Martino della Battaglia 240
Solferino 243
Castiglione delle Stiviere 244
Um den Mincio 244
Valeggio sul Mincio 247
Mantua 249

Verona 252

Register 262

Kartenverzeichnis

Gardasee nördlicher Teil .... Umschlag vorne
Gardasee südlicher Teil .... Umschlag hinten

Arco 67
Bardolino 201
Desenzano del Garda 237
Felszeichnungen am
  Monte Luppia 196
Garda 190/191
Gardone Riviera 136
Gargnano 121
Grotten des Catull 232
Lazise 211
Limone sul Garda 102/103
Malcésine 161
Malcésine Skaligerkastell 166
Malcésine Zentrum 163
Monte Baldo 171
Monte Brione 62
Peschiera del Garda 220/221
Riva del Garda 50/51
Salò 146/147
Sirmione 227
Torbole 85
Verona 255
Wanderung vom Tratto Spino
  zum Monte Altissimo 172
Wanderung zur Pestkapelle
  San Valentino 126

Zeichenerklärung für die Karten und Pläne

- Autobahn
- Hauptverkehrsstraße
- Landstraße
- Nebenstraße
- Piste
- Wanderweg
- Fährlinie
- Grünanlage
- Berggipfel
- Aussicht
- Campingplatz
- Badestrand
- Turm
- Antike Sehenswürdigkeit
- Allg. Sehenswürdigkeit
- Kirche
- Kloster
- Bushaltestelle
- Taxistandplatz
- Information
- Post
- Museum
- Parkplatz
- Ärztliche Versorgung

Alles im Kasten

Valle dei Laghi: reizvolle Variante zur Brenner-Autobahn 15	Lecker und vielseitig: Produkte aus den Valtenesi 149
Stilecht essen: italienische Speisenfolge 26	Einst Kloster, heute Palast: Isola del Garda 150
Kulinarisches Erlebnis: Fisch vom See 28	Goethe in Malcésine 159
Auf einen Aperitiv 29	Erlebnis Natur: Blumen am Monte Baldo 174
Traumtour für Mountainbiker: Die alte Ponale-Straße 61	Isola Trimelone 176
Erlebnis Natur: Wasserfall Cascata Varone 63	Erlebnis Kultur: Rocca dei Graffiti 179
Erlebnis Natur: Steinwüste Marocche 72	Punta San Vigilio: der „schönste Ort der Welt" 186
Museo delle Palafitte: Pfahlbauten im Ledrotal 78	Von Garda zu Gardasee 187
„Obbedisco": Ich gehorche 79	Palio delle Contrade 194
Erlebnis Natur: Vom Passo di Tremalzo abwärts 81	Spektakulär: Madonna della Corona 197
Goethe in Torbole 89	Cura dell'uva: Traubenkur in Bardolino 202
Ein gewaltiges Unternehmen 93	Weinprobe in der Cantina Vinicola Fratelli Zeni 206
Erlebnis Natur: Die „Strada del Monte Baldo" 95	Il Museo dell'Olio: das Ölmuseum von Cisano 207
Unterwegs auf einer Straße mit Weltruhm: die Gardesana Occidentale 98	Sagra dei osei: das Fest der Singvögel 208
Riviera dei Limoni: Die Zitronenriviera am Gardasee 99	Venezianische Galeere vor Lazise im See versenkt 213
Olivenöl aus Limone 106	Parco delle Cascate: Ausflug in die Lessinischen Berge 216
Das Limone-Protein 107	Santuario Madonna del Frassino: ein Ort der Verehrung 223
Wandern um Limone 109	Erlebnis Natur: die Kalkterrassen von Sirmione 225
Wanderung auf den Balkon des Gardasees: Von Campione nach Pregasio (477 m) 110	Salve, o venusta Sirmio! 233
Panorama vom Feinsten: Santuario della Madonna di Monte Castello 116	Entsetzliches Sterben: Schlacht von Solferino und San Martino 241
Villa Feltrinelli: neuestes Grandhotel am Gardasee 122	Henri Dunant: Weltverbesserer und glückloser Unternehmer 245
Nur eine halbe Stunde 124	Erlebnis Natur: der Parco Giardino Sigurtà 248
Gardasee – Lacus Benacus 128	„Arena di Verona": Opernerlebnis unter freiem Himmel 261
Marionette Hitlers: Die Republik von Salò 144	

Was haben Sie entdeckt?

Bitte schreiben Sie uns, wenn Sie Verbesserungen, Anregungen oder Empfehlungen haben. Was war Ihre Lieblinstrattoria, in welchem Hotel haben Sie sich wohlgefühlt, welchen Campingplatz würden Sie wieder besuchen?

Eberhard Fohrer
Stichwort „Gardasee"
c/o Michael Müller Verlag GmbH
Gerberei 19
D-91054 Erlangen
eberhard.fohrer@michael-mueller-verlag.de

▲ Blick über Torbole auf den See

Gardasee – Reisepraktisches

Den Gardasee erleben ... 10	Sport ... 30
Anreise ... 13	Feste, Veranstaltungen, Festivals ... 34
Unterwegs am Gardasee ... 19	Einkaufen ... 36
Übernachten ... 22	Mit Kindern am Gardasee ... 38
Essen und Trinken ... 25	Verschiedenes ... 39

Strandleben im Norden ...

Den Gardasee erleben ...

Als der 37-jährige Geheimrat Johann Wolfgang von Goethe am 12. September 1786 von der Passhöhe über Torbole erstmals den Gardasee erblickte, fühlte er sich „herrlich belohnt" und wünschte seine Freunde neben sich. Wie ungleich enthusiastischer wäre sein Urteil wohl ausgefallen, hätte er die Chance gehabt, den größten See Italiens in seiner ganzen Länge vom Kamm des Monte Baldo aus zu überblicken?

Mehr als zweihundert Jahre später. Das geflügelte Dichterwort ist immer noch aktuell. Der See, obwohl mittlerweile wichtigster touristischer Anziehungspunkt an der Südseite der Alpen, übt nach wie vor eine unvergleichliche Wirkung aus: tiefblaues Wasser mit blitzenden Sonnenreflexen, das silbrige Grün der Olivenhaine, die majestätischen Berghänge, Palmen im Wind, die knallig bunten Segel der Surfer, eine Fähre, die sich tutend ihren Weg bahnt, irgendwo die Zinnen einer stolzen Skaligerburg ... Eine bukolisch üppige Szenerie breitet sich aus, man fühlt sich dem Mittelmeer sehr nahe.

In der Tat: Der Gardasee ist ein großes Geschenk der Natur und wohl der schönste See Europas. An der Schwelle zum sonnigen Süden mischen sich hier mediterrane Einflüsse in wunderbarer Weise mit alpenländischem Ambiente. Da ist zunächst die grandiose und oft fast paradiesisch anmutende Vegetation am Seeufer – schlanke Feigen- und Fächerpalmen, hoch gewachsene dunkelgrüne Zypressen, stämmige Zedern, dichte Olivenhaine, rosig blühender Oleander, pralle Feigen, saftig gelbe Zitronen ... Steigt man die Hänge hinauf, trifft man bald auf Kastanienbäume, Steineichen und Buchen, später auf Tannen und Latschenkiefern, durchquert schließlich die hochalpine Heidelandschaft mit ihren karstigen Hängen aus Dolomitkalk. All diese botanischen Lebensräume erstrecken sich im Umkreis von wenigen Kilometern – eins der besonders faszinierenden Erlebnisse hier.

... und im Süden des Gardasees

Zur prächtigen Natur kommt die herrliche „Kulisse", die im wahrsten Sinn des Wortes einer Theaterbühne gleicht, denn das Nordende des Sees ist von schroffen Felsrücken völlig eingerahmt, nach Süden öffnet er sich verheißungsvoll und erscheint schier endlos. Fährt man eine der panoramareichen Uferstraßen entlang, die mit zahllosen Tunnels und Galerien in die felsigen Hänge gesprengt sind, werden die Hügel sanfter, der See weitet sich gleichsam zum Meer, Rebhänge und Oliven umgeben die bei sonnigem Wetter strahlend türkis leuchtende Wasserfläche, die markante Landzunge von Sirmione – ein genialer Scherz der Natur – winkt herüber.

Ein Weiteres: Die klimatischen Verhältnisse könnten nicht besser sein. Der Frühling setzt zeitig im Jahr ein, die Sommer sind heiß, aber nicht drückend – die berühmten Seewinde sorgen für ständige Erfrischung – und noch der Spätherbst besitzt viele milde und sonnige Tage. Nicht selten sind die Winter weitgehend frostfrei. Gleichgültig aber zu welcher Jahreszeit, der „Lago di Garda" bietet immer einzigartige Impressionen – ob an Bord eines schaukelnden Bootes, unter Palmen am Ufer oder auf einem der zahlreichen Wanderwege hoch über dem See.

Kein Wunder also, dass die ganze Seeregion hochgradig vom Tourismus eingenommen ist. Viele Unterkünfte sind lange im Voraus ausgebucht, in der Hochsaison ist oft kein freies Bett mehr zu finden. Doch trotz Millionen von Gästen hat der Gardasee seinen Reiz nicht verloren, schon wenige hundert Meter vom Ufer entfernt findet man sich in der sanften Ruhe der Olivenhaine, weiter oben lockt die majestätische Weite der Bergwelt. Der weite und abwechslungsreiche See bietet für jeden etwas: Naturfreunde, Wanderer, Sportler, Ruhesuchende, Familien, Urlauber mit gehobenen Ansprüchen, sie alle kommen gerne – und oft immer wieder. Die große Zahl von Stammgästen spricht für sich. Was dabei immer wieder auffällt, ist die warme Freundlichkeit der Menschen um den See – der jahrzehntelange Umgang mit Fremden hat sich nicht in Arroganz umgekehrt, man freut sich über seine Gäste aus dem Norden und ist bemüht, ihnen den Aufenthalt komfortabel und bequem zu gestalten.

Beschaulichkeit ist Trumpf: am Südufer bei Sirmione

▶ **Daten, Zahlen, Fakten**: Der Gardasee ist 51,6 km lang, im Norden 4 km breit (zwischen Riva und Torbole), im Süden bis zu 17,2 km. Seine Fläche nimmt 370 qkm ein, sein Umfang beträgt 160 km, bis zu 346 m ist er tief. Er liegt 65 m über dem Meeresspiegel, die umliegenden Berge steigen bis über 2100 m über Normalnull an.

▶ **Wasser-/Lufttemperaturen**: Die Temperaturen am Gardasee sind ganzjährig mild, denn die Berge halten die kalten Nordwinde ab. Die großen Wassermassen wirken zusätzlich ausgleichend. Im Frühjahr (März bis Mai) beträgt die Wassertemperatur 9–18 Grad, die der Luft 15–24 Grad. Von Juni bis August steigen die Wassertemperaturen von 17 Grad bis zum Spitzenwert von 27 Grad (in Ausnahmefällen wie im Extremsommer von 2003 auch deutlich höher), die Luft hat 24–32 Grad. Im September kommt man noch auf die angenehmen Werte von 22–17 bzw. 28–20 Grad, im Oktober/November fallen sie auf 15–10 und 20–10 Grad.

> **Entstehung**: Wie konnte dieser gewaltige See zwischen dem Gebirgsstock des Monte Baldo im Osten und den Brescianer Bergen im Westen entstehen? Zunächst bereitete das Aufeinanderprallen der afrikanischen und europäischen Platte im Mittelmeerraum die Formung einer Mulde vor. Entstanden durch das starke Absinken der Durchschnittstemperaturen wälzten sich dann vor einer Million Jahre gewaltige Eismassen durch die Täler des Alpenkamms in Richtung Poebene. Am heutigen Nordende des Sees drängte vom breiten Etschtal aus ein Gletscher hinüber ins Sarcatal. Er schob sich weiter nach Süden bis zur Mulde von Garda, hobelte dabei das Tal breit und steil aus, bedeckte es schließlich bis in 1200 m Höhe mit Eis. Vor sich her schob er Schuttberge, die sich am heutigen Südende des Sees als sanfte Moränenhügel ablagerten. Noch mehrere Eisschübe folgten, dann bildeten sich vor etwa 10.000 Jahren die Gletscherzungen zurück und hinterließen einen See, dessen Tiefe bis 270 m unter den Meeresspiegel reichte.

Die Wasserburg von Sirmione

Anreise

Alle Straßen führen nach Rom. Jedoch – vorher liegt der Gardasee am Weg! Schon Goethe wollte auf den Abstecher nicht verzichten und alljährlich zieht es ganze Motorkarawanen zum Lieblingssee der Deutschen, meist dick bepackt mit Mountainbikes, Surfbrettern, Kind und Kegel.

Ohne großes Gepäck könnte man allerdings tatsächlich einmal auf den fahrbaren Untersatz verzichten, denn die Zugverbindungen sind sehr gut ausgebaut und die neuen Billigflugangebote nach Norditalien ermöglichen es, bei rechtzeitiger Buchung Staus und Stress preisgünstig umgehen.

Mit dem eigenen Fahrzeug

Wer aus bzw. über Süddeutschland anreist, wird in aller Regel die *Brenner-Autobahn (A 22)* benutzen bzw. die parallel laufenden Staatsstraßen. Der Gardasee ist von München aus leicht in 4-5 Std. zu erreichen – jedoch kann in den Sommermonaten das hohe Verkehrsaufkommen einen Strich durch die Rechnung machen. Vor allem zu Beginn von Ferienzeiten sind Staus an der Tagesordnung. Auch die Staatsstraßen sind dann oft überlastet. Kenner fahren die Strecke deshalb gerne *nachts* und kommen so unter Umständen deutlich rascher voran. Hören Sie in jedem Fall Verkehrsfunk, um etwaigen Überraschungen rechtzeitig begegnen zu können.

◆ **AutoZüge**: Wer sich die lange Tour über die Alpen nicht zumuten will, gleichzeitig einen aktiven Beitrag für den Umweltschutz leisten möchte, für den bieten die AutoZüge eine gute Alternative. Züge aus dem Westen und Norden der Bundesrepublik starten mehrmals wöchentlich nach Bozen und Verona. Vor allem für Familien mit Kindern ein stressfreier, wenn auch nicht ganz billiger Einstieg. Achtung: max. Höhe des Fahrzeugs inkl. Dachaufbauten 1,67 cm, Gepäckmitnahme auf dem

14 Anreise

Der Gardasee – endlich am Ziel

Fahrzeug ist nicht erlaubt. Details bei AutoZug Servicetelefon 01805/996633 (tägl. 8–22 Uhr) oder unter www.dbautozug.de.

▸ **Anfahrt per Autobahn**: ab *München* die A 8 und A 93 in langer Schleife über Rosenheim und Kufstein nach *Innsbruck*, weiter auf der A 13 über den Brenner; ab *Stuttgart* die A 7 bis Autobahnende (das fehlende Autobahnstück zwischen Nesselwang und dem Füssener Grenztunnel wurde kürzlich ausgebaut), im Weiteren über den Fernpass (1209 m) auf die Inntal-Autobahn (A 12) nach *Innsbruck*, weiter über die Brenner-Autobahn.

Alle österreichischen Autobahnen und Schnellstraßen sind gebührenpflichtig. Die *Zehntages-Vignette* kostet für PKW (Stand '10) ca. 7,90 €, eine *Zweimonatsvignette* ca. 22,90 €, die *Jahresvignette* ca. 76,20 € (Motorrad 4,50/11,50/30,40 €). Auch bei einem Aufenthalt, der länger als zehn Tage dauert, sollte man deshalb nicht die Zweimonats-Vignette nehmen, sondern für Hin- und Rückreise je eine Zehntages-Vignette. Erhältlich sind die Vignetten – in Österreich „Pickerl" genannt – bei den Automobilclubs, an grenznahen Raststätten und an der Grenze (Achtung: auf der Rückreise gibt es die Vignetten nicht mehr auf Südtiroler Seite, sondern erst am Brenner und an den folgenden Raststätten/Tankstellen bis einschließlich Innsbruck Süd). Kfz ab 3,5 t müssen statt der Vignette für 5 € eine so genannte „Go-Box" erwerben, die die Gebühren elektronisch erhebt – Wohnmobile dieses Gewichts müssen so in Österreich eine streckenabhängige Lkw-Maut bezahlen, die für die Strecke Kufstein-Brenner gut 40 € beträgt (www.go-maut.at, ✆ 0800-40011400). Separat gezahlt werden muss allerdings weiterhin hinter Innsbruck die Auffahrt zum Brenner mit der eindrucksvollen, 820 m langen und 190 m hohen *Europa-Brücke*, Kostenpunkt für PKW und Motorrad ca. 8 €, für Gespanne ca. 13 €, Kfz über 3,5 t sogar stolze 31 €. Auch die italienischen Autobahnen sind mautpflichtig, vom Brenner bis Ausfahrt „Lago di Garda Nord" für PKW ca. 11,10 €, bis „Lago di Garda Sud" ca. 13 €.

Mit dem eigenen Fahrzeug 15

Wer sein Quartier in der nördlichen Seehälfte hat, nimmt südlich von Rovereto die Ausfahrt *Rovereto Sud – Lago di Garda Nord* und kommt auf der SS 240 in 20 Min. über den Sattel von Nago nach Torbole bzw. Riva. Die südliche Seehälfte wird über *Affi – Lago di Garda Sud* (9 km nördlich von Verona) schnell erreicht. Falls das Ziel direkt am Südufer liegt, kann man ab Affi die *Schnellstraße* Richtung Süden nehmen und trifft wenige Kilometer östlich von Peschiera del Garda auf die SS 11, die direkt zum See führt. Oder man bleibt auf der Autobahn und wechselt am Kreuz kurz hinter Verona Nord auf die A 4 Richtung Mailand, die dicht am südlichen Seeufer entlangführt (Ausfahrten bei Peschiera, Sirmione und Desenzano).

◆ **Bundes- und Staatsstraßen**: Um die österreichische Maut zu sparen, kann man für den Transit zwei „Schleichwege" nutzen – den *Zirler Berg* mit der anschließenden *Alten Brennerstraße* sowie den *Reschenpass*. Allerdings wird man dafür in der Regel mehr Zeit benötigen. In Italien verläuft neben der gebührenpflichtigen Autobahn die Staatsstraße *SS 12*. Auch hier ist man in der Regel recht lange unterwegs, da viele LKWs die gebührenfreie Strecke nutzen und zahlreiche Ortschaften durchquert werden.

> ### Valle dei Laghi: reizvolle Variante zur Brenner-Autobahn
> Kurz bevor man den See erreicht, kann man die monotone Autobahnfahrt abwechslungsreicher gestalten: Biegen Sie in Trento westwärts auf die SS 45bis ab, diese Straße beginnt an einem Kreisverkehr unmittelbar nach der Ausfahrt „Trento Centro". Nach etwa 15 km passiert man den *Lago di Santa Massenza* und unmittelbar danach den unter Naturschutz stehenden, von dichtem Schilf und Bäumen umgebenen *Lago di Toblino*. Pittoresk thront das „Castello di Toblino" auf einer baumbestandenen Halbinsel, ein Café-Restaurant mit Seeterrasse lädt zur Einkehr ein, man speist unter Arkaden oder im freskenbemalten Innenhof (Di geschl.). Weiter fährt man das *Sarcatal* entlang in Richtung Gardasee, bald zeigt sich der markante Burgfels von Arco. Interessante Alternative ist ab Sarche die landschaftlich reizvolle Straße am einsamen *Lago di Cavedine* entlang, quer durch die Steinwüste der Marocche (→ S. 72).

• *Über den Zirler Berg* Von München die **Starnberger Autobahn** nach **Garmisch-Partenkirchen** nehmen (wer München vom Norden erreicht, kann kurz vor Autobahnende den Abzweig Richtung Garmisch-Partenkirchen nehmen, auf einer Ringstraße umfährt man westlich das Zentrum). Autobahnende 17 km vor Garmisch, auf Landstraße mit oft zähfließendem Verkehr weiter zum Grenzübergang **Mittenwald/Scharnitz**. Abenteuerlich ist dann die Fahrt den **Zirlerberg** hinab ins Inntal (15 % Gefälle, in umgekehrter Richtung für Gespanne verboten!), alle paar hundert Meter steile Auslaufspuren, beeindruckender Blick aufs Tal und Innsbruck. Zum Ende des Bergs hin muss man bei **Zirl** abbiegen (Vorsicht, nicht verpassen!) und fährt auf der B 171 ins Stadtzentrum von Innsbruck.

Dort nimmt man die kurvige **alte Brennerstraße (B 182)** durchs reizvolle Wipptal hinauf zum Brenner (Achtung: nur für Fahrzeuge bis 3,5 t, keine Anhänger!), sieht dabei aus der Froschperspektive die mächtige **Europabrücke**.
Bei der Rückfahrt nimmt man am besten die Ausfahrt **Sterzing**, um auf der B 182 über den Brenner zu gelangen.
• *Über den Reschenpass* schöne, aber etwas umständliche Strecke über Garmisch-Partenkirchen, aus Schwaben kommend über Kempten und Füssen. Von Garmisch aus umfährt man das Zugspitzmassiv westlich und hält sich in Richtung **Fernpass** (1209 m). Nach dem Pass kurvt die steile Bergstraße hinunter zum **Schloss Fernstein** am hübschen gleichnamigen See, eine dunkelgrüne Wasserfläche inmitten

von Nadelwäldern (Selbstbedienungsrestaurant, Hotel und Campingplatz). Bei **Nassereith** nach **Imst** und weiter in Richtung Landeck, dann durch den 6955 m langen **Landecker Tunnel** ein Hochtal hinauf zur italienischen Grenze am **Reschenpass** (1504 m). Kurz nach der Grenze passiert man den lang gestreckten **Reschensee**, danach den **Valentino-See**. In einer langen Schleife geht es nun den attraktiven **Vinschgau** hinunter nach **Meran** und weiter auf einer neuen Schnellstraße nach **Bozen**, dort Auffahrt auf die Autobahn A 22 oder weiter auf der Staatsstraße.

Transit durch Österreich

- Ebenso wie in Italien muss in Österreich tagsüber mit **Abblendlicht** gefahren werden.
- In Österreich **tankt** man deutlich **billiger** als in Deutschland, Italien und der Schweiz. Wer die Strecke über den Reschenpass fährt, könnte zudem kurz vor der italienischen Grenze einen Abstecher ins Zollausschlussgebiet von **Samnaun** (Schweiz) machen, dort tankt man fast zollfrei und somit noch etwa 0,30 € pro Liter billiger als in Österreich.

Rund um den italienischen Verkehr

- *Höchstgeschwindigkeit* innerorts – 50 km/h; **außerorts** – PKW, Motorräder und Wohnmobile bis 3,5 t 90 km/h, Wohnmobile über 3,5 t 80 km/h, PKW mit Anhänger 70 km/h.
Auf **Schnellstraßen** (zwei Spuren in jeder Fahrtrichtung) – PKW, Motorräder und Wohnmobile bis 3,5 t 110 km/h, Wohnmobile über 3,5 t 80 km/h, PKW mit Anhänger 70 km/h.
Auf **Autobahnen** – PKW und Wohnmobile bis 3,5 t 130 km/h (höhere Geschwindigkeiten nur, falls ausdrücklich per Schild erlaubt), Motorräder bis 149 ccm verboten, darüber 130 km/h, Wohnmobile über 3,5 t 100 km/h, PKW mit Anhänger 80 km/h.

Achtung: Parkverstöße, Alkohol am Steuer und Geschwindigkeitsüberschreitungen werden streng geahndet. Die Mindestgebühr für einfaches Falschparken beträgt derzeit 35 €, tagsüber ohne Licht fahren 70 € (Übertretungen ab 70 € werden z. T. ins Heimatland zurückverfolgt), Geschwindigkeitsüberschreitungen kosten 150 € aufwärts. Seit 2004 gibt es Radarkontrollen.

- *Besondere Verkehrsbestimmungen*
Privates **Abschleppen** auf Autobahnen ist verboten.
Ladungen, die über das Wagenende hinausragen, müssen mit einem 50 x 50 cm großen, rot-weiß gestreiften Aluminiumschild (kein Kunststoff!) abgesichert werden (erhältlich im deutschen Fachhandel, in Italien an Tankstellen). Fahrrad- oder Lastenträger mit Heckleuchten und Nummernschild, die im Kfz-Schein eingetragen sind, sind von dieser Regelung ausgenommen.
Für den Fall, dass man z. B. wegen Unfall oder Panne auf einer Autobahn das Auto verlässt, muss eine reflektierende **Sicherheitsweste** (DIN EN 471) zur Hand sein. Erhältlich ist sie in Tankstellen, Baumärkten etc., in Italien in Raststätten.
Für **Gespannfahrer** besteht auf der Autobahn vom Brenner bis Ala-Avio Überholverbot.
Parkverbot besteht an schwarz-gelb gekennzeichneten Bordsteinen sowie auf gelb markierten Parkflächen.
Die **Promillegrenze** ist 0,5, alkoholisierten Fahrern drohen hohe Geldbußen und Fahrverbot bis zu drei Monaten.
Telefonieren am Steuer ist nur mit Freisprecheinrichtung oder Kopfhörer erlaubt.

Achtung: Auf allen italienischen Autobahnen und Überlandstraßen muss auch am Tage mit (Abblend-) Licht gefahren werden!

- *Pannenhilfe* Der **Straßenhilfsdienst** des italienischen Automobilclubs ACI ist in ganz Italien rund um die Uhr unter ☏ 803-116 zu erreichen, auf Autobahnen über Notrufsäulen (über Handy ☏ 800-116800). Die Pannenhilfe ist kostenpflichtig, auch für Mitglieder von Automobilclubs (Sonderkonditionen im Rahmen der „ADAC PlusMitgliedschaft").

Polizeinotruf ✆ 112, **Straßenpolizei** ✆ 113, **Unfallrettung** ✆ 118, **deutschsprachiger Notrufdienst des ADAC** (in Mailand) ✆ 02-661591.

• *Häufige Verkehrsschilder* **rallentare** = langsam fahren, z. B. wegen **lavori in corso** (Bauarbeiten) oder wegen **pericolo** (Gefahr, oft vor Steigungen und Kreuzungen); **accendere i fari** = Licht einschalten; **attenzione uscita veicoli** = Vorsicht Ausfahrt; **deviazione** = Umleitung; **divieto di accesso** = Zufahrt verboten; **temporaneamente limitato al percorso** = Durchfahrt vorübergehend verboten; **strada interrotta** = Straße gesperrt; **inizio zona tutelata** = Beginn der Parkverbotszone; **lavori in corso** = Bauarbeiten; **parcheggio** = Parkplatz; **senso unico** = Einbahnstraße; **strada senza uscita** = Sackgasse; **tutti direzioni** = alle Richtungen; **zona disco** = Parken mit Parkscheibe; **zona a traffico limitato** = Bereich mit eingeschränktem Verkehr; **zona pedonale** = Fußgängerzone; **zona rimorchio** = Abschleppzone

• *Kraftstoff* Angeboten werden **Super bleifrei** (super senza piombo) und **Diesel** (gasolio). Die Preise liegen leicht höher als in Deutschland. Achtung: **Tankstellen** sind an den Autobahnen 24 Std. durchgehend geöffnet, in Ortschaften meist Mo–Sa 7–12.30 Uhr und 15–19.30 Uhr, Sonntag ist Ruhetag. An manchen **Zapfautomaten** können Sie mit einem Geldschein im „Self-Service"-Verfahren tanken. Kreditkarten werden mittlerweile oft akzeptiert.

Wer **LPG-Gas** tankt, kann sich unter www.gas-tankstellen.de über die Standorte der Zapfstellen informieren.

Mit der Bahn

Von Deutschland, Österreich und der Schweiz gibt es zahlreiche Verbindungen zum Gardasee, allerdings immer mit Umsteigen in Verona bzw. Mailand.

Zwischen Verona und Mailand verkehren alle ein bis zwei Stunden Züge am Südufer des Gardasees entlang (von Verona Fahrtdauer nur etwa 20–30 Min.), dort gibt es zwei Bahnstationen: *Peschiera del Garda* (→ S. 218) und *Desenzano del Garda* (→ S. 234). Mit Bussen oder per Schiff kann man in alle Seeorte weiterfahren. Man kann aber auch bereits in Verona aussteigen, vom Bahnhofsplatz aus fahren ATV-Busse fast stündlich das gesamte Süd- und Ostufer des Sees entlang bis hinauf nach Riva. Wer in den Seenorden will, steigt vom Brenner kommend bereits in *Rovereto* aus. Auch dort geht es vom Bahnhof mit Bussen von Trentino Trasporti rasch weiter nach Riva del Garda bzw. ins benachbarte Torbole.

Der Normaltarif von München bis Verona liegt bei etwa 78 €. Reduzieren kann man diesen Preis beispielsweise durch frühzeitige Buchung, die verschiedenen BahnCard-Varianten und mit dem günstigen Tarif „Europa-Spezial". Interessant ist auch das Angebot „City Night Line" der Deutschen Bahn: In bestimmten Nachtzügen nach Italien zahlt man ab ca. 43 € pro Person im Sitzwagen, ab 59 € im Liegewagen und ab 79 € im Schlafwagen. Wegen der Vielzahl von Sparmöglichkeiten sollte man sich bei der DB beraten lassen.

Bezüglich Fahrradtransport im Zug gibt die Radfahrer-Hotline der DB aktuelle Infos (tägl. 8–20 Uhr, ✆ 01805/31514159).

> **Wichtig**: Bevor man in Italien den Bahnsteig betritt, muss man sein Zugticket an einem der Automaten **entwerten**, die an den Zugängen aufgestellt sind. Andernfalls gilt man als potenzieller „Schwarzfahrer" – und das kann einiges kosten!

• *Information* **Deutsche Bahn AG (DB)**, ✆ 0180/5996633, www.bahn.de;
Österreichische Bundesbahnen (ÖBB), ✆ 05-1717, www.oebb.at);
Schweizerische Bundesbahnen (SBB), ✆ 0900-300-300, www.sbb.ch/;
Italienische Staatsbahnen/Ferrovie dello Stato (FS), ✆ 0039/06/68475475, www.ferroviedellostato.it

Mit dem Flugzeug

Die neuen Billigflugangebote haben Flugreisen in den Norden Italiens sehr attraktiv gemacht, die Flughäfen von Verona und Brescia liegen in unmittelbarer Seenähe (www.aeroportidelgarda.it). Wichtig ist jedoch eine frühzeitige Buchung – je näher der Abflugtag rückt, desto teurer wird das vermeintliche Schnäppchen. Falls man nicht mit öffentlichen Verkehrsmitteln unterwegs sein will, muss außerdem die Anmietung eines Leihwagens in die Kosten einbezogen werden (→ Kasten, S. 21).

Flüge von verschiedenen deutschen Flughäfen nach Oberitalien bieten z. B. Air Dolomiti (www.airdolomiti.it), Air Berlin (www.airberlin.com), EasyJet (www.easyjet.com), Germania (www.flygermania.de), German Wings (www.germanwings.com), Ryanair (www.ryanair.com) und TuiFly (www.tuifly.com), aber auch Condor und Lufthansa. Die Flüge können ausschließlich online gebucht werden. Vergleichen kann man die aktuellen Preise unter www.billig-flieger-vergleich.de, www.traveljungle.de und www.billigflieger.de.

Besonders häufig wird der Mailänder Großflughafen *Malpensa* in der Nähe des Lago Maggiore angeflogen, aber auch der Flughafen *Orio al Serio* bei Bergamo ist ein beliebtes Drehkreuz für Low Cost Carrier. Weitere Flugziele sind *Verona*, *Treviso* und *Venedig*.

Flughäfen in der Nähe des Gardasees

• *Verona* (Venetien) Der Flughafen **Valerio Catullo di Villafranca/Verona** liegt nur etwa 16 km vom Gardasee entfernt. Mit ATV-Bussen kann man alle 20 Min. (ca. 6.35–23.35 Uhr, ca. 4,50 €) zur Busstation Porta Nuova beim Hauptbahnhof in Verona fahren (15 Min.), dort starten ATV-Busse zum Gardasee. ✆ 045/8095666, www.aeroportoverona.it.

• *Brescia* (Lombardei) Der Flughafen **Gabriele d'Annunzio** liegt bei Montichiari, etwa 18 km südwestlich von Desenzano del Garda. Shuttlebusse von CGA fahren nach Brescia (ca. 7,50 €), in den Sommermonaten auch direkt zum See (ca. 9 €). ✆ 030/9656511, www.aeroportobrescia.it.

• *Bergamo* (Lombardei) Der Flughafen **Orio al Serio** liegt westlich vom Iseo-See in unmittelbarer Nähe von Bergamo. Shuttlebusse fahren etwa 2 x stündl. zum Hauptbahnhof, von dort kommt man schnell und preiswert zum Gardasee. 5 x tägl. gehen außerdem Busse von Autostradale (www.autostradale.it) direkt vom Airport nach Brescia (ca. 10 €), dort steigt man in Bus oder Bahn zum See um. ✆ 035/326111, ✆ 326339, www.sacbo.it.

• *Mailand* (Lombardei) Der Großflughafen **Malpensa** liegt 45 km nordwestlich von Milano bei Gallarate, nicht weit vom Südende des Lago Maggiore. ✆ 02/74852200, ✆ 74854010, www.sea-aeroportimilano.it. Der kleinere Airport **Linate** liegt nur etwa 6 km östlich vom Zentrum. ✆ 02/74852200, ✆ 74852010, www.sea-aeroportimilano.it.

• *Treviso* (Venetien) Der Flughafen **Canova** liegt etwa 2 km westlich vom Zentrum. Alle 15 Min. fährt ACTT-Bus 6 ins Zentrum (ca. 1 €), Züge nach Verona gehen von dort etwa stündlich. ✆ 0422/315111, www.trevisoairport.it.

• *Venedig* (Venetien) Der Flughafen **Marco Polo** liegt etwa 8 km östlich von Mestre, direkt am Rand der Lagune. ✆ 041/2606111, www.veniceairport.it.

Vom Flughafen zur Unterkunft: „Limtours" aus Limone bietet Taxiservice von allen größeren Flughäfen und Bahnhöfen Norditaliens zu allen Orten am Gardasee (9–18 Uhr, ✆ 0365/954781, http://taxi.limtours.it); „Low Cost Airport Transfer" fährt von den Flughäfen Verona und Brescia zu den Unterkünften in Peschiera, Lazise, Bardolino und Garda (www.hotel-lago-garda-europlan.com).

Jetzt wird's eng: alltäglicher Anblick auf der westlichen Uferstraße

Unterwegs am Gardasee

Eigenes Fahrzeug: Die Szenerie des herrlichen Sees zwischen den majestätischen Berghängen ist immer wieder berauschend – trotzdem sollte man stets stocknüchtern und vorsichtig fahren, denn die berühmt-berüchtigten Uferstraßen haben es in sich! Gebaut wurden die *Gardesana Orientale* (Ostufer) und *Gardesana Occidentale* (Westufer) Ende der 1920er Jahre. Fast immer überlastet, reichlich eng und oft staugeplagt ziehen sie sich mit zahllosen, oft unbeleuchteten Tunnels und manchmal kilometerlangen Galerien an den beiden langen Küsten entlang. Großartig ist vor allem die Weststraße – sie ist weitgehend direkt durch die Uferfelsen gesprengt und führt direkt am See entlang. Aber auch die übrigen Straßen am See bilden eine Herausforderung für den Fahrer. Vor allem wenn es in die Berge geht, wird es fast immer steil, sehr kurvig und sehr eng – langsam und mit Bedacht fahren ist angesagt. Ein Höhepunkt ist die Straße, die sich nördlich von Campione del Garda durch eine enge Schlucht auf die Hochebene von Tremòsine hinaufwindet (→ S. 111). Und auch die Gäßchen in den verwinkelten Ortschaften sind sehr eng und unübersichtlich.

Eine kostenintensive Angelegenheit ist das *Parken*, vor allem im Hochsommer. Gratis kann man dann das Fahrzeug oft nur weit außerhalb der Ortszentren abstellen, gebührenpflichtige Parkplätze findet man zentral an der Uferstraße beschildert (Preise ca. 1–2 €/Std., Tagespreis 5–12 €).

> Um rasch vom Ost- ans Westufer (bzw. umgekehrt) zu gelangen, kann es oft vorteilhaft sein, die **Autofähren** zu benutzen, die tagsüber an zwei Stellen über den See pendeln: zwischen **Malcésine** und **Limone** und zwischen **Torri del Benaco** und **Maderno**.

Oft ist es einfach wunderschön, gemächlich über den großen See zu gleiten ...

▶ **Bus**: Das öffentliche Linienbusnetz am Gardasee ist relativ gut ausgebaut und wird von verschiedenen regionalen Gesellschaften bestritten (→ Kasten). An *Nord-, Ost- und Südufer* sowie im Hinterland des Nordufers fahren die Busse im ein- bis zweistündigen Rhythmus tagsüber von etwa 6.30–20 Uhr alle wichtigen Orte an und verbinden sie mit Verona, Rovereto und Trento, auch von Riva nach Venedig gibt es eine Buslinie. Schlechter sind dagegen die Verbindungen am *Westufer* und in die dortigen Bergdörfer, oft verkehren nur wenige Busse am Tag.
Vor Antritt der Fahrt können die Tickets im nächsten Zeitschriftenladen oder Tabakgeschäft erworben werden, meist kenntlich durch Aushang „biglietti" o. Ä. Fahrpläne sind in den touristischen Informationsbüros erhältlich. Weitere Details unter den jeweiligen Orten.

> • **Nordufer**: Busse von *Trentino Trasporti* (www.ttspa.it) pendeln im Raum Riva, Torbole und Hinterland, fahren außerdem von Riva und Arco nach Rovereto und Trento.
> • **Westufer**: Busse von *Trasporti Brescia Nord* (www.trasportibrescia.it) befahren von Riva das Westufer bis Desenzano, eine Linie fährt von Limone und Gargnano auf die Hochebene von Tremòsine, weitere Linien verkehren im südlichen Bereich des Westufers. Zusätzlich fahren Busse von SIA (www.sia-autoservizi.it) von Arco über Riva bis Salò und von dort weiter nach Brescia und Milano.
> • **Ostufer**: Busse von *ATV* (Azienda Trasporti Verona, www.atv.verona.it) fahren von Riva am Ost- und Nordufer entlang bis Verona und umgekehrt.
> • **Südufer**: Busse von *Trasporti Brescia Nord* verbinden Verona etwa stündlich mit Brescia und fahren dabei das Südufer ab.

▶ **Schiff**: Eine Schifffahrt auf dem Gardasee gehört zu den Erlebnissen, die man nicht versäumen sollte. Die optischen Eindrücke sind wunderbar und vieles sieht man vom Wasser aus anders als am Ufer. Die Fähren und die wesentlich schnelleren

Unterwegs am Gardasee

(und teureren) Tragflügelboote und Katamarane der *Navigazione sul Lago di Garda* pendeln zwischen den meisten Ansiedlungen am See. Viel besuchte Orte werden bis zu 1 x stündl. angelaufen, andere oft nur 1–2 x am Tag. Regelmäßiger Autotransport erfolgt zwischen Malcésine (Ostufer) und Limone (Westufer) und zwischen Torri del Benaco (Ostufer) und Maderno (Westufer). Außerdem verkehrt 2 x tägl. eine Fähre mit Autotransport zwischen Riva und Desenzano. Fahrräder können auf allen Fähren mitgenommen werden.

Tickets erwirbt man in den meisten Seeorten in den Verkaufsbüros an der Abfahrtsmole, Kinder von 4–12 J. zahlen ermäßigte Preise, unter 4 J. frei (weitere Vergünstigungen, z.B. für Familien, sind kurzfristig möglich – nachfragen). Im nördlichen Seebereich (Riva, Torbole, Malcésine und Limone) kann man Tageskarten für ca. 15,40 € erwerben, im südlichen Seebereich (Desenzano bis Gargnano) für ca. 17,50 €, für das gesamte Seegebiet kosten sie ca. 25,80 €. Alle Verkaufsstellen vergeben detaillierte Fahrpläne.

Kontakt **Navigazione Lago di Garda**, I-25015 Desenzano, Piazza Matteotti 1, ✆ 030/9149511 (gebührenfrei in Italien 0800-551801), ✆ 9149520, www.navigazionelaghi.it.

Leihfahrzeuge: Autos, Vespas, Mountainbikes, Tretboote, Surfbretter, Motorboote (bei mehr als 40 PS Führerschein notwendig!), Segeljollen, Wasser-Skooter (für Minderjährige verboten!), Kanus – zu leihen gibt es fast alles, was sich bewegen lässt. Vor allem im Norden des Sees besteht ein riesiges Angebot an Surfbrettern und Mountainbikes. Die Motorschifffahrt ist im Uferbereich

Mountainbikerin bei Torbole

innerhalb eines 500 m breiten Streifens verboten (in der Bucht von Salò 200 m), beim Starten und Anlegen muss man diesen Streifen auf kürzestem Weg senkrecht durchqueren. Nördlich einer gedachten Linie von Limone nach Malcésine sind Motorboote wegen der zahlreichen Surfer ganz verboten, außerdem am gesamten See in der Nähe von Badestränden.

Mietwagen online: Mit einer vorab getätigten Online-Buchung bei einem Mietwagenbroker fährt man oft günstiger als mit einer Anmietung vor Ort. Unter www.billiger-mietwagen.de und www.mietwagennet.de kann man die Angebote diverser Broker vergleichen und buchen. Broker sind z. B. www.autoeurope.de, www.autovermietung.de, www.economycarrentals.com, www.m-broker.de, www.rentacar-europe.com und www.sungo.de. Prüfen Sie genau den gebotenen Versicherungsschutz, Vollkasko mit oder ohne Selbstbeteiligung ist zu empfehlen.

Herrlicher Blick: Hotel Panorama bei Malcésine

Übernachten

Der Gardasee gehört zu den am besten ausgestatteten Urlaubsgebieten Italiens. Vom pompösen Grand-Hotel bis zur schlichten Garni-Pension ist alles in rauen Mengen vorhanden, Camper finden zahllose Zeltplätze.

Die Qualität der Unterkünfte ist fast durchweg zufrieden stellend – meist sind sie ansprechend möbliert, modern, gepflegt und sauber. Generelle Faustregel: je weiter weg vom See, desto günstiger die Preise. Dies gilt auch für die Kataloge der Reiseveranstalter – beispielsweise findet man auf der Hochebene von Tremòsine oberhalb der Westküste deutlich preiswertere Offerten als in den Uferorten. Die meisten Unterkünfte sind von April bis Oktober geöffnet, einige auch ganzjährig. Viele Häuser kann man auf der hauseigenen Homepage oder über Reiseportale (→ S. 41) online buchen. In besucherarmen Zeiten gibt es oft Rabatte auf die offiziellen Preise.

> **Hilfe bei der Zimmersuche** bieten in allen Seeorten die Informationsbüros, dort erhält man Unterkunftslisten mit Preisangaben und Öffnungszeiten, oft auch mit Lageplänen, sodass man sich bequem auf eigene Faust umschauen kann. Auch Privatzimmer, Ferienwohnungen und Campingplätze sind darin meist enthalten. In Malcésine, Garda, Bardolino und Sirmione gibt es sogar eigene Vermittlungsbüros für Unterkünfte.

▶ **Hotels/Pensionen**: In allen Orten am See und im Umkreis findet sich ein großes und überzeugendes Angebot. Spitzenreiter sind *Riva*, *Torbole*, *Limone*, *Malcésine*, *Sirmione*, *Bardolino* und *Garda*. Die Häuser sind in Kategorien von * (einfach) bis

Übernachten 23

***** (luxuriös) eingeteilt. Viele der Unterkünfte mit drei und vier Sternen verfügen über Swimmingpools (teils mit Kinderbecken), die allerdings nur selten beheizt sind (Achtung, Prospektsprache: „beheizbar" heißt nicht beheizt!). Weitläufige Gärten, Zimmer mit Teppichboden und Satelliten-TV, Klimaanlage, direkte Seelage oder Panoramablick auf den See, Wellnessangebote, Sauna, Solarium, Hallenbad und/oder Tennisplatz sind weitere Qualitätsmerkmale. Frühstücksbuffet wird in der Regel angeboten, im Sommer besteht manchmal Pflicht zur Halb- oder Vollpension. Auch einfache Häuser mit ein und zwei Sternen besitzen gelegentlich Gärten und Schwimmbecken, doch sind hier Gemütlichkeit, Freundlichkeit der Besitzer, Sauberkeit etc. oft nicht weniger wichtig.

Da die Qualität der meisten Häuser nur wenig Anlass zur Beanstandung gibt, muss man verstärktes Augenmerk auf die Lage richten. Hier ist leider zu vermelden, dass viele Unterkünfte direkt an einer der viel befahrenen Uferstraßen oder in ihrem akustischen Einzugsbereich liegen. In unseren Empfehlungen haben wir versucht, hauptsächlich ruhig gelegene Quartiere zu finden, falls möglich, direkt am See oder in reizvoller Panoramalage.

Ungefähre Richtpreise (DZ inkl. Frühstück): Die Zimmerpreise schwanken je nach Saison, im Juli/August steigen sie sehr stark an – * ca. 50–80 €, ** ca. 60–90 €, *** ca. 70–130 €, **** ca. 130–200 €, ***** ca. 200 € aufwärts. Vorsicht beim Lesen der Unterkunftslisten, aus denen auf den ersten Blick oft nicht hervorgeht, ob sich die Preise auf ein Doppelzimmer oder eine Person beziehen und ob Frühstück eingeschlossen ist oder nicht.
Hinweis: Die im praktischen Reiseteil bei den Unterkünften angegebenen Preisspannen, z. B. ca. 70–120 € fürs Doppelzimmer (DZ), beziehen sich jeweils auf den niedrigsten und höchsten Preis (Neben- und Hauptsaison).

Klassik mit Pool: Hotel Milano in Toscolano-Maderno

24 Übernachten

- **Ferienhäuser/Apartments**: in den meisten Orten riesiges Angebot, vom allein stehenden Apartmenthaus bis zu ausgedehnten Bungalowanlagen mit Swimmingpools, Gärten, Tennisplätzen etc. In der Hochsaison muss man sich in der Regel für mindestens eine Woche einquartieren, in der Nebensaison für drei Tage. Buchen kann man im Internet oder bei Vermittlungsbüros vor Ort. Viele Eigentümer arbeiten mit Reiseveranstaltern zusammen, sodass man als Spontanbucher nur in der Nebensaison eine reelle Chance hat. In den Prospekten der Reiseveranstalter sind etliche Anlagen enthalten, weitere Angebote z. B. unter www.treffpunkt-gardasee.it, www.rv-gardasee.de, www.ferienwohnungen-online.de, www.fewo-direkt.de, www.ferienwohnungen.de, www.interchalet.com oder www.interhome.de.

- **Privatzimmer**: „Bed & Breakfast"-Angebote gibt es mittlerweile fast überall, in Informationsbüros erhält man Listen der Häuser. Oft liegen diese Unterkünfte schön und ruhig im Grünen, auch die Preise sind meist im Rahmen.

- **Agriturismo**: „Urlaub auf dem Bauernhof" ist im Bereich des Gardasees häufig möglich, vor allem in den seenahen Hügel- und Bergregionen. Nicht zuletzt die hohen Hotelpreise machen diese interessante Art der Feriengestaltung immer beliebter. Doppelzimmer mit Frühstück kosten je nach Saison ca. 50–90 €. Im Sommer wird oft ein Mindestaufenthalt von drei Tagen oder einer Woche verlangt. Falls Sie für Juli/August, über Ostern, Pfingsten, Weihnachten oder Neujahr buchen wollen, müssen Sie sich frühzeitig verbindlich anmelden. Neben Kost und Logis gibt es oft weiterführende Angebote wie Pferdetrekking, Wandern und Mountainbiking.

- **Jugendherbergen**: am ganzen See derzeit nur eine einzige, nämlich in *Riva del Garda*.

- **Campingplätze** gibt es wie Sand am Meer bzw. Kies am See. Der Gardasee ist eins der wichtigsten Campinggebiete Italiens, zahlreiche Stammgäste kehren jedes Jahr auf „ihren" Platz zurück. Fast alle Plätze sind Wiesengelände mit gutem Baumbestand, viele liegen direkt am Seeufer und besitzen einen Kiesstrand, der gelegentlich besandet wurde. Unterteilt sind sie in die Kategorien * bis ****.
Im allgemeinen sind die Plätze im Norden wegen der steilen Berge, die fast direkt vom Seeufer aus ansteigen, klein gehalten und ohne Extras wie Swimmingpool etc. – so findet man am Ostufer zwischen Torbole und Garda z. B. ausschließlich Plätze der Kategorie *. Auch die Uferstraße ist dort in den meisten Fällen recht störend. Im flachen Süden sind die Plätze dagegen groß und mit vielen Extras ausgestattet – Swimmingpool mit Kinderbecken, Kinderspielplatz, Animation, Wassersport, Reitschule etc. Oft kann man Bungalows und Mobil Homes buchen. Die Plätze zwischen *Garda* und *Peschiera del Garda* gehören zu den größten und besten am See und sind besonders bei Familien beliebt. Der sommerliche Massenbetrieb ist allerdings erheblich und preiswert campt man dort auch nicht gerade. (Achtung: Einige dieser Plätze sind für Motorradfahrer gesperrt, Hinweise bei den jeweiligen Orten). Eine besonders dicht bestückte Campingzone ist außerdem das Gebiet *La Valtenesi* im südwestlichen Seebecken zwischen Salò und Desenzano. Im nördlichen Teil ist das Westufer dagegen vergleichsweise wenig mit Campingplätzen ausgestattet – zwischen *Limone* und *Gargnano* findet man keinen einzigen Platz, ebenso im Umkreis von *Gardone Riviera*.

- **Wohnmobile**: Offizielle, d. h. gebührenpflichtige Stellplätze mit Ver-/Entsorgungseinrichtungen gibt es in *Riva* und *Torbole* und an vielen weiteren Orten, genannt „Area di Sosta". Leicht zu erkennen sind die vielen Plätze, wo die rollenden Wohnungen nicht gerne gesehen sind – Schranken in etwa 2 m Höhe verwehren dort die Einfahrt.

Einladend: Dinner mit Wellengeplätscher

Essen und Trinken

Der Gardasee ist eine kulinarische Nahtstelle zwischen Nord und Süd, gleichzeitig treffen drei italienische Regionen mit ihren unterschiedlichen Spezialitäten aufeinander: Trentino, Lombardei und Venetien. Doch ob Speck im Norden, Risotto im Osten oder „Pasta e fagioli" im Süden – verbindendes Element sind immer die Fische. Wegen der riesigen Nachfrage werden sie allerdings schon lange nicht mehr ausschließlich aus dem See geholt, sondern in großen Anlagen rundum gezüchtet. Als Beilage begegnet man außerdem immer wieder der „Polenta" – der gelbe Maiskuchen hat in Oberitalien etwa die Bedeutung unserer Kartoffel.

Im Allgemeinen isst man gut am Gardasee. Doch verleitet der intensive deutschsprachige Tourismus viele Wirte dazu, das „Essen von der Stange" zu perfektionieren – in den Zentren der Urlaubsorte sind überschaubare Portionen und höhere bzw. überhöhte Preise leider nicht unüblich. Tipp deshalb: öfter mal ins Auto setzen und raus in die Natur fahren. Dort erhält man mindestens dieselbe Qualität in größerer Menge für weniger Geld. Ansonsten – verlassen Sie sich nicht nur auf die standardisierte Speisekarte des Hauses, sondern lassen Sie sich vom Kellner beraten, wählen Sie die Spezialitäten des Hauses und seien Sie experimentierfreudig.

Trentino: Im Norden des Sees isst man gerne herzhaft alpenländisch, teils deftig, österreichische Einflüsse sind nicht zu übersehen. *Speck* – geräucherter und gewürzter Schweineschinken – wird überall angeboten, ebenso *Gulasch* nach Art des Trentino. Eine besondere Spezialiät ist *carne salada e fasoi* – hauchdünne Scheiben von gepökeltem Rindfleisch, in Olivenöl getaucht und gegrillt, serviert mit weißen Bohnen. Ein ganz traditionelles Gericht sind die *bigoli con e aole* (schmale Bandnu-

26   Essen und Trinken

Pizzeria in Gargnano (Westufer)

deln mit Sardinen), *canederli* heißen die typischen Knödel der Region, *strangolapreti* – Priesterwürger – sind leckere Spinatklößchen aus Kartoffelteig, die fast auf der Zunge zergehen.

> **Stilecht essen: italienische Speisenfolge**
>
> Der volle Reiz der italienischen Küche entfaltet sich erst, wenn man sich an die traditionelle Speisenfolge hält. Zunächst stimmt man den Magen mit einem oder mehreren *antipasti* (Vorspeisen) ein, z. B. geräucherter Schinken mit Melone, zartes Carpaccio (hauchdünne Scheiben rohes Rinderfilet) oder „polenta con luccio" (Polenta mit Hecht). Dann folgt der *primo piatto* (erster Gang), der meist aus Nudeln oder Reis besteht, z. B. Gnocchi, Strangolapreti oder Tortellini. Alternativ kann man auch eine *minestra* (Suppe) wählen. Jetzt erst kommt der *secondo* (Hauptgang) auf den Tisch, entweder Fleisch oder Fisch. Traditionellerweise wird er ohne *contorni* (Beilagen) serviert, diese müssen extra bestellt werden. Am Gardasee hat man sich den deutschen Essgewohnheiten aber oft angepasst und bietet das Hauptgericht mit Beilagen (auf der Karte meist vermerkt). Zu guter Letzt kann man natürlich noch ein *dessert* (Nachtisch) oder einen *caffè* (Espresso) wählen.
> Wer sich auf ein solch üppiges Menü nicht einlassen will, hat selbstverständlich die Möglichkeit, nur einen „primo piatto" zu wählen, also z. B. ein Nudelgericht, dazu Salat o. Ä. Sparsame können in Touristenorten auch häufig ein so genanntes „menu a prezzo fisso" oder „menu turistico" (Festpreismenü) wählen. Dieses ist weitaus günstiger als das Speisen à la carte, besteht aber oft aus sehr überschaubaren Portionen und ist nicht immer von allerbester Qualität.

Essen und Trinken

▶ **Venetien**: Südlich von Verona liegen in der Poebene ausgedehnte Reisanbaugebiete. An erster Stelle muss deshalb *risotto* genannt werden, der in zahllosen Varianten auf den Tisch kommt – eine besondere Spezialität ist der *risotto alla tinca* (mit Schleie). Aber natürlich sind auch Pastagerichte weit verbreitet, besonders beliebt sind z. B. die schmalen Bandnudeln namens *tagliolini* sowie *pasta e fasoi* (oder *pasta e fagioli*), eine dickflüssige Suppe aus Nudeln und roten Bohnen. Himmlisch süß schmecken die *tortellini di zucca* aus Valeggio sul Mincio (südlich vom Gardasee), das sind kleine Nudelkissen, gefüllt mit Kürbisbrei. Selbstverständlich erhält man wegen der nahen Adria auch häufig Meeresfrüchte und -fische. *Fegato alla veneziana* (Leber mit Zwiebeln) ist schließlich das wohl bekannteste Lebergericht der Welt und *bollito misto* ein Gericht aus verschiedenen Sorten von gesottenem Fleisch.

▶ **Lombardei**: Am Westufer des Gardasees könnte man einmal *ossobuco* bzw. *stinco di vitello* bestellen, eins der bekanntesten Gerichte der Lombardei – Kalbshaxen mit Knochen, meist in Brühe, *aceto balsamico* (Balsamessig) oder Wein geschmort und mit Reis serviert. Das berühmte *costoletta alla milanese* entspricht in etwa dem Wiener Schnitzel. Als besondere Spezialität gelten außerdem die *spiedini alle Bresciana*, also Spießgerichte nach Brescianer Art, die meist aus mehreren Fleischsorten bestehen und über Holzkohlen gegart werden. Ansonsten ist wie im Veneto Reis ein Kennzeichen der lombardischen Küche, denn auch hier sorgen die ausgedehnten Reisfelder am Po für ununterbrochenen Nachschub – *risotto alla milanese* ist mit Safran gewürzt bzw. gefärbt, *minestrone alla milanese*, eine Gemüsesuppe Mailänder Art, wird ebenfalls mit Reiseinlage (anstatt der üblichen pasta) gereicht. Eine ganz besondere Rarität ist schließlich der *tartufo* (Trüffel) vom Gardasee, der hauptsächlich im Gebiet des Valtenesi im Südwesten kultiviert wird.

> ### Coperto e Servizio: Gedeck und Bedienung
> Vorsicht bei der Preiskalkulation anhand aushängender Speisekarten: Bei jeder Mahlzeit werden pro Person noch zwischen 1,50 und 3 € für *Coperto* (Gedeck) aufgeschlagen. *Servizio* (Bedienung) ist dagegen meist im Preis enthalten – jedoch nicht immer, vor allem in gehobeneren Lokalen muss man dafür noch oft 10–15 % Aufpreis in Kauf nehmen. Erfreulicherweise ist der Trend zu bemerken, dass diese Extras aus Gründen verschärfter Konkurrenz nicht mehr überall berechnet werden.

Ristorante in Torri del Benaco (Ostufer)

Kulinarisches Erlebnis: Fisch vom See

Immer im Mittelpunkt der typischen Gerichte stehen die Fische. Fast vierzig Arten sollen es sein, die im See und den umliegenden Gewässern leben. Da sie allerdings weitgehend gezüchtet werden, ist der Beruf des Seefischers am Aussterben. Doch in manchen Seeorten kann man morgens den nächtlichen Fang von den Fischern direkt erwerben (→ Gargnano, S. 118). Der forellenartige Lachsfisch *carpione* (auch „Salmo carpio" genannt) gilt als „König" des Sees, er lebt nur im Gardasee und wird bis zu 40 cm groß, sein wohlschmeckendes weißes Fleisch wird sehr geschätzt. Der *Lavarello* (Blaufelchen/Renke), in manchen Gebieten auch als *coregone* bekannt, wurde erst Anfang des 20. Jh. aus der Schweiz eingeführt, ist aber heute einer der meistverlangten Fische am See, besonders lecker z. B. als „lavarello al cartoccio" (in Folie). *Luccio* (Hecht) wird gerne als Vorspeise mit Polenta gereicht, ebenso die gesalzten und an der Luft getrockneten *alborelle* oder *aole* (kleine Süßwassersardinen). Die sehr verbreitete *trota salmonata* (Lachsforelle) erkennt man an der rötlichen Farbe ihres Fleisches. Ein besonders typisches Gericht in der Lombardei ist *tinca ripiena* (gefüllte Schleie), die im Ofen gebacken und gerne „con piselli" (mit Erbsen) serviert wird. Der beliebte *pesce persico* (Flussbarsch) wird meist mit Risotto zubereitet. Weitere Speisefische sind *anguilla* (aal), *branzinetto* (Seebarsch), *sarda di Lago* (Seesardine) und *salmone* (Lachs).

Die Weine des Gardasees

An den Ufern des Gardasees erstrecken sich eine ganze Reihe von Weinbaugebieten – einen exzellenten Ruf hat keiner der produzierten Tropfen, doch die Auswahl ist groß und immer wieder für Überraschungen gut. Neben Tafelweinen gibt es auch einige Weine mit DOC-Prädikat (kontrolliertes Ursprungszeugnis). In fast allen Restaurants kann man einen offenen „vino della casa" (Wein des Hauses) bestellen, dieser ist preiswerter als Flaschenwein und oft genauso gut (halber Liter ca. 4–6 €, Liter 6–10 €).

▶ **Im Überblick**: Im Südosten um *Bardolino* wird der gleichnamige rubinrote Wein produziert – ein Massenwein sicherlich, der aber als „Classico" auch DOC-Qualität besitzt.

Am Südufer gibt es gleich mehrere Weine: den *Lugana*, einen frischen leichten Weißwein mit grünlichen Reflexen, den eher schlichten *Tokai di San Martino della Battaglia* und die Weine der „Colli Morenici Alto Mantoviano" (Moränenhügel des oberen Mantuaner Gebiets): die Roten *Rubino* (DOC), *Merlot Alto Mincio* und *Morenico Rosso*, die Weißen *Morenico Bianco*, *Pinot Grigio*, *Bianco Custoza* (DOC) u. a.

In den La Valtenesi, dem südwestlichen Seebecken, findet man den erdigen roten *Groppello* mit leicht bitterem Nachgeschmack, den weichen und fruchtigen Rosé *Chiaretto* und den dunkelroten, vollmundigen *Rosso*.

Auch im Sarcatal um Riva und Arco gedeihen Reben. Hier werden produziert: der strohgelbe, trockene Weißwein *Chardonnay*, der weiße *Pinot Bianco* mit leicht bitterem Nachgeschmack, dessen Aroma an Mandeln erinnert, und der etwas säuerliche und angenehm würzige *Müller Thurgau*, der hervorragend zu den Spinatklößchen „Strangolapreti" passt.

Nicht zu vergleichen sind alle genannten Weine allerdings mit den gehaltvollen Weinen *Amarone* und *Recioto* aus dem nahen Valpolicella-Gebiet nördlich von Verona (→ S. 216) – der Amarone schwer und trocken, mit leicht bitterem Nachgeschmack, der Recioto süß. Man erhält sie auch am Gardasee, zahlt dafür zwar etwas mehr – doch völlig zu Recht!

Auf einen Aperitiv …

Leuchtend orange, ein bisschen süß, ein wenig herb, in jedem Fall wunderbar erfrischend – das ist der wohl beliebteste Aperitivo am Gardasee. Der aromatische Appetitanreger heißt am Ostufer *Spritz* (gesprochen mit spitzem „Sp" und langem „i") oder *Veneziano*, am lombardischen Westufer ist er als *Pirlo* bekannt. Es handelt sich dabei um Weißwein oder Prosecco mit Mineralwasser und einer Beigabe von Campari oder Aperol, serviert auf Eis mit einer Zitronen-/Orangenscheibe oder einer großen grünen Olive mit Kern. Die Bezeichnung Spritz geht auf die Zugehörigkeit zu Österreich im 19. Jh. zurück, Wein mit Soda gemischt war damals ein „Gespritzter".

Windsurfen ist der populärste Sport im Norden des Sees

Sport

Die Nordhälfte des Gardasees und ihre Umgebung ist die sportlichste Ecke Italiens, wenn nicht Europas: der große See mit seinen Winden, im Gegensatz dazu die vielfältige Bergwelt mit zahllosen Wanderwegen, Mountainbikerouten und Klettersteigen – wunderbare Kontraste, die sportliche Naturen in Scharen anziehen.

▶ **Windsurfen**: Nur wenige Stunden ist man von Süddeutschland ins Mekka aller Surfer unterwegs – die Nordspitze des Gardasees gilt als eins der lohnendsten Surfreviere der Welt! Grund für diese einzigartige Popularität sind die zuverlässigen Winde, nach denen man fast die Uhr stellen kann. In der schmalen „Düse" am Nordende des Sees spürt man jede Brise, kann Tempo machen und sich im Speedrausch aalen, aber auch unerfahrene Neulinge kommen an verschiedenen Spots auf ihre Kosten.

Frühmorgens geht es meist gemächlich mit dem *Vento* los, auch Pelèr oder Tramontana genannt – der Alpenwind aus den Bergen im Norden ist oft nur ein mildes Lüftchen (nicht immer!) und gut für Anfänger geeignet. Gegen Mittag flaut er ab und die *Ora* setzt unvermittelt und heftig aus Süden ein, meist gegen 13 Uhr. Sie entsteht, wenn die Luft über dem Nordende des Sees von der Sonne aufgeheizt nach oben steigt. Das Vakuum wird dann durch heranströmende Luftmassen aus der Poebene aufgefüllt – die Ora. Dieser Wind ist es, weswegen die Surfcracks kommen: Er hat die Kraft, die Riggs pfeilschnell über den See zu tragen, und auf den Wellenbergen kann man meterhoch springen. Bis zu sechs Windstärken kann sich die Ora hochschaukeln, am stärksten vor Torbole – leider fällt sie aus, wenn vormittags Wolken das Aufheizen der Luft verhindern. Doch an windreichen Nachmittagen (statistisch 220 Tage im Jahr!) ist der See schnell mit Hunderten von Segeln bevölkert, ein fast unwirklicher Anblick ...

Sport 31

Hauptsächlich in der Region *Riva–Torbole–Malcésine* findet man mehr als ein gutes Dutzend hervorragender Surfspots und mindestens ebenso viele Surfstationen mit Brettverleih und Schulung, Details dazu unter den jeweiligen Orten. Außerhalb der offiziellen Spots quetschen sich die Windbegeisterten in die wenigen Parkbuchten seitlich der Uferstraßen – oft ist bereits frühmorgens alles besetzt.

• *Ausrüstung* Für **Vento** Wave-Slaloboard von ca. 265 cm, Finne 26 cm, Segel 4,2–5 qm; bei **Ora** Slalomboard 280–290 cm, Finne 35 cm, Segel 5,5–6,5 qm.
Im Frühjahr ist bei 9–15 Grad Wassertemperatur ein **Semi-** oder **Trockenanzug** ratsam, im Sommer genügt ein **Vario**, im Hochsommer oft ein **Shorty**. Achtung: **Schwimmweste** (Salvagente) ist Pflicht, die Carabinieri kassieren in ihren Schnellbooten bis zu 60 € für Surfer „ohne". Leihen kostet etwa 4–5 €/Tag, kaufen um die 40 €.

• *Übernachten* Zahlreiche Hotels im Norden haben sich auf Surfer eingestellt, speziell in Torbole, und bieten Platz für Brettlagerung, sowie -verleih und Kurse. Einige Häuser arbeiten mit Surfstationen zusammen und liegen direkt an den Spots, z. B. **Hotel Pier** (Riva), **Hotel Lido Blu** (Torbole), **Hotel Capo Reamòl** (Limone), **Sailing Center Hotel** (bei Malcésine) und **Villa Orrizonte** (Malcésine). Zusammen mit der Surfstation werden oft günstige Kombi-Leistungen angeboten.

> Achtung Surfer: Im Dreieck Riva–Torbole–Malcésine fahren die **Fährschiffe und Schnellboote** der Seeschifffahrt mitten durch Massen von Surfern zu den Anlegestellen. Unbedingte Vorsicht ist hier geboten – den Schiffen muss absolute Vorfahrt eingeräumt werden!

▶ **Mountainbikes**: der zweite große Massensport im Seenorden, oft in Kombination mit Surfen – fällt der Wind einmal aus, schwingt man sich aufs Rad. Zahllose Pisten ziehen sich über die Berghänge der nördlichen Seehälfte, dabei geht es auch mal weit über den *Lago di Ledro* hinaus, hinauf auf den *Monte Baldo* (1760 m), oder über den *Passo di Tremalzo* (1665 m), wo die Schussfahrt zum See hinunter ein ganz besonders Vergnügen bietet. Sehr beliebt ist auch die seit 2004 wieder geöffnete alte *Ponale-Straße* bei Riva. Im Seenorden bieten Pendelbusse den bequemen Transport von Rad und Mensch in die Berge – mit anschließender rasanter Talfahrt. Alljährlicher Höhepunkt im Radlerjahr ist das im Frühjahr stattfindende *Bikefestival* von Riva, in dessen Rahmen weit gesteckte Trails im Umkreis des Sees abgefahren werden.

Beliebte Standorte für Biker sind *Arco*, *Riva* und *Torbole*, Verleihstellen findet man dort überall, in den Informationsbüros gibt es viel Infomaterial mit ausgewiesenen Routen, spezielle Radwanderführer bieten weitere Hilfe. Viele Hotels im Norden verfügen über Bikegaragen und verleihen Räder, Hinweise dazu unter Torbole.

▶ **Wandern**: Im nördlichen Seebereich gibt es Wanderwege und -ziele in fast unendlicher Menge, zahllose Varianten und Schwierigkeitsgrade sind möglich – vom gemütlichen Bergspaziergang bis zur Mehrtagestour. Zahlreiche Wege wurden vom italienischen Alpenverein markiert (Nummerierung und rot-weiß-rote Farbgebung) und sind in den einschlägigen Karten eingezeichnet (→ Landkarten, S. 42), in den Infobüros vor Ort erhält man weiteres Material. Allerdings ist der Zustand der Wege und Markierungen sehr unterschiedlich, es kommt auch vor, dass sie unvermittelt enden oder in die Irre führen. Von Juni bis September sind zahlreiche *Berghütten* (Rifugio) geöffnet und bieten Verpflegung und Quartier. Ein ideales Wanderrevier ist das lang gestreckte Massiv des *Monte Baldo*, mit der Seilbahn kommt man von Malcésine rasch hinauf. Sinnvoll ist die Mitnahme eines geschriebenen Wanderführers.

32 Sport

- **Klettern**: Vor allem die Gipfel und Wände des *Monte Rocchetta-Massivs* über Riva sind ein bevorzugtes Revier, berühmt sind die dortigen Klettersteige mit ihren langen eisernen Leiterreihen, den „vie ferrate", ein weiterer liegt bei Arco. Beliebte Übungsstellen für angehende Könner sind die *Marmitte dei Giganti* zwischen Torbole und Nago (→ S. 92) und *Corno di Bó* an der Uferstraße von Torbole nach Malcésine (→ S. 96). Was der See für Surfer bedeutet, ist der *Klettergarten von Arco* für „Freeclimber". An künstlichen und natürlichen Wänden wird hier täglich dutzendweise gekraxelt, Anfang September findet die Weltmeisterschaft „Rock Master" statt.

- **Segeln**: Nicht nur Surfer, auch Segler finden am Gardasee ideale Bedingungen – das Segeln ist die älteste Sportart am See und Segelclubs gibt es in den meisten Orten, z. B. *Riva, Torbole, Malcésine, Gargnano, Garda* und *Bardolino*. Viele Olympioniken trainieren hier regelmäßig und jedes Jahr finden Regatten statt, die berühmteste ist sicherlich die „Centomiglia" von Bogliaco, die seit 60 Jahren das sportliche Geschehen am See prägt.

- **Tauchen**: Der Norden des Sees ist für Unterwassersportler die interessanteste Region. Die dortigen Tauchgründe sind mit Steilwänden, Plattformen, Schluchten, Grotten und Bootswracks recht vielseitig. Tauchbasen mit Kursangeboten, geführten Tauchgängen, Verleih- und Füllstationen gibt es in Riva, Torbole und Malcésine. Im Frühjahr und Herbst ist die Sicht am besten. Bei Tauchgängen vom Boot sind eine rot-weiße Tauchflagge bzw. Signalboje Vorschrift.

- **Tennis**: Tennisplätze gibt es in jedem Touristenort, ganz besonders ausgeprägt aber auf der *Hochebene von Tremòsine* oberhalb vom Westufer, wo das etwas kühlere Klima im Sommer ideale Bedingungen schafft. Mehrere große Tennishotels können dort gebucht werden.

- **Gleitschirmfliegen** (Paragliding): Ihr Revier sind die Hänge des Monte Baldo, an guten Thermiktagen hängen die bunten Farbtupfer gleich dutzendweise in der Luft. Infos gibt es in Arco bei *Time to fly* (→ S. 68) und beim *Paragliding Club Malcésine* (→ 164).

- **Golf**: Golfplätze findet man bei *Bogliaco* (9 Löcher), bei *Drugolo*, wenige Kilometer von *Padenghe del Garda* (zwei Plätze mit 9 und 18 Löchern), oberhalb von *Garda* (27 Löcher), bei *Soiana del Lago* (27 Löcher) und bei *Sommacampagna* zwischen Peschiera und Verona (18 Löcher). Details unter den jeweiligen Orten.

- **Baden**: Der Gardasee ist nicht die Adria – hier gibt es keine endlosen, sandigen Strände, die sich Hunderte von Metern weit ins Land ziehen. In den meisten Fällen bestehen die Seeufer aus feinem bis grobem Kies, gelegentlich aus fester Erde. Auch im Wasser ist steiniger Untergrund die Regel. *Badeschuhe* können deshalb

Mountainbiker bei der Auffahrt von Torbole nach Nago

gute Dienste leisten, vor allem für Kleinkinder. Hin und wieder ziehen sich Wiesen bis dicht ans Ufer, sodass man sich weich betten kann. Hinter vielen Stränden gibt es guten Baumbestand, daher ist meist ausreichend Schatten zu finden. Manche Uferstreifen wurden zu Promenaden umgewandelt und sind mit Geröllsteinen befestigt, andere sind stark verschilft – dort führen hölzerne Badestege ins Wasser. Wo es keine natürlichen Bademöglichkeiten gibt, hat man oft Betonmolen gebaut, von denen Leitern ins Wasser führen. An einigen Stellen, z. B. vor den großen Campingplätzen um Lazise und Bardolino, hat man die Badezonen sogar künstlich besandet, was leider den Nachteil hat, dass das Wasser stark eintrübt und deshalb unattraktiv und unsauber wirkt.

Sehr gute Bademöglichkeiten findet man vor allem in *Riva*, *Limone*, *Garda* und *Bardolino*, einen ganz ungewöhnlichen Einstieg bieten die flachen Kalkplatten an der Spitze der Halbinsel von *Sirmione*. Im Norden können sich allerdings die Massen von Surfern auf den Badebetrieb störend auswirken, vor allem am Strand von Torbole. Die Wassertemperatur im nördlichen See liegt um ein, zwei Grad niedriger als im Süden, dafür ist es im Norden um die Sauberkeit etwas besser bestellt – ob der See dort allerdings „Trinkwasserqualität" besitzt, wie gelegentlich behauptet wurde, sei dahingestellt. Die Qualität des Wassers wird regelmäßig geprüft. Im Süden des Sees mussten in den letzten Jahren ganz vereinzelt Badeverbote ausgesprochen werden, doch insgesamt hat sich die Lage dank der großen neuen Kläranlage bei Peschiera und einer Ringkanalisation um den See sehr positiv entwickelt.

Wasserqualität: Die aktuelle Situation an den Stränden des Gardasees kann man von etwa Mitte Mai bis Ende September auf der Website www.lagodigarda.it einsehen.

Notte di Fiaba in Riva, eins der malerischsten Feste am See

Feste, Veranstaltungen, Festivals

Für ihre Gäste haben sich die Bewohner der Seeregion einiges einfallen lassen – während der Saison ist eigentlich immer irgendwo etwas geboten. Feuerwerk, Regatten, sportliche Meisterschaften, Konzerte, Festivals, traditionelle Wettkämpfe der Stadtviertel, Bootsrennen, Feste zu Ehren der Ortsheiligen, Weinfeste, Märkte … Lassen Sie sich vor Ort die aktuellen Veranstaltungskalender geben.

Ein ganz großer Höhepunkt sind schließlich die weltberühmten *Opernfestspiele* in der römischen Arena von Verona – alljährlich von Anfang Juli bis Anfang September. Aus allen Orten am See gibt es organisierte Touren dorthin, doch auch auf eigene Faust kann man sich problemlos aufmachen (→ Verona S. 261).

Festa di Mezzaquaresima (März): traditionelles Volksfest in Limone, „mitten in der Fastenzeit" gibt es zur Stärkung gratis Polenta, Fisch und Wein.

Karfreitagsprozession: große Prozession von Castelletto di Brenzone durch Olivenhaine hinauf ins Dorf Biazza, in historischen Kostümen werden die Ereignisse der Passion nachempfunden.

Bike Festival (1. Mai): Die Internationale der Mountainbiker trifft sich in Riva und testet die zahlreichen Trails in den umliegenden Bergen (www.bike-festival.de).

Garda Trentino Jazz Festival (Ende Juni bis Mitte Juli): Jazz-Festival in Riva, Arco, Torbole und Limone sul Garda. Geboten sind große Konzerte, aber auch Liveauftritte in den Pubs und Kneipen (www.gardajazz.com).

Festa dell'Ospite (Juli/Aug.): Das „Fest der Gastfreundschaft" wird zum Höhepunkt der Saison in vielen Orten rund um den See gefeiert – mit viel Musik, Tanz und kulinarischen Genüssen, zum Abschluss Feuerwerk.

La Sardellata (Mitte Juli): populäres Volksfest in Garda, das an die Angeltraditionen am See erinnert.

Musica Riva Festival (zweite Julihälfte): Junge Künstler aus aller Welt kommen nach Riva, zwei Wochen lang finden Konzerte statt, weitere den ganzen Sommer über (www.musicarivafestival.com).

Festa di San Ercolano (11. August): Fest zu Ehren der Stadtheiligen in Toscolano-Maderno, zum Abschluss großes Feuerwerk.

Palio delle Contrade (15. August): spannender Wettstreit der acht Stadtviertel Gardas,

Feste, Veranstaltungen, Festivals 35

ausgetragen in traditionellen Ruderbooten.

Rustico Medioevo (erste Augusthälfte): das mittelalterliche Sommerfest im wunderschönen Örtchen Canale di Tenno (Lago di Tenno) bietet einen Querschnitt durch verschiedene Kunstformen – Konzerte, Theater, Zirkus, Gaukler, dazu traditionelle Speisen der Region (www.rusticomedioevo.com).

Notte di Fiaba (Ende August): großes Fest zum Ausklang der Hauptsaison in Riva. Im Gedenken an den Sieg der venezianischen Flotte über die Mailänder konkurrieren die Stadtteile im Wassergraben der Rocca miteinander; weiterhin gibt es einen mittelalterlichen Markt, Veranstaltungen für Kinder und ein riesiges Feuerwerk (www.nottedifiaba.it).

Rock Master (erstes Wochenende im September): Weltmeisterschaft der „Freeclimber" in Arco (www.rockmaster.com).

Lake Garda Marathon (Ende Sept.): Erst seit wenigen Jahren wird dieser Marathon von Limone del Garda nach Malcésine veranstaltet. Etwa 2000 Läufer nehmen daran teil, begleitet von Motorrädern mit Web-Cams – der Lauf kann so am PC mit WiFi-Anschluss live miterlebt werden, die Bilder werden aber auch auf Großbildschirmen übertragen (www.lakegardamarathon.com).

Centomiglia (erstes Wochenende im September): Die „100-Meilen-Fahrt" ist die traditionsreichste der vielen Regatten am Gardasee, seit sechzig Jahren wird im Hafen von Bogliaco gestartet (www.centomiglia.it).

Sagra dei Osei (erstes Wochenende im September): in Cisano bei Bardolino, großes viertägiges Fest rund um Singvögel, mit Gesangswettbewerben, großem Vogelmarkt, Wettkämpfen, Regatten und Feuerwerk (www.sagradeiosei.com).

Festa dell'uva (Anfang Oktober): das große Traubenfest in Bardolino bietet Kostproben vom neuen Rebensaft, dazu Konzerte, Veranstaltungen und Feuerwerk.

BikeXtreme (Mitte Oktober): internationales Mountainbike-Rennen in Limone sul Garda, eins der härtesten Bike-Rennen Europas über extreme Bergstrecken (www.bikex-treme.com).

Le Bisse del Garda

Die traditionellen Bootswettkämpfe „Le Bisse" finden sonntags Mitte Juni bis Ende August reihum in fast allen größeren Orten am See statt. Jeweils vier Männer rudern stehend in schmalen „wasserschlangenähnlichen" (= bisse) Booten, um den Sieg für ihren Ort zu erkämpfen (www.legabissedelgarda.org).

Pflastermaler in Salò

Kunsthandwerk und Antiquitäten in Malcésine

Einkaufen

Das Kunsthandwerk ist oft im Grenzbereich des Kitsch angesiedelt und die Boutiquen verkaufen dasselbe wie überall in der Welt. Doch die kulinarischen Produkte sind es, die einen Urlaub am Gardasee in höchst erfreulicher Weise abrunden können.

Prall gefüllt und farbig präsentieren sich die Theken der Feinkostläden mit frischem Obst und vielfältigem Gemüse, dazu gibt es Wein en masse, Olivenöle diverser Produzenten, Grappa und Liköre in ansprechenden Flaschen, wertvollen Essig, getrocknete und frische Pilze, eingelegte Früchte, Honig verschiedener Blüten, Gewürze …

▶ **Olivenöl**: Die Olivenbäume am Gardasee sind die nördlichsten Europas. Die seit 1997 von der EU verliehene Bezeichnung *Garda DOP* (Denominazione di Origine Protetta = geschützte Ursprungsbezeichnung) garantiert, dass die Oliven eines Öls mit diesem Etikett ausschließlich aus der Gardasee-Region stammen und dass das Öl in dieser Region hergestellt wurde. Um diese Ursprungsbezeichnung zu erhalten, verpflichten sich die Ölproduzenten außerdem, zwischen Pflücken und Verarbeitung nicht mehr als fünf Tage verstreichen zu lassen, sie müssen den Säuregehalt nennen, außerdem melden, wie viele Kilogramm sie produziert haben, sowie eine Laboranalyse einreichen. Wegen der hohen Kosten, die mit dieser Klassifizierung verbunden sind, verzichten allerdings nicht wenige Hersteller auf das DOP-Siegel, produzieren aber dennoch gutes Öl.

● *Einkauf* Direkt vom Erzeuger kann man Olivenöl an zahlreichen Orten kaufen, z. B. beim **Consorzio Olivicultori** von Malcésine (www.oliomalcesine.it), bei der **Cooperativa Uliveti Brenzone** (www.coop-uliveti.it), in der **Frantoio di Veronesi** in Lazise (www.frantoioveronesi.com), beim **Oleificio Biologico di Tignale** (www.tignale.org)und bei vielen Betrieben des Valtenesi im Südwesten des Sees, z. B. bei **Manestrini** (www.manestrini.it).

Einkaufen

Zur Erntezeit im November findet in Brenzone am Ostufer die **Antica Fiera di Santa Caterina** statt, eine Art Olivenölmesse mit Verkostung des neuen Öls (Olio novello) und Führung durch die Ölmühlen der Region.

▶ **Wein**: Lesen Sie dazu unseren Abschnitt im Kapitel „Essen und Trinken" – und kaufen Sie neben den Tropfen vom See wenigstens einmal einen *Amarone* oder *Recioto*. Sie bekommen sie u. a. bei „Zeni" (Bardolino) – und werden es nicht bereuen.

• *Einkauf* An der Weinstraße hinter **Bardolino** gibt es zahlreiche Weingüter, die ihre Produkte im Direktverkauf anbieten, z. B. das populäre Weinmuseum **Zeni**. Ebenso liegen viele Kellereien im Gebiet von Arco, nördlich von Riva, einen guten Ruf hat dort die **Cantina Mandelli**. Im Malcésine gibt es die ausgezeichnete **Enoteca Malcésine** und im Süden des Sees lohnt z. B. ein Besuch bei **L'Arte del Bere** und **Vini Lamberti** in Lazise sowie in der **Cantina Visconti** in Desenzano.

▶ **Spirituosen**: *Grappa* (Mehrzahl: Grappe) heißt der hochprozentige Destillierschnaps, der aus „Trester", den Trauben- und Stängelresten, die nach der Weinproduktion übrig bleiben, hergestellt wird. Hervorragende Grappe gibt es vor allem im trentinischen Gebiet am Nordende des Sees.

▶ **Pilze, Honig u. a.**: Getrocknete *Steinpilze* (funghi porcini) erhält man überall, doch besonders die zahlreichen schwarzen und weißen *Trüffelarten* (tartufo) des Valtenesi sind Feinschmeckern einen Abstecher wert. Naturreiner *Honig* (miele) ist ein weiteres edles Produkt, besonders geschätzt werden Akazienhonig, Edelkastanienhonig und der Honig aus den Blüten von Bergblumen, z. B. der seltene Alpenrosenhonig. Auch eingelegte Früchte und Gemüse nimmt sich manche Hausfrau gerne nach Hause mit. Eine echte Kostbarkeit ist schließlich *aceto balsamico*, der berühmte Essig von Modena – er stammt zwar nicht vom Gardasee, ist aber hier oft erhältlich.

▶ **Murano-Glas**: Das berühmte venezianische Glas gibt es farbenfroh und vielgestaltig in vielen Fachgeschäften.

▶ **Schuhe**: Zu recht günstigen Preisen erhält man überall am See die elegante italienische Schuhmode, nochmals herabgesetzt zu Zeiten des Schlussverkaufs (saldi).

▶ **Kleidermärkte**: Fliegende Händler besuchen reihum die Uferstädte und jeden Wochentag findet in einem anderen Ort ein großer Markt statt. Die Stände sind meist in langer Reihe an der Uferpromenade aufgebaut. Das Angebot ist nicht gerade originell, doch kann man Schnäppchen machen. Fälschungen von Markenartikeln sind hier allerdings gängige Handelsware.

▶ **Antiquitäten**: Interessant und vielseitig sind die *Mercatini Antiquariato* und *Mercatini delle pulci* (Antiquitäten- und Flohmärkte), die ein bis mehrmals monatlich in verschiedenen Orten am See abgehalten werden – u. a. in Arco, Bardolino, Desenzano, Gardone Riviera und Valeggio sul Mincio, aber auch in den nahen Städten Verona und Brescia.

Einmal wöchentlich ist Markt

Manche Promenade am See ist für Kids wie geschaffen (hier in Bardolino)

Mit Kindern am Gardasee

Es gibt so viel, was sich hier anstellen lässt – falls die Sprösslinge tatsächlich einmal vom Baden im See oder im hauseigenen Swimmingpool genug haben und auch mit den neuen Freunden vom Nachbarbungalow nicht so recht spielen wollen ...

Fast überall kann man Tretboot fahren, Minigolf spielen oder Fahrräder ausleihen, auch Spielplätze sind relativ häufig anzutreffen, besonders hübsch: Trampolinspringen in Riva und Bötchen fahren am „Lido Holiday" in Bardolino. Aber das Allergrößte ist natürlich mit einem echten Schiff auf den See hinauszufahren. Für etwas ältere Kinder und Jugendliche sind die Wasserparks im Süden reizvoll, vor allem das große *Canevaworld* bei Lazise. Für alle Altersstufen geeignet sind der legendäre Vergnügungspark *Gardaland* und *Parco Natura Viva*, ein großer Safari-Park mit angeschlossenem Zoo, beides im Raum Lazise. Ebenfalls von Lazise führt ein schöner Ausflug zu den Wasserfällen des *Parco delle Cascate*. Eine *Gokart-Bahn*, auf der sogar Michael Schumacher gelegentlich seine Runden dreht, gibt es südlich von Desenzano, eine elektrisch betriebene *Bimmelbahn* fährt von Sirmione zu den nahen Grotten des Catull (Ausgrabung), bei Toscolano-Maderno zuckelt ein Trenino turistico ins grüne *Valle delle Cartiere*. Im Westen hängt das *Ristorante Miralago* auf der Hochebene von Tremòsine 400 m über dem Gardasee – Nervenkitzel! Im Norden kann man sich an den zahllosen bunten Surfern nicht satt sehen, die stolze Ritterburg von *Malcésine* besichtigen oder mit der Seilbahn auf den *Monte Baldo* hinauffahren. Sogar in Ruhe essen können gestresste Eltern im Raum Riva/Torbole/Malcésine: Dort gibt es einige Restaurants, die einen eigenen Spielplatz besitzen.

Weinernte im Hinterland von Garda

Verschiedenes

Ärztliche Versorgung

In den Sommermonaten (etwa Mitte Juni bis Mitte September) wird in vielen Orten am Gardasee eine Sanitätsstation betrieben („Guardia medica turistica" o. ä.). Urlauber mit der „European Health Insurance Card", EHIC genannt (erhältlich bei Ihrer Krankenkasse), werden dort kostenfrei ärztlich behandelt. Ohne EHIC kostet eine Behandlung ca. 21 €, ein Hausbesuch 31 €, ein Rezept 5 €. Die wichtigsten Adressen der Sanitätsstationen finden Sie in diesem Buch unter den jeweiligen Orten. Wenn Sie nicht wissen, wo die nächste liegt, fragen Sie im Informationsbüro.

Staatliche Krankenhäuser und einige wenige Ärzte, die dem staatlichen Gesundheitssystem angeschlossen sind, erkennen die EHIC direkt an. Die meisten niedergelassenen Ärzte behandeln jedoch nur gegen Barzahlung – die heimische Krankenkasse erstattet die Kosten gegen Rechnung aber zurück (allerdings höchstens den Betrag, den sie für eine Behandlung im Inland zahlen würde).

Ermäßigungen

Achten Sie auf touristische Broschüren, Zeitungen etc., oft sind darin Coupons enthalten, mit denen Sie Ermäßigungen erhalten, z. B. in der deutschsprachigen „Gardasee Zeitung". Auch unter 18 und über 65 J. erhält man in verschiedenen Vergnügungsparks, Museen etc. Rabatt oder sogar Freieintritt.

Geld

In Italien ist der Euro (€) gültig, nur Schweizer müssen ihre Franken in Euro umtauschen, wobei der Kurs je nach Marktlage schwankt (1 € entspricht etwa 1,52 SFr). Auch die Geldbeschaffung ist denkbar einfach, denn in allen größeren italienischen Städten und Touristenorten sind *Geldautomaten* installiert, wo man mit Bankkarte und Geheimnummer rund um die Uhr problemlos Bares erhält (Be-

Verschiedenes

> **Sparen mit den Gardasee-Gästekarten**
>
> Preisnachlässe von 10–50 % bietet die **Welcome Card**, die Sie in allen Hotels, auf Campingplätzen und in Ferienwohnungen am Ostufer von Malcésine bis Peschiera del Garda erhalten. Am Westufer gibt es ein Pendant namens **Riviera dei Limoni Card** oder **Promotion Card**, im trentinischen Norden existiert derzeit leider kein Angebot. Die Ermäßigungen gibt es rund um den See sowie in Verona und Umgebung in diversen Museen, Burgen, Kirchen, Vergnügungs- und Wassersportparks, in Tiergärten und Botanischen Parks, auf Seilbahnen und bei der Seeschifffahrt. Prospekte mit allen Betrieben, die sich an dieser Initiative beteiligen, sind in den Informationsbüros erhältlich.

dienungshinweise in deutsch). Falls ein Automat gelegentlich außer Betrieb ist („fuori servizio"), findet man sicher schnell einen anderen. Eine Abhebung kostet in der Regel ca. 4,50 €.

Für das Einlösen von *Reiseschecks* müssen Sie am Bankschalter vorstellig werden. Eine kleine Gebühr wird dabei fällig.

Wer nicht allzu viel Bares mit sich herumtragen will, kann auch problemlos auf alle gängigen *Kreditkarten* zurückgreifen, die als Zahlungsmittel weithin akzeptiert werden. Mit Kreditkarten kann man auch bei Banken Geld abheben, allerdings sind die Gebühren recht hoch (bis 4 % vom Betrag).

> **Im Notfall**
>
> Bei Verlust von Geldkarte, Kreditkarte, Reiseschecks etc. diese sofort telefonisch sperren lassen. Die zentrale Sperrnummer für Bank- und Kreditkarten ist 0049-116116 (www.kartensicherheit.de). Auch verloren gegangene Handys können so gesperrt werden (Sie benötigen dafür die Handyrufnummer, SIM-Kartennummer, eine Kundennummer oder ein Kennwort).

Gottesdienste

Gottesdienste in deutscher Sprache gibt es für Katholiken z. B. in Riva del Garda, Torbole, Malcésine, Limone, Bardolino, Lazise, Moniga, Manerba, Portese, Saló, Sirmione und Peschiera, für Protestanten in Gardone Riviera, Malcésine, Bardolino, Lazise und Arco.

- *Informationen* **Kath. Kirche**, Pastor Dieter Kanduth (deutschspr.), Riva del Garda, ✆ 0464/553049, chiesa.rivadelgarda@gmx.net;
Evang. Kirche, Evang.-Luth. Gemeinde, Via Col di Lana 10, I-39100 Bolzano/Bozen, ✆ 0471/281293, bolzano@chiesa-evangelica.it.
- *Internet* www.gardakirche.net, http://kircheriva.tripod.com.

Information

In allen größeren Orten am See sind Informationsstellen eingerichtet, die gut bestückt sind mit Prospekten, Broschüren und Infos jeglicher Art. Überall erhältlich sind Gardaseekarten, Stadtpläne, Hinweise zu Sehenswürdigkeiten, Tipps für Sport und Freizeit, Veranstaltungskalender sowie Unterkunftslisten. Fragen Sie bei Interesse auch nach *Wander-* und/oder *Radwegkarten* zur Umgebung. Viele Mitarbeiter sprechen bestens Deutsch.

Die Hauptstellen der Information nennen sich *APT (Azienda per il Turismo)* oder *IAT (Informazione e Accoglienza Turistica)*, in kleineren Orten *Pro Loco*. Fragen Sie am besten einfach nach dem „ufficio informazioni".

> **Gardasee-Zeitung**: erscheint zweimal monatlich und liegt gratis an vielen Stellen aus. Aktuelle Nachrichten und Infos zum See, Veranstaltungshinweise, Ausflugstipps, Fahrpläne u. v. m. (www.gardasee zeitung.it).

Blick von Malcésine hinüber zum Westufer

Vor der Reise können Sie Prospekte bei den folgenden italienischen Fremdenverkehrsämtern (ENIT) bestellen:
Deutschland, Neue Mainzer Str. 26, D-60311 Frankfurt/M. ✆ 069/237434, ✉ 232894, enit.ffm@t-online.de; Mo–Fr 10–17 Uhr, Sa/So geschl.
Friedrichstr. 187, D-10117 Berlin. ✆ 030/2478398, ✉ 2478399, enit-berlin@t-online.de; Mo–Fr 10–17 Uhr, Sa/So geschl.
Prinzregentenstr. 22, D-80538 München. ✆ 089/531317, ✉ 534527, enit-muenchen@t-online.de; Mo–Fr 10–17 Uhr, Sa/So geschl.
Österreich, Kärntnerring 4, A-1010 Wien. ✆ 0043/1/5051639, ✉ 5050248, delegation.wien@enit.at; Mo–Do 9–17, Fr 9–15.30 Uhr, Sa/So geschl.
Schweiz, Uraniastr. 32, CH-8001 Zürich. ✆ 0041/43/4664040, ✉ 4664041, info@enit.ch; Mo–Fr 9–17 Uhr, Sa/So geschl.

> **Internet**: www.enit-italia.de, www.enit.at, www.enit.ch

Internet

Die Region Gardasee ist im Netz sehr gut vertreten. Alle größeren Seeorte haben eigene Websites mit hohem Informationsgehalt, ebenso zahlreiche Hotels, Campingplätze, Sportanbieter und andere touristische Betriebe. Dazu kommen diverse Unterkunftsvermittler, über die online gebucht werden kann. Im Folgenden eine kleine Auswahl aus dem großen Angebot. Alle angegebenen Sites sind deutschsprachig. Viele weitere Webadressen finden Sie in den jeweiligen Textabschnitten.

www.gardatrentino.it: Website des APT Trentino zum Nordufer des Gardasees mit Hinterland.

www.tourism.verona.it: Website der Provinz Verona. Touristische Hinweise zu den Orten am Ostufer des Gardasees, Geschichtliches, Unterkünfte, Campingplätze.

www.bresciaholiday.com: Informationen zur lombardischen (West-)Seite des Gardasees, darunter umfangreiche Hinweise zu Unterkünften (mit Preisen).

www.gardapass.com: Website der Hoteliers vom Ostufer des Gardasees. Viele Informationen zu allen Orten und Umgebung, umfangreiches Buchungssystem für 330 Hotels.

www.gardasee-info.de: viele touristische Aspekte werden beleuchtet, mit Forum.

Verschiedenes

www.gardainforma.com: umfassende Site zu vielen Aspekten, Kunst & Kultur, Restaurants, Wellness, Olivenöl u. v. m.

www.lagodigardamagazine.com: detaillierte Hinweise zu Sehenswürdigkeiten in allen Orten am See.

www.lagodigarda.it: viele Infos zum See, darunter Hinweise zu Unterkünften, Wetterbericht, Wasserqualität, Sport und Gastronomie.

www-lagodigarda-e.it: u. a. Informationen zu Veranstaltungen, Restaurants, Ferienwohnungen und Campingplätzen.

www.olivenriviera.de: Informationen zur Olivenriviera (Ostufer von Malcésine bis Peschiera del Garda), Online-Reservierung von Hotels, Fewos und Campingplätzen.

www.rivieradeilimoni.it: ausführliche Site zur Zitronenriviera (Westufer), allgemeine Infos, Hotels, Restaurants, Kartenausschnitte, Links usw.

www.valtenesi.info: Hinweise zum Südwesten des Sees, vor allem zu Unterkünften, mit Stadtplänen.

www.gardawetter.com: nicht nur Wetter, sondern auch Wasserstand, Wochenmärkte und Feuerwerkstermine – und dazu 54 Webcams am See.

> **www.gardasee.de**: aktuelle und inhaltsreiche Site mit vielseitigen Hinweisen und großem, informativem Forum, das u. a. Hilfe bei der Unterkunfts- und Restaurantsuche geben kann.

Landkarten

Beste Wahl im deutschen Buchhandel ist derzeit die Karte *Lago di Garda, Monte Baldo* von Kompass (Blatt 102, 1:50.000). Allerdings endet sie ziemlich abrupt am Nord- und Südufer des Sees, sodass Ausflüge ins Hinterland von Riva bzw. Sirmione damit nicht möglich sind. Zusätzlich gibt es noch, ebenfalls von Kompass, vier Teilkarten im Maßstab 1:25.000: *Alto Gardo e Ledro* (Norduferund Hinterland), *Monte Baldo Nord, Monte Baldo Sud* (Ostseite) und *Parco Alto Bresciano* (Westseite).

Nur vor Ort erhältlich sind die beiden hervorragend exakten Karten *Alto Garda* (1:25.000) und *Basso Garda* (1:35.000) von Lagir Alpina. Sie beinhalten auch das Hinterland von Nord und Süd sowie zahlreiche Wanderwege. Sehr gut ist auch die mit EU-Mitteln erstellte Karte *Limone sul Garda Bike & Trekking* zum Hinterland von Limone, die man im Informationsbüro von Limone für gerade mal 1 € erhält.

Eine echte Hilfe für Biker und Wanderer ist schließlich die in Privatinitiative erstellte Topo-Karte vom *Großraum Gardasee* (www.garda-gps.de). Sie enthält alle wichtigen Wege und lässt sich sogar auf ein Garmin-GPS-Gerät laden.

Gratiskarten zum See erhält man in vielen Informationsbüros.

Radio/TV

Der örtliche Sender *Radio Europa 23* (www.rte23.com) mit Sitz in Tenno bietet von April bis September im nördlichen Seebereich ein deutschsprachiges Programm mit lokalen Bezügen auf folgenden Frequenzen: FM 91.2 und 100.1 MHz in Riva, Arco, Torbole und Malcésine, 91.0 MHz in Tremòsine, Limone und Tignale. Auf denselben Frequenzen kann man am nördlichen Gardasee auch *Antenne Bayern* (www.antenne.de) empfangen und zwar Mo-Sa 13-16 Uhr und 19-8 Uhr (Ausnahmen: Fr und Sa 23-3 Uhr sendet Radio Europa 23). Zu den übrigen Zeiten können außerdem jeweils zur vollen Stunde die Nachrichten der Antenne gehört werden.

Viele Hotels und Apartmentanlagen bieten ihren Gästen in den Zimmern *Satelliten-TV*, über das bekannte deutsche Sender empfangen werden können.

Telefon

So gut wie alle öffentlichen Apparate funktionieren mit *magnetischen Telefonkarten* (carta telefonica) der Telecom, erhältlich für ca. 5 oder 10 € in Tabak- und Zeitschriftenläden, manchmal auch an Rezeptionen von Hotels und Campingplätzen. Als interessante Al-

Telefon 43

Talentierter Freizeitmaler in Lazise

ternative gibt es *internationale Telefonkarten* (scheda telefonica internazionale), die etwa 10 € kosten. Damit kann man deutlich länger als mit den Telecom-Karten telefonieren. Man führt sie jedoch nicht ins Telefon ein, sondern wählt eine kostenlose Nummer (numero verde), die auf der Karte vermerkt ist. Nach der elektronischen Freigabe rubbelt man die Geheimnummer frei, die ebenfalls auf der Karte vermerkt ist, und kann erst dann die Teilnehmernummer wählen.

Achtung: Wenn Sie in Italien auf Ihrem Handy angerufen werden, zahlt der Anrufer nur die Kosten innerhalb seines Landes. Für die internationalen Gebühren wird der Handybesitzer selber zur Kasse gebeten. Man zahlt dann die jeweiligen Tarife des italienischen Netzbetreibers, zusätzlich werden für jeden Anruf so genannte Roaming-Gebühren Ihres Mobilfunk-Providers fällig. Die EU hat diese Gebühren jedoch kürzlich deutlich reguliert.

- Anruf **aus Italien** ins Ausland: Deutschland = 0049, Österreich = 0043, Schweiz = 0041 und jeweils die Null der Ortsvorwahl weglassen.
- Anruf aus dem Ausland **nach Italien**: aus der BRD = 0039, aus Österreich = 04, aus der Schweiz = 0039. Wichtig: Die **Null der Ortsvorwahl** muss immer mitgewählt werden!
- Wenn Sie in Italien **innerhalb eines Fernsprechbereichs** (Provinz, Großstadt etc.) telefonieren, müssen Sie ebenfalls die Ortskennziffern mitwählen – also innerhalb der Provinz Brescia 030, in der Provinz Verona 045 etc. Dies gilt auch für Gespräche innerhalb eines Ortsbereichs.
- Werktags zwischen 22 und 8 Uhr und an Sonntagen von 0 bis 24 Uhr telefoniert man billiger.
- Wenn Sie eine italienische **Mobiltelefonnummer** anwählen, muss die 0 weggelassen werden.

▲ Badeplatz bei Riva del Garda

Rund um den Gardasee

Nordufer und Hinterland 46	Südufer und Hinterland 217
Westufer 97	Südlich vom Gardasee 240
Ostufer 156	Verona 252

Das Nordufer, gesehen vom Monte Brione

Nordufer und Hinterland

(Trentiner Teil des Gardasees)

Das schmale Nordende des Sees ist beiderseits von majestätischen Berghängen eingerahmt – auf der Seite von Riva beeindrucken die fast senkrechten Wände der Rocchetta, auf der Ostseite erhebt sich das mächtige Massiv des Monte Baldo. Dazwischen hat der Fluss Sarca, der bei Torbole in den See mündet, eine große fruchtbare Ebene geschaffen, die sich über das malerische Kurstädtchen Arco weit ins Hinterland zieht. Im Gegensatz zu vielen Siedlungen am West- und Ostufer, wo die Berge unmittelbar hinter dem Ortskern bereits steil ansteigen, gibt es also reichlich Platz und Luft.

Der Nordzipfel des Gardasees ist Teil der Region Trentino-Südtirol – und diese ist erst seit 1919 italienisch, gehörte vorher lange zu Österreich. Zu Zeiten der k.u.k.-Monarchie erwählte Erzherzog Albrecht von Habsburg, Cousin von Kaiser Franz Josef, das Städtchen *Arco* wegen seines milden Klimas zum Winterwohnsitz. Schnell entwickelte es sich zu einem der begehrtesten Kurorte im Reich. Und auch *Riva* war damals für die bessere Gesellschaft Mitteleuropas „en vogue": Franz Kafka versuchte hier, sein Lungenleiden auszuheilen, Thomas Mann arbeitete an seinem „Tristan", Philosophen wie Schopenhauer und Nietzsche genossen das südliche Ambiente. Beide Orte wirken heute dank ihrer kulturellen Vergangenheit recht gediegen und auch das österreichische Flair ist noch spürbar, nicht zuletzt im kulinarischen Angebot.

Heute ist die Nordspitze des Gardasees, vor allem das Örtchen *Torbole*, jedoch aus einem ganz anderen Grund populär – denn hier findet der deutsche Surfer sein Pa-

Nordufer und Hinterland 47

radies au[...]m Wasser. Grund dafür sind die fast idealen Windverhältnisse[...]lässig, dass man beinahe die Uhr danach stellen kann: Von Mitter[...] bläst der „Vento", ein leichter Nordwind, die Alpen herunter, mittags ab ca. 13 Uhr kommt die stärkere „Ora" aus dem Süden, die 4–5 Beaufort erreicht und binnen weniger Minuten Hunderte von Surfern auf den See treibt – ein pittoreskes und anregendes Schauspiel. Aber natürlich kann man im Norden auch ausgezeichnet baden. Das Seewasser ist zwar 1–2 Grad kälter als im Süden, allerdings besteht auch bezüglich der Sauberkeit ein gewisses (positives) Gefälle.

Riva del Garda (ca. 14.000 Einwohner)

„Hauptstadt" der nördlichen Seehälfte, geschäftiges Zentrum mit recht großer und gut erhaltener Altstadt, gehörte bis 1919 zu Tirol. Touristisch für jeden etwas: Schwimmen, Surfen, Radeln, Klettern, Wandern, dazu das Flair einer hübschen und lebhaften Kleinstadt. Eine bunte Mischung von gesetztem Kurpublikum und jungen sportlichen Naturen.

Als wichtigster Hafen in der nördlichen Seehälfte war Riva über Jahrhunderte hinweg schwer umkämpft – die Herrschaftsinteressen der Trentiner, Mailänder, Veroneser und Venezianer stießen hier hart aufeinander. Wer Riva besaß, hatte Zugang sowohl zur Poebene wie auch zu den Alpen, konnte so den gewinnträchtigen Handel zwischen Nord und Süd kontrollieren. Zahlreiche Heere und Eroberer zogen ein und aus, erst nach dem Ersten Weltkrieg fiel Riva an den italienischen Staat. Im 19. Jh. begann der Kurtourismus. Im italienbegeisterten Großbürgertum galt Riva als das Tor zum Süden. Hier waren sie alle: Thomas und Heinrich Mann, Friedrich Nietzsche, Rainer Maria Rilke, Stendhal, Schopenhauer und viele mehr. Niemand aber hat es so schön ausgedrückt wie der lungenkranke Franz Kafka: „In Riva war ich des Südens Gast, der mir nie wieder so liebenswürdig und großartig begegnete". Heute ist Riva eine sichtlich wohlhabende Stadt mit wohlgeordneter touristischer Struktur. Vom Grandhotel bis zum feinen Gourmetlokal, vom Surfcenter bis zu ausgefallenen Mountainbikerouten, vom Kinderspielplatz bis zum „Pub" – kein Aspekt wird vernachlässigt. Ein besonderer Pluspunkt ist die ausgedehnte Badezone, eine der schönsten und gepflegtesten am ganzen See. Zwar hat sich im Umkreis auch Industrie etabliert, doch ist die große Ebene im Hinterland weitgehend landwirtschaftlich geprägt, kilometerweit bestimmen Weinfelder, Obst- und Olivenhaine das Bild. Und auch in den umliegenden Bergen gibt es viele lohnende Ziele, die einen mehrwöchigen Aufenthalt kurzweilig werden lassen.

*A*nfahrt/*V*erbindungen

● *PKW* Die **Uferstraße** zwischen Riva und Torbole ist in der Saison stark überlastet – nicht zuletzt, weil ein Großteil aller Gardasee-Besucher von der nahen Brenner-Autobahn durch dieses Nadelöhr „einfällt". Der motorisierte Verkehr wird jedoch um die **verkehrsberuhigte Altstadt** herumgeleitet. Ein großer, gebührenpflichtiger Parkplatz mit Schranke liegt am **Viale Fabio Filzi** östlich der Rocca, 1 Std. ca. 2 €. Eine Tiefgarage namens **Terme Romana** gibt es am Viale Roma, nördlich der Porta San Michele, 1 Std. ca. 2 €, Tag (8–22 Uhr) 15 €, Nacht 4 €. Parken kann man außerdem im Jachthafen **San Nicolò** (→ Stadtplan), 1 Std. ca. 1 €. Gratis stehen die PKW in langer Reihe an der **Via Monte Oro**, der Umgehungsstraße ums alte Zentrum in Richtung Limone.

● *Bahn* Nächste Bahnstation ist **Rovereto** an der Brenner-Linie (München–Verona), dort starten etwa stündlich Busse von Trentino Trasporti nach **Riva** (ca. 2,50 €).

● *Bus* großer **Busbahnhof** am Viale Trento in der Neustadt.

48 Nordufer und Hinterland

ATV-Busse 62–64 verkehren alle 1–2 Std. entlang des gesamten Ostufers von und nach Verona/ Hauptbahnhof (Porta Nuova). **Bus 27** von Trasporti Brescia Nord pendelt bis zu 6 x tägl. am Westufer zwischen Riva und Desenzano (bis zu 11 x nach Limone und Campione). Dazu kommen mehrmals tägl. **SIA-Busse**, die ebenfalls am Westufer entlang von Arco über Riva nach Salò fahren und von dort landeinwärts über Brescia nach Milano.

Busse von **Trentino Trasporti** bedienen auf verschiedenen Routen das Nordufer und das Hinterland mit den Orten Varone, Arco, Nago u. a.

• *Schiff* Die Fähranlegestelle liegt an der Westseite des Hafens, Piazza Catena. Zwischen 8 und 19 Uhr schippern **Personenfähren** fast stündlich über Torbole und Limone nach Malcésine am Ostufer (zwischen Limone und Malcésine verkehren regelmäßig Fähren mit Autotransport). Mehrmals tägl. gibt es außerdem Verbindungen entlang des Westufers (z.T. auch Ostufer) zu den Orten im Süden des Gardasees, 5 x tägl. fährt ein **Schnellboot** bis Desenzano am Südufer, 2 x tägl. eine Fähre mit Autotransport.

Bootsausflüge zum historischen Porto del Ponale mit dem 30 m hohen Wasserfall „Cascata del Ponale" und zu anderen Zielen der Umgebung starten täglich an der Rocca (→ Sehenswertes), z. B. das Boot „Speedy Gonzales" (✆ 0464/552089).

• *Taxi* Standplätze bei der **Rocca** (✆ 0464/552200) und am **Busbahnhof** (✆ 0464/557044). Ausflugsangebote mit Fixpreisen u. a. auf den Monte Baldo, zum Lago di Ledro, nach Trento und Rovereto. Bike-Mitnahme auf Vorbestellung.

ETS Eurotour-Service, Transport von Klein- und Großgruppen mit Sportgeräten, Bike-Shuttle. 24 Std. einsatzbereit. Via Monte Misone 12, ✆/℡ 0464/552751, www.eurotourservice.com.

Information

APT (Azienda per il Turismo), Largo Medaglie d'Oro al Valore Militare 5, östlich der Rocca, im Gebäude beim großen Parkplatz (einstiger Endbahnhof der Strecke Mori–Arco–Riva, der 1936 aufgelassen wurde), kompetente Auskünfte auf Deutsch. An der Außenfront des Büros eine elektronische Schautafel, die anzeigt, welche Hotels und Pensionen Vakanzen besitzen. Mai bis Sept. tägl. 9–19 Uhr. ✆ 0464/554444, ℡ 520308, www.gardatrentino.it.

Zweigstelle an der Fähranlegestelle, dieselben Öffnungszeiten wie im Hauptbüro, aber nur im Sommer geöffnet.

Übernachten (→ Karte S. 50/51)

Zahllose Unterkünfte liegen im Zentrum und Umkreis, sind aber trotzdem im Sommer oft ausgebucht, das Infobüro hilft (Hotel booking Ingarda). Surfer wohnen gerne direkt am Strand, weiter außerhalb lässt es sich auch schön im Grünen unterkommen.

• *In der Altstadt* ***** Centrale (33)**, großer venezianischer Palazzo aus dem 14. Jh. in ganz zentraler Lage, schöner Blick auf Platz, Hafen und See, 70 elegant eingerichtete Zimmer mit Klimaanlage, Teppichboden und Sat-TV, Freiluftlokal an der Piazza. DZ mit Frühstück ca. 80–140 €. Piazza 3 Novembre 27, ✆ 0464/552344, ℡ 552138, www.welcometogardalake.com.

** Ancora (15), vollständig renoviertes Altstadthaus, elf komfortabel ausgestattete Zimmer und ein Mini-Apartment. Mit Restaurant, hinter dem Haus zur Fußgängerzone hin großzügige Speiseterrasse, mit angrenzender Garage (gegen Aufpreis) und Fahrradabstellraum. DZ mit Frühstück ca. 76–94 €. Via Montanara 2, ✆ 0464/522131, ℡ 550050, www.rivadelgarda.com/ancora.

* La Montanara (16), einige Häuser vom Ancora entfernt. Neun Zimmer, einfach und sauber, unten gemütliche Trattoria (→ Essen & Trinken). DZ mit Bad und Frühstück ca. 52 €, mit Etagendusche ca. 45 €. Via Montanara 18–20, ✆ 0464/554857, ℡ 561552, montanarait@yahoo.it.

* Casa Alpino (26), geräumige und saubere Apartments mit Waschmaschine in zentraler Lage, unten im Haus das preiswerte Restaurant „Alpino" mit Freiterrasse (→ Essen & Trinken). Wohnung mit 4 Betten ca. 60–75 €, mit 6 Betten 80–95 €. Via del Corvo 6 (zentral in der Altstadt, zu erreichen von der Via Florida), ✆ 0464/567432, www.casaalpino.it.

Nordufer und Hinterland (Trentiner Teil des Gardasees)

Das Städtchen Riva liegt malerisch am Nordufer

● *An Uferstraße und Badestrand* (östlich vom Zentrum):

**** Du Lac et du Parc (19), eins der besten Häuser der nördlichen Seehälfte, modernes Hauptgebäude und 33 stilvoll ausgestattete Bungalows im riesigen Park, der bis zum Strand reicht. Tennis, Frei- und Hallenbad, Segel-/Surfschule u. v. m. DZ mit Frühstück ab ca. 160 € (versch. Kategorien), 2-Bett-Bungalow ca. 170–270 €, 4-Bett-Bungalow ca. 230–350 € (zuzügl. 20 € Frühstück pro Pers.). Viale Rovereto 44, ☎ 0464/566600, ✆ 566566, www.dulacetduparc.com.

**** Grand Hotel Liberty (7), großer Palast vom Anfang des 20. Jh. Eine Oase des Komforts, ausgesuchtes Mobiliar von Klassizismus bis Jugendstil, gediegenes Ambiente mit Stuck und Kronleuchtern, zwar an der viel befahrenen Straße nach Torbole gelegen, nach hinten aber ruhig, zum Strand 2 Min. Schönes Hallenbad, Wellnesscenter, ruhiger Innengarten mit Pool, edle Zimmer mit Klimaanlage und Sat-TV. DZ mit Frühstück ca. 130–190 €. Viale Carducci 3–5, ☎ 0464/553581, ✆ 551144, www.grandhotelliberty.it.

**** Feeling Hotel Luise (8), aufmerksam geführtes Haus, aufwändig renoviert. Hinter dem Haus Garten mit schöner Poolanlage. Einladende Zimmer mit TV, Klimaanlage und bequemen Betten. Üppiges Frühstücksbuffet. Mit Mountainbike-Depot. Einziger Nachteil: Die Lage direkt an der Uferstraße. DZ mit Frühstück ca. 90–240 €. Viale Rovereto 9, ☎ 0464/550858, ✆ 554250, www.hotelluise.com.

**** Parc Hotel Flora (29), elegantes Haus mit nobler Ausstattung und Wellnesscenter, leider direkt an der Straße, sodass nur die Zimmer zur Seeseite ruhig sind. Dort auch der üppige Garten mit bildschönem Pool zwischen Fächerpalmen. Vor dem Haus beliebtes Eiscafé. Bestens und teils originell eingerichtete Zimmer mit Sat-TV und Klimaanlage. DZ mit Frühstück ca. 130–300 €. Viale Rovereto 54, ☎ 0464/571571, ✆ 571555, www.parchotelflora.it.

*** Bellariva (38), im Grünen gelegenes Haus mit 30 Zimmern, jeweils Klimaanlage, TV und Frigo-Bar, nur durch eine Liegewiese vom See getrennt, kleiner Pool. Ideal für Surfer, da benachbart zum Surf-Center am Camping Bavaria. DZ mit Frühstück ca. 100–130 €. Via Franz Kafka 13, ☎ 0464/553620, ✆ 556633, www.hotelbellariva.com.

*** Venezia (34), zwei äußerlich weniger ansprechende Häuser, aber sehr gute strandnahe Lage und gepflegtes Ambiente, Pool, schöne Frühstücksterrasse. DZ mit Frühstück ca. 110–130 €. Via Franz Kafka 7, ☎/✆ 0464/552216, www.rivadelgarda.com/venezia.

● *Verstreut im Umkreis* ***** Pier**, unterhalb der westlichen Uferstraße direkt am See,

50 Nordufer und Hinterland

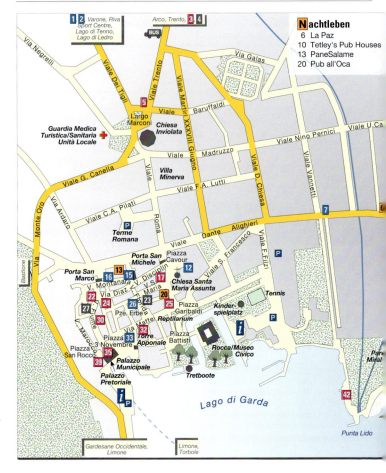

etwas südlich der Ponale-Schlucht, Stammhotel vieler Surfer, da mit eigener Surfstation (→ Sport). Auch über Reiseveranstalter zu buchen. Achtung: spontanes Parken schwierig, Parkplatz oft überfüllt. DZ mit Frühstück ca. 150–140 €. Località Gola 2, ✆ 0464/554230, ✉ 553217, www.montagnoligroup.it.

*** **Benacus (40)**, gepflegtes Haus inmitten von Olivenbäumen am Hang des Monte Brione, herrlicher Blick auf Riva und den See. Zimmer in sachlich-elegantem Design, Teppichboden, gute Matratzen, Sat-TV, z. T. Balkon. Kleiner Pool und Kinderbecken, Restaurant mit Panoramaterrasse. DZ mit Frühstück ca. 70–135 €. Via Monte Brione 19, ✆ 0464/ 552737, ✉ 551030, www.hotelbenacus.com.

*** **Deva (2)**, etwa 3,5 km außerhalb von Riva, allein stehendes Haus an der Straße zum Tenno-See hinauf, herrlicher Blick auf das Nordende des Sees und ins Hinterland. Herr Habermaass stammt aus Schwaben, seine Frau vom Gardasee. Beide haben lange in Stuttgart gelebt, bevor sie das Albergo übernommen haben. Netter Service, kinderfreundlich, Restaurant mit Panoramaterrasse und guter Küche (auch für Nichthausgäste), Garten und Pool. 20 ordentliche Zimmer mit Sat-TV. Mit der Straße, die in einer Kurve direkt ums Haus führt, muss man sich

Riva del Garda

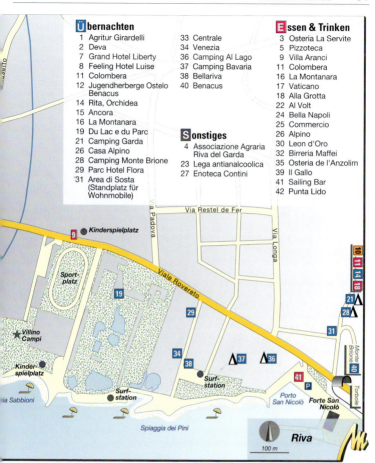

Übernachten
1 Agritur Girardelli
2 Deva
7 Grand Hotel Liberty
8 Feeling Hotel Luise
11 Colombera
12 Jugendherberge Ostelo Benacus
14 Rita, Orchidea
15 Ancora
16 La Montanara
19 Du Lac e du Parc
21 Camping Garda
26 Casa Alpino
28 Camping Monte Brione
29 Parc Hotel Flora
31 Area di Sosta (Standplatz für Wohnmobile)
33 Centrale
34 Venezia
36 Camping Al Lago
37 Camping Bavaria
38 Bellariva
40 Benacus

Sonstiges
4 Associazione Agraria Riva del Garda
23 Lega antianalcoolica
27 Enoteca Contini

Essen & Trinken
3 Osteria La Servite
5 Pizzoteca
9 Villa Aranci
11 Colombera
16 La Montanara
17 Vaticano
18 Alla Grotta
22 Al Volt
24 Bella Napoli
25 Commercio
26 Alpino
30 Leon d'Oro
32 Birreria Maffei
35 Osteria de l'Anzolim
39 Il Gallo
41 Sailing Bar
42 Punta Lido

Nordufer und Hinterland (Trentiner Teil des Gardasees)

allerdings erst anfreunden. PKW notwendig. DZ mit Frühstück ca. 75–80 €. Località Deva, ☎ 0464/521329, ✆ 560848, www.hoteldeva.it.

* Rita (14), unterhalb vom Monte Brione, knapp 2 km vom See an einer wenig befahrenen Straße (ca. 40 Fußminuten ins Zentrum). Beliebte Pension mit familiärer Atmosphäre, sonnig und ruhig, Frühstücksterrasse, Parkplatz, abschließbarer Raum für Mountainbikes und Windsurfgeräte, Swimmingpool mit Kinderbecken. Derzeit wird die Pension durch einen großen Neubau auf dem Grundstück erweitert. DZ mit Frühstück ca. 68–72 €. Via Brione 19, ☎/✆ 0464/551798, www.garnirita.com.

* Orchidea (14), benachbart zu Rita, ähnlicher Standard, schön renovierte Zimmer, ebenfalls mit Pool. DZ mit Bad und Frühstück ca. 60–76 €. Via Brione 17, ☎/✆ 0464/554565, www.orchidea-gardasee.de.

Agritur Girardelli (1), etwa 3 km landeinwärts vom Zentrum, zu erreichen von der S.P. 37 nach Tenno und zum Valle di Ledro. Das ehemalige Bauernhaus von Familie Girardelli besitzt zehn Zimmer, alles ist neu und ansprechend eingerichtet, leckeres Frühstück, Whirlpool, Sauna, HP möglich (dreigänges Menü). Es wird etwas Deutsch gesprochen. DZ mit Frühstück ca. 72–85 €. Via Marone, ☎ 0464/521642, ✆ 521642, www.agriturgirardelli.it.

52 Nordufer und Hinterland

Residence La Colombera (11), ein Stück landeinwärts vom Camping Brione. Renoviertes Landschloss aus dem 16. Jh., von Antonio freundlich geführt. Vermietet werden neun geräumige und liebevoll eingerichtete Zwei- und Dreizimmer-Apartments für 2–4 und 4–5 Pers., jeweils mit Sat-TV, z. T. mit Balkon. Großes Grundstück mit Weinreben und Olivenbäumen, Parkplatz, Abstellraum für Mountainbikes und Surf-/Segelmaterial, Waschmaschine, Spielgeräte für Kinder. Auch zum Essen ein Tipp (siehe Essen & Trinken). Apartment für 2 Pers ca. 50–85 €, für 4 Pers. ca. 60–115 €. Frazione Sant'Alessandro, Via Rovigo 30, ✆ 0464/556033, ✆ 561506, www.lacolombera.it.

● *Jugendherberge* **Ostello Benacus (IYHF) (12)**, neben der Kirche Santa Maria Assunta im Hinterhaus, 120 Betten in DZ, 4- und 6-Bett-Zimmern sowie einem Schlafsaal mit 16 Betten. Internet Point, Waschmaschine, Parkplatz, Zimmer mit Internetzugang. Abendessen ca. 10 €, Lunchpaket ca. 7 €. Geöffnet April bis Okt. Check-In 15–23 Uhr. Übernachtung mit Frühstück im Mehrbettzimmer ca. 16 €, im DZ ca. 18–20 € pro Pers. (falls ausgebucht, werden IYHF-Mitglieder bevorzugt). Piazza Cavour 10, ✆ 0464/554911, ✆ 559966, www.ostelloriva.com.

● *Camping* Vier Zeltplätze gibt es bei Riva, nur zwei liegen direkt am See

* Bavaria (37), der stadtnächste Platz, ca. 3 km östlich vom Zentrum zwischen Viale Rovereto und Kiesstrand. Kleines Gelände unter hohen Bäumen, sanitär einfach, Surfzentrum (→ Sport), Ristorante/Pizzeria an der Straße. Am Ufer entlang kann man bis nach Riva laufen. Viale Rovereto 100, ✆ 0464/552524, ✆ 559126, www.bavarianet.it.

Al Lago (36), etwas größeres Gelände, auch Zimmervermietung. Viale Rovereto 112, ein Stück weiter in Richtung Torbole, ✆ 0464/553186, ✆ 559772, www.campingallago.com.

**** Monte Brione (28), nicht am See, sondern landeinwärts, direkt am Fuß des mit Olivenbäumen bestandenen Monte Brione. Bestausgestatteter Platz bei Riva, Stellplätze auf Rasenflächen unter Olivenbäumen und am Hang, großer Swimmingpool, an Wochenenden abends Livemusik. Etwa 500 m vom Strand. Via Brione 32, ✆ 0464/520885, ✆ 520890, www.campingbrione.com.

* Garda (21), kleines Gelände mit 19 Stellplätzen neben Camping Monte Brione, preiswert. ✆/✆ 0464/552038.

Area di Sosta (31), Grasplatz für Wohnmobile gegenüber den beiden letztgenannten Zeltplätzen. Aufenthalt max. 48 Std., pro Std. ca. 0,50 €. ✆ 0464/557675.

Essen & Trinken (→ *Karte S. 50/51*)

Besonders schön sitzt man natürlich an der Promenade vor den Hotels Sole und Bellavista – bei stolzen Preisen ist das Essen dort allerdings eher durchschnittlich – und an der zentralen Piazza 3 Novembre. Aber auch in den umliegenden Altstadtgassen findet man eine Reihe gemütlicher Trattorien. Die Preise bewegen sich oft auf höherem Niveau, etwas außerhalb findet man dieselbe Qualität günstiger.

Al Volt (22), in einer schmalen Einkaufsgasse wenige Meter oberhalb der Piazza 3 Novembre. Fein herausgeputztes Gewölbelokal mit anheimelnden Sitzecken, wo man sich wie im eigenen Wohnzimmer fühlen kann. Täglich wechselnde Speisekarte, neben Fisch vom See auch Hirschfilet, Kalbslendenbraten und Entenbrust. „Servizio" und „Coperto" in den Preisen eingeschlossen. Degustationsmenü ca. 40 €. Mo geschl. Via Fiume 73, ✆ 0464/552570.

Osteria de l'Anzolim (35), neue Adresse an der Piazza 3 Novembre, geführt von einem Venezianer, der hier gute Meeresküche kreiert, die Bedienung ist freundlich. Mo geschl. Piazza 3 Novembre 11, ✆ 0464/554317.

Commercio (25), am Beginn der Via Maffei, direkt bei der Piazza Garibaldi. Schöne, alte Einrichtung, junger Chef und ebensolches Personal, Service aufmerksam. Hausgemachte Nudeln, gute Auswahl an Pizzen, die über den Tellerrand lappen, natürlich auch Fisch. An der Straße sitzt man hübsch. Mo geschl. ✆ 0464/521762.

Birreria Maffei (32), gleich am Marktplatz (Piazza delle Erbe), altösterreichischer Charme im Vestibül eines großes Palazzo, man sitzt auf rustikalen Holzbänken und genießt *carré di maiale affumicato con crauti e patate* (Kassler mit Sauerkraut und Salzkartoffeln), Gulasch mit Knödeln oder Spaghetti, Roastbeef und Forelle. Mi geschl. Via Andrea Maffei 7, ✆ 0464/553670.

Riva del Garda 53

Leon d'Oro (30), nett aufgemachtes Lokal mit ein wenig nostalgischer Atmosphäre, allerdings mittlerweile touristische Großabfertigung in drei Speisesälen. Große Auswahl, auch Pizza. Etwas höhere Preise. Kein Ruhetag. Via Fiume 28, ✆ 0464/552341.

Il Gallo (39), ruhiges Eckchen an der Piazza San Rocco, ganz zentral, doch trotzdem versteckt. Kleine Osteria mit einer Handvoll Außentische. Serviert werden u. a. Nudelgerichte, *carne salada*, Polenta und *canederli* (Knödel). Mittlere Preise. Mo geschl. ✆ 0464/556200.

La Montanara (16), kleine, engagiert geführte Trattoria, in der man sehr gutes Essen zu fairen Preisen bekommt. Frühzeitig kommen, wird schnell voll. Fantasievolle Speisekarte, auf der auch *cavallo* (Pferdefleisch) zu finden ist. Sehr schmackhaft die Nudelgerichte, z. B. *orecchiette*, *gnocchi* oder *crespelle*. Keine Pizza. Mi geschl. Via Montanara 18, ✆ 0464/554857.

Alpino (26), an einer versteckten Piazza, zu erreichen über die Via Florida. Einfaches, preiswertes Lokal, das auch von Einheimischen besucht wird, ruhige Außenterrasse. Günstige Trentiner Küche, z. B. Wild und Polenta. Primi ab ca. 5,50 €, Secondi ab 7 €. Vermietung von Apartments (→ Übernachten). Via del Corvo 6, ✆ 0464/552245.

Bella Napoli (24), beliebte Pizzeria in der Altstadt, junge Leute und Surfer kommen gerne hierher, abends herrscht oft Hochbetrieb. Hinter dem Haus kann man auch draußen sitzen. Große Pizzen ab ca. 6 €. Vor dem Haus mal in den 7 m tiefen Münzbrunnen schauen. Mi geschl. Via Armando Diaz 29, ✆ 0464/552139.

Vaticano (17), beim Domplatz, Leserempfehlung: „Fisch und Nudelgericht vom Feinsten, Mama nimmt die Bestellung auf, bezahlt wird am Tresen. Obligatorisch der kostenfreie Grappa nach dem Essen." Di geschl. Via Santa Maria 8, ✆ 0464/554262.

• *Außerhalb vom Zentrum* **Pizzoteca (5)**, neben der Chiesa Inviolata (→ Sehenswertes), hier gibt es nur Pizza, doch diese ist außergewöhnlich gut mit dünnem Boden und interessantem Belag. Innen geschmackvoll eingerichtet, dazu ein überdachter und schön bepflanzter Garten. Di-Abend und So-Mittag geschl. Via Baruffaldi 1/a. ✆ 0464/520400.

Villa Aranci (9), populäre Pizzeria in einem klassizistischen Palazzo an der viel befahrenen Straße nach Torbole, jeden Abend bis zum letzten Platz gefüllt. Neben dem Haus große Sitzfläche mit groben Holztischen unter Weinranken. Viele Pizzen, preiswerter offener Wein. Ideal für alle, die in Strandnähe wohnen und den Weg in die Altstadt scheuen. Angeschlossen ein kleiner Kinderspielplatz. Di geschl. Viale Rovereto 25 (gegenüber vom Sportplatz), ✆ 0464/552715.

La Colombera (11), historisches Landschloss gar nicht weit vom Zentrum. Sitzplätze im Gewölbe mit Kamin oder draußen unter Weinreben, die Speisenauswahl ist reichhaltig und authentisch, hier isst man wirklich etwas anders als in den Touristenrestaurants im Zentrum. Frazione Sant'Alessandro, Via Rovigo 30, ✆ 0464/556033.

Alla Grotta (18), im Örtchen Grotta, direkt unterhalb vom Hang des Monte Brione, ideales Ziel für einen kleinen Radausflug aus Riva oder Torbole. Ein altes Bauernhaus, ausgebaut zu einem rustikalen Gasthof, man sitzt innen wie in einer Grotte, draußen an großen Holztischen, garniert mit hübschem Blumenschmuck und drei Palmen. Hervorragende Küche, die satt macht und gesund ist: üppiger Rohkostteller *insalatone* mit zwölf verschiedenen Salaten, verschiedene eingelegte Gemüse, Zwiebeln etc., Raclette und Fondue Schweizer Art, *carne salada e fagioli*, Nackensteak, für die Kleinen selbst gefertigte Pommes. In der Nebensaison Di geschl., sonst tägl. ab 18 Uhr.

Osteria La Servite (3), im Örtchen San Giorgio, ein wenig nördlich von Grotta. Wunderbare Lage neben Weinfeldern, umgeben von Rebstöcken, dahinter ragt die pittoreske Burg von Arco empor. „Cucina e vino" heißt hier das Motto, täglich wird *costata taglio Fiorentino* (Florentiner Rumpsteak) serviert, ansonsten kann man lokale Spezialitäten, Wurstwaren und Käse kosten, Teigwaren und Brot sind hausgemacht, dazu gibt es vielfältige Weine. Kein Coperto. 16–23.30 Uhr. Mo geschl. (Okt. bis März nur Mi–Sa geöffnet). Reservierung erwünscht. ✆ 0464/557411.

• *Cafés/Eis* **Punta Lido (42)**, Eiscafé am Weg zum Strand, auf einer Terrasse übers Wasser gebaut, herrlicher Blick auf die Bucht.

Sailing Bar (41), schöne Lage im Jachthafen Porto San Nicolò (S. 59), nette Bar im modernen Metall- und Holzstyling, geführt von einer jungen Crew. Serviert werden üppige Panini, Salate und Cocktails, am Wochenende oft Livemusik (bis 24 Uhr geöffnet).

Nordufer und Hinterland (Trentiner Teil des Gardasees)

Norduferund Hinterland

Nachtleben (→ Karte S. 50/51)

Riva ist nicht gerade das Pflaster, wo allnächtlich der Bär los ist, das Angebot bleibt überschaubar. In den Freiluftcafés um die Piazza 3 Novembre gibt es im Sommer häufig Livemusik.

Pub all'Oca (20), beim Domplatz hinter einer efeuberankten Fassade. Gemütlich ausstaffierte Kneipe im typischen Pubstil. Geführt von einem passionierten Segler, an den Wänden zahlreiche Schiffsmodelle, Ledersofas laden zum Sitzen ein. Gelegentlich Livemusik. 18–2 Uhr, Mo geschl. Via Santa Maria 9.

PaneSalame (13), die bislang winzige Osteria ist in größere Räumlichkeiten umgezogen. Es gibt Bruschette, Wurst und Käse, dazu eine Auswahl an passablen Weinen. Man sitzt an kleinen Holztischen und Weinfässern auf der Gasse, keine Bedienung, sondern Self-Service. Mi geschl. Via Montanara 10, ☎ 338-7403117.

La Paz (6), angesagte Cocktailbar an der Ausfallstraße nach Torbole, kurz vor dem Feeling Hotel Luise. Sa/So jeweils DJ Sessions. Via Carducci 17.

Tetley's Pub Houses (10), kürzlich von der lauten Hauptstraße ins ländliche Hinterland umgezogen, beliebter Bikertreff, gemütliche Pubatmosphäre, diverse Biersorten, darunter als Spezialität des Hauses das rote „Tetley's Export" aus England, dazu schön hergerichtete Bruschette und Panini. Ortsteil La Grotta, Via Monte Brione 3, Mi geschl.

Shopping (→ Karte S. 50/51)

Gut bestückte Einkaufsgassen im Zentrum sind u. a. die Via Gazzoletti und die Via Fiume.

• *Kulinarisches* **Associazione Agraria Riva del Garda (4)**, die Genossenschaft Trentiner Winzer und Landwirte ist 2007 in einen großen Neubau mit Kellerei und Ölmühle umgezogen. Verkauft werden in modernen Verkaufsräumen Öl, Wein (in Flaschen oder direkt am Tank), Grappa und andere Produkte aus eigener Produktion. Laden 8–12, 15–19 Uhr, Sa-Nachmittag und So geschl. Località San Nazzaro 4 (an der Straße von Riva nach Arco), ☎ 0464/552133, www.agririva.it.

Lega antianalcoolica (23) („Bund gegen Alkoholfreies"), von Signore Marco Simonetti freundlich geführter Laden mit vielfältigen Grappasorten, Weinen und kulinarischen Delikatessen. Via Santa Maria 23.

Enoteca Contini (27), zentral an der Einkaufsgasse, Riesenauswahl an Wein, Olivenöl, Nudeln etc., das Meiste aus dem Gardaseegebiet. Herr Contini spricht gut Deutsch. Via Fiume 55.

• *Kunst* **La Botega del Pitor**, ganz zentral liegt das Atelier von Germano Alberti, der mit seinen lebhaften Farben seit vielen Jahren den See, seine Stimmungen und die Landschaften rundum einfängt. Via Fiume 47, www.labotegadelpitor.com.

• *Märkte* **Obst- und Gemüsemarkt**, Mo–Sa vormittags an der kleinen Piazza delle Erbe, mitten in der Altstadt.

Kleidermarkt, jeden zweiten und vierten Mittwoch im Monat, Stände dicht an dicht in den Straßen Via Dante, Prati und Pilati, etwas außerhalb der Altstadt.

Sport

Riva ist trotz seines historischen Charakters eine sportliche Stadt – für Windsurfer gibt es drei Spots, Kletterer sehen ihre Gipfel hautnah vor sich, Mountainbiker können die alte Ponale-Straße befahren.

• *Windsurfspots und -stationen* (Ost nach West) Der Gardasee-Surfpionier Marco Segnana betreibt inzwischen alle drei Surfstationen.

Surf Segnana Spiaggia Porfina, der populärste Surfspot in Riva, gleich neben dem Jachthafen Porto San Nicolò gelegen. Hier fegt die Ora oft mächtig herein. Parken kann man kostenlos im Hafen. Die Windsurfschule liegt auf dem anliegenden Camping Bavaria. ☎ 0464/505963, ☎ 505498, www.surfsegnana.it.

Sailing du Lac by Surfsegnana, am Strand vor dem Hotel du Lac et du Parc, auch Katamarankurse und Verleih. Viale Rovereto 44, ☎ 0464/552453, www.sailingdulac.com.

Pier Windsurf, super Ora-Spot beim Hotel Pier in Richtung Limone (→ Übernachten). Die Felsen ragen hier steil auf und die Ora wird stark beschleunigt. Beim morgendli-

Riva del Garda 55

Reizvolle Badestelle beim Porto San Nicolò

chen Vento muss man dafür weit raus auf den See. Großes Problem ist der viel zu kleine und teure Parkplatz: Fahrzeug kostet ca. 10 € pro Tag, zusätzlich 10 €/Pers., davon 8 € als Verzehrgutschein im Hotel – sehr früh kommen! ✆ 0464/550928, ✆ 559527, www.pierwindsurf.it.

Etwa 30 m nördlich vom Hotel Pier liegt die berühmt-berüchtigte „Schweinebucht". Von einem Parkplatz bei einer allein stehenden Zypresse führt ein Pfad hinunter. Die Surfer laden hier ihr Material ab, parken irgendwo anders (Abschleppgefahr!) und kommen per Autostopp oder Bike zurück. Aufgeriggt wird unten am Wasser (sehr eng).

- *Mountainbikes* Besonders reizvoll sind Touren über den **Monte Brione** (→ S. 62) und die alte **Ponale-Straße** (→ Kasten S. 61).

Verleih: **Girelli**, Viale Damiano Chiesa 15–17, ✆ 0464/556602, bici.girelli@tin.it; **Pederzolli**, Viale dei Tigli 24, ✆ 0464/551830, www.pederzolli.it; **Hersh**, Viale Rovereto 128, ✆ 031-4120173, www.hersh.it; **Rosà Bikes**, Viale Dante 4, ✆ 0464/553498, www.rosabike.it; außerdem verleihen die **Surfcenter** Fahrräder.

- *Segeln* Kurse und Verleih bei **Sailing du Lac by Surfsegnana** (→ Windsurfen) und **Gardaseecharter**, Nautic Club Riva, Porto San Nicolò, ✆ 335-5274455, ✆ 0464/506050, www.gscharter.com.

- *Sonstiges* **Beach Volley** an der Spiaggia Sabbioni (Bar Sabbioni).

Hallenbad, Piscina „Enrico Meroni", Piazza Maria Contini 5. Eintritt Erw. ca. 4 €, Kinder (3–11 J.) ca. 3,20 €. ✆ 0464/520078, außerdem im „Grand Hotel Liberty", tägl. 8–12 Uhr, ca. 12 € (Kinder nur mit Eltern), Wellnesszone 8–21 Uhr, ca. 20 €.

Kayak/Kanu, Verleih bei Impianti Sportivi Adami an der Spiaggia Sabbioni (✆ 0464/520822) und in den Segnana Surfcentern.

Tauchen mit „Gruppo Sommozzatori FIPS" im Porto San Nicolò. Viale Rovereto 140, ✆ 0464/555120, www.grupposommozzatoririva.it.

Tennis, im „Circolo Tennis Riva", Giardini di Porta Orientale (neben Kinderspielplatz) und Parco Lido, Viale Carducci 10/c. Tägl. 9–22 Uhr. ✆ 0464/552225.

Tretboote im kleinen Hafenbecken vor dem Park an der Piazza Battisti (2 Pers. eine Std. ca. 8 €).

Sonstiges

- *Ärztliche Versorgung* **Guardia Medica Turistica**, Largo Marconi 2, ✆ 0464/582655. Bereitschaftsdienst Mo–Fr 8–20 Uhr unter ✆ 347-5190355.

Dr. Aiko U. Borchert, Viale Rovereto 122 (und in Arco), Facharzt für Allgemeinmedizin und Rettungsmedizin. ✆ 348/2602408.

56   Nordufer und Hinterland

Dr. A.O. Clausen, Viale Roma 4. Deutscher Zahnarzt. ✆ 0464/552764, www.dr-oclausen.de.

• *Autoverleih* **Santorum Moto Rent**, Viale Rovereto 76, ✆/🖂 0464/552282.

Riva Rent a Car, Via San Nazzaro 2, Centro Commerciale 2000. So geschl. ✆ 0464/553550, 🖂 560701.

• *Internet* **Bar L'Ora**, Viale Rovereto 101, tägl. 7–22 Uhr (20 Min. ca. 2 €). ✆ 0464/556050.

Caffè San Marco, Viale Roma 18. Mo–Sa 8–19 Uhr (10 Min. ca. 1 €). ✆ 0464/551609.

Biblioteca Riva, Palazzo Lutti-Salvadori, Piazza Garibaldi 5. Mo–Fr 14–19 Uhr, mit Voranmeldung gratis. ✆ 0464/573806.

F3_LUNA_TEST, kostenloses wireless network im Raum Trento, Rovereto, Riva del Garda und Torbole, Infos unter www.futur3.it.

• *Kinder*   Geplagte Eltern können ihre Sprösslinge auf dem schönen **Spielplatz** neben dem Wassergraben der Burg beschäftigen. Ein weiterer **Spielplatz** liegt an der „Spiaggia Sabbioni", dort kann man gegen Gebühr Trampolin hüpfen.

Riva Sport Centre, Viale dei Tigli 40, Schwimmbad mit Wasserrutsche, Kinderbecken, Kletterburg und Spielgeräten. Ende Mai bis Ende Sept. tägl. 10–18.30 Uhr.

• *Post*   Ecke Via Fabio Filzi und Viale San Francesco, Mo–Sa 8–18 Uhr.

• *Sprachschule*   Italienisch für Nichtitaliener, Cristiano Melloni arbeitet an der Münchener Volkshochschule und bietet auch Sprachkurse in Riva. Viale Damiano Chiesa 4/c, www.italienischlernen-riva.de.

• *Wäscherei*   **Laundry**, Viale Rovereto 74, Self-Service in der Nähe von Camping Bavaria. Tägl. 7.30–22.30 Uhr.

• *Zweiradverleih*   **Sembenini Moto**, Scooter und Motorräder, Viale Dante 3. ✆ 0464/554548.

Sehenswertes

Die Altstadt ist verkehrsberuhigt, man muss das Auto etwas außerhalb abstellen. Zwar gibt es keine Stadtmauer mehr, aber drei der alten Tore sind noch erhalten – die *Porta San Michele* an der Piazza Cavour, die *Porta San Marco* am Ende der Via Fiume und die *Porta Bruciata* an der Piazza San Rocco. Ein weiterer Durchbruch in die Altstadt liegt am Ende der Via Florida.

Piazza 3 Novembre: Die malerische Piazza direkt am See ist das Herz der Stadt. In den Freiluftcafés und Restaurants genießt man den unverbauten Seeblick und das bunte Treiben auf dem Platz. Dominierend ist der 34 m hohe Stadtturm *Torre Apponale* aus dem frühen Mittelalter. Ursprünglich war er zur Verteidigung des Hafens gedacht und durch einen Gang unter dem See mit der Rocca verbunden, heute ist er das Wahrzeichen Rivas. An der Spitze dreht sich der Blechengel „Anzolim" nach der Windrichtung. Friedrich Nietzsche, der einst im benachbarten Hotel Sole logierte, träumte davon, seine Tage als Eremit in der Turmstube zu verbringen. Der Aufstieg im hölzernen Treppenhaus ist von Ostern bis Oktober möglich.

An der Westseite der Piazza steht der venezianische *Palazzo Municipale* aus dem 16. Jh., anschließend der *Palazzo Pretorio* (14. Jh.). Beide sind durch einen breiten, von Säulen gestützten Laubengang verbunden, in dem zahlreiche Inschriftentafeln montiert sind, darunter auch altrömische und – besondere Rarität – eine hebräische, die an einen Rabbiner des 16. Jh. erinnert. An den Fassaden sind die Wappen der Bischöfe von Trient und der Republik Venedig zu sehen. Im Querbau, dem *Palazzo del Provveditore* aus dem 14. Jh., der die angrenzende Piazza San Rocco abgrenzt, hatten die Faschisten im Zweiten Weltkrieg ein politisches Gefängnis eingerichtet. Durch die *Porta Bruciata* („Verbranntes Tor"), so genannt, weil es die Soldaten des Mailänder Visconti 1406 in Brand geschossen hatten, kommt man auf den kleinen Nachbarplatz *San Rocco*. Die gleichnamige Kirche, die hier stand, wurde im Ersten Weltkrieg zerstört. Lediglich die Apsis ist erhalten und als offene

Kapelle eingerichtet – hier steht die Statue des heiligen Rochus (ca. 1295–1327) aus Südfrankreich, der sich in Italien der Pflege Pestkranker widmete und dabei selber, nur wenig älter als dreißig Jahre, der tödlichen Krankheit zum Opfer fiel. Er ist heute italienischer Schutzheiliger gegen Pest und andere Seuchen, sein Festtag ist der 16. August. Rechts daneben das Gefallenendenkmal *Ara dei Caduti*.

Öffnungszeiten/Preise **Torre Apponale**, ab Ostern bis Ende Juni & Sept./Okt. Di–So 10–18 Uhr, Mo geschl., Juli bis Ende August tägl. 10–18 Uhr, Eintritt ca. 1 €, bis 16 und über 65 J. frei.

Feste und Veranstaltungen

Bike Festival Garda Trentino (ca. 30. April bis 3. Mai): Seit 1994 trifft sich alljährlich die Internationale der Mountainbiker in Riva und testet die Trails in den umliegenden Bergen, bis zu 15.000 Biker werden mittlerweile erwartet. Höhepunkt ist sicherlich der „Rocky Mountain Bike-Marathon", ein Radrennen auf über 100 km Streckenlänge mit extremen Höhenunterschieden und Schwierigkeitsgraden.

Musica Riva Festival (zweite Julihälfte): Junge Künstler und Orchester aus aller Welt veranstalten über zwei Wochen hinweg Konzerte im Innenhof der Rocca.

Notte di Fiaba (Ende August): großer Wettkampf der Stadtteile, im Gedenken an eine berühmte Episode aus der Geschichte des Sees – 1439 transportierten die Venezianer ihre Flotte auf dem Landweg in den See und besiegten die Truppen der Mailänder Visconti (→ Kasten S. 93). Das von den Visconti besetzte Riva bat damals um die Ehre, an der Schlacht teilnehmen zu dürfen. Um die geeignete Truppe dafür zu finden, konkurrierten die Stadtteile miteinander. Die Wettkämpfe finden im Wassergraben der Rocca statt – Schwimmen, Kraft und Geschicklichkeit sind gefragt. Im Rahmen des mehrtägigen Programms werden historische Kostüme getragen, es gibt einen mittelalterlichen Markt und Veranstaltungen für Kinder. Das Fest endet mit einem riesigen Feuerwerk, das gleichzeitig die sommerliche Hauptsaison beendet.

Notte di Fiaba: mittelalterliches Spiel mit Kraft und Geschicklichkeit

Rocca, Museo Civico (Stadtmuseum) **und Mastio**: Der massive Viereckbau der Stadtfestung ist ganz von einem Wassergraben umgeben, in dem sich Gänse und fette Forellen tummeln. Seine Ursprünge gehen bis ins 12. Jh. zurück, später hatte die Burg – bedingt durch die brisante Grenzlage und die wichtige strategische Position – diverse Herren: von den Skaligern (Verona), Visconti (Mailand) und Venezia-

Im Zentrum des Geschehens: Piazza 3 Novembre mit Apponale-Turm

nern über die Tiroler Grafen und Bischöfe von Trient bis zu den österreichischen Habsburgern. Letztere sind verantwortlich für das heutige, recht nüchterne Aussehen – Mitte des 19. Jh. bauten sie die Wasserburg in eine Kaserne um und „köpften" dabei die vier stolzen Ecktürme. Im Innenhof finden kulturelle Veranstaltungen statt, z. B. das „Musica Riva Festival". Auf den Rasenflächen vor der Rocca kann man gemütlich unter hohen Bäumen sitzen und den herrlichen Seeblick genießen.

Im Inneren der Burg ist das große *Museo Civico* untergebracht. Es umfasst im Untergeschoss und im ersten Stock eine Pinakothek mit vielen prachtvollen großflächigen Gemälden aus dem 16. und 17. Jh., darunter Werke des einheimischen Malers Giuseppe Craffonara (1790–1837) und von Giovanni Segantini aus Arco. Beeindruckend ist z. B. das „Abendmahl" von Pietro Ricchi (gemalt um 1645), das wie von Scheinwerfern ausgeleuchtet wirkt. Im zweiten Stock ist eine große archäologische und frühgeschichtliche Sammlung zur Alpenregion untergebracht, u. a. mit sechs sehenswerten Stelen aus der Bronzezeit, die in Arco gefunden wurden. Im dritten Stock befindet sich eine Sammlung von Dokumenten, Fotografien und Funden zur geschichtlichen Entwicklung des nördlichen Gardaseegebiets, darunter viel Material zum Ersten und Zweiten Weltkrieg. Als *Mastio* wird der höchste der vier Türme der Rocca bezeichnet, er kann im Rahmen des Museumsrundgangs bestiegen werden.

Öffnungszeiten/Preise Mai/Juni u. Okt. Di–So 10–12.30, 13.30–18 Uhr, Mo geschl., Juni–Aug. tägl. 10–12.30, 13.30–18 Uhr. Eintritt ca. 2 €, bis 16 und über 65 J. frei.

Reptiland: Ein Besuch der Galleria „Città di Riva" an der zentralen Piazza Garibaldi ist für Eltern mit Kindern interessant, denn hier gibt es einige der schönsten Schlangenarten zu sehen, giftige und nicht giftige (grüne Mamba, Kobra, Klapperschlange, Tigerpython), dazu Spinnen, Skorpione und Geckos sowie Schmetterlinge, Käfer und Insekten.

Öffnungszeiten/Preise tägl. 11–20 Uhr, August bis 23 Uhr, Januar geschl., Eintritt ca. 5 €, für Kinder bis 8 Jahre frei.

Riva del Garda 59

Chiesa Santa Maria Assunta: Die barocke Pfarrkirche von Riva stammt aus dem 18. Jh. Der prunkvolle Innenraum ist flankiert von acht Seitenaltären mit Ölgemälden. Am eindrucksvollsten ist die große achteckige *Cappella del Suffragio* (dritte Kapelle rechts) mit ihren kunstreichen Stuckarbeiten. Hinter dem Hauptaltar befindet sich eine große „Himmelfahrt" von Giuseppe Craffonara (1790–1837), die „Schmerzensmutter" am letzten Altar links gilt als sein Hauptwerk.

Chiesa Inviolata: Die achteckige Kirche vom Anfang des 17. Jh. steht verkehrsumtost an einem Kreisverkehr der Umgehungsstraße. Erbaut wurde sie von einem unbekannten portugiesischen Architekten. Im Gegensatz zum strengen Äußeren birgt der barocke Innenraum eine Fülle fantasievoller, in Weiß und Gold gehaltener Stuckdekorationen, dazu prächtige Fresken, Altäre und Gemälde.

> **Tipp**: Am Weg von der Altstadt zur Kirche läuft man den Viale Roma entlang. Rechts steht hier die verwitterte Villa Minerva, in der einst Thomas Mann als Pensionsgast verweilte.

Terme Romana: Beim Bau der großen Tiefgarage an der Via Roma hat man die ausgedehnten Reste einer römischen Therme gefunden, die derzeit noch offen zu besichtigen sind.

Bastione: Die Ruine dieses mächtigen Rundturms thront in etwa 200 m Höhe malerisch am Hang über der Stadt. Sie ist der letzte Rest einer venezianischen Befestigungsanlage vom frühen 16. Jh., die 1703 von den französischen Truppen unter General Vendôme zerstört wurde. Auf einem gepflasterten Serpentinenweg kann man von der Umgehungsstraße in Riva in etwa 30 Minuten durch den Wald hinaufsteigen, auch eine Asphaltstraße führt hinauf. Der bizarr zerborstene Turm selber ist weitgehend leer, wurde aber kürzlich renoviert. Angebaut ist das Restaurant „Belvedere Bastione" mit Panoramaterrasse (Mi geschl.). Von hier oben genießt man einen wunderschönen Blick auf die Dächer von Riva und den See.

Um einen anderen Rückweg zu benutzen, könnte man vom Turm Richtung Norden zum Hotel „Santa Maria Maddalena" laufen und von dort auf einer wenig befahrenen Straße nach Riva zurückkehren.

Wasserkraftwerk Ponale: Unübersehbar sind die mächtigen Rohre am Hang der Rocchetta. Seit Ende der 1920er Jahre wird das Wasser des Ledrosees durch unterirdische Stollen hierher gepumpt. Durch das Absinken des Wasserspiegels kam eine komplette Pfahlbausiedlung zum Vorschein (→ Ledrosee).

Villino Campi: In einer historischen Villa hinter der Spiaggia Sabbioni (Zufahrt am Viale Rovereto unscheinbar beschildert) ist das „Centro di valorizzazione scientifica del Garda" untergebracht, ein wissenschaftliches Zentrum zur Erforschung und zum ökologischen Schutz des Gardasees.

● *Öffnungszeiten/Preise* Anfang April bis Mitte Sept. Di–Fr 10–15.30 Uhr, Sa/So 16–19 Uhr; Mo geschl.; Mitte Sept. bis Ende Okt. Di–Fr 10–15.30 Uhr, Sa–Mo geschl. Eintritt frei. ✆ 0464/493770.

Porto San Nicolò: Der stets dicht belegte Sporthafen von Riva liegt unmittelbar vor dem Tunnel durch den Monte Brione. Benannt ist er nach der massiven Festung *Forte San Nicolò* (nicht zu besichtigen). Vor dem Bollwerk erstreckt sich ein hübscher Zypressenpark am Seeufer, an der Kaimauer vor dem Hafen gibt es Rasenflächen zum Sonnen, davor kann man von Felsplatten aus in Wasser hüpfen. Ein netter Fleck ist die „Sailing Bar" (→ Essen & Trinken).

Riva/Baden

Östlich an den Stadtkern schließt sich eine mehrere Kilometer lange, gepflegte Badezone an, die sich bis zum Monte Brione zieht und mit dem Jachthafen Porto San Nicolò ihren Abschluss findet – ein Kiesstrand mit sanften Buchten, dahinter ein Promenadenweg zwischen satten Rasenflächen, schattigen Zypressen, Fächerpalmen und Nadelbäumen, ab und an kleine Wasserläufe und Teiche mit Enten. Das Seepanorama mit der steil ansteigenden Felswand im Westen zeigt sich höchst imposant – gewöhnungsbedürftig ist allerdings ab mittags das regelmäßige Einsetzen der „Ora", die Hunderte von Surfern auf den See treibt.

Es gibt zwei Surf-Center, dort ist der Einstieg für Surfer reserviert (→ Sport), außerdem mehrere Snack-Bars und an der *Spiaggia Sabbioni* einen Kinderspielplatz mit Trampolinen. Zahlreiche Hotels und zwei Campingplätze liegen an der *Spiaggia dei Pini*, benachbart zum Porto San Nicolò. Alle Strandabschnitte werden von Bademeistern überwacht.

Badevergnügen am langen Strand von Riva

Riva del Garda/Umgebung

Das Umland von Riva ist in allen Himmelsrichtungen reich an lohnenden Ausflugszielen, auch Mountainbiker, Wanderer und Kletterer finden ein großes Betätigungsfeld.

Monte-Rocchetta-Massiv

Bis über 1500 m Höhe ragen die Gipfel westlich von Riva in den Himmel. Wanderer steigen gerne zur Berghütte Capanna Santa Barbara und zur gleichnamigen Kapelle hinauf.

▸ **Chiesa Santa Barbara**: Der Weg 404 führt von der Umgehungsstraße in Riva zunächst zur *Bastione* hinauf (→ Riva/Sehenswertes), von dort steigt man durch den Wald schnell zur Berghütte *Capanna Santa Barbara* in 560 m Höhe (ca. 1,5 Std.). Von hier ist die Kapelle auf steilem Weg problemlos zu erreichen. Das kleine Kirchlein steht auf einem Felsvorsprung in ca. 620 m Höhe – abends ist es illuminiert und von Riva aus deutlich in der fast senkrecht abfallenden Felswand auszumachen. Erbaut wurde es in den 1930er Jahren, umgeben ist es von großen Geschützgranaten. Zum Auffüllen der Feldflasche gibt es eine Quelle.

Riva del Garda/Umgebung

- **Cima SAT** (1256 m): Der steile Klettersteig gehört zu den Klassikern am Gardasee und wird „Via dell'Amicizia" genannt. Berühmt ist er vor allem für seine langen Eisenleitern, die so genannten „vie ferrate". Zunächst geht es zur Capanna Santa Barbara hinauf, dort folgt man dem Wegweiser bis zum Beginn des Steigs. Der folgende Aufstieg ist nur für versierte und absolut schwindelfreie Kletterprofis geeignet, denn die beiden Leiterpassagen gehören mit 70 und 45 m zu den längsten und luftigsten der Alpen. Oben kleines Gipfelplateau mit spektakulärem Ausblick auf den über 1 km tiefer liegenden See. Rückweg: nach Westen in den Sattel zwischen Cima SAT und Rocchetta hinunter. Dort nach Süden dem Weg 404 folgen, der steil zur Hütte Santa Barbara zurückführt, Dauer ca. 5–6 Std.

- **Cascata del Ponale**: Südwestlich von Riva bildet der Auslauf des Ponale-Flusses einen eindrucksvollen, etwa 30 m hohen Wasserfall. Als es noch keine Straßen in dieser Region gab, lag an dieser Stelle ein kleiner Hafen, wo die Bewohner des oberhalb liegenden Ledrotals Menschen, Waren und Vieh nach Riva del Garda einschifften. Von Riva fahren Ausflugsboote hinüber.

Traumtour für Mountainbiker: Die alte Ponale-Straße

Die alte Serpentinenstraße zum Ledrosee wurde bereits 1847 in den Fels der Rocchetta gesprengt. Sie zweigt kurz vor dem ersten Tunnel der Gardesana Occidentale in Richtung Limone rechts ab und schraubt sich als „Sentiero del Ponale Giacomo Cis" (benannt nach ihrem Erbauer) mit zahllosen Windungen, Tunnels und Brücken immer dicht am Steilhang entlang nach oben, wo sie auf die Zufahrt nach Pregàsina trifft (→ S. 76). Für den Autoverkehr ist die 4,5 km lange, panoramareiche Serpentinenstrecke schon seit langem gesperrt, doch Wanderer und Mountainbiker nutzen sie intensiv – besonders die rasante Abfahrt hat es vielen Radlern angetan (Vorsicht wegen Fußgängern!). Vor einigen Jahren wurde sie neu trassiert und mit Steinschlaggalerien ausgestattet, sie trägt nun die offizielle Bezeichnung „Alpiner Höhenweg D 01".

Monte Brione

Wie ein gewaltiger Riegel schiebt sich dieser malerische, 374 m hohe Bergrücken zwischen Riva und Torbole, ein Straßentunnel stellt die Verbindung zwischen beiden Orten her. Die Riva zugewandte Flanke steigt leicht an und bildet einen einzigen großen Olivenhain. An der Ostseite fällt der Fels dagegen senkrecht ab. Der panoramareiche Aufstieg sollte für rüstige Rivaurlauber fast ein „Muss" sein.

Das Besondere hier oben, neben den herrlichen Ausblicken: Bereits in den 1860er Jahren begann das österreichische Kaiserreich im nördlichen Gardaseegebiet einen Befestigungsgürtel zu ziehen, um das Trentino vor italienischen Eroberungsversuchen zu schützen. Vor allem der strategisch einmalig gelegene Monte Brione war für die militärische Kontrolle des nördlichen Gardasees eminent wichtig. So findet man entlang der Steilflanke eine Reihe österreichischer Festungen, Bunkeranlagen und Schießstellungen aus der zweiten Hälfte des 19. Jh. und dem Ersten Weltkrieg.

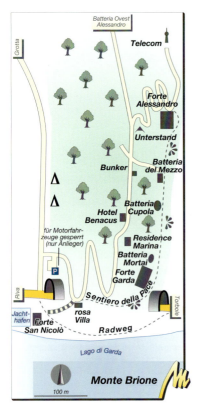

▶ **Aufstieg**: Für den Hin- und Rückweg sollte man mit gut zwei Stunden rechnen. Eine bequeme Aufstiegsmöglichkeit für Fußgänger und Mountainbiker bietet die asphaltierte *Via Monte Brione*, die in der Nähe des Jachthafens Porto San Nicolò beginnt: Von Riva kommend, zweigt direkt vor dem Tunnel links die Via Brione ab, von der bereits nach wenigen Metern rechts die Via Monte Brione abzweigt und sich den Hang hinaufzieht. Sie ist für Motorfahrzeuge gesperrt, PKW kann man auf einem kostenfreien Parkplatz rechter Hand abstellen. In mehreren, lang gezogenen Kurven geht es zunächst zum exponiert gelegenen Hotel Benacus (→ Übernachten). Bald nach dem Hotel passiert man einen *Bunker* aus der Zeit „unserer großen Siege" und kommt kurz danach an einem in den Fels gesprengten *Unterstand* vorbei. Nach diversen Straßenkurven – immer mit herrlichen Blicken auf die Ebene von Riva – trifft man schließlich auf das große *Forte Alessandro* (→ unten).

Anstrengender, aber vom Blick noch spektakulärer, ist der Stufenweg, der rechts vom Straßentunnel beginnt. Man steigt hinauf, bis man bei einer großen rosafarbenen Villa auf die Via

Monte Brione trifft. Hier beginnt ein schmaler Pfad (Teil des langen „Sentiero della Pace" entlang des Frontverlaufs des Ersten Weltkriegs), der mit sehr steilen Stufen stets hart an der Steilkante des Felsens entlangführt, wobei man immer wieder großartige Ausblicke auf die Bucht von Torbole genießt. Zunächst kommt das *Forte Garda* in Sicht, dessen gewelltes Betondach ein idealer Platz zum Rasten ist. An den Batteriestellungen *Mortai*, *Cupola* und *del Mezzo* vorbei steigt man allmählich höher bis zum großen *Forte Alessandro* in 366 m Höhe. Unterwegs kann man, so man will, an mehreren Stellen auch zur Via Monte Brione hinuntersteigen.

▸ **Forte Alessandro**: Die große Festung mit ihren meterdicken Mauern wurde 1860–62 erbaut und kurz vor dem Ersten Weltkrieg mit dem damals gerade erst erfundenen Beton verkleidet. Das Innere ist versperrt, doch auf dem von außen zugänglichen Dach lässt es sich herrlich relaxen.

Erlebnis Natur: Wasserfall Cascata Varone

Wenige Kilometer nördlich von Riva hat man beim Örtchen Varone die Gelegenheit, ein überwältigendes Naturschauspiel zu beobachten: Mit unglaublicher Wucht stürzt sich ein fast 100 m hoher Wasserfall durch einen turmhohen Spalt im Fels, ausgehöhlt in einer 20.000 Jahre dauernden Erosion. Verantwortlich dafür ist der Bach Magnone, der weiter oben im Berg verschwindet, hier im freien Fall wieder austritt und als Fluss Varone in den Gardasee fließt. Die immense Wasserkraft wird weiter unten sogar von einer Papierfabrik genutzt.

Bereits seit 1874 ist die abenteuerliche Klamm für Besucher zugänglich, u. a. besichtigten ihn Kaiser Franz Joseph I., Franz Kafka, Max Brod, Gabriele d'Annunzio und 1901 auch Thomas Mann – letzterer macht sich hoch beeindruckt Notizen und verwendete sie mehr als zwanzig Jahre später in seinem Roman „Der Zauberberg": „Ganz hinten in der engen, tiefen Schlucht aus nackten Felsen, glitschig wie große, dicke Fischbäuche, stürzte die Wassermasse mit ohrenbetäubendem Lärm hinunter ..."

Heute durchquert man beim kurzen Aufstieg ein schön angelegtes Gelände mit vielfältiger Vegetation aus Mittelmeer- und Hochgebirgspflanzen, mehrsprachige Hinweistafeln geben Informationen. In zwei Stollen, die etwa 55 m weit in den Fels gegraben sind, kann man sich anschließend auf zwei übereinanderliegenden Ebenen ganz nah an den reißenden Sturzbach heranwagen, wobei sich vom oberen Balkon aus der Wassersturz in seiner gesamten Länge bewundern lässt. Binnen kurzem ist man von der Gischt nass bis auf die Haut, es herrschen sehr kühle Temperaturen – besonders an heißen Sommertagen eine echte Wohltat, trotzdem sollte man wegen Erkältungsgefahr warme Sachen und Regenschutz mitnehmen (letzteren gibt es auch an der Kasse).

Anfahrt: Die gut beschilderte „Cascata Varone" liegt am Ortsrand von Varone, etwa 3 km nördlich von Riva. Kostenloser Parkplatz.

Öffnungszeiten/Preise: Nov.–Febr. nur So 10–17 Uhr; März und Okt. tägl. 9–17 Uhr; April und Sept. tägl. 9–18 Uhr; Mai–August tägl. 9–19 Uhr. Eintritt ca. 5 €, Kinder nur bis 5 J. gratis, darüber voller Preis.

Arco

(ca. 13.000 Einwohner)

Reizvolles Kurstädtchen im Sarca-Tal, 6 km nördlich von Riva. Zweifellos eins der auffallendsten Ortsbilder in Seenähe – das alte Zentrum schmiegt sich eng an einen markanten Steilfels, gekrönt von einer malerisch verfallenen Burganlage, die bereits 1495 vom jungen Dürer verewigt wurde.

Im 19. Jh. begann der Aufstieg Arcos: 1872 wählte Erzherzog Albrecht von Habsburg, Cousin von Kaiser Franz Josef, die südlichste Stadt seines Reichs mit seinem ganzjährig milden Klima als Wintersitz und ließ einen großzügigen Palast mitsamt prächtigem Park erbauen. Dies zog wiederum wohlhabende Bürger und Adlige aus der ganzen Monarchie an, die gediegene Villen errichteten und Gärten anlegten, was der schlichten mittelalterlichen Stadt sehr zugute kam. Das Kuren in Arco kam in Mode und blieb es bis heute. Üppige Palmenpromenaden, alte Stadtpaläste und schmiedeeiserne Pavillons vermitteln noch etwas vom Flair der k.u.k.-Epoche.

Kururlauber gehören zwar nach wie vor zu den Stammgästen, doch ist Arco mittlerweile auch ein Anziehungspunkt ganz anderer Art: Zum einen treffen sich hier bevorzugt *Mountainbiker*, die in den umliegenden Bergen zahlreiche Trails entdecken können. Zum anderen sind die hinter der Stadt senkrecht ansteigenden Felswände ein Dorado für *Freeclimber*. Unterm Strich bietet Arco so eine interessante Mischung aus Alt und Jung und präsentiert sich als angenehmes Städtchen abseits vom Trubel am See, wenngleich es im Sommer auch hier schon richtig voll wird.

„Rock Master": Wettbewerb der Kletterelite

In der ersten Septemberhälfte findet in Arco alljährlich die Weltmeisterschaft der Freeclimber statt. Allerdings trägt man die Wettkämpfe nicht an der senkrechten Colodri-Wand hinter dem Kastell aus, sondern an einer 18 m hohen, künstlichen Kletterwand („Parete Arrampicata"), die in der Nachbarschaft des Campings Arco steht – aus dem einfachen Grund, weil sich dort die Zuschauertribünen besser aufbauen lassen. Nähere Informationen gibt „Associazione Rock Master" (✆ 0464/516161, www.rockmaster.com).

*A*nfahrt/*V*erbindungen/*I*nformation

• *Anfahrt/Verbindungen* **PKW**, gratis parken kann man südöstlich vom Zentrum um Via Bruno Galas und Via Pomerio sowie auf einem ausgeschilderten Parkplatz an der Via Cesare Battisti.
Busstation (früherer Bhf.) an der Piazza Vicenza, südlich der Altstadt (zu erreichen über Viale Roma). Busse von Trentino Trasporti fahren u. a. nach Riva, Torbole, Varone, Rovereto und Trento, Sia-Busse über Riva und Salò nach Brescia und zurück.
Taxi, Standplatz bei der Busstation, ✆ 0464/516430.
• *Information* **APT (Azienda per il Turismo)**, Viale delle Palme 1, vor dem Casinò Municipale. Mo–Sa 9–19, So 9–13, 15–19 Uhr. Wie in Riva und Torbole ebenfalls sehr gut bestückt. ✆ 0464/532255, ✉ 532353, www.gardatrentinonline.it.

*Ü*bernachten

**** Villa delle Rose (22), elegantes und vollklimatisiertes Haus mit Garten, kleinem Außenpool und Hallenbad. Zudem Sauna, Fitnessraum und Beauty-Bereich. DZ mit Frühstück ca. 104–180 €. Via Santa Caterina 4/P, ✆ 0464/519091, ✉ 516617, www.villadelleroearco.it.

Arco 65

Trutziges Gemäuer: die Burg von Arco

Nordufer und Hinterland (Trentiner Teil des Gardasees)

*** Pace (9), am Ende einer Fußgängergasse, die am Domplatz beginnt. Großes typisches Stadthaus mit verwinkelten Gängen, modernes Innenleben, Zimmer nicht allzu groß, teils Teppichböden, teils gefliest, jeweils Sat-TV. Unten im Haus populäre Pizzeria/Spaghetteria, Getränke kann man auf der Außenterrasse unter Weinreben zu sich nehmen. Wellnessbereich mit Sauna, Massage und Gymnastik. DZ mit Frühstück ca. 80–90 €. Via Vergolano 50, ✆ 0464/516398, 📠 518421, www.hotelpace.net.

* Garden (4), größeres Albergo im Ortsteil Prabi (nördlich vom Zentrum), vor allem für Kletterer erste Adresse, denn das Haus liegt nur 200 m von der Colodri-Kletterwand und 50 m von der Kunstwand „Rock Master". Garten, Schwimmbecken, Parkplatz und gute Küche. Die freundliche Wirtsfamilie Togni spricht Deutsch. 10 Min. ins Zentrum. DZ mit Bad und Frühstück ca. 70 €. Via Caproni 40, ✆/📠 0464/516379, www.hotelgardenarco.com. .

● *Ferienwohnungen* **Villa Italia (17)**, prächtige klassizistische Stadtvilla im typischen Habsburgergelb, ganz zentral neben dem Casinò Municipale. Innen komplett modernisiert, geräumige Ferienwohnungen mit kleinen Küchen für 2, 4 oder 5 Pers., dazu gibt es ein kleines Hallenbad und einen großen, üppig grünen Garten. Wochenpreis für eine Wohnung mit zwei Betten ca. 350–500 €. Viale delle Magnolie 29, ✆/📠 0464/516529, www.zanellahotels.com.

Guesthouse I und II (7), der Kletterer "Pater" Hans-Martin Götz, der Theologie studiert hat und seit 1990 in Arco lebt, vermietet mit seiner Frau die beiden schönen Häuser: Guesthouse I ist eine renovierte Mühle aus dem 18. Jh. mit acht modern ausgestatteten Apartments: zentrale Lage, Garten, Grillplatz, Kinderkletterturm und Boulderraum, Waschmaschine, Tief- und Bikegarage. Guesthouse II liegt etwas außerhalb im Grünen und besitzt sieben große Apartments. Wohnung für 2 Pers. ca. 75–90 €, für 4 Pers. 105–130 €. Via Fabbri 16 (Guesthouse I), Via Ronchi 4 in Chiarano di Arco (Guesthouse II), ✆ 3355-241312,

www.guesthouse-arco.com.

Residence Villa Nicole (8), in der restaurierten Villa aus dem 19. Jh., die zum Hotel Pace gehört, werden mehrere hübsch eingerichtete Ferienwohnungen vermietet. Apartment für 4 Pers. pro Woche ca. 520–790 €. Via Fossa Grande 8, ✆ 0464/516398, 📠 518421, www.hotelpace.net.

● *Außerhalb* ***** Al Frantoio (18)**, im Ortsteil Varignano, westlich von Arco, in leuchtendem Gelb gehaltenes Hotel in einer ehemaligen Ölmühle, an die aber außer dem Kollergang mit Granitsteinen im Eingang

66   Nordufer und Hinterland

nichts mehr erinnert. Zimmer mit Terrassen oder Balkonen, nur in den vordersten hört man etwas Straßenlärm. Innen modern und recht geschmackvoll, viel mit Holz, dazu Sauna, Dampfbad und Whirlpool. Gästeräder stehen zur Verfügung. DZ mit Frühstück ca. 75–100 €. Via delle Grazie 22, ✆ 0464/518317, ✆ 515175, www.garnialfrantoio.it.

* Cattoi (19), preisgünstiges Haus im Ortsteil Vignole an der Durchgangsstraße, Zimmer nach hinten mit weitem Blick, Restaurant und sogar Pool. DZ mit Frühstück ca. 60–70 €. Viale Rovereto 64, ✆/✆ 0464/517070, www.albergocattoi.net. .

Agriturismo Michelotti (20), in Bolognano, etwa 1,5 km östlich von Arco (von der Straße Arco–Nago den Viale Stazione hinauf und an der Kirche vorbei geradeaus). Umgebauter Bauernhof mit Zwei- und Drei-Zimmer-Apts. für 2–6 Pers. Es gibt einen schönen Garten, Pool, Bolzplatz, Tennis- und Volleyballfeld und einen Hof mit Spielgeräten. Sehr kinderfreundliche Anlage (zu buchen auch über Bambino Tours in Marburg). Gegenüber kann man gut essen (siehe Essen & Trinken). Apartment für 2–4 Pers. ca. 40–80 €. Via Soccesure 2, ✆/✆ 0464/516272, www.agriturmichelotti.it.

● *Camping* Die beiden Campingplätze von Arco liegen sehr ruhig im Ortsteil Prabi, direkt an der Sarca, vis-à-vis der Kletterwand.

*** Arco (5), großer Platz mit olympischem Swimmingpool und Kinderbecken, Self-Service, Tennis, Minigolf und Klettergarten. Vermietung von ordentlichen Bungalows, Sanitäranlagen okay. Viale delle Magnolie, ✆ 0464/517491, ✆ 515525, www.arcoturistica.com.

** Zoo (1), etwas weiter nördlich, naturbelassenes Gelände mit reichem Pflanzenbestand und Pool (24 x 12 m). Località Prabi, ✆ 0464/516232, ✆ 518448, www.camping.it/trentino/zoo.

Essen & Trinken/Nachtleben

Cantina Marchetti (15), der stimmungsvolle Weinkeller aus dem 16. Jh. liegt direkt neben dem Dom im freskenverzierten Palazzo Marchetti (→ Sehenswertes). Er besitzt mehrere Innensäle mit alten Wandmalereien und Kaminen, im geräumigen Innenhof gibt es einen Biergarten. Von Urlaubern wird das Lokal wegen der zentralen Lage natürlich stark frequentiert, insofern darf man keine kulinarischen Höchstleistungen erwarten, dafür aber etwas höhere Preise. Serviert werden Pizzen aus dem Holzofen, *grigliata mista di carne*, eine Fleischplatte nach Art des Hauses, und *filetto di cavallo* (Pferd), natürlich auch *carne salada e fasoi* (hauchdünn geschnittenes Pökelfleisch vom Rind mit weißen Bohnen). In der Nebensaison Mo geschl. ✆ 0464/516233.

Alla Lega (11), gleich um die Ecke vom Domplatz und touristisch ebenfalls sehr bekannt, wird deshalb in den Sommermonaten oft regelrecht gestürmt, dann unbedingt reservieren. Man sitzt behaglich in einem mit Reben dicht überwachsenen Innenhof, es gibt gute Fleischgerichte, z. B. *Gulasch di manzo alla trentina* und die berühmte Trentiner *zuppa di orzetto con cotica* (Gerstensuppe mit Bauchfleisch). Mi geschl. Via Vergolano 8, ✆ 0464/516205.

Il Ritratto (14), der leidenschaftliche Koch Aldo Tiboni bietet in seiner kleinen Osteria in der Altstadt die typisch trentinische Küche – alles sehr lecker, Preise im Rahmen (Primi ca. 8 €, secondi 12 €). Di geschl. Via Ferrera 30, ✆ 0464/514908.

● *Außerhalb* **California (3)**, rustikale Pizzeria/Spaghetteria bei den zwei Campingplätzen, 200 Sitzplätze im Freien. Di geschl. ✆ 0464/514028.

La Lanterna (2), im Ortsteil Prabi, 2,5 km nördlich vom Zentrum (an den Campingplätzen vorbei die schmale Straße nach Norden fahren). Schön im Grünen gelegen, allerdings keine Sitzplätze im Freien, etwas feiner und teurer, z. B. *carpaccio di polipo e ananas* (Carpaccio vom Tintenfisch mit Ananas) oder *risotto cappesante echampagne* (Risotto mit Jakobsmuscheln und Champagner). Di geschl. ✆ 0464/517013.

Da Marosi (21), versteckt im Örtchen Bolognano, östlich von Arco, gegenüber vom Agriturismo Michelotti (→ Übernachten). Bauernhof mit einfacher Gastwirtschaft, schöner Innenhof, gute Hausmannskost in großen Portionen zu günstigen Preisen. Vor allem für Familien ein Tipp. Di geschl. ✆ 0464/532654.

● *Cafés/Eis* **Caffè Città del Arco**, klassisches Café im Laubengang des ehemaligen Casinò. Im September/Oktober findet hier die Traubenkur von Arco statt.

Conti d'Arco (16), direkt neben der Kirche, bei Pio treffen sich die Insider.

Arco

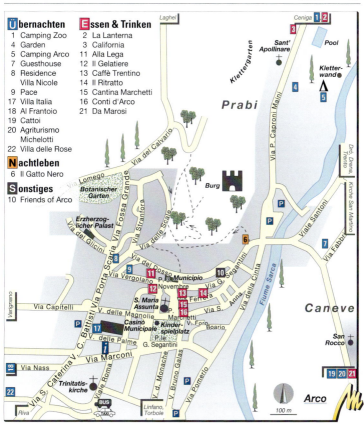

Ü bernachten
1 Camping Zoo
4 Garden
5 Camping Arco
7 Guesthouse
8 Residence Villa Nicole
9 Pace
17 Villa Italia
18 Al Frantoio
19 Cattoi
20 Agriturismo Michelotti
22 Villa delle Rose

E ssen & Trinken
2 La Lanterna
3 California
11 Alla Lega
12 Il Gelatiere
13 Caffè Trentino
14 Il Ritratto
15 Cantina Marchetti
16 Conti d'Arco
21 Da Marosi

N achtleben
6 Il Gatto Nero

S onstiges
10 Friends of Arco

Caffè Trentino (13), zentral am Domvorplatz, Sehen und Gesehen werden.
Il Gelatiere (12), das beste Eis der Stadt, schräg gegenüber vom Domeingang.

• *Nachtleben* **Il Gatto Nero (6)**, beliebter Abendtreff in der Altstadt, 17–2 Uhr. So geschl. Via Segantini 12.

Sport

Die Kletterwand, an der der „Rock Master" ausgetragen wird (→ Kasten oben), kann außerhalb der Wettbewerbstage von April bis Oktober täglich genutzt werden (Erw. ca. 8 €, Kinder ca. 5 €, Buchung bei „Friends of Arco"). In den Felsen um Arco gibt es über zweitausend Kletterrouten, gegenüber vom Camping Arco steigt außerdem ein Trimm-Dich-Pfad zu den Felsen hinauf.

• *Mountainbikes* **BikBike**, Via Santa Caterina 9, Paolo verleiht Fahrräder. ✆ 0464/514385, www.bikbike.com.
Cicli Giuliani, Via Bruno Galas 29/A. Maurizio Giuliani repariert alles perfekt und zuverlässig. ✆ 0464/518305, www.bikegiuliani.com.

Moser Re-Cycling, Via Marconi 15, Verkauf und Verleih von Radzubehör. ✆ 0464/516251, www.moser-arco.com.

• *Wandern & Klettern* **Friends of Arco (10)**, die Kletterschule von Mauro Girardi organisiert geführte Kletter-, Wander-, Bergtouren

und Canyoning, hat spezielle Angebote für Kinder und Familien, bietet „Klettern und Yoga", und auch die Buchung für die Kletterwand des Rock Master ist hier möglich. Mo–Fr 17–20 Uhr. Via Segantini 64, ✆ 0464/532828, ✆ 333-1661401, 📧 532828, www.friendsofarco.it.
Guide Alpine Arco, Via Santa Caterina 40 (Straße nach Riva). Das Bergführerbüro von Arco veranstaltet geführte Trekking-, Mountainbike- und Klettertouren sowie „Canyoning" (Schluchtklettern). ✆/📧 0464/507075, www.guidealpinearco.com.
Multi Sport, Roberto Paoli (Robi) bietet Klettern und Canyoning, Kurse und Touren. ✆/📧 0464/504490, ✆ 347-2789625, www.multisport3.com.

- *Sonstiges* **Freischwimmbad**, im Ortsteil Prabi, angeschlossen an den Camping Arco nördlich von Arco. Ein Olympiabecken und ein Kinderbecken mit Rutschen. Geöffnet Juni bis August. Eintritt für Erw. ca. 4,50 €, Kinder 4–14 J. ca. 2,50 €. ✆ 0464/517000.
Hallenbad, im Hotel Villa delle Rose, Via Santa Caterina 4/p., Mo–Fr 11–13, 16–18 Uhr, Sa 9–17 Uhr, So geschl., Erw. ca. 6 €, Kinder bis 12 J. ca. 4 €.
Reitschule San Giorgio, im gleichnamigen Ortsteil (von Arco in Richtung Riva), Kurse für Anfänger, geführte Ausritte, Ponys für Kinder. Ganzjährig, Mo geschl. ✆ 0464/556942 o. 348-4438307, www.clubippicosangiorgio.it.
Tennis, Circolo Tennis Arco, vier Plätze in der Via Pomerio, 9–23 Uhr. ✆ 0464/516824, www.ctarco.com.
Time to fly, Via Segantini 28, Gleitschirmfliegen mit Ausbildern des Aero Club d'Italia. Di–Sa 9–13 Uhr. ✆ 0464/531080, 📧 518026, www.timetofly.net.

Sonstiges

- *Ärztliche Versorgung* **Medico per Turisti Italiani e Stranieri**, im Krankenhaus, Via Capitelli 48, ✆ 0464/582257. Bereitschaftsdienst Mo–Fr 8–20 Uhr unter ✆ 347-5190355.
Dr. Aiko U. Borchert, Via Santa Anna 1 (und in Riva), Facharzt für Allgemeinmedizin und Rettungsmedizin. ✆ 348/2602408.

- *Internationale Presse* am Domplatz neben dem früheren Rathaus (Municipio)
- *Internet* **Caffè Trentino** am Domplatz. 7–24 Uhr.
- *Märkte* **Kleidermarkt** jeden 1. und 3. Mittwoch im Monat; **Flohmarkt** („mercato delle pulci") ganzjährig jeden 3. Samstag im Monat.

Sehenswertes

Der luftige *Domplatz* bildet ein beeindruckendes Konglomerat von Stadtpalästen, darunter das *Municipio* (ehemaliges Rathaus) aus dem 19. Jh. Das Obergeschoss des *Palazzo Marchetti* ist mit Fresken aus dem 16. Jh. bemalt, ungewöhnlich und pittoresk sind die hohen Kamine. In den gewundenen Fußgängergassen im Umkreis kann man gemütlich bummeln, u. a. Via Segantini, Via Ferrera und Via Vergolano. In der Via Vergolano steht der *Palazzo Plateola* mit dem Restaurant „Alla Lega" im Untergeschoss (→ Essen & Trinken). Er wurde von Nicolò d'Arco bewohnt, der als bedeutendster Humanist des Trentino gilt (1479–1546).

Die großen öffentlichen Bauten aus dem 19. Jh. stehen südwestlich vom Dom. Um 1800 wurde das prächtige *Casinò Municipale* erbaut, heute finden darin gelegentlich Veranstaltungen statt, z. B. im Frühherbst die Traubenkur von Arco.

Dom „della Collegiata" Santa Maria Assunta: eins der größten Bauwerke der Trentiner Spätrenaissance (1613–1671), imposante, strenge Fassade, hölzerne, schön geschnitzte Kassettentür. Im Inneren mächtiges Tonnengewölbe mit Fries, seitlich acht hohe Säulenaltäre, z. T. mit Ölgemälden der Brescianischen Schule des 17./ 18. Jh., dahinter halbkreisförmige Buntglasfenster. Das wertvollste Gemälde ist das von Felice Ricci Brusasorci (1539–1605) am ersten Altar links. In einem Glaskasten vor dem zweiten Altar werden die sterblichen Überreste einer christlichen Märtyrerin verwahrt, die Papst Innozenz XI. dem Conte d'Arco einst schenkte, genannt deswegen „Innocenza".

Vor der Fassade sitzt man gerne auf den Stufen des barocken *Mosesbrunnen* mit dem berühmten Wappen derer von Arco.

Arco

Trinitatis-Kirche: Am Viale Roma steht eine der wenigen evangelischen Kirchen im Gardaseegebiet, eingeweiht im Jahr 1900. Sie weist eine höchst eigenartige Architektur im neugotischen Stil auf: das Dach aus grün-gelben Majolikakacheln, an den Seiten hohe überdachte Fenster und Wasserspeier. Der einschiffige Innenraum ist ungewöhnlich breit, schön sind der hölzerne Altar und die Kanzel. Im Ersten Weltkrieg wurde die Kirche geplündert und stark beschädigt, die Löcher in den Bänken sind bis heute erhalten. 1976 wurde die Kirche von einem Erdbeben schwer mitgenommen und ist noch immer renovierungsbedürftig, um Spende wird gebeten. Deutschsprachiger Gottesdienst jeden Sonntag um 10.45 Uhr (✆ 0461/568739).

Erzherzoglicher Palast: nordwestlich vom Ortskern an der Via Fossa Grande. Er ist in Privatbesitz, ziemlich verfallen und nicht zu besichtigen. Auffallend ist der leuchtturmähnliche Aufsatz. Ein Teil des dazugehörigen Parks wurde 1964 in einen üppig sprießenden Botanischen Garten umgewandelt.

Botanischer Garten „Arboretum": am oberen Ende der Via Fossa Grande, westlich vom Burgberg. Anschaulich wird hier das Nebeneinander alpenländischer, subtropischer und mediterraner Pflanzenwelt dokumentiert: Palmen, Nadelwald, Nutzpflanzen des Trentino, Bambusdschungel, Zitronen, asiatische Pflanzen etc. Der Park ist in „Miniaturlandschaften" eingeteilt, die der natürlichen Umgebung der einzelnen Pflanzen entsprechen. Zwei botanische Lehrpfade führen durch das Gelände. Besonders eindrucksvoll sind die riesenhaften Bäume, die schon im 19. Jh. gepflanzt wurden – gleich am Eingang rechts eine *Monterey-Zypresse* aus Kalifornien, außerdem mehrere ungewöhnlich große Steineichen. Beim Teich steht eine gigantische *Lawson-Zypresse* mit Hauptstamm und sieben Seitenarmen.

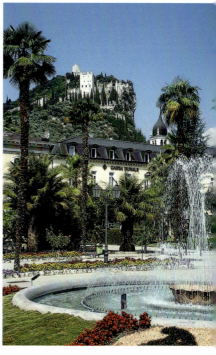

Blick über die Kuranlagen zum dominanten Burgfels

Öffnungszeiten/Preise April bis Sept. 8–19 tägl., sonst 9–16 Uhr. Freier Eintritt, Lageplan erhältlich.

Ortsteil Stranfora: Westlich vom Burgfels liegt das älteste Stadtviertel Arcos. Die gewundenen Pflastergassen schmiegen sich eng an die Hügelstruktur an. Auf der Via Stranfora kann man zur Burg hinaufsteigen und passiert dabei einen schönen, alten Waschplatz. Am Ende der Via Stranfora, vis-à-vis vom Botanischen Garten, steht das einzige erhaltene *Stadttor*.

Burg: Ihr Anblick dominiert malerisch das Stadtbild. Noch zu Dürers Zeiten war sie völlig intakt – ein bulliger Klotz, der den Weg nach Süden versperrte, durch mehrere schwere Mauerringe auf dem steilen Fels praktisch uneinnehmbar. Auf schmalen Pfaden kann man heute in etwa 20 Min. durch malerische Olivenhaine hinaufsteigen, unterwegs liegen schattige Picknickplätze mit herrlichem Blick auf Stadt und Tal in Richtung Gardasee. Verfallene Mauern ziehen sich hinauf zum höchsten Punkt mit einem großen Vierecksturm, der *Torre Renghera*. Die Ursprünge dieses Baus gehen wahrscheinlich bis auf die Goten des 6. Jh. zurück. Weiter unten liegt der Hauptteil der Burg mit der *Torre Grande*, erbaut um 1200 von der Familie Vinciguerra, den Herren von Arco. Ab 1212 spaltete sich die Sippe in ghibellinische (kaisertreue) und guelfische (papsttreue) Parteigänger auf, die sich erbittert bekämpften. Bis ins 16. Jh. war die Burg immer wieder Schauplatz von Intrigen, Mord und Verrat zwischen den Verwandten. Zerstört wurde die Burg – und viele weitere im Umkreis – 1703 im Spanischen Erbfolgekrieg von den Franzosen unter General Vendôme, jedoch nicht durch Eroberung, sondern indem die Verteidiger ausgehungert wurden.

Die Ruine ist öffentlich zugänglich, zwar ist nicht allzu viel erhalten, trotzdem lohnt ein Besuch. Von der Kasse aus kommt man zunächst zum so genannten *Steingefängnis*, einem deprimierenden Vierecksraum mit einer raffiniert geschnittenen Essensdurchreiche am Eingang und den Resten eines Plumpsklos. Danach passiert man die ehemalige *Schmiedewerkstatt* der Burg und gelangt auf einer alten Pflasterstraße weiter bergauf ins Zentrum der Anlage mit der *Torre Grande* (Bergfried), mehreren eindrucksvollen *Zisternen* und einem Saal, in dem mittelalterliche *Fresken* erhalten sind, die Szenen aus der höfischen Welt darstellen. Interessant sind auch seitlich vom Weg die Abflussrinnen für Regenwasser und Reste der Kanalisation.

• *Einstieg* Es gibt mehrere Möglichkeiten:
a) vom **Domvorplatz** rechts neben dem einstigen Rathaus und dem Zeitungsladen;
b) von der Piazza San Giuseppe am Ostende der **Via Segantini** den Vicolo delle Ere hinauf;
c) vom Westende der Via Vergolano nördlich über die **Via delle Scale**;
d) von der Via Fossa Grande, die zum Arboretum führt, Einstieg über **Via San Bernardino** und **Via Stranfora** oder weiter oben, direkt beim Arboretum, durchs Stadttor und dann die **Via Orbia** nehmen.

• *Öffnungszeiten/Preise* April bis Sept. 10–19 Uhr, Okt. bis März 10–16 Uhr, Januar nur Sa/So. Eintritt ca. 2,50 €, von 12 bis 18 J. und über 65 J. ca. 1,50 €. ✆ 0464/510156.

Colodri-Wand: Nördlich vom Kastell ragen die berühmten Kletterfelsen von Arco nahezu senkrecht in die Höhe, genau gegenüber liegen die beiden Campingplätze von Arco (→ Übernachten).

Chiesa Sant'Apollinare: An der Straße gegenüber von Camping Arco findet man diese kleine mittelalterliche Kirche, die sowohl außen als auch innen mit Fresken des 14.–16. Jh. bedeckt ist. Besonders schön ist die Abendmahlszene an der südlichen Außenwand, an die eine überdachte Vorhalle angeschlossen ist. Falls geschlossen, kann man durch ein Fenster einen Blick ins bemalte Innere erhaschen.

Öffnungszeiten Im Juli und August ist das Kirchlein nach der Messe (10.30 Uhr) den ganzen Tag geöffnet, ansonsten bei Signora Recla im Nachbarhaus fragen.

Chiesa San Rocco: Die kleine, von zwei Fächerpalmen flankierte Kreuzkuppelkirche mit ihrem annähernd quadratischen Grundriss steht etwas versteckt an einer Piazza im Ortsteil *Caneve* östlich vom Fluss Sarca, zu erreichen über den Viale Rovereto nach Nago. Sie ist vollständig mit Fresken des 15. Jh. ausgestattet, und zwar von Schülern des berühmten Meisters Andrea Mantegna (1431–1506), der den Palazzo Ducale in Mantua ausgemalt hat (→ S. 250). Dargestellt ist in mehr als einem Dutzend Bildern die Passion Jesu Christi, dominiert ist die große Kreuzigung vor dem gedrungenen Altarraum.

Öffnungszeiten tägl. 8–18 Uhr, falls geschlossen Schlüssel bei Fam. Gerardo e Conceta, Piazza San Rocco 2. Parkplatz vorhanden.

Chiesa San Martino: schöne Hügellage beim gleichnamigen Ortsteil östlich der Sarca. Durch die enge Hauptgasse kommt man in wenigen Minuten zur Kirche inmitten von Olivenbäumen, von Norden her ist auch die Anfahrt mit PKW möglich. Im Inneren ist ein herrlicher Freskenzyklus aus dem 14. Jh. erhalten.
Öffnungszeiten tägl. 8–18 Uhr.

Santuario Madonna delle Grazie: Die Wallfahrtskirche im Ortsteil *Ceole* gehört zu einem Franziskanerkloster. Sie stammt ursprünglich aus dem 15. Jh., wurde aber im 19. Jh. im klassizistischen Stil völlig umgestaltet. Das Kloster besitzt einen Kreuzgang aus dem 15. Jh. und ein kleines *Missions-Museum*.
Öffnungszeiten tägl. 6–12, 14.30–20 Uhr (im Winter bis 19.15 Uhr). ✆ 0464/519800.

Arco/Umgebung

In den Bergen um Arco sind rund zwei Dutzend Mountainbike-Routen ausgewiesen. Ein besonders beliebtes Ziel ist der kleine Bergweiler *San Giovanni al Monte* in 1050 m Höhe, der auch bequem mit dem Auto zu erreichen ist. Von Arco fährt man zunächst nach *Varignano*, wo eine lange, schmale Asphaltstraße beginnt, die mit zahlreichen Haarnadelkurven durch dichten Mischwald über *Padaro* und *Mandrea* bis San Giovanni hinaufführt (ca. 9 km ab Varignano). Einkehren kann man in der ehemaligen Almhütte „Rifugio San Giovanni", die eine rustikale Cafeteria beherbergt (✆ 0464/541191). Unter großen Kastanienbäumen sitzt man an Holztischen und genießt herzhafte Panini.

Eremo di San Paolo: Wenn man an den Campingplätzen von Arco vorbei die immer schmaler werdende Straße Richtung Norden nimmt, erreicht man etwa 2 km nach der Chiesa Sant'Apollinare (→ oben) diese bescheidene Einsiedelei aus dem 12. Jh. Vom Parkplatz steigt ein steiler Weg wenige Meter durch den Steineichenwald hinauf. Das (verschlossene) Kirchlein presst sich eng in die Höhlung einer

Versteckt im Steineichenwald: Eremo di San Paolo nördlich von Arco

überhängenden Felswand. In dem angebauten Zimmer lebten angeblich jahrhundertelang Einsiedler. An den Außenwänden sind einige verblasste Fresken erhalten, im Inneren ebenfalls.

▸ **Ceniga**: kleiner Weiler wenige Kilometer nördlich von Arco, etwas abseits der S.S. 45bis. Parkplatz am Ortseingang, linker Hand kommt man nach wenigen Metern zum *Ponte Romano*, einer alten Römerbrücke, die hier malerisch den Sarca überquert, in dessen Bett wild verstreute Felsbrocken liegen. Ein schöner Rastplatz ist das Kiesufer unter der Brücke, wo man sich auch gerne mal ins Wasser wagt.

• *Übernachten* **Maso Lizzone**, ruhig im Grünen gelegenes Landhaus, etwa 100 m von der Brücke. Fünf hübsche Zimmer, Frühstücksraum, Pool und viel Platz im Freien, außerdem ein großes Apartment in einer Dependance. DZ mit Frühstück ca. 78–84 €, für nur eine Nacht ca. 6 € mehr. Località Maso Lizzone, ✆/✆ 0464/504793, www.masolizzone.com.

▸ **Drò**: Das ruhige Dorf an der S.S. 45bis nördlich von Ceniga zeigt sich einfach und wenig herausgeputzt. Vom intensiven Seetourismus ist hier kaum noch etwas zu spüren. Man erreicht es durch ausgedehnte Wein- und Pflaumenplantagen, die Pflaumen von Drò gehören zu den besten in Europa.

> **Erlebnis Natur: Steinwüste Marocche**
>
> Wenn man von Drò die Straße Richtung Drena nimmt, dann aber linker Hand zum Lago di Cavedine abzweigt, durchquert man ein riesiges Gebiet aus gigantischen Felsbrocken, insgesamt 15 qkm groß. Die in ihrer Öde faszinierende Trümmerlandschaft entstand, als sich nach der letzten Eiszeit die Gletscher aus dem Sarcatal zurückzogen. Ganze Wandabschnitte des freigelegten Tals stürzten damals ein. Es handelt sich angeblich um den größten derartigen Einbruch in den Alpen. Mehrere einsame Seen liegen in der bizarren Mondlandschaft, der größte ist der *Lago di Cavedine*, an dessen Ostufer die Straße Richtung Sarche und Padergnone entlangführt. Ein guter Stopp zum Rasten, Baden und Surfen ist die gemütliche Pizzeria/Spaghetteria „Windsurf" (✆ 0461/568340) mit Seeblick und Badestrand. Im weiter nördlich gelegenen Dorf Pergolese gibt es seit 1862 die „Distilleria Pisoni" mit einer großen Auswahl an Spitzengrappas und Barriqueweinen, Verkostung möglich (Mo–Sa 8–12, 14–18 Uhr, ✆ 0461/563216, www.pisoni.net).

▸ **Drena**: Das Örtchen kauert in 390 m Höhe am Ende des grünen *Valle di Cavedine*, östlich oberhalb des Sarcatals. Der mittelalterliche Kern mit seinen hohen, schmalen Häusern schlängelt sich entlang der alten Landstraße in Richtung Cavedine. Einst führte hier eine römische Heerstraße entlang, auf der die Legionäre die Steinwüste der Marocche umgehen konnten (→ Kasten). In der Umgebung von Drena gedeihen schmackhafte Esskastanien, die „Marroni di Drena".

Vom Sarcatal aus ist Drena nicht zu sehen, unübersehbar ist jedoch die hoch aufragende *Burg von Drena*, die exponiert am Steilhang über dem Tal thront. Sie stammt aus dem 12. Jh., gehörte den Grafen von Arco und wurde ebenfalls 1703 unter General Vendôme zerstört. Das windumtoste Kastell mit seinen Zinnenmauern und dem 27 m hohen Bergfried kann besichtigt werden. In den wenigen erhaltenen Innenräumen ist eine kleine archäologische Ausstellung untergebracht, außerdem stehen Produkte der Region zum Verkauf. In einem weiteren Raum dokumentieren

Lago di Tenno und Umgebung 73

einige lebensgroße Puppen die Wohnverhältnisse in früheren Zeiten. Eindrucksvoll ist auch die große Zisterne mit ihrem Tonnengewölbe.

In die Schlucht des *Rio Sallagoni* unterhalb der Burg gibt es einen recht abenteuerlichen Zugang, zunächst auf einer Schotterstraße, dann auf einem steilen Trampelpfad, wobei man hin und wieder an Drahtseilen über Metallklammern, die in den Fels geschlagen sind, gehen muss. Unten stößt man auf einen etwa 8 m hohen Wasserfall.

● *Öffnungszeiten/Preise* **Burg von Drena**, März bis Juni & Sept. Di–So 10–18 Uhr, Juli/August 10–19 Uhr, Okt. 10–17 Uhr, jeweils Mo geschl. Übrige Zeit nur Sa/So 10–18 Uhr, Januar geschl. Eintritt ca. 2,50 €, von 12 bis 18 J. und über 60 J. ca. 1,50 €.

Weitere Informationen zum Sarcatal nördlich von Arco, genannt Valle dei Laghi, unter Anreise, S. 75.

Lago di Tenno und Umgebung

Von Riva kann man auf kurviger, steiler Straße das breite Varone- und Magnonetal hinauffahren und einen Tagesausflug zum bildhübschen Lago di Tenno und in die malerischen Dörfer im Umkreis unternehmen. Unterwegs genießt man das Panorama der üppig grünen Berglandschaft und hat immer wieder herrliche Rückblicke auf den See.

Auf folgender Route lässt sich eine schöne Rundfahrt machen: *Riva–Deva–Pranzo(–Monte San Martino)–Lago di Tenno–Canale del Monte–Tenno–Cologna–Varone–Riva* (oder umgekehrt). Zum Schluss kann man in der interessanten Trattoria „Piè di Castello" in Cologna di Tenno einkehren (→ unten).

Monte San Martino: Archäologische Ausgrabungen förderten auf einem Hügel in 850 m Höhe Überreste eines bebauten Gebietes aus der römischen Kaiserzeit (1.–4. Jh. n. Chr.) zutage, die auf frühgeschichtlichen Vorgängerbauten errichtet worden

Am Lago di Tenno

waren. Erhalten sind die Umfassungsmauern eines größeren Hauses mit den Grundrissen einiger Räume, eine Treppe aus Granit, außerdem zwei Altarsteine mit lateinischer Inschrift. Da Merkmale einer Siedlung fehlen, nimmt man an, dass es sich um ein Heiligtum bzw. eine Art Wallfahrtszentrum gehandelt hat. Der Blick von der bewaldeten Hügelkuppe geht über das Tal nach Ville del Monte und Tenno. Die Funde, darunter Keramik, Münzen und einige schöne Bronzestatuen, wurden in die Museen von Trient und Riva gebracht. Weitere Infos unter www.archeo sanmartino.it.

* *Anfahrt* Zu erreichen ist San Martino von **Pranzo**. Kurz nach dem oberen Ortsende zweigt eine beschilderte Straße in Richtung **Campi** ab, nach etwa 2,5 km erreicht man den abgelegenen Ort, danach geht es noch ein ganzes Stück bergauf, bei Gabelungen der Straße muss man sich immer rechts halten. Etwa 4 km nach dem Abzweig erreicht man einen Parkplatz, von dort sind es noch 10 Min. zu Fuß durch den Wald.

▸ **Monte Tombio**: kurz vor Campi zweigt links eine kurvenreiche Straße zum 841 m hohen Monte Tombio ab, auf dem eine österreichische Festung aus dem Ersten Weltkrieg steht.

Lago di Tenno (Tenno-See)

Fast unwirklich grün leuchtet das glasklare Wasser des annähernd kreisrunden Sees in 570 m Höhe, umgeben ist er von dichten Nadelwäldern.

Vom Parkplatz bei den Hotels führt ein Stufenweg zum teilweise recht steil abfallenden Kiesufer hinunter. An warmen Tagen tummeln sich hier Hunderte von Badegästen, beliebteste Badestelle ist die Südostecke des Sees. Da der Lago di Tenno winzig ist, lässt er sich in einer knappen Stunde zu Fuß umrunden – im zeitigen Frühjahr kann der Weg wegen der Schneeschmelze allerdings noch teilweise überschwemmt sein, ein Ausweichen ist dann nur über leicht abenteuerliche Routen möglich.

* *Anfahrt/Verbindungen* Vor den beiden Hotels liegt ein gebührenpflichtiger Parkplatz, tägl. 8–18 Uhr ca. 1,70 €/Std., kontrolliert wird meist nur in der Hochsaison.
* *Information* Kleiner Kiosk am Rand des Parkplatzes. 9–12, 15–18.15, So 9–12, 15.30–18.30 Uhr, Mi geschl.
* *Übernachten/Essen & Trinken* ***** Club Hotel Lago di Tenno**, wenige Meter oberhalb vom See, elegantes und stilvolles Haus, interessante Kombination von alpenländischen Elementen und Moderne. Pool mit Kinderbecken, mehrere Tennisplätze, außerdem Sauna und Mountainbikes (beides gegen Gebühr). Im hauseigenen Restaurant Mama Giosi mit weitläufiger Terrasse kann man ausgezeichnet speisen. Degustiermenü ca. 35 €. DZ mit Frühstücksbüffet ca. 100 €, auch Ein- und Zweizimmer-Suiten sind zu haben. ✆ 0464/502031, ℡ 502101, www.clubhoteltenno.com.
** Stella Alpina, gleich benachbart, etwas schlichter, elf Zimmer mit TV, Bad und Frühstück. Restaurant mit großer Terrasse zum See hin, da nach Norden gerichtet, oft im Schatten. DZ mit Frühstück ca. 70–80 €. ✆ 0464/502121, ℡ 502006, www.stellaalpinatenno.com.
* Camping Lago di Tenno, einfach und preiswert. Terrassenartiges Gelände an der Straße nach Pranzo, etwa 200 m vom See, ✆/℡ 0464/502127.

▸ **Canale del Monte**: Das kleine Bergdorf am steilen Hang gilt als eins der schönsten im Trentino und hat sein mittelalterliches Erscheinungsbild bestens erhalten können. Entlang der steilen Pflasterwege stehen liebevoll instand gehaltene Bruchsteinhäuser, kleine Plätze, versteckte Winkel und düstere Gewölbe laden zum Entdecken ein. Im Rahmen des alljährlichen Sommerfestes „Rustico Medioevo" in der ersten Augusthälfte wird das Mittelalter wieder lebendig. Zwei Museen sind zu besichtigen. Das Künstlerhaus *Casa degli Artisti „Giacomo Vittone"* wurde in den 1960er Jahren nach der Idee des Malers Giacomo Vittone gegründet, der oft von

Tenno

Riva heraufkam, um hier oben zu malen. In den Sommermonaten finden regelmäßig Ausstellungen statt, doch auch das Haus selber ist sehenswert, besonders die große Küche mit Herdstelle und Kamin. Gleich gegenüber ist ein anschauliches Landwirtschaftsmuseum untergebracht, das *Museo degli Attrezzi Agricoli*. Die zahlreichen Exponate geben einen Überblick über alle Bereiche der traditionellen Landwirtschaft und des Handwerks in den trentinischen Bergen.

• *Öffnungszeiten/Preise* **Casa degli Artisti „Giacomo Vittone"**, Mitte Juni bis Mitte Sept. tägl. 10–12, 14–18 Uhr, sonst nur Sa/So 10–12, 14.30–18 Uhr, Eintritt frei. ✆ 0464/502022. **Museo degli Attrezzi Agricoli**, Mitte Juni bis Mitte Sept. tägl. 10–12, 14–18 Uhr, Eintritt frei.

> **Pitture al Vento** („Malerei im Wind"): In den Sommermonaten ist ganz Canale del Monte mit fantasievollen farbigen Standarten geschmückt, gefertigt von den Schülern der Accademia di Brera (Mailand).

▶ **Rifugio San Pietro**: Berghütte mit Einkehrmöglichkeit und achtzehn Betten am *Monte Calino* in 976 m Höhe (Ende Juni bis Ende Sept. tägl., ganzjährig Sa/So. ✆ 0464/500647). Eine Straße führt von Canale aus hinauf, das letzte Stück zum Gipfel (1069 m) zu Fuß, fantastischer Blick auf Gardasee und Monte Baldo.

▶ **Tenno**: uriger Ort mit verwitterten Häusern und Gehöften, die sich in den Resten der alten Stadtmauer um den Burghügel drängen. Das mächtige *Kastell* mit seinem meterhohen Zinnenkranz kann man schon bei der Auffahrt über Pranzo bewundern – es gehört dem jüngst in die Schlagzeilen geratenen Ex-Postchef Klaus Zumwinkel und ist nicht zugänglich. Durch ein spitzbogiges Tor in der ehemaligen Ringmauer neben der Burg betritt man den historischen Ortskern *Frapporta*, der in seiner seit dem Mittelalter kaum veränderten Struktur einen Bummel wert ist.

Das trutzige Kastell von Tenno

Am Ortsende südlich unterhalb von Frapporta steht die romanische Kirche *San Lorenzo* aus dem 13. Jh. mit schöner Vorhalle und einschiffigem Innenraum. Es handelt sich dabei um den Wiederaufbau eines noch älteren Gotteshauses, denn in der Apsis hat man die ältesten Fresken des Trentino entdeckt. Sie stammen aus dem 11. Jh. und stellen u. a. „Leben und Tod des heiligen Rochus" und die „Enthauptung des heiligen Romano" dar. Weitere Fresken in der Apsis stammen aus dem 14. Jh., z. B. das „Jüngste Gericht". In der hinteren Außenwand des Chores sind zahlreiche vorromanische Reliefsteine eingelassen, darunter Flechtbandreliefs, Zopf- und Knotenornamente. Vor der Kirche entspringt eine eingefasste Quelle.

Öffnungszeiten **San Lorenzo**, 20. Juli bis 20. Okt. nur Sa 9–12, 14–18 Uhr. Falls geschlossen, kann man neben dem Eingang durch ein Fenster ins Innere blicken.

> ### Piè di Castello: Tradition verpflichtet
>
> Das große rustikale Restaurant von Giorgio Benini liegt in Cologna di Tenno, auf halbem Weg zwischen Tenno und Varone. Berühmt ist es wegen seiner „Carne salada", eingelegt in einer geheimen Kräutermischung nach einem Familienrezept, das seit Generationen überliefert ist. Es gibt keine Karte und es wird das ganze Jahr über nur ein Menü serviert, doch dieses lohnt sich (ca. 22–25 €). Tipp: Gleich nebenan liegt an der Straße die „Azienda Agricola Le Fontanelle" von Familie Pasini, wo man günstig gute Weine kaufen kann, z. B. einen Merlot Trentino Barrique für ca. 6 €.
>
> **Piè di Castello**, Via Diaz 55, Cologna di Tenno. Di geschl. ✆ 0464/521065, www.piedicastello.it.

Wasserfall Cascata Varone siehe unter Riva/Umgebung, S. 63.

Lago di Ledro und Umgebung

Noch bis Mitte des 19. Jh. lag das *Valle di Ledro* (Tal von Ledro) völlig isoliert oberhalb vom Gardasee. Nur ein beschwerlicher und steiler Saumpfad führte (und führt noch) entlang der Ponale-Schlucht südlich von Riva hinunter zum See, wo ein kleiner Hafen lag (→ nächster Abschnitt). 1847–51 wurde von Riva aus eine abenteuerliche Straße („Alte Ponale-Straße") mit zahlreichen Serpentinen und Tunnels durch die senkrechten Felshänge gebaut. Seit Anfang des 20. Jh. fuhren hier auch Autos hinauf, doch mittlerweile ist die viel zu enge und unübersichtliche Strecke für den motorisierten Verkehr schon lange gesperrt – für Mountainbiker ist sie jedoch einer der Höhepunkte im Norden des Sees (→ S. 61). Stattdessen gibt es von Riva zum Ledrosee eine neue Straße mit zwei langen Tunnels, *Dom* (1100 m) und *Agnese* (3600 m) – nicht schön, aber effektiv.

▸ **Bikeabfahrt zum ehemaligen Porto del Ponale**: Südwestlich von Riva mündet der aus dem Ledrosee kommende Fluss Ponale in den See. Als es noch keine Straßen in dieser Region gab, lag an dieser Stelle ein kleiner Hafen, wo Menschen, Waren und Vieh nach Riva del Garda eingeschifft wurden. Ab Riva fahren Ausflugsboote hinüber (→ S. 61). Per Mountainbike kann man ab *Prè* auf einem technisch anspruchsvollen Steilpfad, der so genannten „Via del Ponale", zur Flussmündung hinunterfahren, überquert dabei die „Alte Ponale-Straße" und erreicht unten die Gardesana.

▸ **Pregàsina**: Die wenigen Häuser verstecken sich auf einem dicht begrünten Plateau hoch über dem Gardasee, meilenweit vom Trubel darunter. Kurz nach den beiden Tunnels an der Strecke zum Ledrosee zweigt eine Straße dorthin ab. Auf diesem

Lago di Ledro (Ledrosee) 77

Badewiese am Ledrosee

Nordufer und Hinterland (Trentiner Teil des Gardasees)

Stück folgt ein weiterer Tunnel, unmittelbar danach sollte man bei der Statue der „La Madonnina" Stopp machen – fantastischer Blick auf das Nordende des Sees und die nördliche Steilwand der Ponale-Schlucht, die senkrecht zum Gardasee hinunterstürzt! Hier sieht man auch die Serpentinenkurven der *Alten Ponale-Straße* durch die Ponale-Schlucht, die direkt am Tunnelausgang mündet und für Mountainbiker eine rasante Kurvenabfahrt bietet. Eine Alternative zur Ponale-Straße ist die im vorhergehenden Abschnitt erwähnte *Via del Ponale*, die man vor dem Straßentunnel nach Pregàsina erreicht, indem man linker Hand ein Metallgatter übersteigt.

Pregàsina selbst ist weit auseinandergezogen, eine enge Straße schlängelt sich den Hang hinauf. Fast jeder Radler macht hier oben Rast und genießt den herrlichen Panoramablick.

• *Übernachten* **** Rosa Alpina**, Albergo mit populärer Bar/Trattoria, sogar ein Pool gehört dazu. DZ mit Bad und Frühstück ca. 64–80 €. Località Pregasina, ✆/℡ 0464/554293, www.rivadelgarda.com/rosalpina.

* Panorama, ein Stück weiter oberhalb, Trattoria mit guter Trentiner Küche (und singendem Wirt), geringfügig günstiger, noch schönerer Blick, ebenfalls mit Pool. ✆ 0464/520344, ℡ 556963, www.hotelpanoramapregasina.it.

Lago di Ledro (Ledrosee)

Kleiner, malerischer Alpensee inmitten dichter Bergwälder, fast 600 m höher als der Gardasee und deutlich ruhiger als dieser.

Früher völlig abgeschieden, sorgte der stille, tief blaue See 1929 für eine archäologische Sensation: Als man damals den hoch gelegenen See für die Wasserversorgung von Riva anzapfte, sank der Wasserspiegel und die Reste einer fast 4000 Jahre alten Pfahlbausiedlung kamen zum Vorschein. Ein Museum in Molina di Ledro beherbergt die zahlreichen Funde.

Es gibt vier Örtchen am See, touristisches Zentrum ist *Pieve di Ledro* am Westende, die Hauptstraße führt am Nordufer entlang. Über Bezzecca kommt man schnell weiter zum nahen Idrosee oder hinauf ins Valle dei Concei. Molina und Pieve sind stark auf Ausflugstourismus eingerichtet, große Geschäfte bieten lokale und Trentiner Spezialitäten, darunter den „Picco Rosso", einen tief roten, 60-prozentigen Schnaps auf der Grundlage von Erdbeeren und Himbeeren.

▸ **Molina di Ledro**: Das Örtchen zieht sich entlang der Hauptstraße. Ein *Parco Botanico* mit zahlreichen verschiedenen Baumarten und Picknickbänken liegt am Steilhang unweit vom Museum. Neben dem Campingplatz ein schönes Badegelände mit großzügiger Wiese und Tretbootverleih.

Ob die Pfahlbauten hier wirklich so aussahen, ist umstritten

Museo delle Palafitte: Pfahlbauten im Ledrotal

Das Pfahlbaumuseum steht in Molina di Ledro direkt am Seeufer. Ein Großteil der Funde dieser prähistorischen Zivilisation ist hier untergebracht und ansprechend präsentiert. Mehr als 10.000 Pfähle hat man im Torf bergen können, auch Fragmente von Bretterwänden und Verputz aus Lehm. Anhand der Exponate kann man erkennen, dass die Bronze-Metallurgie voll entwickelt war, auch die Weberei war bekannt (Webrahmen, Spulen, Gewichte etc.). Weiterhin gefunden wurden bearbeitete Knochen und Horn, Holzgegenstände (Werkzeug- und Waffengriffe, Bögen, Tassen u. a.), Steingeräte, Keramik und Nahrungsreste, außerdem künstlerische Ornamentsteine und (importierter) Bernsteinschmuck. Ein Höhepunkt ist das *Kanu*, das aus einem einzigen Baumstamm gearbeitet ist – sein Alter nach der Radiocarbon-Datierung: 3642 Jahre plus/minus 36 Jahre.

Am Seeufer kann man den Nachbau einer *Pfahlhütte* betrachten – mangels genauer Vorbilder ist er allerdings einem Pfahlhaus am Bodensee nachempfunden. Im Umkreis sieht man noch zahlreiche Pfähle im Schlamm stecken.

Öffnungszeiten/Preise: März bis Juni und Sept. bis Nov. Di–So 10–17 Uhr, Mo geschl., Juli/August tägl. 10–18 Uhr, Dez., Jan. und Febr. geschl. Eintritt ca. 3 €, Stud. bis 26 J. 2 €, über 65 J. frei, Familienkarte ca. 6 €. ℡ 0464/508182, www.palafitteledro.it.

Lago di Ledro (Ledrosee)

- *Übernachten* **San Carlo**, solides Haus mit Badesteg neben dem Museum direkt am See. DZ mit Bad und Frühstück ca. 50–70 €, ohne Balkon und im Dachgeschoss günstiger. Via Maffei 115, ✆ 0464/508115, 📠 508818, www.hotelsancarlo.info.

Ferienwohnungen im gesamten Valle di Ledro kann man über Ledro Service Tour (www.ledrotour.it) und das Informationsbüro (www.vallediledro.com) buchen.

*** Camping al Sole, großes Gras- und Baumgelände am See, steil abfallender Kiesstrand, ca. 100 m lang. Die Straße nach Pieve verläuft unmittelbar hinter dem Platz. ✆/📠 0464/508496, www.campingalsole.it.

- *Essen & Trinken* **Spaghetti House Al Lago**, gutes Ristorante/Pizzeria mit großer Terrasse und Seeblick, leckeres Essen (nicht nur die Pizzen), dazu prima Hauswein, alles bei angenehmen Preisen und freundlichem Service. Für kleine Gäste gibt es im Garten einen Spielplatz. Via al Lago 3, ✆ 0464/508202.

- *Shopping* **La Bottega dell'Artigianato**, kurz nach dem Museum links der Straße. Luca Daniele formt seine Keramikgefäße nach den Vorbildern der Pfahlbaukultur.

▶ **Pieve di Ledro**: weitflächig auseinandergezogen, am Seeufer viel Platz, mehrere große Lokale, riesiger Supermarkt und Parkplätze. Schöne Badezone mit Liegewiesen und Kiesstrand. Tret- und Ruderboote, Surfbretter, Mountainbikes, Minigolf.

- *Information* **Pro Loco**, Via Nuova 9, an der Durchgangsstraße. Gut ausgestattet mit Prospektmaterial. Mo–Fr 8.30–12.30, 14–18 Uhr, Sa 9.30–12.30, 15–18 Uhr, So 9.30–12.30 Uhr. ✆ 0464/591222, 📠 591577, www.vallediledro.com.

- *Übernachten* ***** Lido**, ansprechendes Haus mit Blumenschmuck, ideale Lage direkt neben dem Strand, gemütlicher Garten, Ristorante, Zimmer mit TV, Teppichboden und schmiedeeisernen Balkons. Sogar ein kleines Hallenbad gibt es. DZ mit Frühstück ca. 100–160 €, HP nur wenig teurer. ✆ 0464/591037, 📠 591660, www.hotellidoledro.it.

*** Camping Azzurro, am Zufluss in den See, mehrere kleine Badebuchten mit Steilufer. Via Alzer, ✆ 0464/591276, 📠 508150, www.campingazzurro.net.

* Camping Al Lago, seit über 30 Jahren in Familienbesitz, schöne Lage unter dichten Bäumen, Strand und Liegewiese. ✆/📠 0464/591250, www.camping-al-lago.it.

- *Essen & Trinken* **Da Franco e Adriana**, großes Ausflugslokal am See, u. a. gibt es Pizza und Brathähnchen. Bemerkenswert ist der vor einigen Jahren neu verlegte Fußboden aus drei verschiedenen Granit- und Marmorarten. Via Foletto 5, ✆ 0464/591127.

Pizzeria Minigolf, gute Pizza und eine interessante Minigolfanlage mit originellen Hindernissen. Via Foletto 4, ✆ 0464/592137.

„Obbedisco": Ich gehorche

Während des *preußisch-österreichischen Krieges* von 1866 hatte sich Italien mit Preußen verbündet, in der Hoffnung das Veneto und Trentino von den Habsburgern zurückzugewinnen. Mitte des Jahres drang Garibaldi mit 40.000 Freiwilligen vom Ampolatal aus ins Ledrotal ein. Am 21. Juli 1866 kam es bei und in Bezzecca zur Schlacht gegen die österreichischen Truppen, in deren Verlauf sich die Österreicher in die umgebenden Berge zurückzogen. Garibaldi wollte weiter in Richtung Gardasee ziehen, doch just hier erreichte ihn die Nachricht vom Waffenstillstand zwischen Italien und Österreich und der Befehl, sich aus dem Trentino zurückzuziehen. Auf dem Dorfplatz von Bezzecca, vor der Pfarrkirche, soll er das berühmte Wort gesprochen haben: *„Obbedisco"* (Ich gehorche). Das Trentino blieb so ein weiteres halbes Jahrhundert – bis 1918 – bei Habsburg.

▶ **Lago di Ledro/Südufer**: Die Straße am südlichen Ufer führt durch ein Waldgebiet und ist sehr schmal und kurvig – vorsichtig fahren. Auf halber Strecke zwischen

80 Norderufer und Hinterland

Molina und Pieve liegt *Pur*, ein Feriendorf mit Badestrand und Liegewiese. Danach steigt die Straße steil an und senkt sich wieder hinunter nach Pieve.

▸ **Bezzecca**: Der Hauptort des Ledrotals ist ein bedeutendes militärhistorisches Pflaster – 1866 kämpfte hier der legendäre Freiheitskämpfer Garibaldi gegen Habsburg und im Ersten Weltkrieg kam es zwischen Österreichern und Italienern zu einem jahrelangen Stellungskrieg im Tal. An beide Ereignisse erinnert das *Sacrario Militare* auf einem Hügel am Ortsausgang in Richtung Concei. Der gesamte Berg ist mit Schutzgräben, Laufgängen und Truppenunterkünften ausgehöhlt, man kann in dem weitläufigen System herumlaufen und auf einer eisernen Wendeltreppe („scala chiòcciola") bis zum Hügelplateau hinaufsteigen. Oben steht die kleine Gedenkkirche *Santo Stefano* mit einem Denkmal für den unbekannten Soldaten, in einem Nebenraum sind Waffen, Helme, Handgranaten etc. ausgestellt. Weiter in Richtung Hügelspitze trifft man auf einen italienischen *Grabstein* für die gefallenen Landsleute von 1866, noch etwas höher steht ein österreichisches *Kreuz* im Gedenken an die Toten von 1866.

- *Öffnungszeiten* **Santo Stefano**, Di–So 10–13, 14–18 Uhr, Mo geschl.
- *Essen & Trinken* **Baita Santa Lucia „Da Fritz"**, charakteristische Berghütte auf der Ebene Santa Lucia, wo 1866 Garibaldi mit den österreichischen Truppen eine Schlacht austrug (→ Kasten). Seit über 30 Jahren im Besitz der Familie Pregl, die unverfälschte alpenländische Küche bietet, z. B. Speckknödel, Polenta mit Pilzen und Gulasch. Anfahrt: von Bezzecca die Straße nach Tiarno nehmen und nach einigen hundert Metern links abzweigen. Mo geschl. ✆ 0464/591290.
Marina, prima Pizzen, die bis zu 3 cm über den Tellerrand ragen und gut belegt sind. Auch Einheimische sieht man hier oft. Tiarno di Sotto, Via Roma 4. ✆ 0464/594397.
Rustichel, laut Leserzuschrift eine „gigantisch gute Risotteria." Vicolo Pepe 3, ✆ 0464/591621.

▸ **Gor d'Abiss**: tosender Wasserfall in einer engen Schlucht nördlich von *Tiarno di Sotto*. Vom Ortszentrum aus zu Fuß zu erreichen (beschildert), unterwegs kommt man an einer alten Wassermühle vorbei.

▸ **Lago d'Ampola**: malerischer, kleiner See direkt an der Straße zum Idrosee, seit Mitte der achtziger Jahre unter Naturschutz. In dem bis zu 4 m tiefen Gewässer, das von einem dichten Schilfgürtel umgeben ist, leben Hechte, Karpfen, Schleie und andere Fische, im Schilf nisten zahlreiche Vogelarten, im Frühjahr paaren sich hier Tausende von Kröten und Fröschen. Auf der Wasseroberfläche sieht man gelbe Teichrosen, auf den Wiesen gedeihen seltene Orchideen. Vom Parkplatz an der Straße wurde ein Lehrpfad zum *Besucherzentrum* mit Aquarium an der Rückseite des Biotops angelegt. Erklärungstafeln geben Hinweise zur Flora und Fauna.

- *Öffnungszeiten/Preise* **Besucherzentrum Lago d'Ampola**, Juni bis Mitte Sept. Di–So 9–13, 15–19 Uhr. Mo geschl., Mai und zweite Septemberhälfte Sa/So 9–13, 15–19 Uhr, Ostern Fr–Mo 9–13, 15–19 Uhr. Eintritt ca. 1 €.

▸ **Passo di Tremalzo** (1665 m): Ein beliebtes Ausflugsziel, das man mit PKW, Motorrad oder Mountainbike erreichen kann. Kurz nach dem Ampolasee windet sich links eine asphaltierte Serpentinenstraße hinauf bis zum Pass und zu der bewirtschafteten Schutzhütte *Rifugio Garda* in 1702 m Höhe, wo man sich stärken und auch übernachten kann (warme Küche, 13 Betten, ✆/✉ 0464/598105, emifaust@tin.it). Bis hierher fahren im Sommer auch die Shuttlebusse für die Bergabradler aus Torbole. Achtung: Die Weiterfahrt auf einer ehemaligen Militärstraße hinunter nach Tremòsine ist für PKW unmöglich und für Motorräder verboten, es drohen empfindliche Strafen!

Erlebnis Natur: Vom Passo di Tremalzo abwärts

Für Mountainbiker wartet hier oben ein echter Gardasee-Klassiker: auf der *Tremalzo-Schotterpiste* in endlosen Serpentinen hinunter zum Passo di Nota! Die Piste beginnt kurz hinter dem Rifugio Garda, führt bald durch einen Tunnel unterhalb vom *Corno de Marogna* – und dann in unaufhörlichem Serpentinen-Downhill zum *Passo di Nota* (1208 m) mit dem (geschlossenen) Rifugio degli Alpini. Beim dortigen Wegedreieck gibt es mehrere Möglichkeiten: Der bequeme Hauptweg führt das Val di Bondo hinunter nach Vesio im Tremòsine-Gebiet.

Man kann aber auch den Höhenweg auf dem Rücken über dem Valle di Bondo fahren. Dafür nimmt man am Passo di Nota den Weg 121, den man aber bereits nach wenigen Kilometern verlässt und auf den Weg 102 einbiegt. Nun folgt eine schier endlose Bergabfahrt über den Weg 106 bis Vesio. Die dritte Möglichkeit ist, sich auf dem Weg 421 in Richtung Ledrosee durchzuschlagen. Schließlich kann man vom Passo di Nota aber auch geradeaus über *Bocca dei Fortini* auf dem Sentiero Antonioloi Richtung Limone biken. Auf diesem Weg besteht dann auch die Möglichkeit, am Passo Guìl auf den Weg 422 abzuzweigen, der über den Passo Rocchetta und auf einem lang gestreckten Bergkamm bis *Pregàsina* führt (→ S. 76). Kurz nach dem Ort erreicht man einen Straßentunnel, vor dem rechts die alte Straße durch die Ponale-Schlucht abzweigt, die noch einmal eine rasante Kurvenabfahrt bietet. Alternative dazu ist die sog. *Via del Ponale*, die nach dem Straßentunnel rechts abgeht (Metallgatter übersteigen).

Torbole   (ca. 900 Einwohner)

Das Surfmekka Europas liegt 4 km östlich von Riva del Garda und ist von diesem durch einen Straßentunnel getrennt. Im Prinzip handelt es sich nur um eine Handvoll Häuser unterhalb steiler Felsen, jedoch umgeben von einer stetig wachsenden Zahl von Hotels und Ferienhäusern, die sich immer weiter ins Hinterland ziehen.

Surfer finden ideale Bedingungen. Ein ganzer langer Strandabschnitt ist für das windige Vergnügen reserviert, Hotels und Campingplätze sind mit Brettverleih und Surfcentern völlig auf ihre sportlichen Gäste eingestellt. Auch Mountainbiker treffen sich gerne in Torbole, denn die umliegenden Berge bieten wie beim Nachbarort Riva exzellente Möglichkeiten. Dementsprechend lockere „jugendliche" Atmosphäre herrscht im Ort. Störend ist allerdings die viel befahrene Durchgangsstraße, die Torbole erbarmungslos in zwei Hälften trennt – die Bade-/Surf-/Hotelzone am See und die kleine Altstadt an der Bergseite. Eine weitere Hauptstraße führt hinauf nach Nago und weiter zur Autobahn – Torbole ist so zum Verkehrsbrennpunkt prädestiniert. In den Sommermonaten kommt es regelmäßig zu Staus.

*A*nfahrt/*V*erbindungen/*I*nformation

● *Anfahrt/Verbindungen* Torbole ist von der Autobahnausfahrt **Lago di Garda Nord** in 20 Min. zu erreichen. Am Ortsende in Richtung Riva gibt es mehrere gebührenpflichtige Parkflächen (teils direkt an der Straße, teils etwas versteckt in Richtung See),

82 Nordufer und Hinterland

außerdem parkt man am südlichen Ortsausgang in langer Reihe an der Uferstraße (9–21 Uhr ca. 1,30 €/Std.).

Mo–Fr kann man gratis auf dem großen Parkplatz **Panorama** oberhalb vom Ortskern parken (auf Schild an der Durchgangsstraße achten), Sa/So kostet es auch dort 1 €/Std. Über Treppen steigt man in den Ort hinunter.

Busse von **Trentino Trasporti** gehen u. a. nach Riva, Nago, Arco, Rovereto und Trento, **ATV-Busse 62–64** fahren je nach Saison alle 1–2 Std. nach Riva und am Ostufer entlang bis Verona (→ Riva). Haltestelle im Zentrum an der Durchgangsstraße.

Schiffe bahnen sich hupend ihren Weg durch die Surfer, etwa ein- bis zweistündig Verbindungen nach Riva, Limone und Malcésine sowie in andere Hafenorte weiter südlich.

Taxi, Standplatz an der zentralen Kreuzung im Ort, Via Matteotti 1, ☎ 0464/505122 o. 5885329.

> **Trenino turistico**, etwa 8 x tägl. von Torbole nach Nago und zurück, Abfahrt an der Strandpromenade.

• *Information* **APT (Azienda di Promozione Turistica)**, Lungolago Conca d'Oro 25, gut ausgestattetes Büro am südlichen Ortsausgang. Wie in Riva zeigt eine elektronische Schautafel an, welche Hotels und Pensionen Vakanzen besitzen. Mo–Sa 9–19, So 9–13, 15–19 Uhr. ☎ 0464/505177, 📠 505643. Internet siehe unter Riva. Achtung: Umzug in die Colonia Pavese geplant (→ Sehenswertes).

Übernachten (→ Karte S. 85)

Die Hotels gehen in die Dutzende, so gut wie alle sind auf Surfer und Biker eingerichtet. Leider befindet sich ein nicht unerheblicher Teil direkt an der stark befahrenen Durchgangsstraße. Eine Liste der Privatunterkünfte ist im Informationsbüro erhältlich.

• *Zwischen See und Uferstraße* Einige der folgenden Häuser liegen direkt am Strand (→ Stadtplan), frühzeitig reservieren!

**** Lido Blu (14), etwas außerhalb an der Mündung der Sarca, herrliche Lage direkt an der Strandpromenade. Das komfortable Haus ist bestens aud Surfer und Badegäste eingerichtet, kleines Hallenbad und Sauna, Surfschule und Aufbewahrung von Surfbrettern, überdachte Restaurantterrasse mit herrlichem Seeblick. Zimmer mit Sat-TV, Föhn und Minibar. Nachteil: Nur ein kleiner Garten, wo die Liegestühle dicht an dicht stehen. Ins Zentrum läuft man ca. 10 Min. am See entlang. DZ mit Frühstück zur Seeseite ca. 100–160 €, zur Landseite günstiger. ☎ 0464/505180, 📠 505931, www.lidoblu.it.

*** Villa Magnolia, (26), netter Familienbetrieb wenige Meter vom See. Kleiner Garten mit Pool, Zimmer mit hellem Mobiliar, nicht alle geräumig, auch Apartments mit Küche. Vor dem Haus großer eigener Parkplatz, Surf-/Bikegarage. Camping Al Cor benachbart. DZ mit Frühstück ca. 64–78 €. Via al Cor 10, ☎ 0464/505050, 📠 548788, www.hotelvillamagnolia.it.

*** Villa Claudia (25), sehr sauber und gepflegt, ruhige Atmosphäre, Zimmer mit Teppichboden, im großen Garten Pool, Surfständer, Parkplatz. Camping Al Cor benachbart. DZ mit Frühstück ca. 66–84 €. Via al Cor 12, ☎ 0464/505328, 📠 505376, www.torbole.com/villaclaudia.

*** Baia Azzurra (1), etwa 1 km von Torbole entfernt am Straßentunnel durch den Monte Brione, doch zum See hin hört man nur wenig davon. Schöne Lage direkt am Strand, herrlicher Seeblick, Restaurant, Liegewiese, Abstellraum für Bikes und Surfbretter. DZ mit Frühstück ca. 88–110 €. Via Gardesana 33, ☎ 0464/505168, 📠 505198, www.baia.it.

* Ischia (23), nahe der Durchgangsstraße, Geräusche dringen noch herüber. Familiär geführtes Albergo mit 13 modern eingerichteten Zimmern, Parkplatz und schönem Garten, Bikegarage. DZ mit Frühstück ca. 60–68 €, Mindestaufenthalt drei Tage. Via Matteotti 26, ☎ 0464/505146, 📠 549718, www.torboleischia.com.

• *Landeinwärts der Durchgangsstraße*

*** Santoni (17), beliebtes Bikerhotel mit allen nötigen Einrichtungen, von Fabio und Silvia nett geführt, auch Familien mit kleinen Kindern eingerichtet, Hunde sind ebenfalls willkommen. Wireless Internet, Videofilme, Citybike zur freien Verfügung. DZ mit Frühstück ca. 74–130 €. Via Strada Grande 2, ☎ 0464/505966, 📠 506100, www.hotelsantoni.com.

*** Villa Stella (4), sehr gepflegtes Haus mit Garten und Pool, weit zurück von der

Früher bei Malern beliebt, heute bei Windanbetern: das Örtchen Torbole

Durchgangsstraße, ruhige Lage. Bei Familie Tonelli findet man u. a. ein großes Bike-/Surfdepot und einen Gymnastikraum, hervorzuheben ist das hervorragende Frühstücksbuffet. Zimmer sind tipptopp, alles sehr sauber. Auch Ferienwohnungen in Seenähe werden vermietet. DZ mit Frühstück ca. 76–110 €, Family Suite (vier Betten) ca. 125–150 €. Via Strada Grande 42, ✆ 0464/505354, ℻ 505053, www.villastella.it.

*** **Casa Romani (39)**, etwas versteckte Lage hinter der Touristinfo, familiäres Albergo mit Zimmern und Apartments, einfach und sauber, Chefin spricht fließend Deutsch. Kleiner Garten mit Olivenbäumen und Blick auf den See, kleiner Pool mit Whirlpool, Kinderspielgeräte, Stellplätze für PKW, Räder und Surfbretter. DZ mit Frühstück ca. 60–67 €, Apartment ca. 56–58 € (2 Pers.) bzw. 80–84 € (4 Pers.). Via Pescicoltura 35, ✆ 0464/505113, ℻ 548760, www.casaromani.it.

** **Casa Nataly (38)**, in der Altstadt, freundliche und saubere Pension, ruhig, Zimmer mit Teppichboden, Balkon und teils Seeblick, Surf- und Bikegarage. Unten kleiner Frühstücksraum. DZ mit Frühstück ca. 56–66 €. Piazza Alpini 10, ✆ 0464/505341, ℻ 506223, www.gardaqui.net/casanataly.

*** **Aktivhotel Santalucia (29)**, das beliebte, farbenfroh gestrichene Haus liegt am oberen Ortsende, am Beginn des Fußwegs nach Nago. Nach einem Besitzerwechsel wurde es vor kurzem ansprechend renoviert und besitzt einen großen, üppigen Garten mit Pool, in dem Bergzedern, Palmen, Ölbäume und Weiden wachsen. Moderne Zimmer, z. T. mit Balkon, deutschsprachige Rezeption, Wellnessbereich, Surf- und Bikegarage, Internetzugang, geführte Mountainbike-Touren (Besitzer Silvio Rigatti ist selbst Biker). DZ mit reichhaltigem Frühstücksbuffet ca. 80–115 €. Via Santa Lucia 12, ✆ 0464/505140, ℻ 505509, www.aktivhotel.it.

** **Villa Gloria (40)**, ruhige und sonnige Lage über Torbole an der Straße zum Sportpark Le Busatte, Pool, gut eingerichtete Zimmer mit Balkon, z. T. herrlicher Seeblick, Solarium, neue Sauna, Abstellmöglichkeit für Bikes und Surfbretter. DZ mit Frühstück ca. 76–86 €. Via Marocche, 1, ✆ 0464/505712, ℻ 506247, www.villagloria.info.

* **Tetto d'Oro (41)**, preisgünstiges Quartier in ruhiger Lage, Abstellmöglichkeit für Bikes und Surfbretter. DZ mit Frühstück ca. 60 €. Via Marocche 16, ebenfalls an der Straße zum Sportpark Le Busatte, ✆/℻ 464/505287, tetto.doro@dnet.it.

84 Nordufer und Hinterland

• *Ferienwohnungen* **Residence Toblini (13)**, geräumiges Apartmenthaus 100 m vom See, großer Garten, wo man auch schön essen kann, Sauna, Innenpool und mehrere Außenpools, Bike-/Surfbrettgarage, Waschmaschine. Einige Ferienwohnungen auch direkt an der Seepromenade (neben Hotel Lido Blue). Besitzer sind die beiden freundlichen Brüder Stefano und Claudio – sie sind Biker und geben gerne Tipps. Wochenpreise: Studio ca. 330–470 €, 4-Bett-Apartment ca. 545–840 €. Via al Cor 23, ✆ 0464/505123, ℻ 505861, www.toblini.com.

Bungalowpark Rita e Vico (12), neun ebenerdige Ferienwohnungen direkt an der Seepromenade neben Hotel Lido Blue, schöner gemeinschaftlicher Garten, Parkplatz, Surfbrettlagerung. 4-Bett-Apartment pro Woche ca. 450–790 €. Via Foci del Sarca 15, ✆/℻ 0464/505521, www.bungalowpark.it.

Residence Casa al Sole (27), halbkreisförmiges Apartmenthaus direkt am See, im Palmengarten davor großer Kinderspielplatz, an der Promenade vorne Liegeterrasse, Parkplatz, Surf- und Segelständer, Bikegarage. 4-Bett-Apartment pro Woche ca. 520–820 €. Via al Cor 14, ✆ 0464/505434, ℻ 505510, www.casaalsole.it.

• *Camping* Die drei ortsnahen Plätze liegen alle an oder in der Nähe der Strandpromenade, drei weitere zwischen Sarca-Mündung und Monte Brione. Vor allem die ortsnahen Plätze werden viel von Surfern genutzt, im Juli/August ist meist alles dicht belegt, wegen der hohen Nachfrage werden dann keine Reservierungen angenommen. Teils schöne Stellplätze unter Olivenbäumen.

* **Al Cor (24)**, der zentrumsnächste Platz, nur wenige Meter zum Strand. Via Matteotti 26, ✆/℻ 0464/505222, www.camping-al-cor.com.

* **Al Porto (19)**, gleich daneben, mit Kinderspielgeräten. ✆/℻ 0464/505891, www.campingalporto.it.

** **Europa (18)**, schöne Lage direkt am Surferstrand, reicher Baumbestand. ✆/℻ 0464/505888.

** **Arco Lido (7)**, am Weg zum Surfcenter Marco Segnana, schattige Stellplätze, Liegewiese beim Surfzentrum, gut sortierter Minimarket, erfreuliche Sanitäranlagen. Località Linfano, ✆ 0464/505077, ℻ 548668, www.arcoturistica.com.

** **Maroadi (5)**, direkt am schmalen Kiesstrand, in Ufernähe reichhaltiger Baumbestand, sehr schattig, kleiner Hafen, Brett- und Bikeverleih. Via Gardesana 13, ✆ 0464/505175, ℻ 506291, www.campingmaroadi.it.

** **Bellavista (3)**, direkt am See unter der Steilwand des Monte Brione, nah beim Straßentunnel, straßennahe Stellplätze laut, Sanitäranlagen beschränkt. Reg. Campore 23, ✆ 0464/505644, ℻ 505166, www.campingbellavista.it.

Tr@nsit (21), großer Stellplatz für Wohnmobile, 120 Stellplätze auf Rasenflächen, sanitäre Anlage sehr beschränkt, Internetzugang, Bar/Café, Laden. Ganzjährig. 24 Std. ca. 30 €, 48 Std. 48 €. Via Sarca Vecchio 3, ✆ 0464/548268, www.areatransit.it.

Essen & Trinken

La Terrazza (37), kulinarischer Hochgenuss mitten in der Surferhochburg, nur wenige Schritte vom Strand. Verglaste Veranda und interessante Speisekarte mit traditionellen Gerichten, auf der u. a. Barsch, Hecht und Schleie angeboten werden, z. B. *luccio alla Torbolana* (Seehecht in würziger Soße auf Polenta). Etwas teurer. Di geschl. Via Pasubio 15, ✆ 0464/506083.

Al Pescatore (36), an der ruhigen Fußgängergasse, die an der zentralen Piazza Goethe beginnt. Hübsch zum Draußensitzen, mal die gegrillte Seeforelle versuchen, auch große Pizzen werden serviert. Mo geschl. Via Segantini 11, ✆ 0464/505236.

Surfer's Grill (11), beliebtes Lokal mit elegant überdachter Gartenterrasse, freundlich geführt von Chiara und ihrem Team. Gute Grillspezialitäten, leider nicht mehr in den legendären Portionen wie einst. Preise etwas höher. Mo geschl. Via Sarca Vecchio 8, ✆ 0464/505930.

Al Rustico (2), rustikales Restaurant im Stil eines Landgasthauses, an den Wänden Kupfertöpfe, hinten ein schöner Garten. Zu empfehlen die hausgemachten Pastagerichte, z. B. *spaghetti alle torchio*. Nur abends, Mo geschl. Landeinwärts vom Zentrum an der Via Strada Grande, gegenüber der Villa Stella (→ Übernachten). ✆ 0464/505532.

Villa Cian (22), Pizzeria/Bar mit Panoramaterrasse am gleichnamigen Strand beim Surfcenter „Prato al Lago" von Marco Segnana. Jugendliche Atmosphäre mit Musik, am Strandabschnitt davor Liegestuhlvermietung, daneben der Parco Comunale, eine

Torbole

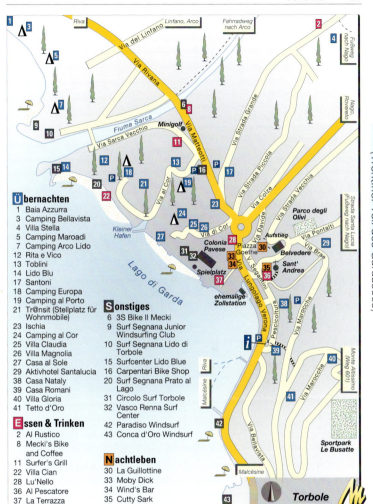

Nordufer und Hinterland (Trentiner Teil des Gardasees)

Übernachten
1 Baia Azzurra
3 Camping Bellavista
4 Villa Stella
5 Camping Maroadi
7 Camping Arco Lido
12 Rita e Vico
13 Toblini
14 Lido Blu
17 Santoni
18 Camping Europa
19 Camping al Porto
21 Tr@nsit (Stellplatz für Wohnmobile)
23 Ischia
24 Camping al Cor
25 Villa Claudia
26 Villa Magnolia
27 Casa al Sole
29 Aktivhotel Santalucia
38 Casa Nataly
39 Casa Romani
40 Villa Gloria
41 Tetto d'Oro

Essen & Trinken
2 Al Rustico
8 Mecki's Bike and Coffee
11 Surfer's Grill
22 Villa Cian
28 Lu'Nello
36 Al Pescatore
37 La Terrazza

Sonstiges
6 3S Bike Il Mecki
9 Surf Segnana Junior Windsurfing Club
10 Surf Segnana Lido di Torbole
15 Surfcenter Lido Blue
16 Carpentari Bike Shop
20 Surf Segnana Prato al Lago
31 Circolo Surf Torbole
32 Vasco Renna Surf Center
42 Paradiso Windsurf
43 Conca d'Oro Windsurf

Nachtleben
30 La Guillottine
33 Moby Dick
34 Wind's Bar
35 Cutty Sark

große Grünfläche mit Beach-Volleyballfeld. Di geschl. ✆ 0464/505092 o. 340-2541921.

Lu'Nello (28), beim großen Kreisverkehr, gemütliche, von Lucio & Co. freundlich geführte Osteria, eingerichtet mit viel Holz, kleine, aber feine Auswahl an Gerichten umbrischer und römischer Herkunft, dazu prima Weine, einmal wöch. Livemusik. Via Matteotti 47, ✆ 0464/505383.

• *Außerhalb* **La Cantinota**, in Linfano, wenige Kilometer landeinwärts, unterhalb der Steilwand des Monte Brione. Origineller Speiseraum in einer hohen Grotte, draußen Wiese mit großen Holztischen, Kinderspielgeräte. Das „Ristorante tipico" bietet z. B. Forelle in Teroldego-Rotwein und *carne salada*. Di geschl. ✆ 0464/548230.

• *Cafés/Treffs* **Mecki's Bike and coffee (8)**, legendärer Après-Bike-Treff am Ortsaus-

86 Nordufer und Hinterland

gang nach Riva, am Fluss Sarca. Alles ist hier auf Biker eingestellt, sogar die Barhocker und Zapfhähne sind mit Fahrradsätteln bestückt. Tägl. etwa 6–20 Uhr.

Bar im Surfzentrum Marco Segnana, unmittelbar westlich der Sarca-Mündung, nettes Fleckchen für Sportler, Schwimmer und Strandspaziergänger.

Nachtleben (→ Karte S. 85)

Es gibt einige beliebte Treffs, deren Kapazität aber im August nicht mehr ausreicht.
Wind's Bar (34), zentral an der Durchgangsstraße, an Augustabenden stehen die Menschen in Gruppen auf der Straße, die dann zur Open-Air-Disco wird. Hinten ein paar Stufen hinunter zu einer kleinen Tanzfläche mit Videoschirmen und Bar, gelegentlich gibt es dort auch Livemusik. Via Matteotti 9.
Moby Dick (33), um die Ecke der Wind's Bar. Unter der efeuberankten Fassade mit üppiger Galionsfigur sitzt man gemütlich und trinkt Weißbier, drinnen ist der Raum einer Schiffskombüse nachempfunden. Im Sommer tägl. 18–2 Uhr, sonst Mi geschl. Via Matteotti 21.
Cutty Sark (35), „the surfer's rest", großer, mit viel Holz und Nautikutensilien ausgestatteter Pub, benannt nach dem legendären Handelsschiff aus dem 19. Jh., das 2007 in London vollständig ausbrannte. Im Sommer tägl. 20–2 Uhr, sonst Mo geschl. Via Pontalti 2, bei Piazza Goethe.
La Guillottine (30), kleiner Pub, etwas abseits vom Trubel. Im Sommer tägl. 21–2 Uhr, sonst Mi geschl. Via Don Davide Gioppi 28.

Sport (→ Karte S. 85)

Torbole ist das bekannteste Surfzentrum Europas und gilt als eins der besten Reviere der Welt. Mehrere große Surfcenter bieten Unterricht und umfangreiches Equipment vom Brett bis zum Neoprenanzug. In der schmalen „Düse" am Nordende des Sees spürt man nachdrücklich jede Brise, hier kann man Tempo machen und sich im Speed-Rausch aalen, aber auch unerfahrene Neulinge kommen auf ihre Kosten. An windreichen Nachmittagen ist der See schnell mit Hunderten von Segeln bevölkert – Vorsicht vor den Fähren!
Mountainbiker finden Routen aller Schwierigkeitsgrade. Wer es bequem haben will, kann sich per „Shuttle-Bike-Service" hoch hinauffahren lassen und viele Kilometer in Schussfahrt abspulen.

• *Surfspots und -stationen (von West nach Ost)* Eine Surfstation liegt an der Mündung der Sarca, mehrere am langen Ortsstrand, zwei weitere am Ostufer.
Surf Segnana Lido di Torbole (10), unmittelbar westlich der Sarca-Mündung liegt dieses erste und größte Surf- und Katamaranzentrum von Marco Segnana, der schon dreißig Jahre am See aktiv ist – sehr schön mit satten Rasenflächen und gemütlicher Bar, die Flussströmung verleiht dem Ort etwas Können. Parken kostet ca. 7 €/Tag. Vermietet werden auch Kajaks und Bikes.
Surf Segnana Junior Windsurfing Club (9), gleich daneben (vor Camping Maroadi) liegt ein Surfclub für Kids. ✆ 0464/505963, ℡ 505498, www.surfsegnana.it.
Surfcenter Lido Blue (15), im gleichnamigen Hotel, direkt östlich der Sarcamündung. ✆ 0464/506349, ℡ 505931, www.surflb.com.
Surf Segnana Prato al Lago (20), Surfstation im westlichen Teil des Ortsstrands, Parken kostet ca. 7 €/Tag. Die Bar und Pizzeria „Villa Cian" liegt hier direkt am Strand. Auch Radverleih.
Circolo Surf Torbole (31), seit 1979, große Station neben dem Bau der Colonia Pavese. ✆ 0464/505385, ℡ 54592, www.circolosurftorbole.com.
Vasco Renna Surf Center (32), ganz zentral beim klotzigen Bau der Colonia Pavese (→ Sehenswertes) und entsprechend voll. Brett- und Riggständer am Strand, mehrere Parkplätze (ca. 7 €/Tag). ✆ 0464/505993, ℡ 506254, www.vascorenna.com.
Paradiso Windsurf (42), ein schmaler Strand wenige Meter südlich der Schiffsanlegestelle, ideal bei starkem Halbwind und Vento, auch hier ist Marco Segnana aktiv und bietet Lagerplatz für 50 Boards.
Conca d'Oro Windsurf (43), das große Windsurfcenter wird von Lino aus Limone geführt. Es liegt südlich von Torbole an einem besonders windreichen Platz. Sowohl bei Süd- wie bei Nordwind kann unter „Side-Shore"-Bedingungen gesurft werden. Es

In Torbole dreht sich alles ums Surfen

Nordufer und Hinterland (Trentiner Teil des Gardasees)

gibt eine Bar und schöne Grünflächen, Parken kostet ca. 8 €/Tag. ✆/🖷 0464/548192, www.windsurfconca.com.

• *Mountainbikes* Verleih pro Tag ca. 15 €, halber Tag 10 €, 2 Std. 6 €.

3S Bike II Mecki (6), großzügiger Platz neben der gleichnamigen Bar bei der Brücke über die Sarca. Seit über 15 Jahren verleiht Wolfgang Merz hervorragend gepflegte Bikes (Scott), veranstaltet auch geführte Touren und Shuttle-Service **Coast to Coast** zu Passo Tremalzo und Monte Baldo. Kostenlos reservierte Parkplätze, Duschen und Toiletten. Zusammenarbeit mit „Canyon Adventures" (→ Sonstiges). Via Matteotti 5, ✆ 347-4713748, 🖷 556035, www.3S-bike.com.

Carpentari Bike Shop (16), großer Shop mit gutem Material sowie Zubehör und Reparaturen, ebenfalls geführte Touren und Shuttle-Service in die Berge. Via Matteotti 95, ✆ 0464/505500, www.carpentari.com.

• *Tauchen* **Arco Sub** im Circolo Velo Arco (Conca d'Oro), ✆ 340-0045651, www.arcosub.com.

• *Tennis* **Circolo Tennis**, Via Strada Grande, 9–23 Uhr, ✆ 0464/505460; **Centro Tennis Busatte**, Località Busatte (→ Kasten), 9–23 Uhr, ✆ 333-7680096.

• *Sonstiges* **Canyon Adventures**, Canyoning und Klettern, geführte Touren verschiedener Schwierigkeitsgrade, sehr zuverlässig und auf Sicherheit bedacht. Via Matteotti 5, ✆/🖷 0464/505406, www.canyonadv.com.

Circolo Vela Torbole, große Segel- und Katamaranschule beim Surfspot Conca d'Oro. ✆ 0464/506240, 🖷 506076, www.circolovelatorbole.com.

Kayak/Kanu, Verleih in den Segnana Surfcentern.

Minigolf Pit Pat, gepflegter Platz direkt unterhalb der Durchgangsstraße, Nähe Hotel Villa Rosa (→ Übernachten), auch Tisch-Minigolf und Tischtennis. April bis Okt. tägl. 10–24 Uhr, www.minigolftorbole.it.

Sportpark Le Busatte: grünes Gelände oberhalb vom Ort, am Fuß eines felsigen Steilhangs. Es gibt zwei Tennisplätze, ein Volleyball- und Basketballfeld, einen kleinen Fußballplatz und einen Trimm-dich-Pfad, dazu Kletterfelsen für Kinder, einen Spielplatz, eine Rollschuh- und eine Bocciabahn sowie Tischtennisplatten. Eine Pizzeria mit Bar sorgt fürs leibliche Wohl, außerdem findet man Picknickplätze. Abends im Sommer Tanz (Mi Gesellschaftstanz, Do lateinamerikanische Musik). Mitte April bis Ende Sept. tägl. ✆ 0464/506112.

88 Nordufer und Hinterland

Das Zollhäuschen: letztes Relikt der historischen Grenze zwischen Österreich und Italien

Sonstiges

• *Ärztliche Versorgung* **Guardia Medica Turistica**, Via Matteotti 19/a. Bereitschaftsdienst tägl. 8–20 Uhr (✆ 348-2602408).
• *Internet* **Hot Spot** (Hotel Centrale) und **Cicli Adami**, Via Matteotti 72.
• *Shopping* **Kleidermarkt**, von April bis Ende Sept. jeden zweiten und vierten Dienstag auf dem Gelände der Colonia Pavese.
Internationale Presse bei „Giliberti" an der Durchgangsstraße, ein zweiter Shop liegt ein Stück weiter in Richtung südlicher Ortsausgang.

Enoteca Contini, beim Zeitschriftenladen Giliberti hineingehen, großer kulinarischer Laden mit Wein, Spirituosen, Olivenöl und Gewürzen. Via Benaco 14.
Cantina Mandelli (Madonna delle Vittorie), in Linfano, am Weg nach Arco. Einer der größten Weinproduzenten der Region (mit Verkostung), außerdem Olivenöl und Forellenzucht. Geführte Rundgänge nach Vereinbarung. Mo–Sa 8.30–12.30, 15–19 Uhr. Via Linfano 81. ✆ 0464/505432, ✆ 505542, www.madonnadellevittorie.it.

Sehenswertes: Im hübschen kleinen Hafenbecken steht eine frühere *Zollstation* der k.u.k.-Monarchie malerisch auf einer Mole. Bis zum Ende des Ersten Weltkriegs verlief hier die Grenze zwischen Italien und Österreich. Die Holzpfähle, die die Mole tragen, datieren angeblich bis in venezianische Zeit zurück – an der Außenwand des Häuschens erinnert ein steinernes Relief an den abenteuerlichen Transport der venezianischen Flotte über den Pass von Nago (→ Kasten S. 93). Die Besitzerfamilie Tonelli hat in den letzten Jahren an Sommerwochenenden von 15 bis 18 Uhr das Häuschen geöffnet, man kann dann hier Wein trinken und der Musik des 18. Jh. lauschen.

Wenige Schritte entfernt steht die *Casa Beust* mit einem verblassten Fresko des Berliner Malers *Johann Lietzmann*, der 50 Jahre lang in Torbole lebte und arbeitete – vom Ende des 19. Jh. bis zum Zweiten Weltkrieg war Torbole wegen seines pittoresken Seeblicks ein beliebter Treffpunkt romantischer und spätromantischer Maler des deutschen Sprachraums. Johann Lietzmann (1872–1955) erwarb damals einen großen Olivenhain am Seeufer (hinter dem heutigen Hotel Paradiso) und eröffnete eine Schule für Aktmalerei.

Imposant ist der jüngst völlig entkernte und aufwändig renovierte Bau der *Colonia Pavese* direkt am Strand. Das größte Bauwerk am Ort hat eine bewegte Vergangenheit als Grandhotel, Kaserne und Lazarett hinter sich. Mehr als 20 Jahren stand es leer,

Goethe in Torbole

Am Nachmittag des 12. September 1786 stand der Dichterfürst auf der Passhöhe von Nago oberhalb von Torbole und notierte die geflügelten Worte, die heute jedem Seeprospekt vorausgehen: *„Wie sehr wünschte ich meine Freunde einen Augenblick neben mich, dass sie sich der Aussicht freuen könnten, die vor mir liegt! Heute abend hätte ich können in Verona sein, aber es lag mir noch eine herrliche Naturwirkung an der Seite, ein köstliches Schauspiel, der Gardasee, den wollte ich nicht versäumen, und bin herrlich für meinen Umweg belohnt."* Für Goethe bedeutete der Gardasee eine erste Begegnung mit der Antike. Italien stand damals stellvertretend für das klassische Griechenland, das seit langem von den muselmanischen Türken besetzt war und das man deswegen nur „mit der Seele suchen" konnte. Symbolträchtig genug, dass Goethe gerade hier begann, Hand an die bisherige Fassung seiner „Iphigenie auf Tauris" zu legen, die auf einem antiken Drama von Euripides beruht. Unter fast ausschließlicher Verwendung klassischer fünffüßiger Jamben strukturierte er das Werk vollständig um: *„Am Gardasee, als der gewaltige Mittagswind die Wellen ans Ufer trieb, wo ich wenigstens so allein war wie meine Heldin am Gestade von Tauris, zog ich die ersten Linien der neuen Bearbeitung".*

Erinnerung an den Aufenthalt Goethes in Torbole

Auch heute macht ein Großteil aller Besucher in Torbole erste Bekanntschaft mit dem See: Von der Autobahnausfahrt „Lago di Garda Nord" kommend, trifft man hier aufs Wasser und genießt bei der Serpentinenabfahrt von Nago den herrlichen Panoramablick – heute allerdings ist die Seeoberfläche gesprenkelt von zahllosen bunten Surfsegeln, während Goethe sich hier allein mit der Natur befand.

Kursivzitate aus: Johann Wolfgang von Goethe, Italienische Reise, 4. Aufl. 1995, dtv klassik, Bd. 2200, München.

Am Strand von Torbole

bis man 2002 mit der Restaurierung begann. 2009 war sie noch immer nicht abgeschlossen, aber das neue kupfergrüne Dach bestimmt bereits die Skyline und eine breite Freitreppe führt ins Piano Nobile. Nach Fertigstellung soll die Colonia Pavese Kongresssäle, die Stadtbibliothek und Teile der Verwaltung sowie das touristische Informationsbüro beherbergen.

Landeinwärts der Durchgangsstraße liegt das winzige Altstadtviertel mit seinem zentralen Platz, der kürzlich in *Piazza Goethe* umbenannt wurde, denn in der grün getünchten *Casa Alberti* hat Goethe 1786 kurzzeitig gewohnt. Über dem Durchgang hängt eine Gedenktafel „Heute hab ich an der Iphigenie gearbeitet, es ist im Angesichte des Sees gut vonstatten gegangen". Am Haus daneben sieht man eine Plakette für den „Pittore di Berlino" Johann Lietzmann (→ oben).

Südlich der Piazza beginnt die *Via Segantini*, mehr oder minder die einzige bescheidene Fußgängergasse. Nach dem Ristorante „Al Pescatore" führen Stufen zur etwas erhöht stehenden Pfarrkirche *Sant'Andrea* hinauf. Die schlichte Barockkirche vom Anfang des 18. Jh. besitzt ein ausdrucksvolles Altargemälde „Martyrium des heiligen Andreas" des Veronesers Giambettino Cignaroli (1706–1770). Als Vorbilder für die dargestellten Personen porträtierte er Bewohner von Torbole. Im Mittelgang sieht man drei alte Grabplatten, am Nordaltar thront eine sitzende Madonna aus Olivenholz, die wahrscheinlich älter ist als die Kirche. Vom Vorplatz hat man einen wunderschönen Seeblick.

Noch schöner ist der Blick vom nahen Aussichtspunkt *Belvedere*. Dafür nimmt man vom Zentrum die Via Scuole, biegt nach dem Pub „La Guillottine" rechts ab und steigt über Stufen zur Via Pontalti hinauf mit dem ehemaligen Standort eines mittelalterlichen Turms, von dem aber nichts mehr vorhanden ist.

Auf der Via Pontalti kommt man schließlich vom Ortskern zum *Parco degli Olivi* am oberen Ortsende, einem terrassierten Olivenbaumpark unterhalb mächtiger Felshänge, und kann eine kleine Wanderung nach Nago unternehmen (→ S. 91).

Torbole/Baden

Der gepflegte *Ortsstrand* erstreckt sich fast 1 km weit bis zur romantischen Mündung der Sarca, ein Promenadenweg führt entlang, in der Mitte liegt der kleine Hafen *Porto Pescatori* mit einer winzigen Bar. Mehrere Abschnitte sind für Surfer reserviert (mit Schildern ausgewiesen), dort darf nicht gebadet werden. In den Badezonen können Liegestühle und Sonnenschirme gemietet werden. Direkt an der Sarcamündung liegt das große Surfzentrum von Marco Segnana (→ Sport), satte Rasenflächen machen den Aufenthalt angenehm und es gibt eine Bar. Von der Durchgangsstraße führt parallel zum Fluss ein asphaltierter Weg hinunter. Früher war hier mit dem Spaziergang Schluss, doch nun können Fußgänger und Radfahrer die Sarca auf einer neuen, elegant geschwungenen Brücke überqueren. Westlich der Sarcamündung setzt sich der Strand bis zum Monte Brione fort, der seinerseits auf einem Fußgänger- und Radfahrerweg umrundet werden kann.

Ein weiterer schmaler Kiesstrand von etwa 100 m Länge liegt beim Surfspot *Conca d´Oro* südlich von Torbole (→ Sport), kurz nach der Schiffsanlegestelle. Der dortige markante Felsen wird *Sasso dei Bimbi* (Felsen der Kinder) genannt und ist ein reizvolles Fleckchen, besonders zum Sonnenuntergang.

> **Tipp**: Seit es die neue Brücke über die Sarca gibt, kann das gesamte Ufer zwischen Torbole und Riva zu Fuß oder mit dem Rad bewältigt werden.

Torbole/Umgebung

Vor allem sportliche Naturen können sich hier austoben – ein Radweg geht nach Arco, ein Panoramawanderweg führt nach Tempesta, auf zwei Fußwegen kann man Nago erreichen und Kletterer testen an der Uferstraße Richtung Malcésine ihr Können.

▸ **Radtour nach Arco**: Am westlichen Ufer der Sarca führt ein gut ausgebauter Fahrradweg bis Arco, ca. 5,5 km. Die Strecke ist weitgehend eben und leicht zu befahren. Man radelt durch Weinplantagen, kommt an der großen Forellenzucht Mandelli vorbei, wo man frischen Fisch kaufen kann (✆ 0464/505224), bald danach an einer Kläranlage. Nachdem man kurz die Straße gestreift hat, wird eine Mineralwasserfabrik passiert und man gelangt in den Ortskern von Arco.

▸ **Wanderweg von Torbole nach Tempesta**: Ein Panoramaweg führt vom Sportpark Busatte in etwa 2 Std. nach Tempesta (→ S. 96). Mit schönen Ausblicken zieht er sich halbhoch über dem See entlang und hängt dabei zeitweise fast über dem senkrecht abfallenden Berghang, schwierige Stellen werden mit Stahltreppen überbrückt. Er mündet auf einen Fahrweg, der nach Tempesta hinunter führt und auf die Gardesana mündet. Die Bushaltestelle für den Bus nach Torbole ist dort 100 m entfernt, Verbindungen gibt es wochentags etwa stündlich (Fahrplan im Informationsbüro). Für Mountainbikes ist der Weg nicht geeignet.

▸ **Fußweg nach Nago (1)**: Am Parco degli Olivi (→ Torbole/Sehenswertes) beginnt die *Strada Santa Lucia* ins ruhige Örtchen *Nago* mit der Ruine des Castel Pénede. Der gepflasterte Fußweg windet sich am Fuß des senkrecht ansteigenden Burgfelsens von Nago durch sattes Grün und Olivenbaumterrassen steil hinauf, immer wieder genießt man herrliche Rückblicke (nach 15 Min. Picknickplatz). Etwa 40 Min. benötigt man für diesen Spaziergang auf historischem Boden: Exakt auf diesem Weg wurde 1439 die venezianische Flotte von Nago aus in den See gehievt – das berühmteste Ereignis in der Geschichte von Nago und Torbole. In Nago angekommen, trifft man auf die Hauptgasse im Ort und kann gleich zum Castel Pénede weiterklettern, indem man links durch einen Torbogen geht, beschildert mit „Al Castello" (→ Nago).

▶ **Fußweg nach Nago (2)**: Dieser Weg beginnt am Ende der Strada Grande hinter dem Hotel „Villa Stella" (→ Torbole/Übernachten). Schnell steigt man hinauf zu den Gletschermühlen *Marmitte dei Giganti* (kurz vor der Straße nach Nago kleiner Abzweig nach links), überquert die Straße – die Bar „6 Grado" verlockt hier zur Rast – und kommt bald nach Nago, wo der Weg am großen Kreisverkehr am Ortseingang mündet.

> **Tipp**: Man kann beide Fußwege zwischen Torbole und Nago zu einer **Rundwanderung** (hin/rück) verbinden, dafür braucht man dann etwa 1 Std. 40 Min.

Ganze Kletterfamilien versuchen ihr Glück an den Steilwänden der „Gletschertöpfe"

▶ **Marmitte dei Giganti**: Seitlich unterhalb der Straße nach Nago liegt ein so genannter „Topf der Riesen", ein Fußweg führt hinunter. Entstanden sind diese auch Gletschermühlen genannten, kreisrunden Vertiefungen in der Würm-Eiszeit. Durch die Bewegungen eines Gletschers entstanden tiefe Spalten im Eis, das Schmelzwasser stürzte in Wasserfällen hinunter, prallte gegen den Boden und bildete Strudel, die ins weiche Mergelgestein Löcher bohrten, während das härtere Gestein (Granit, Porphyr) allmählich abgetragen wurde. Gleich hinter der Gletschermühle ist der Gang eines k.u.k.-Bunkers in den Fels gehauen, den man mit Taschenlampe begehen kann. Die hier aufsteigende Wand „Palestra di Roccia" ist einer der beliebtesten Kletterfelsen im Umkreis von Torbole. Oberhalb der Wand liegt ein Parkplatz mit Aussichtpunkt an der Straße, auf der anderen Straßenseite kann man in der Bar „6 Grado" gemütlich unter Olivenbäumen sitzen. Daneben führt der Fußweg nach Nago weiter.

Ein gewaltiges Unternehmen

In der ersten Hälfte des 15. Jh. rangen die Mailänder Visconti mit den Venezianern um die Herrschaft am Gardasee. Die Mailänder Flotte beherrschte damals die südliche Seehälfte und den Venezianern war es nicht möglich, ihre Kriegsschiffe aufs Wasser zu bringen – die Visconti hatten nämlich den Fluss Mincio, der vom Südende des Gardasees in den Po fließt, mit einem schweren Damm gesperrt (→ Valeggio sul Mincio, S. 247). So kam es im Februar 1439 zu einem schier unglaublichen Kraftakt: Die Venezianer bewegten ihre Flotte von Chioggia an der Adria die Etsch hinauf bis Mori in Höhe des nördlichen Gardasees, wo damals noch der heute verlandete Lago di Loppio lag– von dort wollten sie quer über die Berge nach Torbole vorstoßen! Wo sich heute die SS 240 von der Autobahnausfahrt „Lago di Garda Nord" durchs Loppiotal zum See hinüberzieht, wurden zweitausend Ochsen und Pferde eingesetzt, um sechs Galeeren, zwei Fregatten und 25 Kriegsbarken über den planierten Hang zum Pass von Nago zu wuchten. Den Steilhang nach Torbole hinunter (die heutige Strada Santa Lucia) überwand die Flotte an Seilen hängend auf gefällten Baumstämmen und plumpste endlich glücklich in den See. Der immense Aufwand lohnte sich: Zwar wurde die venezianische Flotte in einer ersten Seeschlacht vor Desenzano fast völlig aufgerieben, doch gelang es den Mannschaften rasch, neue Galeeren zu bauen und im Frühjahr 1440 die Mailänder vor Riva entscheidend zu schlagen. Eine Dokumentation des Unternehmens ist in der Burg von Malcésine zu sehen (→ S. 166).

Nago
(ca. 1400 Einwohner)

Das Bergdorf oberhalb von Torbole liegt direkt an der verkehrsgeplagten Verbindungsstraße SS 240, der Haupteinfallschneise von der Autobahn zum Gardasee.

Am Ortsausgang Richtung Torbole thront der mächtige Rundbau des 1860 erbauten, österreichischen Kanonenforts *Forte di Nago* mit zwei Reihen von Geschützpforten für vierzehn Kanonen und einer gepflegten Osteria. Es wurde vor einigen

94   Nordufer und Hinterland

Auf der Strada del Baldo zum Monte Altissimo

Jahren restauriert und kann besichtigt werden. In den weitgehend leeren Räumen zwischen den massiven Mauern ist eine kleine Sammlung von antiken und mittelalterlichen Fundstücken zu sehen. Auf den Granitflächen hinter dem Fort stehen Panoramabänke mit herrlichem Seeblick.

Im ruhigen Ortskern findet man hübsche Pflastergassen zum Bummeln und kann die typisch alpine Architektur mit ihren wuchtigen Häusern und weit vorspringenden Traufendächern betrachten. Die Pfarrkirche *San Vigilio* besitzt ein schönes Portal (16. Jh.) und einen unverputzten Glockenturm aus der Romanik, dessen Glockenspiel Big Ben imitiert.

Etwas außerhalb klammert sich oberhalb von Nago die Ruine des *Castel Pénede* an einen bewaldeten Felsrücken, der zum See hin senkrecht abfällt. Die Burg ist fast völlig verfallen und bietet mit ihren verwitterten Mauerresten einen bizarren Anblick. Jahrhundertelang bewachte sie den wichtigen Zugang vom Etschtal zum See, gehörte teils den Herren von Arco, den Venezianern und dem Bistum Trient. 1703 wurde sie – wie alle Burgen im Umkreis – von den französischen Truppen des Generals Vendôme zerstört (→ Arco). In wenigen Minuten kann man hinaufsteigen – nach der Pfarrkirche geht man über einen Platz und gleich danach rechts durch einen Torbogen, beschildert mit „Al Castello" (links beginnt hier die „Strada del Monte Baldo", siehe nächster Abschnitt). Weiter geht es nach kurzem, steilem Aufstieg durch Mischwald bis zur einsamen Ruine. Im Inneren ist ein betonierter Schießstand erhalten, wahrscheinlich aus dem Ersten Weltkrieg. Von der vorderen Spitze kann man den herrlichen Seeblick genießen. Tipp: Castel Pénede kann man auch in einem 40-minütigen Spaziergang ab Torbole erreichen (→ dort).

- *Öffnungszeiten* **Forte di Nago**, tägl. 15–21 Uhr, Eintritt frei.
- *Anfahrt/Verbindungen* kostenloser **Parkplatz** am Ortseingang rechts (von Torbole kommend am Kreisverkehr rechts, kurz nach dem Restaurant La Villa). Von Torbole führen zwei Fußwege hinauf (→ oben), Biker nehmen die Via Strada Vecchia (→ Stadtplan Torbole).
- *Übernachten* ***** Zanella**, im alten Ortskern, abseits der Durchgangsstraße. Renoviertes, gut geführtes Albergo mit Swimmingpool und Bar im Innenhof, auch die Zimmer haben Balkone zur Innenseite. Unterstellmöglichkeit für Bikes, Pendelbus zur hoteleigenen Liegefläche am See unten (Liegestühle, Surfbrettständer, Umkleidekabinen). DZ mit Frühstück ca. 62–84 €. Via

Nago

Sighelle 1, ℡ 0464/505154, ℻ 506039, www.zanellahotels.com.

*** **Doria**, altes Gemäuer im alten Ortskern, von Kopf bis Fuß modernisiert, gutes Restaurant, Sonnenterrasse mit Blick über die Dächer, sehr freundlicher Service. DZ mit Frühstück ca. 60–90 €. Via de Bonetti 10, ℡ 0464/540054, ℻ 540177, www.torbole.com/doria.

**** **Forte Charme Hotel**, modernes, etwas kühl wirkendes Hotel direkt unterhalb vom Fort, fantastischer Lagoblick. Pool und Sonnenterrassen auf mehreren Ebenen hinter dem Haus, Zimmer jeweils mit Balkon (mit und ohne Seeblick). DZ mit Frühstück ca. 90–170 €. ℡ 0464/506012, ℻ 548087, www.fortecharmehotel.it.

• *Essen & Trinken* **La Villa**, beliebte Adresse wenige Meter vom Kreisverkehr, großer Innenraum und rustikale Bänke unter einer Pergola neben dem Haus, große Pizzaauswahl ab 4 € und leckere hausgemachte Pasta. Abends ab 18 Uhr, sonntags auch mittags, Sept. bis April Mi geschl.

Osteria Al Forte Alto, man sitzt im Inneren des Forts, blickt durch die ehemaligen Geschützöffnungen hinunter und genießt Seefisch und die typische Trentiner Küche. Hier isst man ohne Hast in echter Slow-Food-Manier – lohnt sich, ist allerdings etwas teurer

Erlebnis Natur: die „Strada del Monte Baldo"

Diese spektakuläre Straße beginnt mitten in Nago und führt in endlosen Serpentinen Richtung Süden hoch hinauf bis zu den nördlichen Ausläufern des *Monte Altissimo*, des höchsten Gipfels im Monte Baldo-Massiv. Dort endet der Asphalt nach etwa 13 km unvermittelt in etwa 1400 m Höhe, der Wanderweg 632 führt weiter bergauf (→ unten). Angelegt wurde die Straße für die Betreiber der Sennhütten, die die Straße in den höheren Lagen beidseitig flankieren. Unterwegs genießt man atemberaubende Panoramen vom nördlichen Gardasee und den umgebenden Gebirgsketten. Für PKW ist die Fahrt möglich, aber nicht uneingeschränkt zu empfehlen, die Straße ist sehr schmal und unübersichtlich, besitzt außerdem zahlreiche Serpentinen. Mountainbiker finden hier allerdings ihr Dorado – steil und schier endlos geht es bergauf, anschließend dann in Schussfahrt nach Nago zurück. Vorsicht jedoch: Die ersten 300 Höhenmeter vom Gipfel abwärts sind nur für Könner geeignet! An der Asphaltstraße gibt es drei Punkte, die einen Stopp lohnen: Zunächst liegt nach etwa 8 km auf einem flachen Wegstück direkt neben der Straße ein schwerer Felsbrocken, der erklettert werden kann und einen herrlichen Seeblick bietet. 800 m weiter weist links ein Wegweiser zur *Chiesetta alpini dosso Casina*. Ein kurzer Fußweg führt hinüber zu dem schlichten Kirchlein, 1922 errichtet im Gedenken an die hier am 23. Oktober 1915 gefallenen Freiwilligen eines lombardischen Radfahrer-Bataillons – mit dem Rauschen des Blätterdachs darüber ein bewegender Platz. Zurück an der Straße lockt noch einen Kilometer weiter rechter Hand die *Acqua d'Oro*. Wenige Meter oberhalb der Straße sprudelt hier eiskaltes Wasser aus einer 1958 eingefassten Quelle.

Tipp für Wanderer: Ab Asphaltende kann man auf dem Weg 632 in etwa 1,5 Std. bis zum Gipfel des *Monte Altissimo* weitergehen (2079 m). Ein breiter Panoramaweg mit toller Sicht auf den See führt über den Gipfelrücken hinauf, selbst im Sommer bleibt hier oben noch Schnee liegen. Der Weg ist Teil des „Sentiero della Pace", der dem Frontverlauf des Ersten Weltkriegs folgt, auf dem Altissimo sind noch alte Befestigungsanlagen und Schützengräben erhalten. Das „Rifugio Damiano Chiesa" am Gipfel ist Juni bis Sept. tägl. geöffnet (April, Mai, Oktober und November nur am Wochenende), es kann dort übernachtet werden (℡ 0464/867130). In etwa 2,5 Std. kann man nun am Grat des Monte Baldo hinunter steigen bis zur Seilbahnstation oberhalb von Malcésine (→ S. 170).

96 Nordufer und Hinterland

(Degustationsmenü ohne Getränke und Dessert ca. 30 €). Nur abends, Sa/So auch mittags, Di geschl. ✆ 0464/505566.

Terrazze della Luna, elegant-romantische Osteria im Vorbau des Kanonenforts, Blick auf den Lago, auch hier speist man zu recht gehobenen Preisen, z. B. *Fondue Bourguignonne* für 2 Pers. Besitzt nur Innenplätze, das Richtige für Regentage. Mittags und abends geöffnet, Mo geschl. ✆ 0464/505301.

• *Sport* Mountainbikes verleiht Silvio Rigatti im Bikerhotel **Toresela** an der Durchgangsstraße. Kürzlich hat er auch das Aktivhotel Santa Lucia in Torbole übernommen. Via Rivana 5/a, ✆ 0464/540030.

Südlich von Torbole

Auf der viel befahrenen Uferstraße Richtung Malcésine folgt ein Tunnel dem anderen, Parkmöglichkeiten sind äußerst rar – eine kleine Parkfläche findet man lediglich nach dem vierten Tunnel landeinwärts, bei der Punta Calcarolle. Kurz nach Tempesta verlässt man das Trentino und kommt in die Region Veneto.

▸ **Corno di Bó und Spiaggia delle Lucertole**: Südlich von Torbole passiert man relativ dicht hintereinander vier Tunnels. Genau über den zweiten Tunnel zieht sich nach Westen ausgerichtet eine etwa 200 qm große Felsplatte in starker Schräglage. Täglich treffen sich hier zahlreiche Kletterfans, die die Platte mit Seil und Haken oder sogar als „Freeclimber" bezwingen. In der Wand sollen Abdrücken von Dinosauriern erhalten sein. Weiter unten liegt ein kleiner, kiesiger Strand. Hinter der Kante des Corno di Bó erhebt sich ein Felsen senkrecht über dem See. Hier wurden die meisten spektakulären Kletterfotos am Gardasee aufgenommen – mutige Könner klettern hoch über der Wasserfläche und können sogar einen Sprung ins kühle Nass wagen.

▸ **Tempesta**: bewaldetes Kap an der Uferstraße nach Malcésine, eine Oase für Surfer und Ruhesuchende. Nur ein Hotel und einige Ferienvillen verstecken sich im Grün. Eine Surfstation gibt es nicht, aber der Spot ist gut bei Ora und Vento. Tipp für Biker ist die Auffahrt, die direkt an der Uferstraße bei einem kleinen Parkplatz beginnt (gleich danach Straßenschild 92) und sich auf Schotterwegen bis fast 600 m über den See zieht. Die herrlichen Panoramen und schönen Abfahrten lohnen die relativ kurze und nicht anstrengende Tour. Auf diesen Weg mündet der Wanderweg von Torbole (→ S. 91).

Corno di Bó:
Treffpunkt der Freeclimber

• **Übernachten** *** **Villabella**, 15 elegante und modern eingerichtete Zimmer (jeweils Balkon oder Terrasse, TV und Internetanschluss) besitzt das ruhige, kürzlich renovierte Haus, außerdem einen großen, üppigen Garten mit Pool, eine kleine Badestelle, einen Bootshafen für Gäste sowie eine Surf- und Bikegarage. DZ mit Frühstück ca. 120–160 €. ✆ 0464/505100, ✎ 549186, www.hotelvillabella.it.

> Infos zum Ostufer (venezianischer Teil des Gardasees) siehe ab S. 156.

Das Westufer ist in der nördlichen Hälfte steil und kaum besiedelt

Westufer (Nord nach Süd)

(Lombardischer Teil des Gardasees)

Die wilde Schönheit des Westufers zeigt sich vor allem im Norden – von Riva bis südlich von Campione stürzen sich die Felshänge fast senkrecht ins blaue Seewasser. Unterstrichen wird die alpine Dramatik durch das schmale Band der Uferstraße. Tief in den Berg gehauen, führt die berühmte „Gardesana Occidentale" mit zahlreichen Tunnels halbhoch über dem See entlang. Sie gilt als eine der eindrucksvollsten Uferstraßen Italiens und wird gerne mit der legendären Straße entlang der Amalfiküste verglichen.

Nur an zwei Stellen, wo sich Wildbäche durch die gewaltigen Felsbarrieren gebohrt haben und flache Schwemmlandebenen entstanden sind, haben sich Ortschaften direkt am Seeufer ansiedeln können: *Limone* und *Campione*. Bis 1931 hatten sie noch keinerlei Straßenverbindung. Dazu kommen die grünen Hochebenen von *Tremòsine* und *Tignale* mit ihren zahlreichen Ansiedlungen – wie gewaltige Aussichtsbalkone hängen sie hoch über dem See und bieten dem Gast vor allem Ruhe und Entspannung in ländlicher Umgebung, aber auch jede Menge sportlicher Betätigung.

Ab *Gargnano* ändert sich der Charakter des Westufers völlig – der alpine Charakter verschwindet, mediterran und südländisch wirkt das Ambiente jetzt. „Riviera Bresciana" wird der Uferstreifen bis Salò genannt und ist schon lange eine bevorzugte Erholungsregion für die Begüterten aus dem nahen Brescianer und Mailänder Tiefland. Seit Ende des 19. Jh. zog das milde, ausgeglichene Klima dann auch Kurgäste aus England, Deutschland und Österreich hierher – das Örtchen *Gardone Riviera* begann damit seine bis heute andauernde Karriere als Nobelbadeort, einige der besten Hotels im ganzen Seegebiet liegen hier. Mit dem „Vittoriale degli Italiani" des exzentrischen Gabriele d'Annunzio besitzt Gardone aber auch eine der interes-

santesten Sehenswürdigkeiten am See. Die einzige wirkliche Stadt in dieser Ecke ist *Salò*, die vor allem durch das unrühmliche Zwischenspiel der faschistischen „Republik von Salò" bekannt wurde.
Südlich von Salò beginnt die milde grüne Hügellandschaft des *Valtenesi*, traditionell bekannt für seinen Wein und seine Oliven, mittlerweile aber vor allem als Camperparadies ein Begriff – mehr als vierzig Plätze warten hier auf Gäste.
Insgesamt hält sich im Westen der Urlaubertrubel gegenüber dem flacheren Ostufer noch in Grenzen. Eine Ausnahme ist lediglich der viel besuchte Bade- und Ausflugsort *Limone*.

Unterwegs auf einer Straße mit Weltruhm: die Gardesana Occidentale

Noch Ende der 1920er Jahre gab es keine durchgehende Küstenstraße am Gardasee, weder am West- noch am Ostufer. Der Nordzipfel des Sees gehörte zu Österreich, der Süden den Italienern – dazwischen stürzten die von Gletschern abgeschliffenen Hänge direkt ins Wasser und bildeten eine natürliche Grenze. Lediglich auf dem Schiffsweg konnte man die Dörfer an den beiden Flanken der oberen Seehälfte erreichen: Limone, Campione, Malcésine u. a. – Goethe beispielsweise legte auf seiner „Italienischen Reise" in Torbole mit dem Boot ab, passierte Limone und landete in Malcésine, weiter ging es per Schiff bis Bardolino am Ostufer. Von Süden kommend endete die Straße am Westufer lange Zeit in Salò, 1872 verlängerte man sie bis Gargnano.
Erst als die Österreicher nach dem Ersten Weltkrieg das Trentino aufgeben mussten, erschienen Uferstraßen in voller Länge notwendig: 1929 wurde die „Gardesana Orientale" (SS 249) am Ostufer fertig gestellt, 1931 die „Gardesana Occidentale" (SS 45). Vor allem letztere war ein äußerst kühnes Projekt mit mehr als 70 teils kilometerlangen Tunneln und Galerien. Ihre Streckenführung musste später nochmals geändert und verbessert werden, die alte Trasse ist noch teilweise erhalten. Während der Zeit der faschistischen „Republik von Salò" 1943–45 (→ S. 144) sperrte man die Straße, in den bombensicheren Tunnels bauten die Fiatwerke damals Flugzeuge zusammen.

Streckenführung: Von *Riva* aus durchquert man zunächst auf breiter Fahrbahn zwei lange, moderne Tunnel, dann endet die Ausbaustrecke und die alte, enge Gardesana Occidentale zieht sich mit ihren schmalen, oft unbeleuchteten Tunnels allmählich ansteigend das üppig bewachsene Steilufer entlang. Bis *Limone* gibt es keinerlei Ortschaft, eine spektakuläre Aussicht folgt der nächsten, herrlich ist das Wechselspiel von hell und dunkel in den Galerien, immer wieder genießt man sonnendurchflutete Seepanoramen. Kurz vor Limone passiert man die Grenze vom Trentino zur Lombardei (Kriegsdenkmal vor einer Tunneleinfahrt). Zwischen *Limone* und *Campione* folgen einige besonders lange Tunnels, selbst die Abfahrt nach Campione liegt in einem solchen. Den letzten – unbeleuchteten und engen – Tunnel der West-Gardesana durchquert man etwa 3 km nördlich von *Gargnano*.

Achtung: Auf der Gardesana muss man äußerst vorsichtig fahren! In den Tunnels kommt es immer wieder unvermutet zu Staus, z. B. wenn sich zwei schwere LKWs begegnen und Millimeterarbeit leisten müssen – und schon ein einziger Fahrradfahrer kann eine Kolonne hinter sich herziehen. Besonders tückisch: Wenn man aus der gleißenden Helle in einen Tunnel einfährt, sieht man sekundenlang gar nichts, bis sich die Augen ans Dunkel gewöhnt haben!

Riviera dei Limoni: die Zitronenriviera am Gardasee

Im Gegensatz zur „Riviera degli Olivi" am Ostufer des Gardasees nennt sich der Westen „Riviera dei Limoni". Der Name spielt auf die zahlreichen Zitronengewächshäuser an, die so genannten Limonaie, die hier seit dem Mittelalter errichtet wurden, denn am Westufer des Gardasees liegt das nördlichste Anbaugebiet von Zitrusfrüchten der Welt. Eine Legende berichtet, dass Limone, der Sohn des Seegottes Benacus, von einem Wildschwein schwer verletzt wurde. Sein Vater rettete ihm mit einem Aufguss aus Wunderkräutern das Leben und zum Dank widmetet sich Limone fortan der Landwirtschaft. Dabei pflanzte er am Ufer gegenüber vom Monte Baldo jene Früchte an, die bis heute seinen Namen tragen. Dass die Aufzucht von Orangen, Zitronen und Limonen hier zumindest schon im 13. Jh. bekannt war, hat man aus den mit steinernen Zitronen verzierten Kapitellen des Klosters San Francesco in Gargnano schließen können (→ Gargnano). Im größeren Maßstab wurde die Kultivierung im 17. Jh. betrieben, ihren Höhepunkt erlebte sie im 18. Jh. Goethe zeigte sich 1786 angetan: „Wir fuhren bei Limone vorbei, dessen Berggärten, terrassenweise angelegt und mit Zitronenbäumen bepflanzt, ein reiches und reinliches Ansehen geben. Der ganze Garten besteht aus Reihen von weißen viereckigen Pfeilern, die in einer gewissen Entfernung voneinander stehen und stufenweise den Berg hinaufrücken." Diese Pfeiler wurden im Winter zum Schutz vor Frost von oben und drei Seiten mit Holz-, Schilf- und Glaswänden bedeckt, sodass die Früchte im Januar und Februar zur Reife gelangen konnten. Doch seit der zweiten Hälfte des 19. Jh. mehrten sich die Anzeichen des Niedergangs.

Zitronen aus Limone

Südliche Regionen wie Sizilien und Spanien produzierten mehr und billiger, konnten seit dem Wegfall der Zölle im Zuge der nationalstaatlichen Einigung Italiens und dank der neuen Transportmittel (LKW, Eisenbahn) schneller und günstiger liefern. Dazu kamen die Entdeckung der künstlichen Zitronensäure, Krankheitsbefall durch Gummose und die Katastrophe des Ersten Weltkriegs. Anfang der 1930er Jahre musste die Produktion deshalb aufgegeben werden. Die prestigeträchtigen Zitronen werden seither weitgehend aus Sizilien importiert und die alten Zitronengewächshäuser mit ihren bleichen und kahlen Pfeilern sind großteils nur noch melancholische Denkmäler ihrer selbst. Einige „Limonaie" hat man jedoch in den letzten Jahren zu Ferienwohnungen umgebaut oder sogar wieder in Betrieb genommen – gleich mehrere gibt es in Limone (→ S. 100), eine weitere bei *Al Prà de la Fam* (→ S. 110), außerdem in *Gargnano* (→ S. 118), in *Bezzuglio* oberhalb von Toscolana-Maderno (→ S. 128) und in *Torri del Benaco* am Ufer gegenüber (→ S. 179).

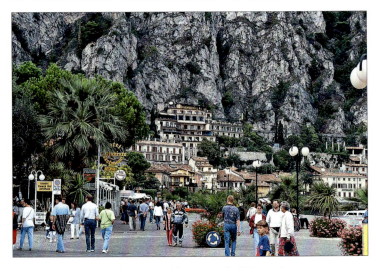

Eng pressen sich die Häuser von Limone an die Felswand

Limone sul Garda (ca. 1000 Einwohner)

Ein Streifen Land am Fuß himmelhoher Steilfelsen, terrassenförmig ans Wasser gedrängt enge blumengeschmückte Gässchen und Jahrhunderte alte Häuser, darüber ein Meer von Olivenbäumen ... Limone galt einst als Inbegriff der Schönheit des Gardasees und als Sinnbild von „Bella Italia". Das hat sich gerächt. Tagtäglich werden heute zahllose Reisegruppen mit Bus und Schiff vom ganzen Gardasee angekarrt und überschwemmen die kleine, pittoreske Altstadt. Der Charme des Städtchens wird dadurch fast erdrückt – verloren gegangen ist er jedoch nicht. Dank seiner herrlichen Lage, der üppigen Vegetation, der gepflegten Hotellerie und der guten Bademöglichkeiten ist Limone nach wie vor für viele ein beliebtes Ziel.

Noch in den 1920er Jahren besaß das Dörfchen keine Straßenverbindung und war nur über den See zu erreichen. Man lebte von Oliven und Fischfang, außerdem baute man in großen Gewächshäusern namens „Limonaie" Zitronen an, deren charakteristische Pfeilerreihen bis heute das Ortsbild prägen. Obwohl ihr Anbau längst unrentabel geworden ist und fast völlig eingestellt wurde (ein Neuanfang siehe unter Sehenswertes), vermarktet Limone sein „Zitronenimage" trefflich: Egal ob Hausnummern, T-Shirts, Handtücher, Souvenirs oder Infobroschüren – die Zitrone ist überall dabei. Der Name Limone rührt allerdings nicht davon her, sondern vom lateinischen Wort „Limes", denn wenige Kilometer nördlich verlief lange die Grenze zwischen Italien und Österreich. Seit den fünfziger Jahren begann der Fremdenverkehr das Örtchen zu verändern. Heute hat der Massentourismus Limone voll erfasst – Menschenmengen wälzen sich durch die engen Gassen und bevölkern die Restaurants, überall blüht der Andenkenkitsch – von bunten Fahnen über jubilie-

Limone sul Garda

rende Porzellanengel bis zu billigen Lederimitaten ist alles zu haben. Trotzdem findet man noch ruhige und idyllische Ecken, wenn man sich nur etwas von den gängigen Trampelpfaden entfernt, nach Norden oberhalb vom See entlang bummelt oder in die grünen Olivenhaine hinaufsteigt, in denen sich allerdings zusehends Hotelbauten breit machen.

Südlich von Limone weitet sich die Uferlandschaft, dort liegen die lange Strandzone, ein großes Sportzentrum und zwei Campingplätze. Eine schöne Panoramastraße führt hinauf zur Hochebene von Tremòsine, schnell ist man am nördlichen Seeende in Riva oder drüben in Malcésine, wo der mächtige Monte Baldo aufsteigt – der Sonnenaufgang über der Bergkette am Gegenufer ist immer wieder ein Erlebnis.

*A*nfahrt/*V*erbindungen/*I*nformation

• *Anfahrt/Verbindungen* **PKW**, auf dem kleinen Parkplatz direkt bei der Touristinfo kann man kurzzeitig gratis parken. Ein gebührenpflichtiger Parkplatz namens „Parcheggio Caldogno" liegt wenige Meter oberhalb davon (in die Via Caldogno bei der Touristinfo einbiegen und gleich links). Ein großer, kostenpflichtiger Parkplatz ist außerdem der „Parcheggio Alcide de Gasperi" am neuen Hafen unten (von der Gardesana die beschilderte Zufahrt zum Zentrum nehmen).
Bus, Station an der Durchgangsstraße bei der Touristinfo, Bedarfshaltestellen bei verschiedenen Hotels. Bis zu 11 x tägl. fährt Linie 27 von Trasporti Brescia Nord nach Riva, 6 x nach Desenzano. Linie 12 geht mehrmals tägl. auf die Hochebene von Tremòsine und von dort nach Gargnano. Zusätzlich fahren SIA-Busse in beide Richtungen (nach Süden nur bis Salò und weiter nach Brescia-Milano).
Schiff, Anlegestelle mitten im alten Ortskern. Häufige Fährverbindungen nach Riva, Torbole und ins gegenüberliegende Malcésine, bis zu 5 x tägl. Schnellboot und 2–3 Fähren nach Sirmione und Desenzano im Süden. Außerdem fahren vom Porto Nuovo (neuer Hafen) etwa 8 x tägl. **Fähren mit Autotransport** von und nach Malcésine, Auto (mit Fahrer) kostet ca. 8,10–12,20 €, Motorrad 6,40–8,10 €, Fahrrad 6 €, Mitfahrer und Fußgänger 4,90 €.
Schiffsausflüge, im Porto Nuovo starten Bootstouren ins gegenüberliegende Malcésine (in der Saison stündl., ca. 8 €), auch Seerundfahrten werden angeboten (ca. 35 €).
Taxi, Luca Patuzzi (℡ 338-4891602) und Michele Russo (℡ 338-8489243).
• *Information* **IAT (Informazione e Accoglienza Turistica)**, beim Parkplatz Caldogno, direkt an der Gardesana Occidentale. Reichlich Prospektmaterial in Deutsch. Tägl. 8–22 Uhr. Via IV Novembre 29/L, ℡ 0365/918987, ℻ 954720, www.visitlimonesulgarda.com.
Weiteres Infobüro an der Hafenpromenade, Piazzetta Erminia. ℡ 0365/954265.

*Ü*bernachten (→ *K*arte *S*. 102/103)

Limone besitzt zahlreiche Hotels aller Preisklassen, in den höheren Kategorien arbeiten die meisten mit Reiseveranstaltern zusammen. Nicht wenige Häuser liegen direkt an oder in der Nähe der Durchgangsstraße. Am Strand und in der idyllischen Via Nova nördlich vom Zentrum wohnt man ruhiger. Eine ganze Reihe von Hotels versteckt sich in den Olivenhainen oberhalb der Straße – gut zu Fuß sollte man dort sein, es geht z. T. recht steil hinauf. Viele Infos unter www.limonehotels.com.

• *Im Zentrum* ****** Le Palme (11)**, 200-jähriges Haus direkt am See, gleich neben der Schiffsanlegestelle, im historisch-venezianischen Stil gemütlich eingerichtet, antikes Mobiliar, Bäder mit Wannen, freundlicher Service. Sehr gutes Restaurant mit Seeterrasse (→ Essen & Trinken). Pool liegt etwas entfernt. DZ mit Frühstück ca. 80–155 €. Via Porto 36, ℡ 0365/954681, ℻ 954120, www.sunhotels.it.
*** Monte Baldo (5), die Herberge direkt am malerischen alten Hafenbecken wurde von Familie Girardi-Usardi, den Besitzern der Trattoria Gemma, übernommen und grundlegend renoviert. Gut ausgestattete Zimmer, die meisten mit Balkon und Meerblick,

Westufer (Lombardischer Teil des Gardasees)

ausgezeichnetes Ristorante (10 % Ermäßigung für Hausgäste) und gut sortierter Weinkeller. DZ mit Frühstück ca. 90–130 €, ohne Seeblick günstiger. Corso Zanardelli 110, ✆/✉ 0365/954021,
www.montebaldolimone.it.

• *Am Strand* **** **Du Lac (23)**, südlich vom Ort, ins Zentrum etwa 600 m an Strand und Promenade entlang, weitläufiges Gelände, mehrere Komplexe auf grasbewachsenen Hügeln, herrliche Lage am Strand, große Liegewiese. Vom Pool (mit Kinderbecken) genießt man einen schönen Panoramablick, großes Sportangebot, Kinderspielplatz. Moderne Zimmer mit Terrassen oder Balkonen, nicht alle mit Seeblick. DZ mit Frühstück ca. 96–144 €. Via Fasse 1, ✆ 0365/954481, ✉ 954258, www.limone.com/dulac.

*** **Residence San Luigi (21)**, gepflegte Apartmentanlage im Grünen neben Hotel du Lac, ebenfalls Strandlage und Swimmingpool, eigene Liegestühle am Strand. Apartment für 2 Pers. ca. 80–140 €. Via Fasse 1, ✆ 0365/954295, ✉ 954680,
www.residencesanluigi.com.

*** **Lido (24)**, Flachbau direkt am Strand, ruhig, von den Zimmern herrlicher Seeblick, Pool. DZ mit Frühstück ca. 72–120 €, HP bevorzugt. Via IV Novembre 36, ✆ 0365/954574, ✉ 954659, www.lidohotel.com.

• *Via Nova* schöne und ruhige Ecke, etwa 400–800 m nördlich vom Zentrum. Silbriggrüne Olivenhaine, alte Zitronengewächshäuser und der ständig präsente Seeblick vermitteln viel Stimmung. Bademöglichkeiten gibt es unterhalb.

**** **Splendid Palace (13)**, zwei miteinander verbundene Häuser, jeweils mit Pool, etwas oberhalb der Via Nova, unterhalb davon lang gestreckte Zitronengewächshäuser. Das komfortable, vollständig renovierte Hotel steht zwar direkt an der Gardesana Occidentale, jedoch liegen die gut ausgestatteten Zimmer zur ruhigen Seeseite hin, fantastischer Blick und ruhig. Unterhalb der Via Nova kann man zur hoteleigenen Liegefläche am See hinuntersteigen. DZ mit Frühstück ca. 76–150 €. Via IV Novembre 70, ✆ 0365/954031, ✉ 954120, www.sunhotels.it.

*** **Villa Romantica (19)**, großes, mehrstöckiges Gebäude nah am Wasser, direkt neben einer Limonaia. Gepflegte Zimmer mit herrlichem Seeblick, Restaurant, zwei Sonnenterrassen, Pool und Strand mit etwas Baumschatten gleich unterhalb. Deutschsprachig Leitung. DZ mit Frühstück ca. 125–160 €, HP bevorzugt. Via Nova 18, ✆ 0365/914100, ✉ 914097, www.hotelvillaromantica.it.

*** **Locanda Ruscello (15)**, schön in einem Olivenhain gelegen, nach vollständiger Re-

Limone sul Garda

Nacht
12 Alì

Essen & Trinken
1 Milanesa
2 Campaldo
3 Osteria da Livio
4 Al Tamàs
6 Tovo
7 Piva
8 Gemma
9 Titano
11 Le Palme
14 Al Torcol
16 Al Rio Se
18 Alla Noce

Übernachten
5 Monte Baldo
10 Villa Clivia
11 Le Palme
13 Splendid Palace
15 Locanda Ruscello
16 Al Rio Se
17 Augusta
19 Villa Romantica
20 Panorama
21 San Luigi
22 Camping Garda
23 Du Lac
24 Lido
25 Camping Nanzel

Westufer (Lombardischer Teil des Gardasees)

novierung 2002 wiedereröffnet. Guter Standard, Café- und Sonnenterrasse, Liegewiese, Zimmer großteils mit Seeblick, Pool in 50 m Entfernung, Zugang zum Strand. DZ mit Frühstück ca. 86–104 €, Suite ca. 70–98 €. Via Nova 29, 0365/914126, 954530, www.locandaruscello.com.

*** **Al Rio Se (16)**, neben einem kleinen Wildbach, familiär geführtes Albergo mit modernen Zimmern, kleinem Pool und gutem Restaurant, hervorzuheben die schöne Panoramaterrasse. Durch einen Weingarten steigt man hinunter zum Seeufer mit schmalem Kiesstrand. Kleiner Parkplatz am Haus. DZ mit Frühstück ca. 80–102 €. Via Nova 12, 0365/954182, 0365/954693, www.hotelalriose.com.

** **Augusta (17)**, ähnlicher Standard wie beim Nachbarn, ordentliche Zimmer, Restaurant, hübscher Swimmingpool im Olivenhain. DZ mit Frühstück ca. 60–95 €. Via Nova 14, /0365/954157, www.limone.com/augusta.

• *Oberhalb der Durchgangsstraße* ** **Villa Clivia (10)**, hübsche Apartmentanlage in einem grünen Garten, 400 m zum See, Pool und Kinderbecken. Wochenpreis für bis zu 4 Pers. ca. 300–670 €. Via Tovo 1, /0365/954487, www.appartamentivillaclivia.it.

• *Außerhalb*: **** **Panorama (20)**, allein stehendes Großhotel etwa 2 km nördlich von Limone, trägt seinen Namen zu Recht und ist trotz der nahen Straße ruhig. Gehobene Ausstattung, Pool, Hallenbad mit Whirlpool, Tennis, großer Garten, eigener Strand mit Stegen in den See, schöner Spazierweg nach Limone. Gutes Frühstück und ebensolches Abendessen, Personal freundlich, auf Kleinkinder ist man eingerichtet (Babybett, Hochstuhl etc.). DZ mit Frühstück ca. 76–148 €. Via IV Novembre 86, 0365/954612, 954120, www.sunhotels.it.

**** **Capo Reamòl**, 3 km nördlich von Limone, komfortable Oase direkt am See, versteckt unterhalb der Gardesana Occidentale in Richtung Riva. Die ehemalige Zollstation zwischen dem österreichisch-ungarischen Kaiserreich und der italienischen Monarchie wurde in jahrzehntelanger Arbeit erweitert und umgebaut. Geschmackvoll eingerichtete Zimmer mit großen Terrassen, hervorragende Küche und gepflegte Weine, Sauna, Beautycenter und Surfcenter (→ Sport). DZ mit Frühstück ca. 96–180 €. 0365/954040, 954262, www.hotelcaporeamol.it.

Weitere Hotels, die sich vor allem an Tennisbegeisterte wenden, liegen auf der nahen **Hochebene von Tremòsine** (→ S. 111).

Westufer

- *Camping* ***** Garda (22)**, großer Platz 500 m vom Zentrum, schöne Lage unmittelbar am schmalen Strand, Pool, schattige Stellplätze, Sportplatz benachbart. Via IV Novembre 10, ☎ 0365/954550, 📠 954357, www.hghotels.com.

** Nanzel (25), ca. 1 km ins Zentrum, schmale Olivenbaumterrassen am See, davor Badestrand. Via IV Novembre 3, ☎ 0365/954155, 📠 954468, www.campingnanzel.it.

Essen & Trinken (→ Karte S. 102/103)

Kulinarische Höhepunkte gibt es in Limone nur bedingt, der ständige Touristenstrom drückt auf die Qualität.

Le Palme (11), im gleichnamigen Hotel (→ Übernachten), schöne Seeterrasse mit Palmen und feiner Küche, hauptsächlich See- und Meeresspezialitäten, z. B. *risotto ai gamberetti Limone*. Es gibt auch ein Kindermenü. Via Porto 36, ☎ 0365/954681.

Gemma (8), Terrassenlokal mitten im Zentrum, stimmungsvolle Lage direkt am See, unmittelbar darunter plätschert das Wasser, in dem sich Enten und fette Forellen tummeln. Bei Familie Girardi-Usardi isst man sehr gut, z. B. leckere Forellen, die Preise sind noch im Rahmen (Coperto/Servizio inbegriffen), unaufdringliche, aber aufmerksame Bedienung. Besonderer Service: verschiedene „Extra Vergine"-Öle zur Auswahl. Mi geschl. Piazza Garibaldi, ☎ 0365/954014. Tipp: das Ristorante vom nahen Hotel **Monte Baldo** steht unter gleicher Leitung.

Al Torcol (14), beim gleichnamigen Tenniscenter, unterhalb der Durchgangsstraße, gegenüber vom Parkplatz. Rustikale Alternative zum See unten, geräumige, überdachte Terrasse, große Auswahl, viele Gerichte vom Grill, auch Pizza. Via IV Novembre 44, ☎ 0365/954169.

Alla Noce (18), im gleichnamigen Hotel unterhalb der Pfarrkirche, schöne Panoramaterrasse unter Nussbäumen. Via Monsignor Comboni 33, ☎ 0365/954022.

Titano (9), ruhige Spaghetteria in einer hübschen Gasse abseits vom Rummel, alles frisch und lecker bei angemessenen Preisen, auch Pizza gibt es. Via Corda 9, ☎ 0365/954568.

Al Rio Se (16), nördlich vom Zentrum, im Rahmen eines kleinen Spazierganges zu den Zitronengewächshäusern schnell zu erreichen. Panoramablick auf den See, nachmittags Kaffee und Kuchen, auch gute warme Küche. Spezialität: frische Feigen mit Eis. Via Nova 12, ☎ 0365/954182.

Tovo (6), hoch über Limone, große Pizzen in vielen Variationen, nicht teuer und kinderfreundlich. Via Tamàs 17, ☎ 0365/954064.

Osteria da Livio (3), hoch oben am Hang, am Ende der Via Tovo (zu erreichen über Via Tamàs). Rustikales Holzlokal mit schönem Olivenbaumgarten. Belegte Brote, kalte Platten, Spaghetti, verschiedene offene Weine. Mit Spielplatz für Kinder. Geöffnet ab 18 Uhr, Mo geschl. ☎ 0365/954203.

Al Tamàs (4), etwas außerhalb, an der Bergstraße nach Bazzanega/Tremòsine, Ristorante/Pizzeria mit sehr schönem Blick, nicht teuer. Sogar eine Webcam befindet sich dort (www.limonehotels.com/index.asp?menu=282). ☎ 0365/954298.

- *Cafés/Snacks* **Pasticceria Piva (7)**, ruhiges Plätzchen in einer steilen Seitengasse der Via Comboni. Bei Susanna gibt es nicht nur leckeren Kuchen aus eigener Produktion, sondern auch über 200 (!) Grappasorten – zu jeder erfährt man etwas zu Herkunft, Geschmack, Brennerei, Trauben etc. Via Cortili 12.

Al Porto, im Café am alten Hafen sitzt man besonders schön direkt am See.

Jimmy Bar, gemütliche Kneipe direkt am Strand.

Bar Campaldo (2), hoch oben am Hang, urige Speckstube und Weinschenke mit wunderschönem Blick. Via Campaldo 28, ☎ 0365/954328.

Bar Milanesa (1), am Ende der gleichnamigen Straße, Erholungspause am Beginn der Wanderroute ins Val del Singol. ☎ 0365/954107.

Sport

- *Leichtathletik* **Centro Polisportivo**, großes Sportgelände mit Fußballplatz und Laufbahn südlich vom Zentrum. März bis Okt. tägl. 7–11 und 17–20 Uhr. ☎ 0365/918987.

- *Segeln* **Circolo Vela Limone**, 1998 gegründet, Segelkurse für Erwachsene und Kinder, ☎ 0365/914045, cvlimone@tiscalinet.it.

Limone sul Garda

Verleih von Segelbooten (mit und ohne Skipper) ☏ 335-6477337, www.ferraricharter.it.
• *Tennis* **Circolo Tennis Limone**, Via Fasse, südlicher Ortsbereich, benachbart zum Sportplatz, drei Sandplätze. März bis Nov. 8–22 Uhr. ☏ 0365/954280, www.circolotennislimone.com.
Tennis Center Torcol, zentrale Lage unterhalb der Durchgangsstraße, fünf Sandplätze. ☏ 0365/954560.
• *Windsurfen* **Windsurfing Lino**, am Foce San Giovanni, dem Hauptstrand von Limone (→ Baden), 3-tägige Anfängerkurse, Spezialkurse für Kinder. Seit 2003 auch in Torbole (→ dort). ☏ 338-4097490.
Geri Surf Center Capo Reamòl, gehört zum Hotel „Capo Reamòl" (→ Übernachten), Kurse nur für Hotelgäste. Hier weht der Vento (Peler) kräftig, mit der Ora kann es ab und an Probleme geben. ☏ 0365/954040, ✉ 954262, www.gerisurf.com.

Sonstiges (→ *Karte S. 102/103*)

• *Ärztliche Versorgung* **Guardia Medica Turistica**, Via Capitelli 13, am oberen Ende der Via Monsignor Comboni (Hauptgasse), ☏ 0365/954516, 24-Std.-Dienst ☏ 333-2452757.
• *Gottesdienst* deutschsprachige Messe von Ende März bis Ende Sept. jeden Sonntag um 18 Uhr in der **Pfarrkirche**.
• *Internet* **Caffè Millennio**, Via IV Novembre 29/d (Durchgangsstraße). ☏ 0365/954237.
• *Mietfahrzeuge* **Tombola Rent**, Via Einaudi 1/B (Seitenstraße der Straße nach Tremòsine), Mountainbikes, Quads, Vespas, Scooter und Autos. ☏ 0365/954051, ✉ 954475, www.tombolarent.it.
Motorboote (ohne Führerschein) kann man im Alten Hafen mieten (☏ 339-8192888).
• *Nachtleben* Beliebter Spätabendtreff ist die Bar im Erdgeschoss des **Hotels Limone** an der Durchgangsstraße neben der Tankstelle, Via IV Novembre 22.
Ali (12), Via Luigi Einaudi 4, neu renoviert präsentiert sich der alteingesessene Disco-Pub im Hotel Saturno. Im Sommer Di–So 22–2 Uhr (Wochenende 4 Uhr). ☏ 0365/954076.
• *Post* Via Caldogno 1, Mo–Fr 8.30–14, Sa 8.30–12.30 Uhr. ☏ 0365/954746.
• *Shopping* **Markt**, April bis Okt. jeden Dienstagvormittag auf dem Parcheggio Caldogno oberhalb der Durchgangsstraße, außerdem jeden ersten und dritten Dienstag im Monat vormittags an der Seepromenade.
Internationale Presse, gut sortierter Zeitungsladen an der zentralen Piazza Garibaldi, gegenüber Restaurant Gemma.
Mimo, große, saftige Zitronen, die angeblich aus Limone stammen, bietet dieser Lebensmittelladen in der Via Monsignor Comboni 36.
• *Wäscherei* **Biancaneve**, Via Lungolago Marconi 23, ☏ 338-4129737.

Sehenswertes

Vom Parkplatz am Hafen schlendert man zunächst mit ganzen Menschenscharen die breite *Seepromenade* entlang und trifft auf die zentrale *Piazza Garibaldi* mit ihren blumengeschmückten Häusern. Ein Stückchen weiter liegt der malerische kleine *Porto Vecchio* (Alter Hafen) mit einem überwölbten *Sottoportico*, der die Häuser am Hafenbecken durchquert. Die Altstadt lohnt einen Bummel, doch sollte man sich dabei auch von den viel begangenen Massenpfaden entfernen. Eine besonders hübsche Gasse ist z. B. die *Via Corda* mit ihren Hausnummern in Zitronenform. In der Hauptgasse Via Monsignor Comboni 3 kann man das *Centro di Documentazione del Turismo* mit einer Fotoausstellung zum Tourismus der letzten fünfzig Jahre und dem damit verbundenen gesellschaftlichen und wirtschaftlichen Umbruch in Limone besuchen.

Öffnungszeiten **Centro di Documentazione del Turismo**, April bis Okt. tägl. 10–21 Uhr.

San Benedetto: Der üppige Barockdom thront über dem Altstadtkern, vom Vorplatz hat man einen unverbauten Blick auf den See. Das zentrale Altarbild „Kreuzabnahme Jesu" stammt von Battista Angolo (16. Jh.) aus Verona, die beiden herrlichen Seitengemälde von Andrea Celesti (18. Jh.).

Olivenöl aus Limone

Limone besitzt Olivenbäume in Hülle und Fülle. Die große Ölmühle (Oleificio) der *Cooperativa Agricola Possidenti Oliveti* (Berufsgenossenschaft der Olivenbauern) liegt im oberen Ortsbereich, direkt am Wildbach San Giovanni, Via Campaldo 10. Im großen Verkaufsraum gibt es nicht nur Öl, sondern auch Weine, Limoncino (Zitronenlikör), Grappa, Honig, Steinpilze, Essig, eingelegte Früchte und viele andere typische Produkte der Region. Von April bis Mitte Okt. kann man Mo–Fr 16–18 Uhr die Ölmühle kostenlos besichtigen, anschließend ist Wein- und Grappaprobe. Die moderne Mühle arbeitet mit schweren, elektrisch betriebenen Mühlsteinen und einer Zentrifuge, die Fruchtfleisch, Wasser und Öl trennt. Früher war man dabei ganz von der Wasserkraft des Wildbaches abhängig, heute hat man immerhin die Steckdose. Auf Video wird die Wirkungsweise der Gerätschaften ausführlich erklärt, auch den traditionellen Herstellungsprozess kann man dort verfolgen.
Cooperativa Agricola Possidenti Oliveti, Via Campaldo 10, ℡ 0365/954446, 914635, www.oleificiolimonesulgarda.it.

San Rocco: Das kürzlich restaurierte Kirchlein aus dem 16. Jh. oberhalb der Schiffsanlegestelle wurde errichtet als Danksagung für die Verschonung vor der Pest und ist dem italienischen Schutzheiligen gegen die Pest geweiht (→ S. 56), der durch Limone gekommen sein soll. Auf hohen Steinstufen steigt man hinauf, im Altarbereich sieht man Reste von Fresken, u. a. mit Szenen aus der Vita des Kirchenpatrons. Am 16. August, dem Festtag des heiligen Rochus, und zum Rosenkranzgebet im Mai wird die Messe gelesen.
Öffnungszeiten Täglich durchgehend geöffnet.

Parco Villa Boghi: Im schönen öffentlichen Park der historischen *Villa Boghi* direkt an der Gardesana kann man eine neu eingerichtete *Limonaia* (Zitronengewächs-

Limone, Blick von der Gardesana auf den malerischen Ortskern

Information zählt
Reisehandbücher aus dem
Michael Müller Verlag

Michael Müller Bookmarks –
der schnelle Griff zu den Fakten
www.michael-mueller-verlag.de

haus) mit einer Ausstellung zu den Zitrusfrüchten besuchen. In der Villa, „La Casetta" genannt, hat heute die Gemeindeverwaltung ihrer Sitz, im Zweiten Weltkrieg war hier zeitweise der deutsche Befehlsstab einquartiert.
Öffnungszeiten Täglich 9–22 Uhr.

La Limonaia del Castèl: Dieses Zitronengewächshaus aus dem 17. Jh. liegt im alten Ortskern, etwas oberhalb vom See zwischen Via Orti und Via Castello. Es erstreckt sich über mehrere Terrassen am Fuß des Berghangs, gehört seit 1995 der Gemeinde und ist 2004 für die Öffentlichkeit zugänglich gemacht worden. Hier werden zahlreiche Zitrusgewächse angepflanzt, neben Zitronen auch verschiedene Orangen sowie Mandarinen, Clementinen und Pampelmusen.
Öffnungszeiten April bis Okt. tägl. 10–18 Uhr, übrige Zeit So 14–16.30 Uhr. ✆ 0365/954008.

San Pietro in Oliveto: Die romanische Kapelle (12. Jh.) in den Olivenhainen an der Straße nach Tremòsine (Via Tamas/Ecke Via Tovo) war in früheren Zeiten Ziel von Pilgerprozessionen, die um reiche Ernte und gutes Wetter baten – die heutige „Sagra di San Pietro" am 29. Juni erinnert noch daran. Erst 1989 hat man im einschiffigen Innenraum Fresken und Inschriften entdeckt, die von wichtigen Ereignissen in der Region berichten. In der Apsis sieht man Reste eines „Abendmahls" und „Jesus am Kreuz", erhalten ist auch ein kleines Taufbecken aus weißem Marmor. An der Außenwand ist eine „Heilige Familie" zu erkennen. 2004 fanden um das Kirchlein archäologische Grabungen statt, wobei einige interessante Funde gemacht wurden, hauptsächlich mittelalterlicher Herkunft.
Öffnungszeiten Täglich durchgehend geöffnet.

Centro Comboniano Tesöl: Hoch oben am Ende der Via Tovo, direkt unterhalb der Steilhänge, trifft man auf ein großes Zitronengewächshaus. Am 15. März 1831 wurde hier *Daniele Comboni* geboren, seine Eltern waren damals Gärtner im dem Zitronengewächshaus. Monsignor Comboni war einer der wichtigsten Afrika-Missionare der katholischen Kirche, er arbeitete lange Zeit als apostolischer Vikar in Khartoum (Sudan) und gründete eine Missionsgesellschaft, die heute 1800 Mitglieder zählt. 1881 starb er an Malaria. Am 17. März 1996 wurde er von Papst Johannes Paul II. selig gesprochen und überraschend schnell, nämlich bereits im Oktober 2003, zum Heiligen erklärt.

Das Gewächshaus ist zu einer Gedächtnisstätte für Comboni umgestaltet. Zu besichtigen sind das schlichte *Geburtshaus*, das im Stil des 19. Jh. belassen wurde, eine *Gedächtniskapelle*, eine weit gefächerte *Ausstellung* zur Mission in Afrika, ein kleines *Museum* mit Funden aus aller Welt (z. B. Fossilien) und das *Zitronengewächshaus*. Gottesdienste finden sonntags um 10 und 17 Uhr statt, an Werktagen um 16 Uhr, samstags um 16 Uhr auf Deutsch.
Öffnungszeiten tägl. 9.30–12, 15–18.30 Uhr.

> ### Das Limone-Protein
> Weltberühmt wurde Limone 1979 durch die Entdeckung des *Apolipoproteins A-1 Milano*, das italienische Wissenschaftler ausschließlich im Blut einiger Einwohner von Limone fanden, die noch dazu alle von einem einzigen Ehepaar abstammten. Das Protein bewirkt die rasche Beseitigung von Fetten in den Arterien und ist somit der wirksamste Schutz gegen Arteriosklerose und Herzinfarkt. Tatsächlich ist die besagte Familie aus Limone seit vielen Generationen frei von diesen Krankheiten.

Limone/Baden

Der lange gepflegte *Kiesstrand* zieht sich vom Neuen Hafen mehr als 1 km nach Süden. In regelmäßigen Abständen sind Molen angelegt, die das Abschwemmen von Kies verhindern. Man passiert unterwegs die Mündung des Flusses *San Giovanni*, der aber nur im Winter Wasser führt. Im nördlichen Strandbereich gibt es eine gemütliche Bar und mehrere Tretbootverleihe, an der Flussmündung eine Surfschule. Richtung Süden wird der Strand schmaler, hier liegen mehrere große Hotels und zwei Campingplätze.

Nördlich von Limone gibt es unterhalb der großen Zitronengewächshäuser ebenfalls verschiedene kleine und größere Kiesstrände sowie betonierte Molen.

Limone/Umgebung

Landeinwärts von Limone ragen die Felsen fast senkrecht in die Höhe, unterbrochen lediglich durch das *Val del Singol*, in dem man verschiedene Wanderziele erreichen kann. Dazu steigt man von der Busstation zur Via Milanesa hinauf, die parallel zum Wildbach San Giovanni ins Tal mündet (auch Zufahrt mit PKW möglich). Deutlich einfacher ist der Weg zu den stillgelegten Zitronengewächshäusern, die nördlich von Limone in bequemer Fußentfernung liegen.

Zitronengewächshäuser, Sopino-Wasserfall und „Sentiero del Sole": Die Ruinen der alten „Limonaie" stehen nördlich vom Ortszentrum in unmittelbarer Ufernähe, im Rahmen eines etwa zweistündigen Spaziergangs (hin/rück) kann man sie aus der Nähe betrachten. Man nimmt dazu von der Anlegestelle Richtung Norden die schmale *Via Nova* und geht vorbei an der Treppe zur Kirche San Rocco. Gleich nach der Kirche passiert man rechter Hand der Straße ein erstes großes Gebiet von Zitronengärten, doch die hohe Mauer verhindert weitgehend Einblicke. Weiter spaziert man über den Bach *Se*, vorbei am Hotel „Al Rio Se". Zwischen Olivenbäumen läuft man am Hotel „Villa Romantica" vorbei, der Wildbach Sopino wird überquert und kurz darauf kommt man zu einer Weggabelung. Links geht es hier zur Gardesana Occidentale und auf der anderen Straßenseite weiter zum Hotel „La Limonaia", von dessen Zufahrt linker Hand ein steiler Pfad zum Wildbach Sopino hinaufsteigt, der ein kleines Stückchen oberhalb der Straße einen hohen *Wasserfall* bildet.

Bleiches Mauerwerk in sattem Grün: eins von vielen Zitronengewächshäusern bei Limone

Zurück an der erwähnten Gabelung kann man die *Via Reamòl* noch weiter nach Norden am See entlang laufen. Unterwegs trifft man auf weitere Gewächshäuser und am Ufer findet man Bänke zum Ausruhen. Der Weg mündet schließlich auf einem Platz an der Gardesana. Landeinwärts beginnt hier der „Sentiero del Sole", von dem bald der Wanderweg „Sentiero 122" zur Punta dei Larici und zur Berghütte Palàer abzweigt (→ Kasten). Wenn man stattdessen an der Straße bleibt und noch bis zum Hotel „Panorama" geht, kann man dort den herrlichen Seeblick genießen.

> ### Wandern um Limone
> Kostenlose geführte Wanderungen werden von der Gemeinde von etwa Anfang Juni bis Mitte September jeden Di, Don und So veranstaltet: dienstags eine dreistündige Wanderung auf dem *Sentiero del Sole* (Sonnenpfad) und dem Sentiero 122, donnerstags ein Spaziergang durch die Olivenhaine zum *Centro Comboniano Tesöl* (→ Sehenswertes), und sonntags – deutlich anstrengender und länger – eine ganztägige Tour zur *Schutzhütte Bonaventura Segala* in 1215 m Höhe, die man auf dem Wanderweg 101 durch das Val del Singol erreicht. Auskünfte und Anmeldung in den Informationsbüros – wer auf eigene Faust losgehen will, kann dort für wenig Geld den „Limone sul Garda Bike & Trekking Guide" mit einer GPS-kompatiblen Landkarte (1:25.000) erwerben.

Südlich von Limone ragen steile Felswände empor, über denen wie auf einem großen Balkon die Hochebene von Tremòsine liegt. Die Gardesana verläuft durch zahlreiche Tunnels, am Ufer gibt es nur einen einzigen Ort, südlich davon erhebt sich der Monte Castello (779 m), dessen markantes Spitzprofil die Seemitte prägt.

Campione del Garda (ca. 180 Einwohner)

Ein Unikum – unter riesigen senkrechten Felswänden dümpelt eine Handvoll Häuser, hingeklebt auf eine schmale Landzunge. In Jahrtausenden hat sich hier der Fluss San Michele eine Schlucht durch die felsigen Barrieren gewühlt und so das Stückchen Schwemmland geschaffen, auf dem der Ort liegt.

Die Südhälfte der kleinen Uferebene nahm bislang ein ungewöhnliches Industriedenkmal ein – Giacomo Feltrinelli gründete hier Ende des 19. Jh. eine große *Baumwollspinnerei*, die die Wasserkraft des Wildbachs San Michele nutzte. Mehr als 700 Menschen, darunter auch Kinder, fanden zeitweise Arbeit, der Direktor Vittorio Olcese (Denkmal vor der Kirche) ließ an der Nordseite der Halbinsel eine Wohnsiedlung errichten und erst 1980 wurde der Betrieb eingestellt. Bis vor wenigen Jahren waren die Industriebauten noch hervorragend erhalten, doch seit 2006 wird der gesamte Komplex zu einer exklusiven Ferienanlage mit Jachthafen umgebaut, was den Charakter des ganzen Ortes entscheidend verändern wird. Von der historischen Substanz werden wohl nur einige Außenmauern erhalten bleiben und das bisherige idyllisch ruhige Ambiente dürfte Geschichte sein.

Gewöhnungsbedürftig ist bislang die Ortszufahrt von der Gardesana aus – sie befindet sich nämlich in einem langen Tunnel und taucht ziemlich überraschend im Dunkel auf (allerdings soll die Uferstraße mit dem Umbau von Campione vor die Felswand verlegt werden). Zunächst erreicht man die zentrale Piazza, dort gibt es eine nette Pizzeria, die vorwiegend von Einheimischen besucht wird. An der Nordseite der Halbinsel stehen große, in den letzten Jahrzehnten ziemlich heruntergekommene Mietshäuser, die man ursprünglich für die Spinnereiarbeiter und ihre Familien gebaut hat. Sie wurden jüngst vollständig renoviert. Schattige Wiesenflächen unter Oliven- und Laubbäumen liegen an der Ostseite der Halbinsel, am Kiesstrand davor wird gebadet und eine Windsurfschule bietet ihre Dienste an.

• *Anfahrt/Verbindungen* Busse von **Trasporti Brescia Nord** und **SIA** fahren mehrmals tägl. in beide Richtungen, Schiffe nur 1–2 x tägl.
Gebührenpflichtige Kurzzeitparkplätze gibt es am Hauptplatz. Der große Wohnmobilstellplatz am Nordstrand, der noch vor wenigen Jahren ein populärer Anlaufpunkt am Westufer war, ist verlegt worden und wird wohl ganz geschlossen.
• *Übernachten/Essen & Trinken* **Da Tonino**, beliebte und kommunikative Pizzeria am Hauptplatz. Vermietung von einfachen Zimmern mit Etagendusche, DZ ca. 50–60 €. Piazza Arrighini 16, ✆ 0365/916002.

Da Guido, gutes Fischlokal neben der Pfarrkirche hinter der ehemaligen Fabrik – verschiedene Seefische, Räucherlachs, Lachsschnitten vom Grill, Tintenfischravioli, gegrillte Jakobsmuscheln, Austern etc. ✆ 0365/916999, www.ristorantedaguido.it.
• *Sport* **Vela Club Campione del Garda**, Segelclub mit eigener Werft im Südteil der Halbinsel, Kurse für Erwachsene und Kinder. Jährlich finden mehrere Regatten statt. ✆ 348-9934810, www.vccampione.org.
Tender Surf, Via Verdi 9, Wind- und Kitesurfschule am Oststrand, auch Verleih von Mountainbikes. ✆ 0365/916900, www.tendersurf.it.

Wanderung auf den Balkon des Gardasees: Von Campione nach Pregasio (477 m)

Campione ist Ausgangspunkt einer interessanten Wanderung nach Pregasio auf der Hochebene von Tremòsine. Früher stiegen die Bewohner des Hochplateaus auf diesem Weg zum See hinunter zum kleinen Hafen und zur Baumwollfabrik, wo viele von ihnen arbeiteten. Vom Hauptplatz läuft man zum Wildbach, überquert ihn auf einer Brücke und steigt rechts den markierten Weg hinauf in die Schlucht. Bald durchquert man einen Tunnel und steigt im *Valle San Michele* hinauf bis zu den Wiesen von Pregasio. An der Kirche San Marco hält man sich links und gelangt schnell in den Ort. Dauer einfach ca. 90 Min.

▶ **Al Prà de la Fam** (auch: Prato della Fame): Die „Hungerwiese" ist ein 50 m langer Uferstreifen etwa 3 km südlich von Campione, kurz vor einem Tunnel. Seinen poetischen Namen hat der Ort von einigen Fischern, die hier einst in einer stürmischen Nacht Schiffbruch erlitten und, da es damals keinerlei Landverbindung gab, tagelang ohne Nahrung ausharren mussten. Heute ist er ein beliebter Surfspot, besonders bei Nordwind. Eine historische *Limonaia* (Zitronengewächshaus) steht direkt an der Straße, ist aber seit 2009 aus Sicherheitsgründen geschlossen. Parkplätze gibt es nur eine Handvoll (nach dem Albergo rechts an der Straße oder direkt vor dem Tunnel links am Wasser, Wohnmobile kommen dort unter der Schranke nicht durch), ansonsten kann man gegen Gebühr im Hof vom Albergo Prà parken. Essen kann man dort ebenfalls oder in der Bude am Wasser (Sandwichs etc.). Südlich benachbart liegt der kleine *Porto di Tignale*, in dem hauptsächlich Segelboote liegen.

• *Übernachten/Essen & Trinken* **** Prà**, das einfache Albergo bietet direkt am Spot Parkmöglichkeit (Auto 10 €/Tag, Wohnmobil 15 €/Tag, 5 € davon werden bei Verzehr im Haus angerechnet) sowie Unterkunft, Verpflegung und Depot für Surfbretter und Mountainbikes. Gemütlicher Treff für Surfer, ganzjährig. DZ mit Bad und Frühstück ca. 60–65 € (im Winter günstiger). Via Gardesana, Porto di Tignale (Brescia), ✆/✆ 0365/799885, www.albergoalpra.it.

Campione del Garda: historische Fabriksiedlung unter himmelhoher Felswand

*** **Forbisicle**, wenige Kurven weiter nördlich, seit 1953 ganz allein auf weiter Flur, zwar direkt an der Straße, aber ruhige Zimmer zum See hin. Caféterrasse, schöne Liegeflächen mit Gras und Bäumen am See, überdachter Pool. Guter und gepflegter Standard, herrlicher Blick. DZ mit Frühstück ca. 98–115 €. ✆ 0365/799880, ✉ 799881, www.hotelforbisicle.it.

Hochebene von Tremòsine (ca. 1900 Bewohner)

Oberhalb der Steilfelsen von Campione thront die weite hüglige Hochfläche von Tremòsine in etwa 400–680 m Höhe. Siebzehn Dörfer liegen in dieser abgeschiedenen, üppig grünen Landschaft mit Wiesen und Wäldern am Fuß mehrerer Zweitausender. Ihr alpiner Charakter bildet einen anregenden Kontrast zu den Seeufern – der große Trubel findet nicht statt und die Unterkünfte sind preiswerter als unten.

Ruhe und Erholung findet man hier oben überall, doch auch Sport wird großgeschrieben – es gibt zahlreiche Wanderwege und Mountainbikestrecken, auch Drachensegeln und Pferdetrekking ist möglich. Aber vor allem bei Tennisfans hat Tremòsine wegen der etwas kühleren Temperaturen einen ausgezeichneten Namen – mehrere große Tenniscenter sind auf der Hochfläche verteilt und finden in den Sommermonaten starken Zulauf.

Zwei Anfahrtswege führen hinauf: Zum einen kann man bereits in Limone von der Gardesana abzweigen und durch Olivenhaine über *Bazzanega* und *Voltino* nach *Vesio* hinauffahren (ca. 5 km). Zum anderen zweigt etwa 2 km nördlich von Campione eine Bergstraße ins hübsche Dörfchen *Pieve* ab. Diese Variante hat es in sich: In endlosen Serpentinen windet sich die abenteuerlich schmale Straße steil hinauf, es geht die enge *Brasa-Schlucht* entlang, durch zahllose Tunnels und an einem Wasserfall vorbei. Tipp: Sehr vorsichtig fahren und auf den Gegenverkehr achten, an vielen Stellen haben zwei Autos nebeneinander keinen Platz! Die Bar/Pizzeria „Brasa" am Ende der Schlucht ist ein willkommener Rastplatz.

Von Tremòsine könnte man auf die Hochebene von Tignale mit der berühmten Wallfahrtskirche Madonna di Monte Castello weiterfahren, von dort kurvt man auf steiler Straße wieder hinunter zur Gardesana.

Pieve di Tremòsine

Das malerische Dorf klebt am Rand der Steilfelsen, die senkrecht zum Seeufer abfallen. Obligatorischer Stopp ist das Restaurant „Miralago" an der intimen Piazza Cozzaglio – fast 400 m über dem Gardasee ist sein Speisesaal direkt über die schwindelnde Höhe gebaut! Spektakulärer kann kaum ein Ausblick sein. Neben dem Lokal gibt es eine Besucherplattform, wo man dasselbe Panorama genießt, und etwas außerhalb lockt das Hotel Paradiso mit seiner legendären „Terrazza del Brivido" (Schauderterrasse).

Wenige Schritte vom Miralago steht die große sehenswerte *Pfarrkirche*, ebenfalls mit einer Panoramaterrasse zum See hin. Sie stammt aus dem 16. Jh., also aus der Renaissance, der Turm ist noch vom romanischen Vorgängerbau erhalten. Der Innenraum ist für eine einfache Dorfkirche ungewöhnlich reich ausgestattet – prunkvoller Hauptaltar mit vielfarbigen Marmorintarsien, Fresken und Chorgestühl im Presbyterium, eine herrlich geschnitzte Orgel (18. Jh.) sowie zahlreiche farbenprächtige Seitenaltäre.

Ein steiler, teils überwachsener Fußweg (Sentiero 201) führt neben dem „Miralago" hinunter zum See, wo einst der kleine Hafen von Tremòsine lag, der *Porto di Tremòsine*. Etwa 45 Min. braucht man für den anstrengenden Abstieg, gute Trittsicherheit ist notwendig.

*A*nfahrt/*I*nformation/*S*port/*S*onstiges

- *Anfahrt/Verbindungen* **SIA-Bus 12** fährt in der Touristensaison mehrmals tägl. von Limone über Tremòsine nach Gargnano und zurück.
- *Information* **Pro Loco**, direkt am Hauptplatz, Piazza Guglielmo Marconi 1. Reichlich Material, u. a. eine Wanderkarte von Tremòsine. April bis Okt. tägl. 9–12.30, 15–18.30 Uhr, übrige Zeit Mo–Fr 9–12.30 Uhr. ✆ 0365/953185, ✉ 918670, www.infotremosine.it.
- *Sport* **Tenniscenter** am östlichen Ortsrand, 1 Std. ca. 9,50 €. ✆ 0365/918169.

Schwimmbad, neben dem Tenniscenter, Pool mit Abschnitt für Kinder, Liegewiese und Spielgeräte, Zutritt durch Pizzeria Presè (→ Essen & Trinken) oder Residence delle Rose. Eintritt ca. 5 € (Erw.), 3 € (Kind). **Mountainbikes**, Verleih in der Residence delle Rose beim Schwimmbad (✆ 0365/918169).

- *Sonstiges* **Internationale Presse** in der Via Roma, einer schmalen Gasse gegenüber vom Hotel Miralago.

*Ü*bernachten

- *Im Ort* ***** Miralago**, über dem gleichnamigen Restaurant (→ Essen), sieben Zimmer mit fantastischem Seeblick. Am Ortsrand hauseigenes Tenniscenter (neun Plätze), Pool und Kinderspielplatz. DZ mit Frühstück und Seeblick ca. 65–87 €. Piazza Cozzaglio 2, ✆ 0365/953001, ✉ 953046, www.miralago.it.

*** Stella d'Oro, kleineres Haus am östlichen Ortsausgang, 20 behagliche Zimmer mit TV und französischen Fenstern, hinter dem Haus ein kleiner Pool, freundliche Aufnahme. In der wenige Schritte entfernten Casa Katia werden Zwei- und Drei-Zimmer-Apartments mit TV und Balkon vermietet. DZ mit Frühstück ca. 52–80 €. Via Cavalieri di Vittorio Veneto 1, ✆ 0365/918703, ✉ 918007, www.stelladoro.org.

Pieve di Tremòsine 113

Nicht ganz ungefährlich: hier geht es 400 m tief hinunter!

Casa Terry, ebenfalls am östlichen Ortsausgang, Via Cavalieri di Vittorio Veneto, gegenüber vom Schwimmbad (→ Sport). Geräumige Apartments (38–85 qm) mit Balkonen direkt an der Straße, die allerdings nur wenig befahren wird. Blick ins Grüne, kein Seeblick. Apartment für 4 Pers. ca. 30–75 €, Mindestaufenthalt eine Woche. Via Cavaliere Vittorio Veneto 29, ✆ 0365/918000, ✉ 514793, www.terryappartaments.it.

• *Außerhalb* ****** Residence Piccola Italia**, ein Unternehmer aus Erlangen (Bayern) hat 1996 oberhalb von Pieve eine marode Ferienanlage gekauft und zu einem gepflegten und großzügigen Urlaubsziel umgebaut, Eröffnung war 1998. In herrlicher Panoramalage warten Studios, komfortable Ferienvillen und Suiten auf Gäste, u. a. gibt es ein Restaurant mit Terrasse und Seeblick, eine Cocktail-Bar, eine Enoteca, einen großen beheizten Pool mit separatem Kinderbecken, Sauna und Dampfbad, ein gut geführtes Wellnesscenter mit Massageabteilung und Kosmetikstudio, außerdem Minigolf. Die Anlage ist behindertengerecht ausgebaut, einzelne Schlafzimmer sind mit elektrisch verstellbaren Betten ausgestattet, Du/WC mit Lift. Die Parkanlage wird mit Hilfe einer Regenwasserzisterne bewässert. Studio (max. 2 Erw. mit Kind) ca. 55–70 € pro Pers., Kind 25 €, Ferienvilla (max. 4 Erw. mit Kind) ca. 65–80 € pro Pers., Kind 30 €, Suite 80–100 €, Kind 40 €. Via di Mezema 1, ✆ 0365/918141, ✉ 918170, www.piccola-italia.com.

*** Paradiso, etwas außerhalb in Richtung Arias, direkt am Steilhang zum Gardasee. Der spektakuläre Blick von der „Schauderterrasse" zum 400 m darunterliegenden See macht den Reiz dieses Hotels aus. Mit stimmungsvoller Restaurant-/Caféterrasse, Pool und Kinderbecken. Versuchen Sie unbedingt, ein Zimmer mit Seeblick zu bekommen. DZ mit Frühstück ca. 70–90 €. Viale Europa 19, ✆/✉ 0365/953012, www.terrazzadelbrivido.it.

*** Lucia Village, zwischen Arias und Pregasio, oberhalb der Straße. Freundliches, familiär geführtes Haus mit mehreren Dependancen in einem 10.000 qm großen Park in herrlicher Panoramalage. Liegewiese, großer Pool, Sauna, Tennis, Boccia, gemütliches Restaurant, Caféterrasse. DZ mit Frühstück ca. 60–88 €. Via del Sole 2, ✆ 0365/953088, ✉ 953421, www.hotellucia.it.

*** Villa Selene, kleines, gemütliches Haus in Panoramalage bei Pregasio, etwa 2 km von Pieve, herrlicher Seeblick. Familie Ghidotti vermietet elf geschmackvoll eingerichtete Zimmer mit TV, die alle unterschiedlich eingerichtet sind und Blumennamen tragen. Aussichtsterrasse, großer Garten, Sauna. DZ mit Frühstück ca. 88–140 €. Via Lò 1, ✆ 0365/953036, ✉ 918078, www.hotelvillaselene.com.

Westufer (Lombardischer Teil des Gardasees)

Westufer

*** Panorama, Località Le Valli, Via Coste 19, familiär geführt, wunderschöner Seeblick, großer Pool. DZ mit Frühstück ca. 60–80 €, auch Vermietung von Apartments. Via Coste 19, ✆ 0365/953178, 📠 953205, www.panoramadelgarda.it.

Essen & Trinken

Miralago, nur für schwindelfreie und nervenstarke Esser, die sich nicht unentwegt vorstellen, die Plattform bricht ab und stürzt 400 m tief in den See. Piazza Cozzaglio 1, ✆ 0365/953001.
Da Angelo, urige Trattoria in einem historischen Gewölbe der Altstadt, wenige Meter vom Miralago. Sitzplätze auch im Hof. Lokale Küche und argentinische Steaks, von Lesern für gut befunden. Via Comunale 4, ✆ 0365/953529.
Presè, Pizzeria mit Freiterrasse am östlichen Ortsrand, große Pizzen und gute Pastagerichte. Angeschlossen ist das örtliche Schwimmbad (→ Sport). Via Fornaci 12, ✆ 0365/918169.
Brasa, familiär geführtes Ristorante/Pizzeria in einer ehemaligen Schmiede etwas unterhalb vom Ort, direkt an der spektakulären Straße nach Campione. Idyllische Lage am rauschenden Bach, Terrasse mit Schilfdach, kinderfreundlich, auch Spielgeräte vorhanden. Mo geschl. Via Benaco 22, ✆ 0365/918119.
La Rocchetta, 2 km außerhalb, etwas versteckt im Bergdorf Sompriezzo di Tremòsine. Gemütliches Lokal mit guter traditioneller Küche, hausgemachte Pasta, auch Pizza, freundliche Bedienung und gutes Preis-Leistungs-Verhältnis. Di geschl. Via Roccetta 20. ✆ 0365/953250.

▶ **Bazzanega**: kleiner Ort an einem Steilabfall zum See, 3 km südlich von Limone, an der Straße zur Hochebene von Tremòsine. Bekannt für sein großes Tenniscenter in Panoramalage – sechs Courts, drei Schwimmbäder (eins davon Hallenbad), Minigolf, Hotel, Bungalows, Restaurant.

• *Übernachten* ***** Villaggio Bazzanega**, großes, wohnliches Hoteldorf, angeschlossen ans Tenniscenter, freundlicher Service und herrlicher Seeblick. Zwei Außenpools, Kinderbecken, Hallenbad (unbeheizt), Minigolfanlage, Fitnessraum und Sauna. DZ mit Frühstück ca. 60–100 €. Via A. Volta 69, ✆ 0365/917128, 📠 917053, www.montagnoligroup.it.
*** Maxi, ruhige Lage mit Seeblick, DZ und Wohnungen, hübsche Poolanlage mit Kinderbecken, Restaurant und Bar mit Panoramaterrasse. DZ mit Frühstück ca. 64–96 €. ✆ 0365/917181, 📠 917171, www.hotelmaxi.it.
• *Essen & Trinken* **Al Tamàs**, siehe unter Limone, S. 104.

▶ **Voltino**: von Limone aus die erste Ortschaft der Hochebene, ruhig und stimmungsvoll gelegen. Im Umkreis mehrere komfortable Hotelanlagen mit großem Tennisangebot, darunter das Tenniszentrum „Lago di Garda".

• *Übernachten* ***** Park Hotel Faver**, direkt an der Hauptstraße im Ort, gut ausgestattet und gemütlich, großer Park, Panoramablick. Pool mit Kinderbecken, Hallenbad, Sauna, Solarium, Massage, sechs Tennisplätze (Tenniskurse), Fußballplatz. DZ mit Frühstück ca. 66–105 €, ohne Seeblick günstiger. ✆ 0365/917017, 📠 917200, www.hotelfaver.it.
**** Pineta Campi, rustikal-sportliches Tennishotel oberhalb von Voltino, acht Tennisplätze, Hallenbad, Fitnessbereich, Sauna, Hausbar, Restaurant mit Panoramaterrasse, Mountainbikeverleih. Hübsche Zimmer und Apartments, z. T. mit Seeblick. DZ mit Frühstück ca. 80–120 €. Località Campi, ✆ 0365/912011, 📠 917015, www.pinetacampi.com.
**** Le Balze, Großhotel mit Tenniscenter Lago di Garda (→ Sport), herrliche Panoramalage hoch über Voltino in über 600 m Höhe. Restaurant mit Rundumblick, Kinderspielplatz, Hallenbad, Mountainbikeverleih, große Liegewiese. DZ mit Frühstück ca. 72–130 €, je nach Lage und Blick. Via Delle Balze 8, ✆ 0365/917155, 📠 917033, www.hotel-lebalze.it. .
*** Bel Sito, kleineres Haus in ruhiger Panoramalage oberhalb von Voltino, neun gemütliche Zimmer, gutes Frühstücksbuffet, Pool. DZ mit Frühstück ca. 52–82 €. Via Castelgarda 1, ✆ 0365/917114, 📠 951052, www.belsitohotel.it. .
• *Sport* **Tenniszentrum Lago di Garda**, die größte und mit fast 30 Jahren auch älteste

Tennisanlage am Gardasee, 13 Sandplätze inmitten einer großartigen Bergkulisse, Tennisschule und Mountainbikeverleih. Via Dalco 3, ☎ 0365/917229, 📠 917229, www.tenniscenterlagodigarda.com.

Skyclimber, Thomas Engels veranstaltet Canyoning in den Schluchten von Brasa und San Michele, dazu Klettern, Nordic Walking und geführte Bike- und Wandertouren. Via Dalco 3, ☎ 335-29323, skyclimber.it.

▸ **Vesio**: Das hübsche Dorf liegt in 620 m Höhe weit zurück vom See, unmittelbar dahinter steigen die Berge an. Sehr ruhig ist es hier oben und üppig grün. Vor allem Wanderer und Mountainbiker schätzen das malerische Fleckchen, denn Richtung Norden steigt das *Val di Bondo* an, vorbei am im Sommer ausgetrockneten Lago di Bondo. Eine Fahrpiste verläuft hinauf bis zum *Passo di Nota* mit Berghütte in 1200 m Höhe – dort geht es links zum Passo di Tremalzo, rechts auf atemberaubender Serpentinenpiste ins Ledrotal bzw. nach Pregàsina (→ S. 76).

- *Übernachten* *** **Residence La Pertica**, Ferienwohnungen und Hotel mitten im Grünen, auf einem 8000 qm großen Gelände mit Pool, Tennis- und Kinderspielplatz. Vermietet werden Apartments für 2–6 Pers., Wochenpreis für 4/5-Pers.-Wohnung ca. 335–660 €, DZ mit Frühstück ca. 69–95 €. Via Dalvra 2, etwas außerhalb von Vesio (beschildert), ☎ 0365/951162, 📠 917112, www.residencelapertica.com.

- *Essen & Trinken* **Da Nando**, Eleonora und Bruno servieren in ihrer Spaghetteria in Villa di Tremòsine (südlich von Vesio) 30 verschiedene Nudelgerichte. Vicolo Largo 10, ☎ 0365/951230.

- *Sport* **Azienda Agricola La Betulla**, Haflinger Pferdezucht, Spazierritte mit Pferden. ☎ 0365/951022.

➡ **Polzone**: wichtiger Kreuzungspunkt auf der Hochebene. Nach Nordwesten geht es nach Vesio, nach Osten führt eine schmale Straße über Sermerio und Cadignano nach Pregasio und Pieve, nach Süden kommt man auf kurviger Straße durch das tiefe Tal des Wildbachs San Michele zur Hochfläche von Tignale (→ nächster Abschnitt).
Schöne Ausflugsmöglichkeit zu Fuß oder per Mountainbike auf schmaler Schotterpiste das *Valle San Michele* entlang. Nach 4 km kommt man zur Einsiedelei *Eremo di San Michele* auf einem Felsvorsprung in 635 m Höhe mit herrlichem Blick über den ganzen Gardasee. In der Nähe hat sich aus den Zuflüssen von drei Wildbächen ein kleiner See gebildet. Wenn man kurz darauf rechts abbiegt, kann man auf dem Sentiero 222 zum Tremalzo-Pass hinauffahren (→ S. 80).

- *Essen & Trinken/Shopping* **Alpe del Garda**, von Polzone ein Stück in Richtung Tignale, Agriturismo-Hof mit rustikalem Restaurant und Verkauf der eigenen Produkte – Milch, Käse, Fleisch, Schinken und Wurst, dazu eine umfangreiche Palette von Kulinaria aus dem Gardaseegebiet, Wein, Olivenöl, Grappa etc. Der gut sortierte Laden hat sich zu einem der beliebtesten Anlaufpunkte der Region entwickelt. Verkauf tägl. 9–19 Uhr. ☎/📠 0365/953050, www.alpedelgarda.it.

Tignale und Madonna di Monte Castello

Südlich von Tremòsine erstreckt sich auf etwa 500–600 Höhenmeter die bewaldete Hochfläche von Tignale, auf der sechs Ortschaften verstreut liegen: Gardola, Aer, Olzano, Oldesio, Prabione und Piovere. Vor allem im Hochsommer, wenn es am See unten schon mal stickig oder schwül ist, kann man hier oben die kühle, klare Luft und den herrlichen Blick auf das Massiv des Monte Baldo am Ostufer genießen. Es gibt viele Wandermöglichkeiten durch die Kastanienwälder, größte Sehenswürdigkeit ist die Wallfahrtskirche *Madonna di Monte Castello* in unvergleichlicher Position hoch über dem See.

- *Von Pieve di Tremòsine nach Tignale* Von **Pieve** kann man über **Pregasio** und **Sermerio** nach Tignale weiterfahren. Dafür muss man jedoch zunächst dem tiefen Tal des Wildbachs **San Michele** landeinwärts folgen, in vielen Serpentinen hinunter- und

Westufer

wieder hinaufkurven und wieder zurück bis in Seenähe fahren – eine recht langwierige Strecke.
• *Von der Gardesana Occidentale nach Tignale* Knapp 5 km nördlich von **Gargnano** zweigt nach mehreren Tunnels die Serpentinenstraße nach **Tignale** ab (langsam fahren, damit man den Abzweig nicht verpasst). Durch das Tal des **Piovere-Bachs** geht es mit vielen Windungen hinauf nach **Gardola**.

▸ **Gardola:** Hauptort der Gemeinde Tignale, Luftkurort in 550 m Höhe, weitläufig angelegt, einige Hotels, am Dienstagvormittag kleiner Markt. In der Via XXIV Maggio findet man die Ölmühle *Oleificio Biologico di Tignale*, die ein Öl aus biologischem Anbau produziert.

• *Öffnungszeiten* **Oleificio Biologico di Tignale**, Verkauf Di 10–11.30 Uhr, Do & Sa 17–18.30 Uhr, kostenlose geführte Besichtigung jeden Do 17 Uhr. ✆ 0365/73471, www.tignale.org.
• *Übernachten/Essen & Trinken* **Al Torchio**, gemütlich-rustikale Pizzeria mit Wintergarten im Zentrum, Pizza aus dem Holzofen und hausgemachte Spezialitäten, für Allergiker glutenfreie Kost. In der NS Di geschl.. Vermietung von vier Zimmern und einer Ferienwohnung für 2–4 Pers. Ganzjährig geöffnet. DZ ca. 38–48 €, Wochenpreis der Wohnung ca. 210–370 €. Via Europa 1, ✆/ 0365/760296, www.altorchiotignale.it.
La Miniera, von Süden kommend bei der Kirche, gepflegte Osteria/Enoteca mit Garten und offenem Kamin, gute lokale Küche, z. B. *spiedo Bresciano*, der berühmte Brescianer Spieß, dazu reichen Bruno und Sergio ausgewählte Weine. Di geschl. Via Chiesa 9/a, ✆ 0365/760225.

Panorama vom Feinsten: Santuario della Madonna di Monte Castello

Die Wallfahrtskirche Madonna di Monte Castello ist für ihre atemberaubende Lage bekannt. In 683 m Höhe klebt sie auf einem steilen Felsvorsprung, der zum See fast senkrecht abfällt. Der heutige Bau stammt aus dem 17. Jh., geht aber auf verschiedene Vorgängerkirchen zurück, eine Burg (Castello) soll hier auch einmal gestanden haben. Über Stufen steigt man zum dreischiffigen Kirchenraum hinauf. Im Altarraum kann man den reich vergoldeten Altar umrunden und gelangt dahinter in die so genannte *Casa Santa* mit dem Fresko „Krönung der heiligen Maria" aus der Schule Giottos (14. Jh.), umgeben von vier Bildwerken des Palma il Giovane (16. Jh.). Auf der Aussichtsterrasse gibt es ein Café, im Untergeschoss der Kirche sind Räumlichkeiten für Pilger untergebracht.

Öffnungszeiten: Ostern bis Okt. 9–19 Uhr. ✆ 0365/73020.
Anfahrt: In Gardola am Ortsausgang in Richtung Prabione noch einen knappen Kilometer weiter fahren, dann rechts ab (beschildert) und auf extrem steiler und in den Kurven unübersichtlicher Serpentinenstraße hinauf zum Parkplatz vor der Kirche, der im Hochsommer oft belegt ist. Im letzten Stück der Zufahrt 25 % Steigung! Alternative: unten an der Straße parken und in etwa 20–30 Min. auf dem Kreuzweg durch den Wald hinaufsteigen.
Wandertipp: Hinter der Kirche liegt das dazugehörige Kloster. Von dort kann man in etwa 20 Min. bis zum Gipfelkreuz des Monte Cas (779 m) klettern und genießt eins der reizvollsten Panoramen am See – bis zum südlichen Ufer reicht der Blick, gegenüber ragt der mächtige Monte Baldo empor. Der Weg 266 führt mit prächtigen Rundblicken weiter auf dem Felsrand nach Norden, in insgesamt etwa 80 Min. kann man hier bis zum Museum in Prabione weiterlaufen (→ nächster Abschnitt) – oder man folgt linker Hand den Wegweisern nach Tignale-Gardola und gelangt schnell wieder hinunter zum Parkplatz.

Tignale und Madonna di Monte Castello

Historische Ansicht von Campione del Garda im Museo Parco Alto Garda Bresciano

Prabione: Am Ostrand dieses Dorfs nördlich von Gardola befindet sich das *Centro Visitatori/Museo Parco Alto Garda Bresciano* (Besucherzentrum des Naturparks Oberer Gardasee in der Provinz Brescia), dessen Besuch sich sehr lohnt. Mit eindrucksvoller Musik und hübschen multimedialen Spielereien werden hier Entstehung, Geschichte, Fauna und Flora, Menschen, Wirtschaft und Landschaften des Gardaseeraums dargestellt, besonderen Raum nehmen die „Fienili" genannten Häuser von der Hochebene Cima Rest mit ihren charakteristischen Strohdächern ein (→ S. 127).

- *Öffnungszeiten/Preise* **Centro Visitatori/Museo Parco Alto Garda Bresciano**, März bis Mitte Dez. Sa–Do 10–17 Uhr, Fr geschl.; Eintritt ca. 4 €, unter 14 und über 65 J. 3 €, mit Riviera Promotion Card 2 €. ✆ 0365/71449, 72585, www.cm-parcoaltogarda.bs.it.
- *Übernachten/Essen & Trinken* **Al Lambic**, uriger Agriturismo in historischen Gemäuern an der Zufahrt zum Museum, geführt von Familie Bettanini. Im Haupthaus gibt es vier große Zimmer mit Mobiliar des 19. Jh., dazu allerdings nur ein Bad, im Wohnzimmer freskenbemalte Decke, außerdem Internetpoint, Jacuzzi und Gemeinschaftsterrasse. Im benachbarten Bauernhaus aus dem 14. Jh. sind fünf stilvoll eingerichtete Wohnungen zu vermieten. 300 m entfernt liegen ein Swimmingpool (Juni bis August) und ein Kinderspielplatz. Außerdem kann man bei Signora Bettanini Reitunterricht in deutscher Sprache nehmen. Das Restaurant (nur abends, April bis Okt. Mo geschl.) ist in den Gewölben der alten Schnapsbrennerei (!) untergebracht, wo Anfang November mit historischen Utensilien die „Grappa Rugiada delle Alpi" (Grappa Alpentau) gebrannt wird (Teilnahme möglich). Es werden nur einige hundert Flaschen hergestellt, man kann sie mit persönlicher Widmung erwerben. DZ ca. 60–70 €, 2-Zimmer-Wohnung ca. 43–70 €. Via San Zenone 1, ✆/ 0365/73402, www.agrilambic.it.

Liliana, Snackbar/Café in Prabione an der Durchgangsstraße, nicht zu übersehen, nette Besitzerin, gut für einen Stop-over.

Im Hafen von Gargnano

Riviera Bresciana

„Keine Worte drücken die Anmut dieser so reich bewohnten Gegend aus", schrieb Goethe, als er den Küstenstreifen von Gargnano bis Salò auf dem Wasserweg passierte. Tatsächlich zogen das milde sonnige Klima und die üppige Vegetation dieser Uferzone das wohlhabende Bürgertum aus der Poebene schon lange in Scharen an – erst recht, seitdem 1872 die Straße bis Gargnano fertig gestellt wurde. Prächtige Villen und Palazzi säumen die Ufer, vor allem um Gardone Riviera, das Ende des 19. Jh. einen kometengleichen Aufstieg zum Seebad erlebte.

Gargnano (ca. 3300 Bewohner)

Das historische Städtchen mit seinem südländischen Flair wird hauptsächlich von Besuchern geschätzt, die Wert auf Stil und Ruhe legen. Auffallend ist die friedvolle Atmosphäre in den hübschen Gassen um das idyllische Hafenbecken und an der Seemole – der Trubel des Ostufers scheint hier weit weg.

Gargnano war schon seit Jahrhunderten ein Hort der Wohlhabenden, die sich hier und im Umkreis prächtige Paläste, Villen und Parks errichten ließen (siehe auch Bogliaco). Aber es hat auch eine bewegte Vergangenheit hinter sich: In den Fassaden der alten Palazzi um den Hafen stecken Kanonenkugeln – 1866 beschossen österreichische Kriegsschiffe den Ort während der „Risorgimento"-Aufstände, die schließlich zur nationalstaatlichen Einigung Italiens führten. Auch die deutschen Faschisten empfanden das stilvolle Örtchen als standesgemäß: Den *Palazzo Feltrinelli* erkoren sie von 1943–45 zum Sitz der faschistischen „Republik von Salò" unter Führung Mussolinis. Der längst entmachtete Duce war dabei nicht mehr als

Gargnano 119

eine Marionette Hitlers und logierte als Gefangener im goldenen Käfig in der nahen *Villa Feltrinelli*.
Die Bademöglichkeiten sind eher bescheidenen Zuschnitts: Etwa 500 m nördlich vom Hafenbecken liegt der Olivenbaumpark *La Fontanella*. Hier gibt es am Ufer mehrere kleine Kiesflächen und Betonmolen, außerdem Tretbootverleih, Surfschule, Pizzeria – und man hat einen schönen Blick auf die Villa Feltrinelli (→ Kasten, S. 122). Einen recht hübschen Kiesstrand gibt es außerdem beim Ortsteil *Villa*, der sich südlich an Gargnano anschließt.

Anfahrt/Verbindungen/Information

• *Anfahrt/Verbindungen* Einige **Parkplätze** liegen bei der Zufahrt zum Ortskern, der unterhalb der Gardesana liegt, dort gibt es auch eine Tiefgarage. Am Parkscheinautomat parkt man unten am Hafenbecken und an der Ausfahrtsstraße weiter nördlich.
Fähren und **Schnellboote** gehen ca. 4–6 x tägl. nach Riva und Desenzano/Sirmione, dabei werden z. T. auch Garda, Bardolino und Peschiera am Ostufer angelaufen.

Busse von Trasporti Brescia Nord und SIA fahren mehrmals tägl. in beide Richtungen (SIA nach Süden nur bis Salò und weiter nach Brescia-Milano), zusätzlich geht mehrmals tägl. Linie 12 von Trasporti Brescia Nord auf die Hochebene von Tremòsine, Linie 11 nach Tignale.

• *Information* **Pro Loco**, direkt an der Gardesana, gegenüber der Busstation. ✆/✉ 0365/791243, www.gargnanosulgarda.it.

Übernachten (→ *Karte S. 121*)

**** Villa Giulia (4), historische Villa im viktorianischen Stil, nördlich vom Zentrum direkt am Seeufer, sehr ruhige Lage. Auch hier hatten sich am Ende des Krieges die Nazis eingenistet (vorübergehend soll Mussolinis Geliebte Claretta Petacci hier gelebt haben – einen Steinwurf entfernt von der Residenz des Duce und seiner Frau). Gediegene Einrichtung, im gepflegten Garten Palmen und bis zu hundert Jahre alte Nadelbäume, schöne Terrasse über dem See. Zimmer verschiedener Kategorien im Haupthaus und in Anbauten – teils antike Stilmöbel, teils modern, See- oder Gartenblick. Swimmingpool, Solarium, Sauna, türkisches Bad. DZ mit Frühstück ca. 220–335 €. ✆ 0365/71022, ✉ 72774, www.villagiulia.it.

*** Meandro (1), modern und elegant eingerichtetes Hotel, zwar nahe an der Gardesana, aber zur Seeseite hin Panoramalage mit schönem Blick: Pool, Hallenbad, Sauna, Sonnenterrasse und Liegewiese. Alle Zimmer mit Sat-TV, Balkon und Seeblick. DZ mit Frühstück ca. 78–160 €. Via Repubblica 40, ✆ 0365/71128, ✉ 72012, www.hotelmeandro.it.

** Riviera (9), zentral an der Straße zum Hafen und mit der Rückfront direkt am See, vor einigen Jahren komplett renoviert, stilvolle Einrichtung, sehr sauber und freundlich geführt. Gut ausgestattete Zimmer über der Pizzeria Al Lago (→ Essen & Trinken), Bar mit Internetzugang, Frühstück auf einer schönen Hochterrasse zum See hin. DZ mit Seeblick und Frühstück ca. 80–90 €, sonst 58–68 €. Via Roma 1, ✆ 0365/72292, ✉ 791561, www.garniriviera.it.

*** Bartabel (13), ebenfalls an der Straße zum Hafen, kleines Albergo mit Zimmern im venezianischen Stil, sehr schöne Seeterrasse mit Frühstücksraum, WLAN im ganzen Haus. DZ mit Frühstück 69–119 €. Via Roma 39, ✆ 0365/71330, ✉ 790009, www.bartabel.it.

* Gargnano (10), seit 1901 direkt am Hafenbecken, romantisch-altmodisches Albergo in stimmungsvoller Lage, nach vorne schöner Blick. 1912 logierte hier angeblich der englische Dichter D. H. Lawrence mit seiner Geliebten Frieda von Richthofen, „This is my inn", soll er beim Anblick des Albergo gesagt haben (→ Kasten, S. 124). Die freundlichen Wirtsleute sind in Ehren ergraut, die Matratzen haben schon bessere Zeiten erlebt, doch die leicht schrullige Herberge bietet eine günstige Übernachtungsmöglichkeit mit nettem Frühstück vor dem Haus. DZ mit Frühstück ca. 60–70 €. ✆ 0365/71312.

• *Ferienwohnungen* **La Limonaia (5)**, Liana vermietet hübsche Ferienwohnungen direkt am See, zwischen dem alten Zentrum und der Villa Feltrinelli. Kleiner Garten und Ter-

Westufer (Lombardischer Teil des Gardasees)

rasse, benachbart eine alte „Limonaia", Bademöglichkeit. Neu ist das stilvolle Restaurant mit schönem Seeblick. Wochenpreis für 2 Pers. ca. 350–700 €. Via Rimembranze 18, ✆ 0365/71694, 333-5232621, ℻ 71694, www.apartmentslalimonaia.com.
Eine weitere zur Ferienwohnung ausgebaute **Limonaia** liegt direkt am See, etwa 2 km nördlich vom Zentrum, mieten kann man sie über www.fewo-gardasee.com.

• *Camping* ** **Rucc (2)**, zwei Minuten zum See. Kleiner Grasplatz oberhalb vom Parco Fontanella, ✆/℻ 0365/71805.
* **Paradiso**, nicht am See, sondern in Panoramalage am Berghang, etwa 3 km nördlich von Gargnano, an der Straße nach Muslone. Familiär geführt, Ristorante/Pizzeria (→ Essen & Trinken), Verkauf von Olivenöl aus eigener Ernte. ✆ 0365/71223, ℻ 791456, www.paradisogarda.it.

Essen & Trinken

La Tortuga (6), wenige Meter vom Hafenbecken. Seit Jahren ist das kleine, kürzlich neu eingerichtete Lokal auf der Bestsellerliste aller kulinarischen Führer zu finden, auch einen Michelinstern besitzt es. Orietta Filippini kreiert fantasievolle Gardasee-Küche, die Zutaten stammen weitgehend aus der direkten Umgebung, aber auch Meeresfisch gibt es. Menü ca. 65–75 €. Nur abends, Di geschl. Via XIV Maggio 7, ✆ 0365/71251.
Al Lago (12), zentral gelegene Pizzeria seitlich vom Hafenbecken, zu erreichen über einen Holzsteg, der vor der Uferfront verläuft. Sitzplätze ausgesprochen stimmungsvoll auf einer Plattform über dem See, leckere Pizzen und maßvolle Preise. Mi geschl. ✆ 0365/72759.
Al Miralago & Centomiglia (8), zwei Lokale an der Uferpromenade, wenige Schritte nördlich der Hafenpiazza. Man sitzt mit Seeblick vis-à-vis der Schiffsanlegestelle und isst gut zu fairen Preisen, im Centomiglia gibt es auch Pizza.
Al Vicolo (7), in der Gasse hinter den beiden Vorgenannten, wo sich im Hochsommer die Hitze staut, liegt das Lokal von Lili, wo die Küche ebenfalls gut ist – Tipp ist *coregone a modo mio*, Seefisch mit Kartoffeln (!). Via dell'Angolo 10, ✆ 0365/71464.
• *Außerhalb* **Paradiso**, beliebtes Ristorante/Pizzeria an der Bergstraße nach Muslone, einige Kilometer nördlich oberhalb von Gargnano – zweifellos eine der schönsten Panoramaterrassen am Gardasee, deswegen immer gut besucht. Via Muslone 48, ✆ 0365/71223.

Sport/Shopping & Sonstiges

• *Sport* **OK Surf (3)**, die Surfschule von Kurt Oberrauch liegt im Parco La Fontanella. Die Windverhältnisse bei Gargnano sind besonders gut für Surfanfänger geeignet. Auch Verleih von Mountainbikes und geführte Touren. ✆ 0365/790012, www.oksurf.it.
• *Shopping* Jeden zweiten Mi ist **Markttag**, außerdem Fr von Juli bis Sept. **Mercato dell'Antiquariato** (Antiquitätenmarkt) auf der Piazza Feltrinelli (8.30–20 Uhr).
Bignotti (11), Metzgerei an der Hauptgasse im Ort, kurz vor dem Hafenbecken, sehr gute Auswahl an Wurst und Käse aus eigener Herstellung. Via Roma 13.
Internationale Presse, direkt an der Gardesana.

> Die **Fischer** von Gargnano verkaufen jeden Vormittag ihren nächtlichen Fang unter den Arkaden des früheren Rathauses am Hafenbecken.

• *Sonstiges* **Ärztliche Versorgung**, Guardia Medica Turistica, Via Repubblica 2. ✆ 0365/71114.
Internetcafé im Hotel Riviera.
Kinderspielplatz, am Südende des Holzstegs, der am Hafenbecken beginnt.

Sehenswertes: Im einstigen Rathaus am Hafenbecken finden im Sommer häufig Ausstellungen statt, dann hat man Gelegenheit den schönen Saal im Piano Nobile zu besichtigen. Ein kleines Stück weiter nördlich trifft man auf den stolzen *Palazzo Feltrinelli*, einst Wohnsitz einer wohlhabenden Adelsfamilie, deren bekanntester Spross der Verleger gleichen Namens ist. Heute ist hier eine Abteilung der Mailänder Universität untergebracht, die im Sommer Sprachkurse für Ausländer veran-

staltet. Aus der Zeit der Republik von Salò ist noch Mussolinis Arbeitszimmer im Originalzustand erhalten, kann allerdings nicht besichtigt werden. Wenn man die Straße noch ein Stück weitergeht, erreicht man hinter dem *Parco La Fontanella* (→ Baden) den baumreichen Park der *Villa Feltrinelli*, in der Verleger Giangiacomo Feltrinelli, später kurzzeitig auch Mussolini wohnte. Die prachtvolle orange- und beigefarbene Villa im neugotischen Stil wurde vor einigen Jahren in ein Fünf-Sterne-Hotel umgebaut (→ Kasten).

Die Kirche *San Francesco* steht einige hundert Meter südlich vom Hafenbecken an der Zufahrtsstraße. Sie stammt aus dem 17. Jh., doch der angeschlossene *Kreuzgang* ist Teil eines Klosters aus dem 13. Jh., gegründet von Franz von Assisi. Dass am Gardasee schon damals die Aufzucht von Zitrusfrüchten ein Thema war, erkennt man an den Kapitellen, die neben Mönchsköpfen, Löwen, Fischen, Blättern und Vögeln auch steinerne Orangen und Zitronen zieren. In den Wänden sind Grabplatten eingelassen, im hinteren Teil des Kreuzgangs sieht man ein Portal aus grauem Stein (15. Jh.), auf dem Querbalken sind Szenen aus dem Leben Jesu dargestellt, daneben die Verkündigung Marias. Vor dem Zugang zum Kreuzgang steht auf vier schmalen Säulen ein mittelalterlicher Adelssarkophag aus Veroneser Porphyr, daneben ist ein Portal mit lateinischer Inschrift erhalten. Im düsteren Innenraum der Kirche fallen die drei großen Ölgemälde über dem Haupteingang auf.

Einen Besuch wert ist auch die mächtige Pfarrkirche *San Martino* im Stil des italienischen Historismus (19. Jh.) direkt an der Gardesana. Nach der großen Vorhalle betritt man den höchst ungewöhnlichen Innenraum, der die Form einer mächtigen Ellipse hat. Ein kleines deutschsprachiges Merkblatt beschreibt die kunstreichen Altäre mit ihren Gemälden.

Villa Feltrinelli: exklusives Grandhotel am Gardasee

Die über hundert Jahre alte Villa, die in einem großen Park am Seeufer nördlich von Gargnano steht, hat eine bewegte Vergangenheit hinter sich. Erbaut als eins von vielen Domizilen der einflussreichen Industriellen- und Bankiersfamilie Feltrinelli, die im Holzhandel zu Geld gekommen waren, war ihr schillerndster Bewohner wohl Giangiacomo Feltrinelli, der Verleger von Boris Pasternaks Welterfolg „Dr. Schiwago". Der steinreiche Kapitalist wandelte sich wie Saulus zu Paulus zum überzeugten Kommunisten und kam 1972 wahrscheinlich dabei um, als er eine Sprengladung an einem Hochspannungsmast anbringen wollte, die vorzeitig explodierte. Von 1943 bis 1945 lebte hier Mussolini – streng bewacht von der SS – als Oberhaupt der so genannten „Republik von Salò" in Schutzhaft (→ S. 144). 1997 erwarb Bob Burns, der Gründer der Regent-Hotelkette, die Villa und verwirklichte sich damit einen ganz privaten Traum – ein europäisches Schloss, in dem alles vom Feinsten ist: Die Parkettböden mit Intarsien, die Kassettendecken mit Gemälden, die ornamentierten und mit Bildnissen bedeckten Wände, die fürstlichen Badegemächer aus Marmor und die moderne Ausstattung mit Sat-TV und Internet. So weit wie möglich wurde die denkmalgeschützte Villa wieder in ihren Originalzustand gebracht und 2001 als Luxushotel eröffnet. Im gepflegten Park der Villa steht eine instand gesetzte Limonaia, in der Zitronenbäumchen Früchte tragen. Ein aus Natursteinen gemauerter Pool, ein eigener Hafen, ein exquisites Restaurant und eine Bibliothek tragen zu den Annehmlichkeiten bei. Die Zimmerpreise beginnen bei ca. 900 €.

Villa Feltrinelli, Via delle Rimembranze 38–40, I-25084 Gargnano, ✆ 0365/798000, ✆ 798001, www.villafeltrinelli.com.

Nettes Plätzchen: die Hafenbar von Villa

Gargnano/Umgebung

▶ **Villa**: Der alte Ortsteil kauert sich eng an den See und ist mit Gargnano zusammengewachsen, besonders malerisch ist das ruhige, kleine Hafenbecken mit seinen Orangenbäumen. Der englische Schriftsteller D. H. Lawrence lebte hier im Jahre 1912 sieben Monate lang mit seiner Geliebten Frieda von Richthofen und schrieb darüber das Buch „Twilight in Italy" (Dämmerung in Italien). Einen hübschen Kiesstrand findet man zwischen Villa und dem südlich benachbarten Bogliaco, allerdings relativ nah an der Durchgangsstraße (vor Hotel Lido). Der Aufstieg zur Kirche *San Tommaso* lohnt wegen des stimmungsvollen Seeblicks.

● *Übernachten* Beide Hotels stehen direkt am See und werden von Familie Arioso in dritter Generation geführt.

*** **Gardenia al Lago**, großes Albergo in einem restaurierten Palazzo, elegante Räumlichkeiten, schönes Restaurant in einem Vorbau zum See, Liegeterrasse, Garten mit Olivenbäumen. Die 30 Zimmer sehr unterschiedlich, z. T. Standard, teilweise mit antikem Mobiliar. DZ mit Frühstück je nach Ausstattung ca. 80–214 €. Via Colletta 53, ✆ 0365/71195, 🖷 72594, www.hotel-gardenia.it.

*** **Du Lac**, leuchtend ockerrot gestrichene Stadtvilla, zwölf Zimmer mit historischem Mobiliar und Balkon, sehr hübsch der Wintergarten mit darüber liegender Terrasse, Klavierzimmer für Musik liebende Gäste. Leider kein direkter Zugang zum See. DZ mit Frühstück ca. 92–132 €. Via Colletta 21, ✆ 0365/71107, 🖷 71055, www.hotel-dulac.it.

● *Essen & Trinken* **Osteria del Restauro**, in einer ehemaligen Werkstatt am kleinen Hafenbecken. Kleine Speisekarte, durchschnittliche Preise, auch Sitzplätze im Freien. Mi geschl. Piazza Villa 1, ✆ 0365/72643.

Al Porto, hinter Bougainvillea und Orangenbäumen versteckte Bar am Nordende des Hafenbeckens, in der Nebensaison Treff der Einheimischen, im Sommer aber schon gut besucht – trotzdem ein schönes, zeitloses Eckchen weit vom Trubel. Leckere Bruschette, Panini etc., auch Pizza.

Giallo Limone, große Strandbar am Südende von Villa, auch abends geöffnet, Kicker, im Sommer 1 x wöch. Open-Air-Kino.

● *Sonstiges* **Studio Pane**, die Künstlerin Sabine Frank hat ihr kleines Malstudio ebenfalls am Hafenbecken. Thematische Schwerpunkte sind Brot und Rosen in diversen Variationen. Di–So 16–19 Uhr. ✆ 0365/72735.

Nur eine halbe Stunde ...

... kommt der britische Literaturprofessor Ernest Weekley im März 1912 zu spät nach Hause. Doch diese Zeitspanne genügt, dass sich seine deutsche Gattin Frieda von Richthofen (33), Mutter dreier Kinder, bedingungslos in den jungen Schriftsteller David Herbert (D. H.) Lawrence (27) verliebt, der dem Professor seine Aufwartung machen wollte. Das junge Liebespaar flieht nach Italien, quartiert sich zunächst im Hotel Gargnano im gleichnamigen Ort am Gardasee ein (→ oben) und lebt danach sieben Monate im benachbarten Ortsteil Villa. Ihr damaliges Wohnhaus steht direkt an der Hauptgasse, Via Colletta 44 (heute in Privatbesitz). Danach kehren die beiden nach England zurück, damit Frieda sich scheiden lassen kann. Professor Weekley untersagt ihr daraufhin den Umgang mit ihren drei Kindern. 1914 heiratet sie D. H. Lawrence, der im Ersten Weltkrieg wegen ihrer deutschen Herkunft als Spion verdächtigt wird. 1919 verlassen sie England endgültig und leben u. a. in Italien, Frankreich und Mexiko, Frieda wird aber wegen des Verlusts ihrer Kinder immer wieder von schweren Depressionen gequält. Bereits 1930 stirbt D. H. Lawrence an Tuberkulose. Er zählt heute zu den bedeutendsten Dichtern Englands. Seine Werke entstanden unter dem Eindruck der Psychoanalyse Freuds und wurden wegen ihrer erotischen Freizügigkeiten immer wieder scharf angegriffen, bekanntester Roman ist „Lady Chatterley und ihre Liebhaber".

▶ **Bogliaco**: melancholisch-verträumter Ort mit einer großen ruhigen Hafenpiazza, in dem die Zeit stehen geblieben zu sein scheint. Lediglich am ersten Wochenende im September kehrt Leben ein – dann findet hier seit 1951 alljährlich die berühmteste Segelregatta am Gardasee statt, die „Centomiglia" (100 Meilen), 2010 jährt sie sich zum 60. Mal. Die supermodernen Boote kann man vorher aufgedockt im Hafen betrachten (www.centomiglia.it).

Bekannt ist Bogliaco aber auch für den *Palazzo Bettoni*, der direkt zwischen Seeufer und Gardesana steht. Er stammt vom Anfang des 18. Jh. und ist einer der größten Paläste am See. Durch den Bau der Gardesana rigoros vom Palast abgetrennt, liegt der dazugehörige Barockgarten mit der restaurierten *Gloriette* auf der anderen Straßenseite – durchs Gittertor kann man die mit Skulpturen üppig bestückte Treppenanlage gut sehen. Die Straßenfront des Palastes ist dagegen ziemlich heruntergekommen, doch wenn man vom Hafen ein Stück nach Norden geht, erblickt man die prachtvolle seeseitige Palastfassade. Die Bettoni wohnen hier immer noch, für die Teilnehmer der Centomiglia gibt es alljährlich einen großen Empfang.

Südlich vom Hotel Bogliaco liegt ein 150 m langer Kiesstrand, anschließend daran der moderne Jachthafen *Marina di Bogliaco* mit hundert Liegeplätzen.

• *Anfahrt/Verbindungen* in beide Richtungen 2 × tägl. **Fähre**.

• *Übernachten/Essen & Trinken* ***** Bogliaco**, repräsentatives Albergo neben dem Hafen, freundlich geführt, schlichte, z. T. elegante Zimmer mit TV. Hinter dem Haus Parkplatz, auf dem Dach über dem Restaurant Sonnenterrasse mit Pool, vor der Tür eine schöne, große Terrasse direkt am See, idyllischer Platz für ein Abendessen zu zweit – gute Küche und hervorragender Service. Signore Roberto und seine Frau sprechen auch Deutsch. DZ mit Frühstück ca. 80–110 €. Via C.Battisti 4, ☎ 0365/71404, ✆ 72780, www.hotelbogliaco.it.

B & B Il Gabbiano, hübsche Wohnung mit bis zu vier Schlafplätzen neben dem Hotel Bogliaco, dahinter ein kleines Gärtchen.

Prächtig restauriert: die Gloriette des Palazzo Bettoni

Apartment mit Frühstück ca. 70–80 €. ✆ 0365/71110 o. 333-4595610, www.bbilgabbiano.eu.
Drei Campingplätze liegen südlich außerhalb am Weg nach Toscolano-Maderno: ** **Lefa** (✆/✉ 0365/643165), ** **Chiaro di Luna** (✆/✉ 0365/641179) und ** **Brolo** (✆ 0365/643815), letzterer nicht direkt am See.

• *Essen & Trinken* **Allo Scoglio**, Gartenlokal zwischen Hafenpiazza und Palazzo Bettoni, fast ausschließlich Fisch vom See, junge engagierte Leitung. Mo geschl. Via Barbacane 3, ✆ 0365/71030.

• *Sport* **Circolo Vela Gargnano**, der örtliche Segelclub hat seinen Sitz in der Via Conte Bettoni 23, Kurse gibt es bereits für Kinder ab 7 J. ✆ 0365/71433, ✉ 71028, www.centomiglia.it.
Golf Bogliaco (9 Loch), der älteste (seit 1912) und schwierigste Golfplatz am Gardasee liegt südwestlich oberhalb von Bogliaco an der Straße nach Cecina, Via Golf 21. ✆/✉ 0365/643006, www.golfbogliaco.com.
43° Parallelo, Marina di Bogliaco, Segelschule und Vermietung von Jachten. Via Bettoni 25/a, ✆ 0365/790035, ✉ 790020, www.parallelo43.it.

• *Shopping* **Oleificio Gargnano**, Direktverkauf des Olivenöls aus Gargnano an der Gardesana, etwas nördlich vom Palazzo Bettoni. Mo–Sa 9–12, 15–19 Uhr. ✆ 0365/72315.

◆ **Ponte Nuovo**: Etwa 1 km südlich von Bogliaco überquert die Gardesana einen Bachlauf. Im ehemaligen Mühlengebäude hat sich das Albergo/Ristorante „Nuovo Ponte" mit einer hübschen Terrasse eingerichtet. Dahinter zweigt die Straße zum Golfplatz und nach Cecina ab. Am See unten liegt der Camping Lefa mit Bungalows.

• *Essen & Trinken* **Il Nuovo Ponte**, Fiorenzo Andreoli bietet leckere Gerichte mit typischen Produkten der Region, darunter Olivenöl aus eigener Herstellung, Kapern vom Gardasee, Trüffel, hausgemachte Pasta und Kaviar von Hecht und Seeforelle. Mi geschl. ✆ 0365/71157, www.albergoristorantenuovoponte.it.

◆ **San Valentino**: *„Kein Aufenthalt in Gargnano ohne eine Wanderung hierher, an diesen ganz besonderen Ort ..."*, so kann man im Gästebuch der weiß gekalkten Pestkapelle *San Valentino* lesen, die oberhalb vom Bergweiler Sasso in 770 m Höhe mitten im Wald direkt an einer Felswand steht. Erbaut wurde das Kirchlein 1630, damals wütete am See unten die Pest, die Bevölkerung flüchtete in die Berge und hoffte, hier oben verschont zu werden. Der Aufstieg von Sasso dauert etwa 30 bis 40 Min. (Weg 31, rot-weiß und mit blauen Pfeilen markiert).

Sasso liegt in etwa 500 m Höhe oberhalb von Gargnano. Zu erreichen ist es auf der steilen und kurvigen Straße, die zum Lago di Valvestino weiterführt (→ nächster Abschnitt). Man parkt am Ortseingang und kann zunächst einmal das eindrucksvolle Echo in Richtung Kirche testen. Dann durchquert man den Ort und hält sich bei der überdachten Waschstelle (Wasser nicht trinkbar) am Ortsende links. Der Weg führt zuerst weitgehend eben auf Terrassen zwischen kleinen Gemüse- und Weinfeldern hindurch, dann steigt er als Hohlweg steil durch üppigen Mischwald an. Über Felsbrocken und -platten müht man sich hinauf und kommt nach etwa 20 Min. zu zwei kurz aufeinanderfolgenden Lichtungen mit fantastischem Blick auf den tief unten liegenden See. Danach folgt ein Abstieg in eine Klamm, auf der anderen Seite geht es wieder hinauf. Kurz darauf trifft man auf eine hölzerne Tür, hinter der Felsenstufen zum Kirchlein führen. Gewidmet ist es laut Inschrift „Beatae Mariae Virginae et S. Valentino". Über dem schlichten Kirchenraum mit seinem naiven Altarbild liegen zwei kleine Kammern mit Holzböden und Kamin, die zum Wohnen geeignet sind. Vor der Kirche wurde eine Reihe von Zypressen gepflanzt. Schwarz verrußte Felswände zeugen davon, dass der Fleck heute an Wochenenden ein beliebter Picknickplatz ist.

Drei-Seen-Tour: Lago di Garda, Lago di Valvestino, Lago d'Idro

In Gargnano beginnt eine kurvige Bergstraße zum fjordartig schmalen Stausee Lago di Valvestino, den man in voller Länge passiert. Mit dem PKW etwas Vorsicht, die Strecke ist bei Rad- und Motorradfahrern sehr beliebt.

Zunächst geht es mit großartigem Blick zurück auf den Gardasee und das Monte-Baldo-Massiv nach *Navazzo* in knapp 500 m Höhe. Anschließend fährt man das Tal des Flusses Toscolano entlang, bis man auf die 124 m lange Staumauer des smaragdgrün schimmernden *Lago di Valvestino* trifft. Auf zwei hohen Brücken überquert man die Seitenarme und durchfährt nach dem Nordende des Sees das *Valle dei Molini*, danach das *Valle dei Fondi*. Nach einem Tunnel öffnet sich ein herrlicher Panoramablick auf den ruhigen *Lago d'Idro*. Von dort geht es schnell hinunter nach *Salò* am Gardasee – so kann man die ganze Tour als Rundkurs absolvieren.

Am Lago di Valvestino

- *Übernachten/Essen & Trinken* ****** Villa Sostaga**, ruhige Alleinlage etwas außerhalb von Navazzo, am Ortseingang beschildert. Gabriele Seresina und seine Frau haben den einstigen Sommersitz der Unternehmerfamilie Feltrinelli zu einer komfortablen Oase ausgebaut. Neun geräumige und edel ausgestatte Zimmer im geschmackvoll eingerichteten Haupthaus, weitere in der Dependance, dazu ein großer Garten, herrlicher Seeblick, erlesenes Restaurant, Pool und Wellness mit türkischem Dampfbad – Verwöhntage, die man ganzjährig buchen kann. DZ mit Frühstück ca. 130–360 €. Via Sostaga 19, ☎ 0365/791218, ✉ 791177, www.hotelvillasostaga.it.

*** Running Club, ordentliches Albergo an der Durchgangsstraße in Navazzo, moderne Zimmer mit TV, zum Haus gehört eine gute und beliebte Pizzeria. DZ mit Frühstück ca. 85–130 €. Via Mons. G. Tavernini 50, ☎ 0365/791178, ✉ 791717, www.albergo-runningclub.it.

▶ **Cima Rest**: Interessante Alternativroute – am Nordende des Lago di Valvestino rechts abzweigen und in den schön gelegenen Bergort *Magasa* fahren. Hier führt eine Straße hinauf auf die Hochebene *Cima Rest* in 1200 m Höhe. Die frische Bergluft und die Ruhe bieten einen echten Kontapunkt zum geschäftigen Treiben am See unten.

Die hiesigen Häuser, *fienili* genannt, besitzen schwere charakteristische Strohdächer. Früher lebten hier den Sommer über Hirten mit ihren Herden, bevor sie im Winter in die Täler zogen. Die ältesten erhaltenen Häuser stammen aus dem 17. Jh., gehen aber in ihren Ursprüngen wahrscheinlich bis auf die Langobarden oder Goten im frühen Mittelalter zurück. Einige hat man vor kurzem renoviert, man kann dort einkehren und in einem wurde das Landwirtschaftsmuseum *Museo Etnografico dell Valvestino* eingerichtet.

Tipp: Kurz nach den Häusern zweigt eine schmale Straße zum etwa 1 km entfernten *Osservatorio Astronomico Cima Rest* ab, das in etwa 1265 m Höhe in absolut staubfreier Bergluft steht. Nach Anmeldung kann man von Mai bis September jeweils Samstagabend das Observatorium besichtigen und durch ein Newton-Teleskop von 37,5 cm Durchmesser in den Nachthimmel schauen.

- *Öffnungszeiten* **Museo Etnografico dell Valvestino**, nur Juni bis Aug. So 14.30–17.30 Uhr. ℡ 0365/745821.
- *Observatorium* Anmeldung Mo–Fr 9–12 unter ℡ 0365/745007 o. consorzio.valvestino@tiscali.it (www.osservatorio-cimarest.it).
- *Übernachten/Essen & Trinken* **Tavagnù**, das rustikale "fienile" hat ein verspieltes Innenleben mit gemütlichen Sitzecken, draußen gibt es Liegestühle, Spielgeräte und eine Terrasse mit weitem Blick in die waldreichen Berge. Essen kann man Spaghetti, Bruschette und Piatti formaggio. Das Ehepaar Bettanini bietet auch Übernachtung in einem "fienile", bis zu 6 Pers. finden Platz. Ganzjährig. Pro Nacht ca. 70–90 €. ℡ 0365/74067.
Rifugio Cima Rest di Venturini Giulio, etwas oberhalb vom Museum und ebenfalls hübsch und heimelig eingerichtet. Auf Vorbestellung warme Küche, z. B. Spieß nach Brescianer Art. April bis Nov. ℡ 0365/74054 o. 338-8660577.

Toscolano-Maderno (ca. 7000 Bewohner)

Die beiden weitläufigen Orte sind zusammengewachsen und werden nur durch den Fluss Toscolano getrennt, Toscolano liegt nördlich, Maderno südlich davon. Seit 1928 sind sie auch politisch eine Einheit. Vor den alten Siedlungskernen hat der Fluss eine ausgedehnte Schwemmlandebene in Form einer Halbinsel gebildet, Campingfreunde finden an beiden Seiten der Flussmündung ansprechende Zeltplätze, auch gibt es dort mehrere Strände.

Trotz dieser Vorzüge ist Toscolano-Maderno keine typische Urlaubsregion. Eine große Papierfabrik steht in Toscolano direkt am See. Schon seit dem 14. Jh. wurde der damals sehr starke Flusslauf für die Papierherstellung genutzt, das Büttenpapier von Toscolano war europaweit begehrt. Auch die Buchdruckerei war ein wichtiger Wirtschaftszweig – für seine berühmte Übersetzung ins Deutsche benutzte Martin Luther eine in Toscolano gedruckte lateinische Bibel. Heute wird der Fluss im Lago di Valvestino gestaut und hat seine reißende Kraft verloren.

Maderno besitzt zwar einen hübschen kleinstädtischen Kern und einen populären Strand, ansonsten aber nur wenig, was zum Bleiben reizt. Auffallend sind die vielen Pensionäre, die hier in mehreren Altersheimen das Seeambiente genießen können. An der Uferstraße stehen einige prächtige, alte Villen mit großen Parks und eigenen Bootsstegen. Landeinwärts erblickt man am Hang einige große Zitronengewächshäuser, eines kann besichtigt werden (→ Sehenswertes).

Wichtig für Autofahrer, die schnell ans Ostufer hinüberwollen: Eine Fähre mit PKW-Transport pendelt regelmäßig nach Torri del Benaco.

> ### Gardasee – Lacus Benacus
>
> An der Stelle des heutigen Toscolano soll einst eine große römische Siedlung gestanden haben, Benacum genannt. 243 n. Chr. wurde sie durch einen Bergrutsch vollständig verschüttet. Angeblich soll dies der Ort sein, von dem der See seinen alten Namen Benacus erhielt, den er bis ins 11. Jh. trug. Römische Ruinen sind vorhanden, doch Belege für den Ortsnamen gibt es nicht und auch die Überreste einer ganzen Stadt sind bisher nicht ausgegraben worden.

Anfahrt/Verbindungen/Information

- *Anfahrt/Verbindungen* **PKW**, parken kann man kostenlos in Maderno an der Uferstraße Lungolago Zanardelli oder auf dem großen Parkplatz beim Supermarkt SMA, gegenüber vom Hotel Maderno.

Bus, Station in der Mitte zwischen beiden Orten (an der Brücke über den Toscolano), außerdem in Maderno bei der Kirche. Busse von Trasporti Brescia Nord und SIA fahren mehrmals tägl. in beide Richtung (SIA nach Süden nur bis Salò und weiter nach Brescia-Milano).

Schiff, die Anlegestelle der Autofähren nach Torri del Benaco liegt etwa 100 m vom Pier entfernt, wo die Passagierschiffe anlegen.

Autofähren pendeln etwa im 40-Min.-Rhythmus nach Torri del Benaco – in der Hochsaison mindestens 15 Min. vorher da sein, die Stellplätze sind schnell belegt. Preise für Fahrzeugtransport (jeweils mit Fahrer): Auto ca. 8,10–12,20 €, Wohnmobil 16,30 €, Motorrad 6,40–8,10 €, Fahrrad 6 €, Mitfahrer und Fußgänger kosten 4,90 €.

Passagierschiffe und *Schnellboote* gehen etwa 5–6 x tägl. in beide Richtungen., dabei werden z. T. auch Garda, Bardolino und Peschiera am Ostufer angelaufen.

Taxi, Spagnoli Vincenzo, Via Martiri della Resistenza 62, ℡ 0365/641303.

• *Information* **IAT (Informazione e Accoglienza Turistica)**, in einem Kiosk an der Gardesana, gegenüber der Tankstelle (häufiger Umzug in den letzten Jahren). ℡/℻ 0365/641330, iat.toscolanomaderno@tiscali.it.

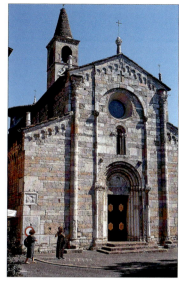

Romanisches Kleinod: die Kirche Sant'Andrea in Maderno

Übernachten

**** Villa Cappellina, ein wenig nördlich außerhalb von Toscolano, unterhalb der Gardesana, herrliche Lage direkt am See. Großes, grünes Grundstück mit Pool und Putting Green, eigener Strandabschnitt, nur eine Hand voll gepflegter Zimmer und Suiten mit Sat-TV und Seeblick. DZ mit Frühstück ca. 130–190 €. Via Statale 200, ℡ 0365/643859, ℻ 547196, www.gardalake.it/villacappellina.

**** Maderno, das gepflegte historische Haus liegt etwas zurück von der Gardesana in einem weitläufigen Park. Jugendstilambiente, moderne Zimmer mit TV, großer Pool mit Kinderbecken, Restaurant. 5 Min. zum nächsten Strand. DZ mit Frühstück ca. 120–145 €. Via Statale 12, ℡ 0365/641070, ℻ 644277, www.gardalake.it/hotel-maderno.

**** Milano, vis-à-vis von der Fähranlegestelle, komfortabler neugotischer Palazzo des 19. Jh., sorgfältig restauriert, unter dem Raufendach Außenfresken, schöne Balkone. Daneben moderner Anbau. Zimmer z.T. mit Art-déco-Antiquitäten eingerichtet, Teppichboden und TV. Restaurant, großer Garten mit Pool. DZ mit Frühstück ca. 110–140 €. Lungolago Zanardelli 12, ℡ 0365/540595, ℻ 641223, www.hotelmilanomaderno.com.

** San Marco, ganz zentral an der Durchgangsstraße, am Beginn der Altstadt, seit langem in Familienbesitz, sachlich-modern eingerichtet, Zimmer z. T. mit Seeblick, empfohlenes Restaurant (→ Essen & Trinken), gutes Frühstücksbuffet. DZ mit Frühstück ca. 60–90 €. Piazza San Marco 5, ℡ 0365/641103, ℻ 540592, www.hsmarco.com.

*** Villa Angela, von der Anlegestelle die Uferstraße ein Stück weiter und einen beschilderten Weg hinein, sehr ruhige Lage inmitten eines Wohnviertels, familiär geführt, Garten, Restaurant. Wenige Meter zum Strandbad. DZ mit Frühstück ca. 70 €. Via Dante 13, ℡/℻ 0365/641730, www.villangela.it.

** Giardino, großes, gut geführtes Haus mit Restaurant im alten Ortszentrum, sehr ruhig, Parkplatz, auch Familienzimmer. DZ

Westufer

mit Frühstück ca. 60–70 €. Via Benamati 58, ✆ 0365/641360, 📠 547637, www.albergo-giardino.com. .
Lesertipp **** **Villa Maria au Lac**, „unsere Empfehlung für die schöne Villa direkt am Wasser, etwa 800 m südlich von Maderno. Schöne Zimmer, Parkplatz, sehr gutes Frühstücksbuffet im Garten zum See hin. Via Roma 45, ✆ 0365/546201, 📠 5462333, www.hotel-villamaria.it."
• *Camping* In Toscolano-Maderno gibt es vier Zeltplätze. Sie ziehen sich lang gestreckt bis zum Seeufer und haben dort eigene Strandabschnitte, sind allerdings stark von Dauercampern besetzt.

In Toscolano:
**** **Toscolano**, schöner Platz innerhalb der Mauern eines ehemaligen Frauenklosters direkt am Strand, zwei Pools, Tennis und Fußball. Via Religione 88, ✆ 0365/641584, 📠 642519, www.hghotels.com.
*** **La Foce**, Via Religione 44, ✆ 0365/641372, 📠 641595, lafoce@libero.it.

In Maderno:
*** **Promontorio**, großer Platz mit Pool und Restaurant. Via Promontorio 73, ✆ 0365/643055, 📠 541540.
** **Riviera**, Via Promontorio 59, ✆/📠 0365/643039.

Essen & Trinken

Wer in Toscolano-Maderno nicht fündig wird, kann in die oberhalb gelegenen Dörfer ausweichen, z. B. *Maclino* oder *Cecina* (→ Toscolana-Maderno/Umgebung).

Il Moro, das gepflegte Lokal im Hotel San Marco (→ Übernachten) bietet gute Küche, zur Auswahl stehen drei Degustationsmenüs – vegetarisch, Fleisch und Fisch (25–40 €). Piazza San Marco 5, ✆ 0365/641103.
Cantinone, ebenfalls an der Piazza San Marco, große, urige Pizzeria, im Außenbereich z. T. ein wenig unvorteilhaft modernisiert. ✆ 0365/641447.
Gatto d'Oro, gemütlich-rustikale Osteria/Trattoria ein Stück landeinwärts der Fährenlegestelle. Sabina Centamore serviert z. B. *ossobuco*, *brasato* und *carna salsa Trentino*. Via Fratelli Bianchi 41, ✆ 0365/540975 o. 339-6219493.
Lido Azzurro, lockeres Ambiente direkt am Hauptstrand von Maderno, hier geht man auch in Badekleidung essen, leckere Pizza. ✆ 0365/641079.
Lido degli Olivi, in Toscolano, schöne Lage am Wasser (ab Durchgangsstraße beschildert), Kiesstrand mit Liegestuhl- und Sonnenschirmvermietung benachbart, dahinter ein Olivenhain. Freundlich geführt, ordentliche Auswahl, viel Fisch, leckere Seeforelle, auch Pizza. Sogar inkl. 15 % Servizio preislich in Ordnung. Viale Marconi 45, ✆ 0365/644013.
Rivagranda, ebenfalls in Toscolano, große Pizzeria in schöner Lage direkt auf den Klippen am Strand zwischen der Kirche Santi Pietro e Paolo und der Papierfabrik (→ Baden). ✆ 0365/641028.
• *Osterie/Bars* **Osteria del Boccondivino**, gemütliche Weinkneipe im alten Ortskern von Maderno (beschildert), junges Publikum, gelegentlich Livemusik. Di geschl. Via Cavour 71, ✆ 0365/642512.
Chiosco da Poli, nette Bar mit Sitzgelegenheiten oberhalb vom Kiesstrand zwischen Kirche Santi Pietro e Paolo und der Papierfabrik, Fr und Sa Aperitivo mit Buffet.

Sport/Shopping/Sonstiges

• *Sport* **Tennis** auf den Campingplätzen Promontorio und Toscolano, außerdem in der **Associazione Tennis**, Via Ugo Foscolo 3, ✆ 0365/642565.
Agriturismo Scuderia Castello, familiär geführter Reiterhof mit vielen Tieren in Gaino, schöne Lage, etwa 200 m oberhalb vom See, herrlicher Blick. Silvia und Giovanni bieten Reitkurse für Anfänger und Fortgeschrittene. Vermietet werden acht Zimmer, alle mit Seeblick, Du/WC, Terrasse/Balkon, Familien können in Drei- und Vierbett-Zimmern (mit Stockbetten) wohnen. DZ ca. 60–70 €. ✆ 0365/644101, 📠 541555, www.scuderiacastello.it.
• *Shopping* Jeden Do ist **Markttag** entlang des Viale Marconi in Toscolano, außerdem mittwochs kleiner **Antiquitätenmarkt** um die Kirche Sant'Andrea.
Internationale Presse, neben Hotel San Marco (Maderno) und in der Bar der Busstation bei der Brücke (→ Anfahrt/Verbindungen).
• *Sonstiges* **Ärztliche Versorgung**, Guardia Medica Turistica, 9–13, 14–19 Uhr. Via Verdi 3, c/o Alloggi protetti, ✆ 333-7211453.

Sehenswertes

Maderno: Ganz zentral am Beginn der Uferstraße Lungolago Zanardelli steht die große Pfarrkirche *Sant'Ercolano*, deren Glockenspiel angenehm melodisch im Ohr klingt. Ihr freistehender Turm war einst Teil der mittelalterlichen Hafenbefestigung und wurde im 18. Jh. zum Glockenturm umgebaut.

Wenige Schritte entfernt, am Beginn der Altstadt von Maderno, findet man ein Kleinod der lombardischen Romanik, die Kirche *Sant'Andrea* (erbaut 1130–1150). Ihre helle, fast weiße Fassade besteht aus verschiedenfarbigem Marmor und ist mit Halbsäulen, Ornamenten und Gesichtern verziert, besonders schön ist das Portal. Auch die Kapitele im dreischiffigen Innenraum tragen Tierfiguren. An den Wänden und in der Apsis sind Reste von Fresken erhalten, z.B. linker Hand eine Auferstehung, die als Altar eingefasst ist. Unter dem erhöhten Altarbereich duckt sich eine gedrungene Säulenkrypta mit dem Sarkophag des Sant'Ercolano.

Gleich daneben beginnt die lange *Via Benamati*, die sich quer durch die Altstadt zum Fluss zieht. Dort angekommen, kann man einen hübschen Spaziergang ins Tal der Papiermühlen machen (→ S. 132).

Am Berghang hinter Maderno fällt eine große *Limonaia* auf, dieses Zitronengewächshaus kann man nach Rücksprache im Informationsbüro 1 x wöch. besichtigt werden.

Öffnungszeiten **Sant'Andrea**, tägl. 8–11.30, 15–19 Uhr.

Toscolano: An der Durchgangsstraße bemerkt man sofort die große dreischiffige Renaissancekirche *Santi Pietro e Paolo*. Über dem Portal der verwitterten Fassade ist eine eindrucksvolle Figurengruppe platziert. Der Innenraum mit seinen mächtigen Rundsäulen wird dominiert von 23 Großgemälden des *Andrea Celesti* (1637–1712), der ein Meister großflächiger Bildkompositionen war. Er stammte aus Venedig und wurde nach Maderno verbannt, da er den Dogen Andrea Grimani mit Eselsohren gemalt hatte. Weitere Werke von ihm finden sich im Dom von Desenzano am Südende des Sees. Besonders eindrucksvoll sind die drei riesenhaften Bildwerke hinter dem Altar und an der Wand über den Eingangsportalen. Schräg hinter der Kirche steht die kleine Wallfahrtskapelle *Madonna del Benaco* mit Fresken des 15. Jh. Auf der Rasenfläche davor ragen vier einzelne Säulen auf, angeblich Reste eines römischen Jupitertempels.

Wenn man in Richtung Papierfabrik „Cartiera di Toscolano" geht, trifft man kurz vor dem Haupteingang links auf die überdachten Ruinen der römischen *Villa Nonii-Arii* mit einem schwarz-weißen Mosaikboden. Zwei Säulen in der Fassade der Kirche Santi Pietro e Paolo stammen ebenfalls von dieser Villa. Durch einen Garten mit Olivenbäumen kommt man hier zu einem hübschen Kiesstrand mit einer gemütlichen Bar und einer Pizzeria (→ Essen & Trinken).

Höchst eindrucksvoll sind im übrigen die alten verlassenen *Fabrikgebäude* im Zentrum der Halbinsel, landeinwärts vom Hauptstrand. Ein schon 1964 gegründeter botanischer Garten namens *Orto Botanico Sperimentale G. E. Ghirardi* liegt dort in der Via Religione, in der Nähe des Flusses. Er gehört heute der Universität von Mailand und umfasst über 650 Pflanzenarten aus aller Welt, von denen ein Großteil Heilkräuter sind.

Öffnungszeiten **Orto Botanico**, Mai bis Sept. an mehreren Nachmittagen in der Woche, Auskünfte unter ☎ 0365/641246.

Toscolana-Maderno/Baden

Der etwa 100 m lange Sandstrand *Lido Azzurro* liegt an der Uferstraße von Maderno, ein Stück südöstlich der Anlegestelle. Er ist als Strandbad eingerichtet, es gibt eine schattenlose Liegewiese und man kann Schirme/Liegen mieten – im Sommer herrscht immer viel Trubel, in einer Pizzeria kann man nett essen (→ Essen & Trinken).

Der lange kiesige *Hauptstrand* liegt an der Seeseite von Toscolano vor den Campingplätzen, zu erreichen ist über den Viale Marconi. Ein weiterer kleiner Kiesstrand liegt an der Nordseite der Halbinsel zwischen Kirche Santi Pietro e Paolo und der Papierfabrik (→ Sehenswertes).

Valle delle Cartiere

Das „Tal der Papiermühlen" entlang des Toscolano-Flusses hinter Toscolano-Maderno war im Mittelalter eins der bedeutendsten Zentren der Papierherstellung in Norditalien und blieb es bis ins 19. Jh. Heute führt eine große, moderne Fabrik am Seeufer diese Tradition weiter, die alten Papiermühlen sind großenteils verfallen und verrottet – eine jedoch wurde zu einem sehr sehenswerten Museum ausgebaut.

Das idyllisch grüne Flusstal lässt sich gut zu Fuß (oder per Fahrrad) entdecken, ein Stück weit kann man auch mit dem PKW fahren – oder man nimmt das Touristenzüglein, das von der Anlegestelle in Maderno etwa 8–12 x tägl. bis kurz hinter das Museum fährt (ca. 2 € hin/zurück). Zu Fuß braucht man bis zum Museum und wieder zurück ca. 1 ½–2 Std., ein Lageplan ist im Informationsbüro erhältlich.

Der Einstieg ins Tal liegt zwischen Maderno und Toscolano an der Fußgängerbrücke *Ponte Vecchio* über den Toscolano-Fluss. Wir überqueren die Brücke und kom-

Mit dem „Trenino turistico" ins Tal der Papiermühlen

men am Municipio von Toscolano und einer ersten Cartiera namens *La Vecchia Cartiera* vorbei, die 1961 den Betrieb aufgab und in den letzten Jahren restauriert und teilweise zu Wohnungen umgebaut wurde. Wir folgen der Straße landeinwärts und biegen nach wenigen Metern links ins Flusstal ein, beschildert mit „Valle delle Cartiere". Schon nach kurzer Wegstrecke passiert man eine zweite, heute völlig zerstörte und überwucherte Papiermühle, die *Cartiera Garde*. Es folgt ein Straßentunnel, wenige Meter danach stürzte früher linker Hand ein gut 20 m hoher Wasserfall die Felswand herunter, der trockengelegt wurde. Ein zweiter Tunnel mit beginnender Tropfsteinbildung wird durchquert und man passiert die *Cartiera Quattro Ruote*. Beim dritten Tunnel liegt ein PKW-Parkplatz, ab hier ist die motorisierte Weiterfahrt verboten. Noch

Papierschöpfer bei der Arbeit: Demonstration im Papiermuseum

ein vierter Tunnel wird durchquert, dann sieht man endlich die *Maina Inferiore* mit ihrem hohen Schornstein im Grün des Flusstals – diese wurde vollständig restauriert und zum Papiermuseum ausgebaut. Wenig später wechselt man auf einer Brücke auf die andere Flussseite, dort stehen die Gebäude der ehemaligen Papierfabrik *Maina Superiore*. Für den kleinen Touristenzug ist hier Endstation.

Wer will, kann jetzt noch weiterwandern. Es folgen noch mehrere Papierfabrikruinen im dicht bewaldeten Tal, dann führt der Weg in eine Schlucht, die auf Stegen mit Geländern begangen werden kann, eine schmale Brücke führt dort in ziemlicher Höhe über den Fluss.

▶ **Papiermuseum (Centro di Eccelenza di Maina Inferiore):** In zahlreichen Räumen in mehreren Gebäuden wird die Geschichte und Kunst der Papierherstellung anschaulich dargestellt – von der Herstellung des Papiers aus Lumpen über historische Gerätschaften aus verschiedenen Jahrhunderten bis zu den modernen Maschinen des 20. Jh. Im Rahmen einer interessanten, wenn man Glück hat, sogar deutschsprachigen Führung, werden die Gerätschaften vorgeführt. Dazu gibt es archäologische Funde, historische Drucke aus dem 16. Jh. und zum Schluss einige Informationen über die heutige Papierherstellung in Toscolano durch die Burgo Group.

• *Öffnungszeiten* Juli bis Ende Sept. Di–So 10–12, 15–18 Uhr, März bis Juni Sa/So 10–12, 15–17 Uhr, Ende Sept. bis Ende Okt. Sa/So 15–17 Uhr. Eintritt ca. 5 € (für Zugfahrer und unter 18 und über 65 J. 3 €), ✆ 0365/546023, www.valledellecartiere.org.

Toscolano-Maderno/Umgebung

▶ **Maclino:** Auf steiler Straße fährt man zu dem kleinen Dorf hinauf, das einen herrlichen Blick auf die gesamte Halbinsel von Toscolano-Maderno und den See bietet. Von der Terrasse des Restaurants „Rustichel" neben der Kirche kann man das bildschöne Panorama bestens genießen (Di geschl., ✆ 0365/642610).

- **Sanico**: Über Maclino und Vigole kann man bis zum Ende der Straße im abgelegenen Weiler Sanico vordringen. Dort liegt das Restaurant „Alpina" (℡ 0365/548340) mit seiner ruhigen Terrasse in ländlicher Stille, 340 m über dem See.
- **Gaino**: Die Straße nach Gaino beginnt an der Brücke über den Toscolano. An der Wallfahrtskirche *Santa Maria di Gaino* liegt einem das Seepanorama zu Füßen, ebenso am Gelände des hiesigen Reiterhofs (→ Sport).
- **Cecina**: Das kleine, verwinkelte Örtchen nördlich von Toscolano-Maderno ist über eine steile Straße mit engen Kurven zu erreichen. Mit seinen überwölbten Durchgängen und gepflasterten Gassen ist es einen Bummel wert. Den örtlichen Gourmets ist es vor allem ein Begriff, weil man hier oben eine ganze Reihe von passablen Restaurants findet, z. B. das beliebte und familiär geführte „La Sosta" von Luigina Giacomelli (Mi geschl., ℡ 0365/644295) und die „Vecchia Locanda" (℡ 0365/642469). Die Straße weiter nach Norden führt zum Golfplatz von Bogliaco (→ dort).

Gardone Riviera und Umgebung

Bereits seit Ende des 19. Jh. die exklusivste Ecke am See – hier findet man keine überfüllten Massenstrände, keinen Zeltplatz, keine Kinderspielgeräte, stattdessen reihen sich hochkomfortable Grandhotels und Jugendstilpaläste der Jahrhundertwende. Nur an wenigen Stellen ist der See frei zugänglich, prachtvolle Privatvillen mit uraltem Baumbestand haben das meiste in Beschlag genommen, die kleinen, alten Ortskerne liegen etwas erhöht.

Gardone Riviera (ca. 3000 Einwohner)

Der einstige Nobelurlaubsort der Belle Epoque ist in Italien nach wie vor ein Begriff. Die nostalgische Stimmung der vorletzten Jahrhundertwende hängt noch über der Szenerie. Die Preise an der Gardasee-„Riviera" sind selbstverständlich hoch – für den exklusiven Namen muss man zahlen.

Bekannt ist Gardone für sein mildes und beständig warmes Klima sowie die prachtvolle Vegetation – mächtige Zypressen, Palmen, wertvolle Nadelhölzer und üppige Bananenstauden gedeihen an den steilen Hängen. Der kleine, aber feine Ortsteil am See unten besitzt eine großzügige Promenade. *Gardone Sopra*, der eigentliche alte Ort, liegt mit seinen blumenüberwucherten Balkonen, kleinen Plätzen und Treppengässchen am Hang hoch darüber.

Beherrschender Bau am Seeufer ist das altehrwürdige „Grand Hotel Gardone" mit seiner 300 m langen Terrasse. Erbaut wurde es Ende des 19. Jh. auf Betreiben des lungenkranken Wiener Architekten Ludwig Wimmer. Der Kurtourismus kam damals gerade in Mode und die exzellenten klimatischen Bedingungen sowie die himmlische Ruhe in dieser Ecke des Sees prädestinierten Gardone für ein solches Vorhaben geradezu. Nicht wenige Großbürger und Industrielle waren nach den „Gründerjahren" wohlhabend genug, sich luxuriöse Aufenthalte leisten zu können, so entwickelte sich das „Grand Hotel Gardone" bald zum größten und besten Haus am See. 1904 folgte unmittelbar daneben der Bau des mächtigen Hotels „Savoy Palace" (erst vor kurzem wiedereröffnet), und da das österreichische Herrscherhaus einen Jagdsitz am See besaß (das heutige „Grand Hotel Fasano"), ließen sich auch gekrönte Häupter und Staatenlenker gerne in Gardone Riviera blicken. Viele Begüterte – hauptsächlich aus England, Deutschland und Österreich – schlugen in den ersten Jahrzehnten des 20. Jh. ihre Sommersitze in Gardone auf und bald schmückte eine prachtvolle

Gardone Riviera

Exklusiv: das Grand Hotel Gardone

Villa neben der anderen das Ufer. 1921 zog es ein besonders schillerndes Mitglied der High Society nach Gardone: Der Dichter Gabriele d'Annunzio, sozusagen Hofliterat des faschistischen Italien, kaufte hier eine Villa, die er zum eigenen Ruhmestempel ausbaute – in ihrer pompösen Exzentrizität und übersteigerten Jugendstilemphase ist sie heute die wohl originellste Sightseeing-Attraktion am ganzen See (→ S. 139). Baden ist dagegen in Gardone eher Nebensache – ein gebührenpflichtiges Strandbad namens „Rimbalzello" liegt südlich der Promenade (mit Pool, Tennis, Beach Volley, Bootsverleih, Tauchcenter und Bar), beim *Casinò* gibt es einen winzigen Kiesstrand mit Mole und ein weiterer Strand liegt im nahen Fasano.

Anfahrt/Verbindungen/Information

• *Anfahrt/Verbindungen* **PKW**, gebührenpflichtiges Parken vor dem Grand Hotel, auf einem Parkplatz gegenüber und unterhalb vom Vittoriale. Achtung: Man fährt leicht am kleinen Ortskern vorbei, er liegt unmittelbar neben dem Grand Hotel!
Bus, Haltestelle in Richtung Norden gegenüber vom Grand Hotel, in Richtung Süden beim renovierten Savoy Palace. Busse von Trasporti Brescia Nord und SIA fahren mehrmals tägl. in beide Richtung (SIA nach Süden nur bis Salò und weiter nach Brescia-Milano).

Schiff, Anlegestelle an der Promenade neben dem Grand Hotel. Etwa 7 x tägl. Fähre und Schnellboot in Richtung Desenzano, 5 x tägl. in Richtung Riva.
• *Information* **IAT (Informazione e Accoglienza Turistica)**, Corso Repubblica 8, in der kleinen Hauptgasse, neben dem Hotel Savoy Palace. Tägl. 10–12.30, 15–18.30 Uhr. Umfassendes Material. ✆/✆ 0365/20347, iatgardoneriviera@tiscali.it.
Consorzio Alberghi Riviera del Garda, Corso Repubblica 6, gleich daneben. ✆/✆ 0365/20636, www.carg.it.

Übernachten (→ Karte S. 136)

**** Grand Hotel Gardone (7), das mächtige, lang gestreckte Haus mit seinem charakteristischen Turm war Treffpunkt für Berühmte aus aller Welt. Wiederholt logierte Churchill hier und auch die weltberühmten Schriftsteller Vladimir Nabokov („Lolita")

136 Westufer

und Somerset Maugham fanden im Grand Hotel einen idealen Zufluchtsort, um an ihren Werken zu schreiben. Erbaut wurde es Ende des 19. Jh., direkt am Seeufer, im Zweiten Weltkrieg diente es als Lazarett. Dank behutsamer Modernisierung blieb sein Belle-Epoque-Charme bis heute erhalten, die gediegene Ruhe ist sehr erholsam. Beheizter Pool, zwei Restaurants, eigene Promenade am See, Anleger für Motorboote, abends trifft man sich in „Winnie's Bar" (Spitzname von Winston Churchill). Behagliche Zimmer mit Parkettboden und TV. Auch über Reiseveranstalter zu buchen. DZ mit Frühstück und Seeblick ca. 190–254 €,
Junior Suite 244–308 €. Corso Zanardelli 84, ✆ 0365/20261, 🖷 22695, www.grangardone.it.

**** Villa Capri (1), sehr gepflegtes und geschmackvolles Haus am Seeufer, freundlich geführt. Im ganzen Haus Teppichboden und elegantes Mobiliar, im schönen Park mit Pool kann man ruhig liegen, davor Einstieg zum See. DZ mit Frühstück ca. 185–210 €. Corso Zanardelli 172, ✆ 0365/21537, 🖷 22720, www.hotelvillacapri.com.

*** Du Lac (8), Mittelklassehaus neben dem Grand Hotel, gleich am Beginn der Uferpromenade, nicht allzu große Zimmer, jeweils Sat-TV und Klimaanlage. Unten Café/Restaurant. DZ mit Frühstück ca. 72–120 €. Via

Gardone Riviera 137

Repubblica 58, ☏ 0365/21558, ℻ 21966, www.hotel-dulac.net.

** Locanda Agli Angeli (6), nette Pension im alten Ortskern von Gardone Sopra, gegenüber vom Vittoriale die Gasse hinein. Zwölf Zimmer sowie vier weitere im Anbau, mit Holz hübsch eingerichtet, z. B. Himmelbetten. Da sehr beliebt, nicht mehr ganz preiswert. DZ mit Frühstück ca. 80–180 €.

Via Dosso 7, ☏ 0365/20991, ℻ 20746, www.agliangeli.com.

** Diana (12), am Südende der Promenade von Gardone, eins der ganz wenigen preiswerten Häuser direkt am See, einfach und sauber, freundliche Wirtin, schöner Seeblick. Unten ein nettes Restaurant. DZ mit Frühstück ca. 55–75 €. Lungolago d'Annunzio 30, ☏/℻ 0365/21815, www.hoteldianagardone.it.

Essen & Trinken

Villa Fiordaliso (3), exklusives Feinschmeckerlokal in einer Jugendstilvilla am See, benachbart zum Turm San Marco (→ Sehenswertes). In mehreren Speiseräumen mit Parkettböden, Ölgemälden und herrlichem Seeblick wird man fürstlich verwöhnt, auch am Seeufer kann man sitzen. Ein Michelinstern, gehobene Preise, Menü ca. 70 € aufwärts. Abendgarderobe erwünscht. In der Nebensaison Mo geschl. Via Zanardelli 150, ☏ 0365/20158.

Casinò al Lago (2), am Abzweig von der Gardesana zum Vittoriale, schöne Lage am See. Das ehemalige Casino des 19. Jh. wurde zu einem edlen Belle-Epoque-Restaurant umgestaltet, besonders lecker sind hier die diversen Gardaseefische. Menü ca. 35–60 €. Mo geschl. Corso Zanardelli 142, ☏ 0365/20387.

Locanda Agli Angeli (6), gemütliche Trattoria im alten Ortskern von Gardone Sopra. Man sitzt wohl geborgen in einem kleinen Hof oder in zwei kleinen Innenräumen. Feine, etwas teurere Küche. Mit Zimmervermietung (→ Übernachten). Di geschl. (außer August). Piazza Garibaldi 2, ☏ 0365/20832.

La Stalla (5), in einem ehemaligen Pferdestall unterhalb vom Vittoriale, Sitzplätze auch im großen Garten mit Zypressen. Gute Brescianer Küche mit hausgemachter Pasta, außerdem Risotto und Polenta mit Gorgonzola und Walnüssen. Mi geschl. Via dei Colli 14, ☏ 0365/21038.

Al Veliero (9), direkt an der Seepromenade vor dem Ortskern, viel Luft und Platz, spezialisiert auf See- und Meeresküche. Lungolago d'Annunzio 12, ☏ 0365/520241.

Taverna (11), in der schmalen Gasse hinter der Uferpromenade, kleine, liebevoll gepflegte Trattoria mit Kamin und schöner dunkler Holzverkleidung. Gute Brescianer Küche, mehr Fleisch als Fisch, z. B. *petto di galetto alle prune* (Hühnerbrust mit gedörrten Pflaumen). Di geschl. Corso della Repubblica 34, ☏ 0365/20412.

Emiliano (10), die günstigsten Preise am Ort, dabei ordentliche Qualität und freundlicher Service – kein Wunder also, immer gut besucht. Corso della Repubblica 57, ☏ 0365/21517.

Nachtleben/Sport/Shopping

• *Nachtleben* **Casinò al Lago (2)**, Corso Zanardelli 142, außer dem Restaurant ist hier auch ein Kino untergebracht.

La Torre (4), sehr elegante Pianobar im Turm San Marco, die VIPs legen gerne mit dem Boot im Hafen von d'Annunzio an (→ Sehenswertes). Via Zanardelli 130.

• *Sport* **Tennis** im Strandbad Rimbalzello, weitere Plätze siehe Gratis-Stadtplan im Tourist-Info.

Golf bei Bogliaco (9 Löcher) und bei Soiano del Lago (27 Löcher), 7 km südlich von Salò (→ La Valtenesi, S. 154).

• *Shopping* **Antiquitätenmarkt** von Juni bis Sept. jeden zweiten Samstag.

• *Sonstiges* Seit Anfang des 20. Jh. gibt es eine **evangelische Kirche** im neugotischen Stil am Abzweig von der Durchgangsstraße zum Vittoriale. Deutschsprachiger Gottesdienst April bis Sept. jeden So 11 Uhr. ☏ 0365/21518.

Sehenswertes

Das frühere *Casino* der betuchten Kurgäste ist heute ein Restaurant und kann nur speisend (oder als Kinogast) betrachtet werden, ebenso die *Villa Fiordaliso*, in der während der Republik von Salò Claretta Petacci, die Geliebte Mussolinis, mit ihren Eltern wohnte. Der Duce kam oft herüber und traf sich mit ihr im benachbarten

Im Bambuswald des Giardino Botanico Hruska

Turm *Torre San Marco*, der einen weithin sichtbaren Orientierungspunkt am Seeufer setzt. Der mittelalterlichen Vorbildern nachempfundene Turm stammt aus dem 19. Jh. und gehörte damals einem reichen deutschen Gardone-Liebhaber namens Ruhland. Im Ersten Weltkrieg enteignete ihn die italienische Regierung und verschenkte den Turm an d'Annunzio, der nach dem Krieg sein legendäres Schnellboot MAS 96 im kleinen Hafenbecken festmachte (→ Il Vittoriale). 1927 stellte der Ingenieur Bisio hier mit 127 km/h einen neuen Weltrekord für Motorboote auf. Heute ist eine Disco/Pianobar im Turm untergebracht (Besichtigung nur im Rahmen eines Besuchs).

Genau gegenüber von Villa und Turm steht auf der Landseite der Gardesana in einem großen Park die klassizistische *Villa Alba*, eine Kopie des Parthenon-Tempels auf der Akropolis von Athen, erbaut 1905 als Sommerresidenz für Kaiser Franz Joseph. Während der faschistischen Republik von Salò war hier die Telefonzentrale untergebracht, die Deutschen hörten damals alle Telefongespräche des Duce mit. Heute ist die Villa Sitz des Palazzo dei Congressi (keine Besichtigung).

Giardino Botanico Hruska: Der sehenswerte botanische Garten – seit 1988 im Besitz des Wiener Künstlers André Heller – liegt wenige Minuten oberhalb vom See (in Richtung Vittoriale hinauffahren und kurz vorher abzweigen). Anfang des 20. Jh. vom deutschen Prominentenzahnarzt *Arthur Hruska* (1880–1971), der u. a. dem letzten Zaren einige Zähne zog, im Garten seiner Villa angelegt, gedeihen hier Tausende tropischer, subtropischer, mediterraner und alpenländischer Pflanzen zwischen künstlichen Bächen und wilden Kalkfelsen – u. a. trifft man auf wunderschöne Orchideen und einen ganzen Bambuswald. Dazu kommen verschiedenartige Kunstwerke von bekannten zeitgenössischen Künstlern, die eigenwillige Akzente im Grünen setzen.

Öffnungszeiten/Preise März bis Okt. tägl. 9–19 Uhr. Eintritt ca. 9 €, Kinder von 6–11 J. ca. 5 €. ✆ 336-410877, www.hellergarden.com.

Museo „Il Divino Infante": Das 2005 eröffnete Museum der Hoteliersgattin Hiky Mayr in der Via dei Colli 34 (nicht weit vom Vittoriale) besitzt mit mehr als 200 Exponaten die größte Sammlung von Jesuskind-Figuren in Italien – figürliche Darstellungen in Holz, Wachs, Ton oder Pappmaché seit dem 17. Jh. zeigen das göttliche Kind in zahlreichen Posen.

• *Öffnungszeiten/Preise* Anfang April bis Ende Juni & Anfang Sept. bis Anf. Okt. Fr–So 10–18 Uhr, Juli/August Di–So 15–19 Uhr, Ende Nov. bis Mitte Januar Di–So 10–18 Uhr; Eintritt ca. 5 €, Stud. und Kinder (7–12 J.) 3 €. ✆ 0365/293105, www.il-bambino-gesu.com.

Il Vittoriale degli Italiani:
Das Siegesdenkmal des Gabriele d'Annunzio

Das Anwesen des Gabriele d'Annunzio mitsamt seinem prächtigen Park liegt vis-à-vis von Gardone Sopra, direkt an der Straße. Der kriegslüsterne Poet, Kriegs- und Frauenheld (1863–1938) schuf hier – ganz im Gegensatz zum großspurigen Namen „Siegesdenkmal der Italiener" – sein ganz eigenes, sehr persönliches Andenken. Nach groß angelegten Plänen ließ er um sein Wohnhaus einen faschistoid anmutenden Komplex errichten, der mit zahlreichen Relikten und Erinnerungsstücken an den Ersten Weltkrieg – und seinen eigenen Anteil daran – gespickt ist. Diese Verherrlichung in Beton ist heute reichlich uninteressant und ein überlebtes Produkt seiner Zeit – doch die unglaubliche Villa des Dichters lohnt tatsächlich die hohe Eintrittsgebühr.

Wer war dieser eigentümliche, exzentrische und egomanische Mensch? Heute würde man sagen: ein nationaler Popstar – durch und durch selbstverliebt, aber auch ein Liebling der Frauen der oberen Klassen, nationalistisch und Deutschenhasser, gleichzeitig Nietzsche- und Wagnerverehrer, morphium- und todessüchtig, geldgierig und arbeitsversessen. Im Ersten Weltkrieg hatte er durch einige medienwirksame „Husarenstückchen" Aufmerksamkeit erregt: So wollte der wackere Poet noch kurz nach Kriegsende mit einigen tausend Gleichgesinnten die Halbinsel von Istrien und Fiume (Rijeka) zurückerobern, die Jugoslawien zugesprochen worden waren – mit seinem Fiat führte er persönlich den kuriosen Feldzug an. Doch das Unternehmen scheiterte nach schweren Kämpfen im Januar 1921. Vergleichsweise für einen Apfel und ein Ei erwarb er im selben Jahr in Gardone die Villa Cargnacco samt allem Inventar. Der Staat hatte sie bei Kriegsbeginn 1915 dem deutschen Arzt und Kunstsammler Henry Thode – ein Schwiegersohn Cosima Wagners – enteignet. Bis zu seinem Tod lebte d'Annunzio in dieser streng abgedunkelten Villa, er nannte sie seine „Prioria" („Prioratskloster"), umgeben von Büchern, Kunstwerken und Mätressen. Seine Frau Maria, eine geborene Herzogin, mit der er 55 Jahre verheiratet war, war in einer Nebenvilla auf dem Grundstück untergebracht, die Pianistin Luisa Baccara und die Deutsche Emmy Häufler lebten mit ihm in der Villa Cargnacco, eine weitere enge Vertraute war die Schauspielerin Eleonora Duse. Ein geschickter Schachzug d'Annunzios war es, dem italienischen Staat bereits 1923 das gesamte Anwesen zu schenken, natürlich nicht, ohne sich Wohnrecht auf Lebenszeit auszubedingen. D'Annunzio wurde daraufhin mit Zuwendungen überschüttet und konnte das Anwesen nach Belieben ausbauen und zum „Vittoriale" umgestalten. Unter Mussolini fungierte er quasi als literarisches Sprachrohr der faschistischen Bewegung, der Duce schätzte ihn sehr.

D'Annunzios dichterische Bemühungen waren zahlreich (er hinterließ 48 Bände), sind aber inzwischen künstlerisch weitgehend vergessen. Thomas Mann sprach abschätzig von der „Blasebalgpoesie" des seinerzeit meistgelesenen Schriftstellers Italiens und nannte ihn einen „Wortorgiasten". Doch geblieben ist das monströse Vittoriale – und die Erinnerung an den kleinen Erotomanen, dem die Frauen nachliefen.

● *Anfahrt/Parken* Unterhalb des Vittoriale liegt ein relativ teurer **Parkplatz** rechts der Straße. Wenn man die Straße vom Vittoriale ein Stück weiterfährt, findet man einige Kurven weiter linker Hand einige wenige kostenfreie Plätze.

● *Öffnungszeiten/Preise* **Vittoriale** (Gartenanlage), April bis Sept. tägl. 8.30–20 Uhr, Okt. bis März 9–17 Uhr; Eintritt ca. 7 € (Schüler/Stud.-Gruppen, Senioren über 65 und Kinder von 7–12 J. ca. 5 €).

Westufer (Lombardischer Teil des Gardasees)

Westufer

Villa Cargnacco (Priora) und Vittoriale, April bis Sept. Di–So 9.30–19 Uhr, Okt. bis März Di–So 9–13, 14–17 Uhr, Mo geschl.; Eintritt ca. 12 € (ermäß. ca. 8 €), mit **Il Museo della Guerra** (Kriegsmuseum) ca. 16 € (ermäß. 12 €). Kriegsmuseum April bis Sept. nur Do–Di 9.30–19 Uhr, Mi geschl. ✆ 0365/296511, www.vittoriale.it.

Villa Cargnacco (Wohnhaus): Das verblüffende Innenleben der Villa wurde nach dem Tode d'Annunzios kaum verändert. Mit seiner Zusammenballung von Kunstschätzen, Nippes und Exotik wirkt es wie eine Mischung aus Kuriositätenkabinett, Antiquariat und Trödelmarkt. Die engen Gänge und zahlreichen holzgetäfelten Räume werden durch bunte Bleiglasfenster nur schummrig erleuchtet und sind voll gestopft mit orientalisch anmutenden Polsterlagern, zahllosen Büchern jeglichen Alters, christlichen Heiligen- und indischen Buddhafiguren. Sogar das Badezimmer ist angefüllt mit orientalischen Reichtümern. Etwas durchsichtiger wird die unglaubliche Ansammlung an Kunstgegenständen, wenn man berücksichtigt, dass d'Annunzio das Haus des Kunstsammler Thode komplett eingerichtet übernommen hat, darunter allein 8000 wertvolle historische Bücher. Das Haus kann nur im Rahmen einer Führung besichtigt werden.

Zimmer des Maskenverkäufers: Vorzimmer zum Musikzimmer, an den Wänden 900 Bände aus dem Besitz des enteigneten Hauseigentümers Henry Thode. Überaus elegant die Lampe aus Muranoglas mit ihren vier „Füllhörnern".

Musikzimmer: eins der größten und schönsten Zimmer im Haus – Wände und Decke sind aus Gründen der Akustik mit wertvollen Stoffen verhängt, Säulen mit bunten Kürbissen aus Muranoglas dekorieren und beleuchten das mystisch verdunkelte Gemach. Zahlreiche Musikinstrumente stehen hier – die meisten aus dem Besitz Thodes, dazu chinesische Möbel und orientalische Figuren.

Zimmer der Weltkugel: Hier ist der Großteil der Bibliothek Thodes untergebracht, etwa sechstausend Bände, darunter viele klassische Autoren und Kunstbücher. Weiterhin Kriegserinnerungen d'Annunzios (u. a. ein österreichisches Maschinengewehr), die Totenmaske Napoleons und ein Harmonium.

Garderobenzimmer: Ankleide- und Arbeitszimmer, in den letzten Jahren auch Speisezimmer, im mächtigen Nussbaumschrank hängen noch die Kleider des Dichters. Hier starb er am 1. März 1938.

Schlafzimmer: üppig geschmückt mit orientalischen Elementen, dazu wertvolle Majoliken, zwei große Elefanten aus Terrakotta, ein Gipsabdruck des Sklaven (nach Michelangelo), eine persische Bettdecke u. v. m.

Apollinische Veranda: Der hübsche, an Schlafzimmer angebaute Wintergarten ist benannt nach der Apollostatue, die hier steht. Fotografien, Zeichnungen, Bücher, private Korrespondenz.

Badezimmer: Toilette, Waschbecken und Badewanne bestehen aus wunderbar tiefblauem Porzellan, geschmückt ist der Raum mit persischen Kacheln, chinesischen Vasen, Buddhafiguren, Elfenbeinarbeiten u. v. m.

Zimmer des Aussätzigen: ein mystisches Gemach, in das sich d'Annunzio zur Besinnung zurückzog. Im Mittelalter wurden die Aussätzigen als heilig, d. h. als „von Gott berührt" betrachtet – in diesem Sinn sah sich d'Annunzio, nicht gerade von übertriebener Bescheidenheit geplagt, ebenfalls. Zahlreiche Gegenstände, die für ihn tiefere Bedeutung hatten: lederne Wandbespannung in Art einer französischen Kutte; Kassettendecke mit Bildern, die seine Geliebte Luisa Baccara zeigen; großartige Bleiglasfenster aus Tausenden Einzelteilen zusammengesetzt; neben dem Bett eine Statue des heiligen Sebastian aus Portugal; hinter dem Bett ein Gemälde, auf dem Franz von Assisi einen Aussätzigen mit den Gesichtszügen d'Annunzios umarmt u. v. m.

Reliquienzimmer: voll gestopft mit Erinnerungsstücken. Auf dem Gesims Holzstatuen von Heiligen, Engeln etc., an einer Wand eine Pyramide aus Buddha- und Konfuziusstatuen, an der Decke eine nationale Fahne, unter dem Relief des Löwen von San Marco eine Art Altar mit dem verbeulten Lenkrad eines Motorboots, mit dem sein Freund Sir Henry Seagrave 1930 in den Tod gefahren war – auf Anregung d'Annunzios hatte er versucht, den Weltrekord zu brechen.

Dalmata-Oratorium: das Wartezimmer für Besucher, streng gehalten wie ein Kloster. Auf original Chorgestühl aus dem 16. Jh. mussten die Gäste Platz nehmen, um zum „Prior" vorgelassen zu werden.

Schreibzimmer des Verstümmelten: Über der Tür hängt das knallrote Relief einer ver-

Vollgestopft mit Kunst und Kitsch: die Villa des Dichters d'Annunzio

stümmelten Hand, Symbol für das Unvermögen d'Annunzios, seine umfangreiche Verehrerpost zu erledigen. In den Schränken 2600 Bücher, darüber Sinnsprüche Leonardo da Vincis.

Arbeitszimmer: das einzige Zimmer, in das normales Tageslicht fallen durfte und das vom Mobiliar her vergleichsweise schlicht gehalten ist. Man betritt es durch eine niedrige Tür, in der man sich vor der Kunst (d'Annunzios) verneigen muss. Ebenfalls alles voller Bücher, an den Wänden Gipsabdrücke der Metopen vom Parthenon, Fotografien von Gemälden, Skulpturen u. a.

Labyrinth-Flur: weitere 2000 Bücher.

Zimmer der Cheli: das originale Speisezimmer im *Art-déco-Stil*, gewölbte Decke und lackiertes Holz in leuchtenden Farben – rot, blau, gold und schwarz, schöne Bleiglasfenster. Benannt ist es nach der großen bronzenen Schildkröte auf dem Tisch – ihr Panzer ist echt und stammt von d'Annunzios Lieblingsschildkröte, die am Genuss giftiger Nachthyazinthen starb.

Casa Schifamondo, Park und Vittoriale: Neben der Villa Cargnacco wurde seit Mitte der zwanziger Jahre ein zweites Haus namens *Schifamondo* (Weltverschmähung) gebaut, in dem d'Annunzio seinen Lebensabend verbringen wollte. Hier sind heute eine Ausstellung zum Schaffen und Leben des Dichters, das sog. „Kriegsmuseum" und das „Auditorium" untergebracht. Der Park um das Haus wurde in den zwanziger und dreißiger Jahren durch Zukäufe und Zuwendungen immer weiter vergrößert. Er ist reich an Baumbestand und mit künstlichen Teichen, Brunnen und Wasserspielen einen Spaziergang wert. D'Annunzio wurde allerdings nicht müde, ihn mit den vergleichsweise uninteressanten Relikten seiner kriegerischen Tätigkeit zu überziehen.

Eingangsbereich: In Eingangsnähe zum Vittoriale, gegenüber der d'Annunzio-Gedenkstätte (Esedra), steht der alte, verbeulte *Fiat*, mit dem d'Annunzio den Eroberungszug nach Fiume (Rijeka) anführte.

D'Annunzio-Ausstellung: Im Haus Schifamondo neben der Villa kann man politische und literarische Werke d'Annunzios, zahlreiche Erinnerungsstücke und Fotos, Büsten und andere Kunstwerke betrachten. Ohne spezielles Interesse an Leben und Werk des Dichters ist allerdings nur die umfangreiche Karikaturensammlung aus der Weltpresse größerer Aufmerksamkeit wert. Im „Saal der Gipsfiguren" wurde d'Annunzio am 2. März 1938 aufgebahrt – um das Bett Kopien der berühmten Michelangelo-Figuren „Morgenröte", die „Gefangenen" und

die „Giganten", hinter dem Bett die angestrahlte Totenmaske des Dichters. Mussolini erwies ihm hier damals die letzte Ehre.
Kriegsmuseum: Diese Ausstellung im ersten Stock der Casa Schifamondo bietet ein kunterbuntes Sammelsurium aus Fahnen, Uniformen, Dokumenten, Medaillen und Waffen und lohnt die zusätzliche Eintrittsgebühr kaum.
Auditorium: im selben Gebäude wie die beiden Museen. In der Kuppel hängt der *Doppeldecker*, mit dem d'Annunzio während des Ersten Weltkriegs in einer gewagten Aktion von Padua bis Wien mitflog, um dort Flugblätter abzuwerfen. Einige Fotografien dokumentieren die Unternehmung. 2 x tägl. Filmvorführung zum Leben d'Annunzios.
Puglia: Im weitläufigen Park ist ein Schiffsbug dekorativ in den Berghang zementiert – d'Annunzio war vorübergehend Kommandant dieses Schiffes namens Puglia gewesen und hatte sich seinerzeit sehr beeindruckt gezeigt von der Opferbereitschaft des Kapitäns. Er bat die Marine, ihm das Schiff zu seinem 60. Geburtstag zu schenken – mit zwanzig Eisenbahnwaggons wurden die Einzelteile zum Gardasee transportiert und hier wieder zusammengebaut.
MAS 96: Im oberen Teil des Parks ist ein Schnellboot „geparkt", mit dem im Ersten Weltkrieg U-Boote gejagt wurden. D'Annunzio war damit tollkühn und publikumswirksam in einen verminten feindlichen Hafen eingedrungen, um dort Schiffe zu versenken. Leider fand er keine vor.
Mausoleum: Zu guter Letzt kann man – so man möchte – die pompöse, im faschistischen Architekturstil errichtete Grabstätte des Dichters besteigen, in dem er mit einigen seiner Getreuen ruht. Der herrliche Seeblick mag den Abstecher wert sein. D'Annunzios Frau liegt abseits am Fuß des Denkmals begraben.

Fasano

Der kleine Nachbarort liegt 2 km nördlich von Gardone Riviera. Gleich zwei 5-Sterne-Hotels bedienen hier eine Klientel, die im Allgemeinen über Geld nicht spricht. Am Seeufer reihen sich diverse noble Villen, oberhalb der Durchgangsstraße erkennt man die Andeutung eines Zentrums (bei der Tankstelle). Der alte Ortskern *Fasano Sopra* thront mit sehr steilen Gässchen hoch darüber.

• *Übernachten* ***** **Grand Hotel Fasano**, herrliche Lage direkt am See, eine der nobelsten Unterkünfte am Westufer. Auf dem Grund eines pompösen Jagdsitzes der österreichisch-ungarischen Doppelmonarchie erbaut, ist das Grand Hotel Fasano heute ein komfortabler Hort der alten Schule. Ausgesuchtes Stilmobiliar bestimmt das Ambiente in allen Räumen, historisch angehauchte Eleganz und Behaglichkeit sind überall anzutreffen. Ausgezeichnetes Restaurant, beheizter Pool, Tennis und ein über 1000 qm großes Aveda Spa im antiken Stil (Fitnesscenter, Saunen, Jacuzzis und türkisches Dampfbad). In der benachbarten „Villa Principe", einem früheren Jagdsitz des österreichischen Kaiserhofs, wohnt man stilecht in den ehemaligen kaiserlichen Gemächern. DZ (mit Frühstücksbuffet) zur Rückseite ca. 200–220 €, zur Seeseite ca. 230–330 €. Corso Zantelli 190, ℡ 0365/290220, ℻ 290221, www.ghf.it.
***** **Villa del Sogno**, hoch über dem See, prachtvolle Villa aus der Zeit der Jahrhundertwende, das Jugendstilambiente wurde weitgehend bewahrt, riesiger Park mit jahrhundertealten Bäumen, Panoramablick auf den See. Herrliches Treppenhaus aus Holz, großzügige Terrasse, zwei Restaurants, Pool, Wellnesscenter mit differenzierten Massagen. DZ mit Frühstück ca. 280–420 €, Suite 420–620 €. Via Zanardelli 107, ℡ 0365/290181, ℻ 290230, www.villadelsogno.it.
B & B Albachiara, Panoramalage oberhalb vom See, Familie Pasini vermietet in einem alten Palazzo des 17. Jh. drei restaurierte Zimmer, Frühstück in der überdachten Loggia mit Seeblick. DZ mit Frühstück ca. 85 €. Via Consol 14, ℡ 0365/548946, ℻ 21956, www.bbalbachiara.com.
• *Essen & Trinken* **Riolet**, gemütliche Trattoria im Grünen, am oberen Ortsrand von Fasano Sopra, hoch über dem See, schöne Außenterrasse unter einer Markise, auch Sitzplätze im Garten, herrlicher Seeblick. Herzhaft traditionelle Küche, hausgemachte Pasta und Süßspeisen, der Holzkohlengrill steht mitten in der Gaststube, eine besondere Spezialität ist der Fleischspieß nach Brescianer Art (nur sonntags oder auf Vorbestellung). Günstige Preise. Mi geschl. An warmen Sommerabenden Reservierung sinnvoll, ℡ 0365/20545.

▶ **Barbarano**: kleiner Ort südlich von Gardone Riviera, wenig mehr als eine große Parklandschaft mit zwei, drei Hotels. Der mächtige *Palazzo Martinengo* direkt an der Gardesana gehört seit dem 17. Jh. der Familie Martinengo, von der Straße aus sieht man allerdings nur die Mauer des Anwesens.

• *Übernachten* **** **Spiaggia d'Oro**, ruhig und teuer, direkt am See, Liegewiese, Pool. DZ mit Frühstück ca. 110–230 €. Via Spiaggia d'Oro 15, ✆ 0365/290034, ✎ 290092, www.hotelspiaggiadoro.com.

• *Essen & Trinken* **Taverna Floriana**, Via Spiaggia d'Oro 10, kurz vor dem Hotel, gute Küche mit Schwerpunkt auf Fleischgerichten im freundlichen Rahmen, normale Preise, ein paar Plätze auch auf der Straße. Mo geschl. (außer Sommer). ✆ 0365/20233.

▶ **Via Panoramica/San Michele**: Einen schönen Ausflug kann man auf der Panoramastraße unternehmen, die sich oberhalb von Gardone Riviera durch die üppig grünen Hügel zieht. Man nimmt dafür die Straße vom Vittoriale weiter bergauf, trifft bald auf den Abzweig nach Fasano Sopra (am Ortseingang Einkehrmöglichkeit in der Trattoria „Riolet", jedoch nur abends), fährt hier in vielen Kurven und Kehren weiter in Richtung *San Michele*. Die Blicke auf den Gardasee sind unterwegs wunderbar, sehr gut zu sehen sind z.B. die Landzunge von San Fermo, die Isola del Garda und dahinter die Rocca di Manerba (→ S. 153). Ziel der Fahrt könnte das Ristorante/Albergo Colomber in San Michele sein. Dort beginnt ein etwa 3,5-stündiger Wanderweg durch das Val di Sur zum *Rifugio Giorgio Pirlo* in 1165 m Höhe am *Monte Spino* (1488 m), wo man vom 20. Juni bis 20. Sept. essen und übernachten kann (✆ 0365/651177, www.rifugiopirlo.com).

Wer nicht auf dem gleichen Weg zurück zum See möchte, kann auch über *Serniga* nach Salò hinunterfahren.

• *Übernachten* **** **Residence Borgo degli Ulivi**, am Weg vom Vittoriale nach San Michele beschildert, ca. 1 km vom Vittoriale. Schöne familienfreundliche Anlage mit zwei Pools in Panoramalage, gut ausgestattete 2-, 3- und 4-Raum-Apartments, kleiner Spielplatz. 2er-Apt. für 2 Pers. ca. 60–190 €, 3er-Apt. für 4 Pers. 80–255 €, 4er-Apt. für 6 Pers. 110–305 €. Via Panoramica 8, ✆ 0365/20652, ✎ 290504, www.residenceborgodegliulivi.de.
** **Colomber**, das solide und unprätentiöse Albergo von Familie Bertella liegt ruhig im Grünen, etwa 5 km vom Gardasee. Auf der Speiseterrasse hinter dem Haus isst man angenehm, auf der großen Wiese kann man sich danach sonnen (Pool nur für Hausgäste). Vor allem an Wochenenden ist im Ristorante immer viel los (Di geschl.). Die Zimmer sind modern und ansprechend eingerichtet. DZ mit Frühstück ca. 60–80 €. Via Val di Sur 111, Località San Michele di Gardone Riviera, ✆/✎ 0365/22725, www.hotelcolomber.com.

Salò

(ca. 11.000 Einwohner)

Was Riva für den Norden ist, ist Salò für den Südwesten: die einzige Ansiedlung mit städtischem Charakter. Salò liegt in einer weiten geschützten Bucht, ist aber trotzdem kein reines Touristenziel. Dafür erlebt man hier die authentische Atmosphäre eines quirligen Städtchens, in dem die Einheimischen noch die Hauptrolle spielen.

Schon im Mittelalter – erst unter den Mailänder Visconti, dann unter venezianischer Herrschaft – war Salò der Hauptort am Westufer, wohlhabend und ausgestattet mit zahlreichen Privilegien. Aus der jüngeren Historie gibt es dagegen Unerfreuliches zu vermelden: Das historische Flair und seine Vergangenheit als Verwaltungszentrum waren ausschlaggebend dafür, dass die Nazis Salò zum Sitz der letzten faschistischen Regierung Italiens machten. Mussolini „regierte" hier noch zwei Jahre, bevor er von Partisanen am Comer See erschossen wurde.

Westufer

Gleich hinter der schönen und besonders langen *Uferpromenade* mit ihren Cafés erstreckt sich die *Altstadt* mit einer schmalen Fußgängerzone, die sich vom Uhrenturm im Westen bis zur zentralen Piazza Vittoria am See schlängelt. In den alten Palazzi haben sich hauptsächlich Delikatessläden und schicke Boutiquen eingenistet, die auf die Kundschaft aus den noblen Badeorten im Umkreis eingerichtet sind. Und schließlich gehört der Dom von Salò zu den größten und interessantesten Kirchen am See. Ein öffentlicher Strand liegt unter hohen Zypressen an der Südseite der Bucht von Salò, dort gibt es auch Campingplätze (→ „La Valtenesi", S. 150).

Marionette Hitlers: Die Republik von Salò

Im Sommer 1943 sind die Alliierten nach ihrer Landung in Sizilien bereits weit nach Norden vorgedrungen. Mussolini wird zum Rücktritt gezwungen und auf Befehl König Vittorio Emanuele III in einem Berghotel auf dem Gran Sasso in den Abruzzen inhaftiert. Ende September befreit ihn von dort in einer spektakulären Aktion eine deutsche Fieseler-Storch-Maschine mit Unterstützung von Fallschirmspringern und Lastenseglern. Bereits wenige Tage später muss der ehemalige Duce auf Druck Hitlers die faschistische „Repubblica Sociale Italiana" gründen. Als Standort der Marionettenregierung werden Salò und das nahe Gargnano am Gardasee gewählt. Das „Außenministerium" (heute Hotel Laurin, siehe Übernachten) und das „Kulturministerium" werden in Salò installiert, Mussolini selber sitzt in Gargnano in der „Staatskanzlei" (Palazzo Feltrinelli) und wohnt in der Villa Feltrinelli, heute ein Luxushotel. Hitler hat den ehemaligen Duce dort völlig in der Hand und lässt ihn mitsamt seiner Frau und der Mätresse Claretta Petacci von der SS bewachen. Konkrete Aufgaben hat die faschistische Regierung allerdings kaum und Mussolini kann ausgiebig das Bad im See genießen. Ende April 1945 erreichen die alliierten Streitkräfte das Ostufer des Gardasees. Mussolini flieht zum Comer See, um von dort in die neutrale Schweiz zu gelangen. Doch kurz vor der Grenze wird er von italienischen Partisanen erkannt und zwei Tage später zusammen mit seiner Geliebten in Giulino di Mezzegra etwas oberhalb vom See erschossen. Die Stelle ist heute mit einem Kreuz gekennzeichnet (siehe unser Buch „OBERITALIENISCHE SEEN.").

*A*nfahrt/*V*erbindungen/*I*nformation

• *Anfahrt/Verbindungen* **PKW**, großer Parkplatz/Tiefgarage „Autosilo Civico Salò" an der Piazza Martiri della Libertà im südlichen Stadtbereich. 1 Std./ca. 1,20 €, Tag/13 €.
Bus, Station an der Durchgangsstraße Via Brunati, Nähe Uhrturm. Busse von Trasporti Brescia Nord fahren mehrmals tägl. in Richtung Riva und Desenzano, SIA-Busse fahren nach Riva und in der anderen Richtung direkt nach Brescia–Milano.

Schiff, Anlegestelle ganz zentral vor der Piazza Vittoria, 2 x tägl. Fähre und 4 x Schnellboot nach Riva, nach Desenzano ca. 6 x tägl. Fähre und 4 x Schnellboot.
Taxi, Piazza Vittorio Emanuele, ✆ 348-7168354.
• *Information* **IAT (Informazione e Accoglienza Turistica)**, 20 m oberhalb der Säulenhalle des Rathauses, wenige Schritte von der zentralen Piazza Vittoria. Tägl. 10–13, 15–18.30 Uhr. ✆/℡ 0365/21423, iat.salo@tiscali.it.

*Ü*bernachten (→ *K*arte *S*. 146/147)

**** Laurin (1), Hotel alter Grandezza mit Jugendstilausstattung vom Feinsten und komfortablen Zimmern – schon die Nazis hatten das geschätzt und das Außenministerium der „Republik von Salò" hier eingerichtet. Herausragend die großartigen Fres-

Blick auf die grüne Bucht von Salò

ken von Landi und Bertolotti in Speisesaal und Salon. Im Garten vor dem Haus gibt es einen Pool und eine Liegewiese. Einzig ungünstig ist die Lage etwas oberhalb der lauten Hauptstraße Richtung Norden. Eine Dependance liegt allerdings direkt am See unten. Im hauseigenen Restaurant genießt man exquisite Küche und perfekten, unaufdringlichen Service. DZ mit Frühstück ca. 150–275 €. Viale Landi 9, ✆ 0365/22022, ✆ 22382, www.laurinsalo.com.

**** **Belllerive (13)**, vor einigen Jahren aufwändig renoviertes Haus, wunderbar gelegen an der südlichen Seepromenade, elegantes Ambiente, hübsche Zimmer und Apartments, schickes Ristorante „100 km" und Wine Bar. DZ mit Frühstück ca. 175–245 €, Suite ca. 265–350 €. Via Pietro da Salò 11, ✆ 0365/520410, ✆ 290709, www.hotelbellerive.it.

*** **Benaco (9)**, modernes, nicht allzu großes Haus im zentralen Bereich der Promenade, Zimmer mit TV und Seeblick, unten fein aufgemachtes Restaurant. DZ mit Frühstück ca. 95–115 €. Lungolago Zanardelli 44, ✆ 0365/20308, ✆ 21049, www.benacohotel.com.

*** **Lepanto (10)**, hübsche Lage am Ostende der Promenade, in Domnähe. Neun ordentliche Zimmer, meist mit schönem Seeblick, unten im Haus Restaurant – wenn man sich durch die damit verbundenen Geräusche nicht stören lässt, eine gute Wahl. DZ mit Frühstück ca. 85 €. Lungolago Zanardelli 67, ✆ 0365/20428, ✆ 20548, www.hotelristorantelepanto.it. .

** **Betty (15)**, einfaches, preiswertes Albergo im südlichen Ortsbereich (beim großen Parkplatz Autosilo Civico Salò), ein wenig zurück von der Straße. Unten ein Speisesaal aus Omas Zeiten, die Zimmer aber sauber, modern und korrekt, es gibt sogar eine Dachterrasse mit Blick. Einige Parkplätze im Hof. Über die Straße kommt man mit wenigen Schritten zu einem kleinen Kiesstrand am See. DZ mit Frühstück ca. 65–70 €. Via Pietro da Salò 108, ✆/✆ 0365/43581, www.albergobetty.it.

Agriturismo Renzano, herrliche Lage oberhalb von Salò, ca 2 km vom Zentrum. Zehn geräumige Apartments mit jeweils großer Terrasse, hübscher kleiner Pool und große Liegewiese mit Olivenbäumen. Apt. ca. 60–80 €. Via Renzano 27, ✆ 340-4089107, www.agriturismorenzano.it.

Essen & Trinken (→ Karte S. 146/147)

La Campagnola (2), ein Stück zurück von der Durchgangsstraße, im Hinterhaus mit überdachtem Hof, etwas beengte Platzverhältnisse. Die „Osteria con cucina" bietet hervorragende Seeküche, Gemüse aus eigenem Anbau und verschiedene Nudeln aus eigener Produktion. Angelo dal Bon und seine Mutter, die hier seit Jahrzehnten hinter dem Herd steht, sind Anhänger der „Slow Food"-Bewegung – man kann sicher sein, dass alles ganz frisch ist und liebevoll gekocht auf den Tisch kommt. Etwas teurer. Mo und Di-Mittag geschl. Via Brunati 11, ✆ 0365/22153.

Antica Trattoria alle Rose (12), in einer Gasse, die vom Platz mit dem Uhrenturm westlich abzweigt. Alteingesessene Trattoria, vor einigen Jahren komplett renoviert. Man kann im lang gestreckten Speisesaal, in einem Nebenraum oder auf der kleinen, überdachten Gartenterrasse Platz nehmen. Familie Briarava bietet authentische und fantasievolle Küche, dazu einen ausgezeichnet bestückten Weinkeller. Auch Antipasti-Freunde, die sich auf kleine Appetithäppchen wie Polentaschnitten mit frischen Pilzen, süßsauer eingelegte Zucchini oder die hervorragenden Pastagerichte beschränken, kommen auf ihre Kosten. Etwas teurer. Mi geschl. Via Gasparo da Salò 33, ✆ 0365/43220.

Lepanto (10), hier speist man ruhig am Ortsende der Promenade. Gute Fischkarte, Garnelen und Krabben. Do geschl. Lungolago Zanardelli 67, ✆ 0365/20428.

Papillon (11), noch ein Stück nördlich vom Lepanto, schöne Lage mit schattigen Sitzplätzen an der Seeseite der Uferstraße und dementsprechend etwas teurer. ✆ 0365/41429.

L'Oca Cioca (7), in einem Gässchen zwischen Hafenpiazza und Dom kann man gemütlich draußen sitzen. Zu den Spezialitäten bei Ivana und Roberto zählen *oca* und *agnello al forno* (Gans/Lamm), Risotto und die hausgemachten *casoncelli* (eine Art gefüllter Ravioli). Via Duomo 7, ✆ 348-6587107.

Osteria di Mezzo (3), in einem ruhigen Altstadtgässchen, Sitzplätze in einem Tonnengewölbe. Familie Vanni bereitet sowohl Seefisch wie Fleisch und besonders leckere Antipasti, z.B. das *antipasto misto lago*. Di geschl. Via di Mezzo 10, ✆ 0365/290966.

Osteria al Tempo Perduto (14), nette Hinterhoftaverne im südlichen Ortsbereich (beim großen Parkplatz Autosilo Civico Salò), hausgemachte Pasta und gute Fleisch-/Fischgerichte zu günstigen Preisen, freundliche Bedienung, auch Einheimische sieht man hier. Piazza Martiri della Libertà 2, ✆ 0365/43372.

● *Cafés/Snacks* **Gelateria Al Golfo**, neben dem Rathaus an der Uferpromenade, Eis

löffeln vor einem jüngst restaurierten Jugendstilpalast. Lungolago Zanardelli 50.

Vassalli (6), mitten in der Fußgängerzone liegt das renommierteste Café der Stadt (seit 1930), draußen sitzt man hübsch unter der Statue des heilig gesprochenen Kardinals Carlo Borromeo. Zu den Spezialitäten zählen die *croki noceiola* (Nuss-/Karamellplätzchen), das *pan di Salò* (mit Mandeln, Kakao und Früchten), die *lemoncelli del lago* (Mandel-/Zitronenplätzchen) und die „Küsschen" *bacetti* (Pralinen). Das Meiste kann man in handlichen Geschenkpackungen erwerben. Via San Carlo 84, Di geschl.

● *Weinlokale/Nachtleben* **Osteria dell'Orologio (4)**, ganz zentral gelegen, schöne Osteria im traditionellen Stil, unten ein großer Tresen und eine Handvoll Tische, wo man die zahlreichen Weine kosten und dazu verschiedene leckere Happen probieren kann, im ersten Stock Restaurant mit

Übernachten
Laurin
Benaco
Lepanto
Bellerive
Betty

Essen & Trinken
1. Laurin
2. La Campagnola
3. Osteria di Mezzo
4. Osteria dell'Orologio
6. Vassalli
7. L'Oca Cioca
8. Al Baretto
10. Lepanto
11. Papillon
12. Antica Trattoria alle Rose
14. Osteria al Tempo Perduto

Nachtleben
Cantina Santa Giustina

Salò
100 m

Westufer (Lombardischer Teil des Gardasees)

guter regionaler Küche. Mittags ca. 12–16 Uhr, abends ab 20 Uhr, Mi geschl. Via Butturini 26/a.
Cantina Santa Giustina (5), uriges Lokal in einer Art Grotte, Weinausschank und kalte Snacks. Salita Santa Giustina, nur abends bis 2 Uhr, Mo geschl.
Al Baretto (8), gemütliche Osteria/Café an der Uferpromenade neben dem Hotel Benaco. Der richtige Platz für ein Glas Wein oder einen erfrischenden „Pirlo".

Shopping/Sport/Sonstiges

• *Shopping* In der Fußgängerzone Via Butturini/Via San Carlo findet man diverse interessante Läden.
Antica Cappellaria Mirandi, Via San Carlo 63a, gegenüber Café Vassalli, seit 1790 edle Hüte, Schuhe und Taschen.
M. Girardi (Antica Salumeria Melchioretti), Via San Carlo 11, Feinkost vom Feinsten – Wein, Grappa, Schinken, eingelegte Früchte, Honig etc.
Giunti al Punto, Lungolago Zanardelli 1/Ecke Via San Carlo, große Buchhandlung mit gutem Angebot an Literatur über Gardasee und Umgebung.
Markt ist jeden Samstagvormittag auf der Piazza del Mercato.
• *Sport* **Fahrradverleih**, Apollonio, Via P.ietro da Salò 94, ☏ 0365/520696.
Tennis im Campo Sportivo, Via Montessori (südlicher Stadtbereich).
• *Sonstiges* **Ärztliche Versorgung**, Ambulatorio c/o Centro Sociale, Via Montessori 6, Località Due Pini (südlicher Stadtbereich). Ende Juni bis Anfang Sept. ☏ 0365/521032.

Sehenswertes

An der Seepromenade reihen sich prächtige Palazzi, darunter der *Palazzo della Podestà* – das heutige Rathaus – aus dem 14. Jh., im 16. Jh. wurde von Sansovino eine venezianische Fassade vorgebaut. Eine hübsche, zum See hin offene Säulenhalle verbindet das Rathaus mit dem benachbarten *Palazzo della Magnifica Patria* aus dem 16. Jh. In dem Säulengang hängen Wandtafeln mit eingravierten Sprüchen von Garibaldi, Mazzini, Cavour und Vittorio Emanuele – alles Vorkämpfer für die staatliche Einheit Italiens. Wenige Schritte weiter (Nr. 50) befindet sich ein jüngst restaurierten *Jugendstilpalast* mit großem Eiscafé (→ Cafés/Snacks).

Blick durch die Säulenhalle des Rathauses auf den See

Wenn man im westlichen Bereich der Promenade die baumbestandene Piazza Vittorio Emanuele hinaufgeht, trifft man auf die *Torre dell'Orologio* (Uhrenturm) mit dem ehemaligen Stadttor. Hier beginnt rechter Hand die hübsche Altstadt mit der langen Fußgängerzone *Via San Carlo/Via Butturini*, durch die man zur zentralen Piazza Vittoria am See zurückkommt.

Man kann aber auch die verlängerte Promenade noch ein ganzes Stück weiter am See entlang bis zum schönen neuen Jachthafen der *Canottieri Garda Salò* mit ganztägig geöffnetem Freiluftlokal (✆ 0365/520613) gehen – ein schöner Spaziergang, vor allem abends, wenn die Tageshitze nachgelassen hat, der Weg ist hübsch beleuchtet.

Palazzo Fantoni: In der Via Fantoni 49 steht nahe beim Dom der restaurierte Palazzo Fantoni mit zwei Museen: Das *Civico Museo Archeologico* zeigt Funde aus der altrömischen Nekropole Lugone und das *Museo Storico Nastro Azzurro* bewahrt in mehreren Räumen Erinnerungsstücke von napoleonischer Zeit bis zum Zweiten Weltkrieg.

Öffnungszeiten/Preise häufige Änderungen, beim Informationsbüro erfragen oder unter ✆ 0365/296827.

Santa Maria Annunziata: Der spätgotische Dom von Salò steht nur wenige Schritte entfernt vom Ostende der Promenade. Die unattraktive Fassade aus gewöhnlichem Backstein ist unvollendet und lässt nicht erkennen, dass es sich um die prunkvollste Kirche am Gardasee handelt. Durch das mächtige Renaissanceportal aus Marmor betritt man den imposanten, von Rundsäulen getragenen, dreischiffigen Innenraum. Die gemalten Zierleisten an Kreuzrippen, Säulengewölben und -bögen täuschen gekonnt filigran geschnitzte Ornamente vor. Zwei schmale Buntglasfenster und eine fein gearbeitete Rosette zieren die Innenseite der Fassade. Vor der Apsis hängt das spätgotische Kruzifix des deutschen Meisters Hans von Ulm herab, der große vergoldete Altar ist umgeben von großflächigen Fresken und Gemälden sowie einer prachtvollen Orgel aus dem frühen 16. Jh. Zahlreiche Ölgemälde und weitere Kunstwerke schmücken die Seitenaltäre, darunter an der linken Seitenwand zwischen der zweiten und dritten Kapelle von hinten der „heilige Antonius von Padua" aus dem 16. Jh. Der Maler Gerolamo da Romano konnte sich einen kritischen Seitenhieb gegenüber seinem Auftraggeber nicht verkneifen und stellte ihn als eher unangenehmen Zeitgenossen mit Knollennase dar, von dem sich sogar die Engel angewidert abwenden. In der ersten Seitenkapelle links fällt das in ein Ölgemälde eingearbeitete Holzkreuz eines Südtiroler Bildhauers auf, ebenfalls aus Südtirol stammt die hölzerne Figurengruppe gegenüber mit dem vom Kreuz genommenen Jesus. Die Marmorstatue des kleinen Buckligen zwischen dem ersten und zweiten Altar soll den allseits beliebten Arbeiter Mometto darstellen, der beim Bau der Kirche im 15. Jh. tödlich verunglückte.

Öffnungszeiten tägl. 8.30–12, 15.30–19.30 Uhr.

Salò/Baden und Umgebung

Am Südrand der tief eingeschnittenen Bucht von Salò passiert man zunächst den Kiesstrand *Lido delle Tavine*, ein weiterer Badeabschnitt liegt beim Hafenörtchen Porto Portese. Zwei Campingplätze gibt es in diesem Gebiet. Weitere Details siehe im folgenden Abschnitt „La Valtenesi".

Bequem und schnell erreicht man von Salò in einer etwa dreiviertelstündigen Fahrt über Vobarno und Vestone den ruhigen *Idrosee*, der vor allem bei Campern beliebt ist.

La Valtenesi

„Valtenesi" (Betonung: Valténesi) – so nennt sich das Gebiet im südwestlichen Seebecken zwischen Salò und Desenzano: eine liebliche, grüne Wiesenlandschaft mit Olivenbäumen, Zypressen und Weingärten, sanft hügelig und ohne große Ortschaften, jedoch ziemlich zersiedelt. Die kleinen Dörfer liegen meist auf Hügelkuppen, fast immer geschmückt von den Ruinen alter Burgen. Es gibt keine durchgehende Uferstraße, vielmehr führen schmale Stichstraßen zu Kiesstränden mit vielen Dutzend Campingplätzen.

Entstanden sind die Valtenesi in der Eiszeit. Der Gardasee-Gletscher drückte damals riesige Mengen von lockerem Gesteinsschutt in Richtung Süden, die sich in der Folgezeit zu typischen Moränenhügeln aufbauten. Dass sich trotz des einfach strukturierten Geländes, in dem weder schroffe Felshänge noch tiefe Schluchten unüberwindliche Hindernisse boten, keine Stadt ansiedeln konnte, hat historische Gründe: Wegen ihrer Fruchtbarkeit und der leichten Zugänglichkeit war die Region immer hart umkämpft, besonders erbittert tobten im Mittelalter die Auseinandersetzungen zwischen Guelfen und Ghibellinen. Nicht von ungefähr findet man auf fast jedem Hügel die Mauerreste einer Burg. Friedlichere Relikte sind dagegen die zahlreichen kleinen mittelalterlichen Kirchen, die oft mit reichem Freskenschmuck ausgestattet sind.

> ### Lecker und vielseitig: Produkte aus den Valtenesi
>
> Die fruchtbaren Moränenhügel bringen eine ganze Palette von hochwertigen Produkten hervor. Einen guten Namen haben vor allem die hiesigen Weine, die unter der Bezeichnung „Garda Classico" zusammengefasst werden: der rubinrote *Rosso* mit leicht bitterem Nachgeschmack, der erdige, rote *Groppello* und der weiche, fruchtige *Chiaretto*, einer der wenigen Roséweine im Land. Als zweites ist das ausgezeichnete *Olivenöl* der Region zu nennen und schließlich wachsen in den Valtenesi mehrere *Trüffelsorten*, die hier besonders gute Bedingungen vorfinden.

Sieben Gemeinden gehören heute zu den „Valtenesi": *San Felice del Benaco*, *Manerba*, *Puegnago*, *Polpenazze*, *Soiano*, *Moniga* und *Padenghe* – jede besteht aus einer Vielzahl kleiner Weiler.

▸ **Cisano**: Das ruhige Dörfchen liegt hoch über dem Südrand der Bucht von Salò.

• *Übernachten* ****** Camping Al Weekend**, ruhiger, kinderfreundlicher Platz hoch über dem See, schöner Blick. Ein Fußweg führt hinunter zu einem 500 m entfernten, kleinen Strand. Großer Pool, Kinderbecken mit Rutsche, Kinderspielplatz, Restaurant/Pizzeria, Supermarkt, Waschsalon, in der Saison diverse Veranstaltungen, Grillfeste und Animation. Von Holländern geführt. Vermietung von Wohnwagen und Bungalows. ℡ 0365/43712, ℡ 42196, www.weekend.it.

▸ **Portese**: kleiner Ort über dem Südrand der Bucht von Salò, am Ufer unten der stimmungsvolle Hafen *Porto Portese* mit verstreuten Ferienvillen und einer Handvoll Hotels. Schöner Blick nach Salò.

• *Anfahrt/Verbindungen* **Schiffe** etwa 6 x tägl. nach Desenzano, 7 x nach Gardone Riviera, 2 x nach Riva.
• *Übernachten* ****** Park Hotel Casimiro**, Großhotel direkt am See, nicht weit vom Hafenbecken, sehr ruhig. Komfortable, aufmerksam geführte Anlage, Innen- und Außenpool, Fitnesscenter, große, gepflegte Liegewiese, davor schmaler Strand, herrlicher Blick auf die Bucht von Salò. DZ mit Frühstück ca. 85–160 €. ℡ 0365/626262, ℡ 62092, www.bluhotels.it
*** Garden Zorzi, wunderbare Lage direkt am Seeufer, geführt von Familie Zorzi. Schöner Garten, eigener Kiesstrand und kleine Liegewiese, sehr ruhig. Für Bootssportler Privathafen mit Slipanlage. Zimmer mit Balkons oder Terrasse. Viele Stammgäste, rechtzeitig reservieren. DZ mit Frühstück ca. 100–110 € nur in der Nebensaison, sonst HP obligatorisch, pro Pers. ca. 60–85 €. ℡ 0365/43688, ℡ 41489, www.hotelzorzi.it.
**** Camping Eden, großes, begrüntes Terrassengelände landeinwärts der Uferstraße, drei Pools, Kiesbadestrand ca. 30 m entfernt. ℡ 0365/62093, ℡ 559311, www.camping-eden.it.

Einst Kloster, heute Palast: Isola del Garda

Die dicht bewaldete Insel – die größte im See – ist etwa 1 km lang und liegt nur 220 m vor der Landzunge von San Fermo. Sie ist heute in Privatbesitz der Adelsfamilie Borghese-Cavazza. Im Mittelalter schenkte sie Karl der Große den Mönchen von San Zeno (Verona) und 1220 gründete Franz von Assisi eine kleine Einsiedelei, die später zum Kloster ausgebaut wurde. Dieses wurde in den napoleonischen Kriegen geschlossen und weitgehend zerstört. Nach zahllosen Besitzerwechseln ließ der Prinz Scipione Borghese Ende des 19. Jh. ein prachtvolles Schloss im venezianisch-neugotischen Stil erbauen, das die wenigen erhaltenen Mönchszellen überschattet. Es ist umgeben von einer herrlichen Parkanlage mit italienischen und englischen Gärten.

Interessierte können an Führungen über die Insel teilnehmen (ca. 2 Std.), Motorboote starten in Barbarano, Gardone Riviera, Portese und Salò, außerdem in Manerba, Moniga, Bardolino, Garda und Sirmione. Zunächst macht man einen Spaziergang durch die Gärten, besichtigt dann einige Säle des Schlosses und schließt mit einer kleinen Erfrischung auf der Terrasse, wobei typische Produkte der Valtenesi-Region angeboten werden, darunter Olivenöl aus eigener Herstellung der Familie Borghese-Cavazza.

Öffnungszeiten/Preise: Mai bis Okt. Di & Do Überfahrt ab Barbarano (9.30 Uhr), Gardone Riviera (9.35 Uhr) und Portese (10 Uhr), ab Salò Sa 10 Uhr; Bootsfahrt und Eintritt für Erwachsene 21 €, Kinder (4–12 J.) 13 €. Für Abfahrten von Manerba, Moniga, Bardolino, Garda und Sirmione 27 €/Erw. und 17 €/Kind. Anmeldung obligatorisch unter ℡ 328-3849226 oder info@isoladelgarda.com.

▶ **Baia del Vento**: Der 500 m lange Kiesstrand liegt wenige Kilometer östlich von Portese, fast vis-à-vis der Isola del Garda – herrlicher Blick auf Gardone Riviera mit dem Grand Hotel am Gegenufer. In der Hochsaison diverse Sportmöglichkeiten, z. B. Windsurfschule „Acqua Club" (✆/🖷 0365/9965996).

Auf der benachbarten schmalen Landzunge steht einsam die Wallfahrtskirche *San Fermo* aus dem 15. Jh. mit Freskenresten.

San Felice del Benaco (ca. 2200 Einwohner)

Ausgedehnter Hügelort mit alten Gassen und einer überwucherten Festungsruine aus dem 14. Jh. Der See ist etwa 2 km entfernt, dort gibt es einige Kiesstrände mit diversen Campingplätzen und einen idyllischen Hafen.

Die Pfarrkirche *Santi Felice Adauto e Flavia* besitzt als Glockenturm einen Turm der alten Skaligerfestung. Zum kleinen *Porto San Felice* kurvt ein schmales Sträßchen hinunter – ein hübsches Fleckchen mit wenigen Parkplätzen und dem wunderbar gelegenen Hotel/Ristorante Sogno (→ Übernachten).

▶ **Santuario della Madonna del Carmine**: Etwas südlich außerhalb steht diese ehemalige Karmeliterkirche aus dem 15. Jh., die heute ein populäres Wallfahrtsziel ist, aber auch eine bedeutende Sehenswürdigkeit, denn sie besitzt einige der schönsten Fresken im Gardaseeraum. Die gut erhaltenen Wandbilder zeigen deutlich den Übergang vom starren Formenkanon der Gotik zur lebendigen Menschendarstellung der Renaissance. Neben der Madonna del Carmine (links vorne) werden hier zahlreiche weitere Heilige verehrt, ihre Konterfeis schmücken die ganze Kirche.

- *Öffnungszeiten* Santuario della Madonna del Carmine, tägl. 7–12, 15–19 Uhr.
- *Information* **Tourist Coop Valtenesi**, Piazza Municipio 1, ✆ 0365/558160, www.gardavaltenesi.com.
- *Übernachten* ***** San Filis**, traditioneller Gutshof aus dem 16. Jh. mitten im Ortskern, 26 Zimmer, hübscher grüner Innenhof, Restaurantterrasse mit Blick auf den Pool. Von Familie Turra freundlich geführt. DZ mit Frühstück ca. 64–110 €. Via Marconi 5, ✆ 0365/62522, 🖷 559452, www.sanfilis.it.

**** Sogno, tatsächlich traumhaft (sogno = Traum) ist das geschmackvolle kleine Hotel in Porto San Felice direkt am Uferweg, schöne Zimmer mit Sat-TV, im Garten Pool, vor der Tür das idyllische Ristorante direkt am See. DZ mit Frühstück ca. 150–215 €, ohne Seeblick 120–185 €. Via Porto 17, ✆ 0365/62102, 🖷 626259, www.sognogarda.it.

- *Camping* ****** Fornella**, schöne Lage auf einer kleinen, teils bewaldeten Halbinsel, direkt am See, Blick auf die Isola del Garda. Wiesengelände mit Terrassen, zwei Kiesstrände, großer Pool, Kinderspielplatz, Tennis, Vermietung von Holzcaravans. Via Fornella, ✆ 0365/62294, 🖷 557449, www.fornella.it.

*** Mos, hübsches Wiesengelände mit Bäumen direkt am See, schmaler Strand, Badesteg, Pool. Via Fornella 7, ✆/🖷 0365/62391, www.gardacampingmos.it.

**** Ideal Molino, schöner Platz auf dem Gelände einer alten Mühle direkt am See, langer, schmaler Kiesstrand mit Bäumen, großer Badesteg, voll eingerichtete Bungalows, hübsches Restaurant im Mühlengebäude, holländische Leitung. Via Gardiola 1, ✆ 0365/62023, 🖷 559395, www.campingmolino.it.

**** Europa Silvella, sehr großer Platz auf Terrassen, davor langer, schmaler Strand mit Badesteg, großer Pool, Tennisplätze, gute platzeigene Pizzeria. Via Silvella 10, ✆ 0365/651095, 🖷 654395, www.europasilvella.it.

*** La Gardiola, kleiner Platz direkt am Ufer, Kinderspielplatz, Einkaufszentrum mit Restaurant in der Nähe. ✆/🖷 0365/559240, www.campinglagardiola.de.

- *Essen & Trinken* **Sogno**, im Porto San Felice, blumengeschmückte Terrasse direkt am Wasser, edel gedeckt, herrlicher Blick (→ Übernachten).

Bar da Bill, neben dem Ristorante Sogno, populärer Platz zum abendlichen Aperitivo, Pirlo und leckere Kleinigkeiten, viele Einheimische kommen regelmäßig hierher.

- *Shopping* **Markttag** ist Mittwoch.

Manerba del Garda (ca. 3000 Einwohner)

Die Ortschaft besteht aus mehreren Dörfern, die sich landeinwärts vom See aneinanderreihen – Balbiana, Solarolo, Montinelle und Gardoncino. Die Uferzone zeigt sich hier besonders malerisch, das Seepanorama ist vielfältig und reizvoll.

Optisch dominierend ist der markante Felsblock *Rocca di Manerba*, der zum Wasser hin senkrecht abfällt. Nördlich davon stößt die lange, schmale Landzunge *Punta Belvedere* in den See und verläuft je nach Wasserstand knapp unter oder über dem Seespiegel zur vorgelagerten Zypresseninsel *San Biagio* (→ Sehenswertes). Nördlich der Landzunge Punta Belvedere erstreckt sich der Kiesstrand *Spiaggia di Manerba*, der die gesamte lang gezogene Bucht einnimmt. Die Schiffsanlegestelle befindet sich im stimmungsvollen kleinen *Porto Dusano*, südlich von Montinelle, zu dem man auf enger Straße hinunterkurvt. Hier liegt ein weiterer kleiner, sauberer Kiesstrand.

- *Anfahrt/Verbindungen* **Schiffe** etwa 2 x tägl. nach Gardone und 1 x nach Riva, Sirmione und Desenzano. **Busse** von Trasporti Brescia Nord fahren mehrmals tägl. nach Desenzano und über Salò nach Riva.
- *Information* **Pro Loco** am Viale Risorgimento 5, ✆ 0365/551121.
- *Übernachten* **** Belle Rive**, sehr sauberes Mittelklassehaus direkt am Strand nördlich der Landzunge Punta Belvedere. Seit vielen Jahren anerkannt gutes, hauseigenes Restaurant mit Terrasse zum See. Eigener Parkplatz. DZ mit Frühstück ca. 75–90 €. Via Verdi 25, ✆ 0365/554160, ✉ 554163.

** Zodiaco, ebenfalls wenige Meter vom Strand, seit über dreißig Jahren von Familie Toselli aufmerksam geführt, gutes Restaurant, schöner Garten mit Pool, moderne Zimmer, Parkplatz. Viele Stammgäste. DZ mit Frühstück ca. 84–96 €. ✆ 0365/551153, ✉ 552184, www.hotelzodiaco.it.

- *Camping* **** Romantica**, terrassierter Platz unter Laubbäumen, Supermarkt, langer, schmaler Strand, Disco benachbart. Via G. Verdi 17, ✆/✉ 0365/651668, www.campingromantica.com.

** Rio Ferienglück, großer Rasenplatz direkt am Strand unter Pappeln, Pluspunkt ist der schöne, 25 m lange Pool. Via del Rio 37, ✆ 0365/551450, ✉ 551044, www.rioferienglueck.eu. .

** Zocco, terrassierter Platz mit Wiesen, Tennis, Kinderspielplatz, Bootsslip. Vermietung von modernen Apartments. Am 300 m langen Strand südlich der Rocca di Manerba, ✆ 0365/551605, ✉ 552053, www.campingzocco.it.

- *Auf der Punta Belvedere* ****** La Rocca**, weitläufiges, flaches Wiesengelände über dem Südrand der Landzunge, großer Pool mit Kinderbecken, Tennis, Kinderspielplatz, Bootslipanlage. Zum Strand Unterführung unter einer wenig befahrenen Straße hindurch. Via Cavalle 22, ✆ 0365/551738, ✉ 552045, www.laroccacamp.it.

*** Belvedere, etwas erhöht über dem Nordufer der Landzunge, 300 m Kiesstrand unterhalb, Restaurant am See, Tennis, Bungalows, Animation für Kinder. Via Cavalle 5, ✆ 0365/551175, ✉ 552350, www.camping-belvedere.it.

**** San Biagio, wunderbare Lage am äußersten Ende der spitz zulaufenden Landzunge. Terrassenförmiges Wiesengelände unter Bäumen, Restaurant in einer alten Villa am Ufer, kleiner Bootshafen, Kinderspielgeräte. Mehrere Badestellen, teils steil abfallend, Bademöglichkeiten auch auf der vorgelagerten Insel, zu der man leicht hinübergehen kann. Via Cavalle 19, ✆ 0365/551549, ✉ 551046, www.campingsanbiagio.net.

- *Essen & Trinken* **Capriccio**, in Montinelle. Das edle Terrassenlokal besitzt seit längerem einen Michelinstern, schöner Blick ins Grüne und auf den See, gehobene Küche zu stolzen Preisen, Degustationsmenü 65–80 €. Juni bis Sept. tägl., sonst Di geschl. Piazza San Bernardo 6, abseits der zentralen Kreuzung, Parkplatz daneben, ✆ 0365/551124, www.ristorantecapriccio.it.

Bellavista, etwas höher gelegen, Residenzanlage mit sieben Apartments und Restaurant, sehr schöner Seeblick, gute Fischgerichte und preislich im Rahmen. Ein öffentlich zugänglicher Pool mit kleiner Bar (Chiosco) gehört auch dazu. ✆ 0365/551805.

Bei niedrigem Wasserstand kann man die Isola San Biagio trockenen Fußes erreichen

Da Rino, idyllisch gelegenes Ristorante im kleinen Porto Torcolo am Nordfuß der Landzunge Punta Belvedere. Service und Küche waren bei unserem letzten Besuch leider eher durchschnittlich. ✆ 0365/551125.

Hosteria del Lago, im Ortsteil Balbiana an der Durchgangsstraße, nicht vom unattraktiven Äußeren abschrecken lassen, denn dahinter tut sich ein äußerst angenehmes Ambiente auf. Die beiden netten Brüder Mateo und Paolo bereiten vorzügliches Essen, z. B. hausgemachte Paste und *terrina di Sarde di lago con salsa al Chiaretto* (Seesardinen mit Gemüse und Soße aus Roséwein). Di u. Mi-Abend und Sa-Mittag geschl. Via Risorgimento 11, ✆ 0365/552559.

● *Shopping* **Markttag** ist Freitag.

Sehenswertes: Besonders reizvoll ist ein Ausflug zur *Rocca di Manerba*, die in unmittelbarer Ufernähe 216 m aufsteigt. Bis kurz unterhalb der Spitze kann man mit dem Auto fahren, dort Parkplatz. Dann kleiner Aufstieg zum Gipfelkreuz – herrlicher Rundblick über den gesamten Süden des Sees, an klaren Tagen sogar bis Torbole hinauf! Von der Burg, die hier einst stand, sind nur noch spärliche Mauerreste erhalten, sie wurde 1575 von den Venezianern zerstört, da sie einer Bande von Wegelagerern als Versteck diente. Erstmals erwähnt wurde sie bereits im 8. Jh. als Festung der Langobarden, die hier einem fränkischen Heer trotzten. Unter der Burg hat man den *Riparo Valtenesi* entdeckt, einen prähistorischen Unterschlupf aus dem 5. Jt. v. Chr., außerdem eine Nekropole aus dem 3. Jt.

Das moderne *Besucherzentrum des Archäologischen Naturparks* der Rocca von Manerba beherbergt das archäologische Museum des Valtenesi. Beim Aufstieg zum Gipfel kommt man daran vorbei. Eine breite Fensterfront wendet sich zum See hin, über zwei Stockwerke zieht sich der Rundgang durch die Sammlung prähistorischer und römischer Funde der Rocca.

Die der Punta Belvedere vorgelagerte *Isola San Biagio* ist von einem fahlweißen Kalksteinring umgeben. Die niedergetrampelten Grasflächen werden zum Sonnen und Picknicken genutzt, im Sommer ist auch eine Bar mit gemütlichen Außentischen geöffnet. Reizvoll: Bei niedrigem Wasserstand, meist im Hochsommer, besteht von der Punta Belvedere aus eine steinige Landverbindung und man kann vom kleinen *Porto Torcolo* am Nordfuß der Landzunge am Campingplatz San Biagio entlang trockenen Fußes hinübergehen. In der Hochsaison gibt es von dort auch tägliche Bootsverbindungen.

Im etwas weiter nördlich liegenden *Pieve Vecchia* steht die mittelalterliche Pfarrkirche von Manerba mit Freskenresten.

Öffnungszeiten **Besucherzentrum Parco Archeologico Naturalistico**, April bis Sept. tägl. 10–12, 14–18 Uhr. Via Rocca 20, ✆ 0365/551121.

Moniga del Garda (ca. 1800 Einwohner)

Der ruhige Ort liegt ebenfalls ein Stück landeinwärts vom See. Einen kurzen Spaziergang wert ist das massive viereckige *Kastell* aus dem 13. Jh., das man durch den Torturm betreten kann, der auch als Glockenturm der Pfarrkirche dient. Originell. Innerhalb der Mauern ist im Lauf der Zeit ein ganzes Viertel mit Wohnhäusern entstanden.

Eine beschilderte Straße führt hinunter zum hübschen Hafen *Porto di Moniga* (beschildert), der mit Jachten gut belegt ist. Beiderseits davon liegen sehr beliebte Kiesstrände, die an Sommerwochenenden oft rappelvoll sind.

- *Anfahrt/Verbindungen* **Schiffe** 3 x tägl. nach Manerba und 1 x tägl. nach Desenzano, Sirmione und Gardone Riviera.
Busse von Trasporti Brescia Nord fahren mehrmals tägl. nach Desenzano und über Salò nach Riva.
- *Information* **Pro Loco** an der Piazza San Martino 1 im Zentrum, Nähe Burg. ✆ 0365/502015.
- *Camping* ***** Porto**, gleich beim Hafen, Terrassengelände direkt am Strand, viele Dauercamper. Via del Porto 27, ✆ 0365/502324, 🖷 474522, www.campingporto.it.
**** Fontanelle, größter Platz von Moniga, Wiesengelände am See, mit Bäumen gegliedert, Pool mit Kinderbecken, Tennis, Bungalows, Slipanlage. Via Magone 13, ✆ 0365/502079, 🖷 503324, www.campingfontanelle.it.
** San Michele, weiter südlich, terrassierter Platz am See, Strand mit Badesteg. ✆ 0365/502026, 🖷 503443, www.campingsanmichele.it.
- *Essen & Trinken* **Olivo**, gemütliche Trattoria mit schönem Seeblick und Terrasse am südlichen Ortseingang oberhalb vom See, Grillspezialitäten „ai ferri". Via Pergola 10, ✆ 0365/502118.
La Pescatrice, im Hafen unten, sehr hübsch zum Sitzen im Gras unter Olivenbäumen, Blick über die Jachten auf den See, auch Pizza. Via Porto 10, ✆ 0365/502043.
La Darsena, ein paar Schritte weiter, sympathisch ungezwungenes Ambiente an einfachen Holztischen, hauptsächlich Pizza, dazu eine einfache Auswahl an Gerichten. 12–24 Uhr. Via Porto 8, ✆ 0365/503890.
Al Porto, gepflegte Fischtrattoria im Hafen, Terrasse von Grün umgeben, schöner Blick auf die Landzunge von Sirmione. Köchin Wanda hat sich auf Seefisch spezialisiert, ihre Rezepturen sind originell und kreativ. Höhere Preise. Mi geschl. ✆ 0365/502069.
O Pescador, nette Hafenbar mit Zeitungsverkauf, manchmal Live-Musik.

▸ **Soiano del Lago**: Das höchstgelegene Dorf der Valtenesi gruppiert sich um eine kleine Festungsanlage, deren Mauern mit zwei Türmen noch gut erhalten sind (Besichtigung möglich). Kennern ist der nahe, landschaftlich sehr reizvoll angelegte Golfplatz ein Begriff.

- *bernachten* ***** Manestrini**, großes, grünes Grundstück in den Hügeln. Die Ölmühle Manestrini produziert gutes Olivenöl und vermietet in ihrem schönen Landhaus Apartments mit Pool und Restaurant. Nicoletta spricht hervorragend Deutsch. Studio ca. 62–84 €, Apartment ca. 70–112 €. Via Avanzi 11, ✆ 0365/502231, 🖷 502888, www.manestrini.it.

Die Burg von Padenghe thront auf einem Hügel über dem See

- *Shopping* Verkauf von Olivenöl und verwandter Produkte bei **Manestrini** (→ Übernachten).
- *Sport* **Gardagolf Country Club**, Via Angelo Omodeo 2, 110 Hektar mit 27 Löchern. 0365/674707, 674788, www.gardagolf.it.

Padenghe sul Garda (ca. 2000 Einwohner)

Der Ort mit kleinem Altstadtkern drängt sich an einen Hügel, auf dem eindrucksvoll eine tausendjährige Festung thront. Mit dem Wagen kann man bis zum Tor fahren, im Inneren hat sich, wie in Moniga eine Wohnsiedlung mit Häuschen und Gemüsegärten etabliert. In der reich ausgestatteten Pfarrkirche *Santa Maria* kann man verschiedene Gemälde von Veronese, Farinati und Celesti betrachten. Daneben steht der *Palazzo Barbieri* aus dem 18. Jh., heute das Rathaus, mit einem großen, umrahmten Portal. In der flachen Uferebene erstreckt sich ein langer Strand mit diversen Campingplätzen.

Im Hinterland liegt der „Arzaga Golf Club", mit zwei landschaftlich reizvollen Golfplätzen (18 und neun Löcher) die modernste und komfortabelste Anlage im Umkreis des Gardasees. Dazu gehören ein Hotel und Spa der Luxuskategorie (www.palazzoarzaga.com).

- *Anfahrt/Verbindungen* **Busse** von Trasporti Brescia Nord mehrmals tägl. nach Desenzano und über Salò nach Riva.
- *Information* Via Italo Barbieri 3, im Palazzo Barbieri (Municipio) neben der Kirche. 030/9908889.
- *Übernachten* ***** Camping La Cà**, ansprechend bepflanztes Gelände nördlich von Padenghe, davor 200 m langer Strand mit Badestegen. 030/9907006, 9907693, www.laca.it.

Zwei weitere Plätze liegen sich am See direkt gegenüber, beide mit Pool:
*** Dei Tigli, 030/9907121, 9908561.
** Villa Garuti, Via del Porto 5, 030/9907134, 9907817, www.gardalake.it/villagaruti.

- *Shopping* **Markttag** ist Samstag.

Westufer (Lombardischer Teil des Gardasees)

Infos zu Desenzano del Garda und Südufer siehe S. 217.

Auf dem Dach des Gardasees: Blick vom Monte Baldo

Ostufer (Nord nach Süd)

(Venezianischer Teil des Gardasees)

Im Gegensatz zum teilweise senkrecht ins Wasser abfallenden Westufer zeigt sich die Ostküste weniger dramatisch und durchweg zugänglich. Zwar wird sie auf zwei Drittel ihrer Länge vom mächtigen Monte-Baldo-Massiv überragt, doch sind die Uferpartien selbst im Norden so flach, dass sich zahlreiche Orte entwickeln konnten – allerdings nur auf sehr schmalen Landstreifen, hinter denen schnell wunderschöne, aber steile Hänge mit ausgedehnten Olivenbaumhainen beginnen. „Riviera degli Olivi" wird das östliche Seeufer deshalb in der blumigen Sprache der Tourismusstrategen genannt.

Am Ostufer spielt sich ein Großteil des Urlaubsgeschehens ab. Vom steilwandigen Norden um Torbole und Malcésine bis zum flachen Süden um Bardolino und Lazise gibt es kaum unerschlossene Ecken. Abgesehen vom äußersten Norden ziehen sich fast durchgängig schmale Kiesstrände am Wasser entlang, flankiert von zahllosen Hotels, Pensionen und Campingplätzen. Getrübt wird das Bade- bzw. Wohnvergnügen zwischen Torbole und Torri del Benaco allerdings von der meist in unmittelbarer Strandnähe verlaufenden Uferstraße, der Gardesana Orientale.

Der äußerste Norden bis Malcésine ist fest in der Hand der Surfer, die hier wie an der Seespitze um Torbole und Riva vorzügliche Windbedingungen finden. *Malcésine* selber wird mit seiner stolzen Skaligerburg und dem verwinkelten Altstadtkern von vielen als einer der malerischsten Orte am See empfunden. Die folgenden Ansiedlungen bis Torri del Benaco sind eher klein und wenig markant – durch den Bau der Gardesana wurden sie rücksichtslos in zwei Hälften zerschnitten, was ihnen viel an Ambiente genommen hat. *Torri del Bernaco* besitzt eine schöne Skaligerburg und einen hübschen historischen Kern. Camper sollten wissen, dass die Zeltplätze im Nordosten aus Platzmangel durchweg klein und einfach gehalten sind.

Südlich der grünen *Bucht von Garda* weitet sich der See, die Ufer sind flach und teilweise recht zersiedelt. Die touristische Infrastruktur ist wegen der guten Bademöglichkeiten besonders dicht – *Garda, Bardolino* und *Lazise* gehören zu den meistfrequentierten Orten am Lago di Garda. Das Surfen spielt hier keine besondere Rolle mehr, der See zeigt sich meist träge und einige Grad wärmer als im Norden. Diverse riesige und bestens ausgestattete Zeltplätze ziehen vor allem Familien an, mehrere große Freizeitparks wie Gardaland, das Wassersportzentrum Canevaworld und ein Safari-Park haben sich ebenfalls angesiedelt. Im hügligen Hinterland gedeiht der populäre Rotwein Bardolino.

Einen markanten Kontrapunkt zum ausufernden Urlaubsvergnügen am See setzt der bis über 2000 m hohe *Monte Baldo*, zu erreichen mit der Seilbahn von Malcésine. Er gilt als botanisches Paradies, bietet zahllose Wandermöglichkeiten und wunderschöne Panoramablicke über den See und die umgebenden Bergketten.

Von Torbole nach Malcésine

Das erste Stück der Fahrt auf der Gardesana Orientale ist von Tunnels geprägt, es geht an der Halbinsel von Tempesta vorbei (→ Nordufer, S. 96). Kurz darauf passiert man die Grenze zwischen Trentino und Venetien und durchquert die kilometerlange *Galleria del Confine*. Mehrere Kiesstrände liegen direkt an bzw. unterhalb der Gardesana. Bis hinter Malcésine bewegt man sich allerdings noch im Bereich der „Surfisti" und Segler, die große Teile der Strände in Beschlag nehmen.

Cineasten aufgepasst: Wegen der reizvollen Streckenführung zwischen Torbole und Malcésine wurde hier im April 2008 eine turbulente Verfolgungsjagd für den letzten James Bond „Quantum of Solace" (Ein Quantum Trost) gedreht – der Aston Martin des Geheimagenten stürzte dabei aus 8 m Höhe versehentlich in den See und sank 55 m tief, der Fahrer konnte sich befreien.

Navene und Umgebung: Kurz nach der Galleria del Confine kommt man an Hotel „Villa Monica" und Camping „Bommartini" vorbei, die trotz unmittelbarer Straßennähe hübsch am Seeufer mit Kiesstrand liegen. Navene selbst ist wenig mehr als ein winziger Ortskern am See, daneben erstreckt sich ein langer schmaler Kiesstrand, außerdem gibt es nördlich vom Ort den „Kiteclub Malcésine" (☎ 345-4795705, www.kitesurfingclub.com) und für Windsurfer „Nany's Aqua Center" (☎ 347-2235435, www.nanywindsurf.it).

Der Wanderweg 634 führt vom Ortskern mit herrlichen Ausblicken hinauf zur Hütte an der *Bocca di Navene* in 1425 m Höhe (→ S. 173).

• *Übernachten* *** **Villa Monica**, nördlich von Navene, direkt am schönen Kiesstrand, etwas unterhalb der Gardesana. Gepflegtes Haus, das 2012 50 Jahre alt wird. Zimmer mit Sat-TV, Klimaanlage, Balkons und herrlichem Seeblick, die Straße stört kaum. Hübsche Caféterrasse, Restaurant, Surf-Ablage, Parkplatz, Tischtennis, seit 2004 auch Hallenbad. DZ mit Frühstück je nach Saison und Ausstattung ca. 100–150 €. Via Gardesana 211, ☎ 045/7400395, ✉ 6570112, www.villamonica.com.

** **Paola**, ein paar Meter von der Straße zurück, günstige Preise und gute Küche, mit Parkplatz. DZ mit Frühstück ca. 56–70 €. ☎ 045/7400480, ✉ 7400194, www.hotelpaola.net.

* **Camping Bommartini**, gleich neben Villa Monica, kleiner Platz auf Terrassen direkt am Wasser, Kiesstrand, auch Zimmervermietung mit Seeblick. DZ mit Frühstück ca. 46–54 €. ☎ 045/7401084, www.hotelcampingbommartini.com.

* **Camping Navene**, in Navene, terrassenförmig unter Olivenbäumen landeinwärts der Straße, nicht gerade ruhig, aber von den oberen Rängen schöner Blick. ☎/✉ 045/6570009.

Zwischen Navene und Malcésine: Unmittelbar unterhalb der Straße ziehen sich schmale Kiesstrände. Vor allem Windsurfer kommen hier auf ihre Kosten, denn die Ecke gilt als besonders gutes Nordwind-Revier. Um die Streusiedlung *Campagnola* mit der Halbinsel *Molini* finden sich mehrere einfache Campingplätze und das Hotel „Sailing Center". Spezieller Tipp sind die Pensionen in den Olivenhainen oberhalb der Gardesana – eine Asphaltstraße zweigt etwas nördlich vom Hotel „Sailing Center" hügelwärts ab und führt durch idyllische Baum- und Wiesenlandschaft ins 3 km entfernte Malcésine.

• *Übernachten* ***** Sailing Center Hotel**, trotz der nahen Straße ruhige und schöne Lage auf der Halbinsel Molini direkt am See, links und rechts flankiert von geschwungenen Kiesstränden. Zimmer in verschiedenen Wohneinheiten im Grünen, hübsche Restaurant-/Cafeterrasse, Pool direkt am Wasser, Fitnessraum und Sauna. Brettablage, Slipanlage für Boote, Mountainbike-Verleih, Segel- und Windsurfschule in der Nähe. DZ mit Frühstück ca. 108–174 €. Località Campagnola, ✆ 045/740055, ℻ 7400392, www.hotelsailing.com.

In den Olivenhainen oberhalb der Gardesana findet man eine Reihe von hübsch gelegenen Garni-Pensionen mit Garten und Pool, z. B.

** San Carlo, DZ mit Frühstück ca. 65–80 €. ✆ 045/7401070, ℻ 6583105, www.sancarlohotel.com.

** Casa Rabagno, DZ mit Frühstück ca. 60–80 €. Località Campagnola, ✆ 045/7400593, ℻ 7401465, www.casarabagno.com.

** Camping Lombardi, idyllische Lage in einem alten Olivenhain, etwas oberhalb von Straße und Strandtrubel. Bar und Market sind vorhanden, Hunde erlaubt. Via Navene Vecchia 141, Località Campagnola, ✆/℻ 045/7400849, www.campinglombardi.com.

* Camping Claudia, leicht ansteigendes Gelände unmittelbar oberhalb der Straße, gegenüber vom Sailing Hotel. Località Campagnola, ✆/℻ 045/7400786, www.campingclaudia.it.

* Camping Campagnola, ebenfalls Wiesenplatz an der Straße. Località Campagnola, ✆/℻ 045/7400777, www.campingcampagnola.it.

* Camping Tonini, etwas erhöht, Zugang zum Strand durch einen Tunnel. Località Campagnola, ✆/℻ 045/7401341, www.campingtonini.com.

• *Surfspot* **WWWind Square**, die Surfstation von Hermann Stricker liegt seit 1980 an einem der besten Vento-Spots am See, unmittelbar südlich von Navene, Località Sottodossi. ✆/℻ 045/7400413, www.wwwind.com.

• *Essen & Trinken* **Tiroler Speckstube**, rustikales Lokal im Olivenhain an der Straße von Campagnola nach Malcésine, große Wiese mit groben Holztischen und Kinderspielgeräten – ideal für Familien, viel Luft und Platz. Das Essen muss man sich selber an der Theke abholen: Hühnchen vom Spieß, Schweinshaxe, Würstel, Speck und Pommes, leider keine Salate, dazu Bier, Radler, Spezi, Weiß- und Rotwein vom Fass. März bis Okt. tägl. 12 Uhr mittags bis Mitternacht, abends wird es voll. ✆ 045/7401177, www.speckstube.com.

Malcésine (ca. 3500 Einwohner)

Einer der malerischsten Orte am See, überragt von einem pittoresken Skaligerkastell – sicherlich hat das auch Johann Wolfgang von Goethe so empfunden, als er sich hier niederließ, um die Burg zu skizzieren, und dabei beinahe als vermeintlicher österreichischer Spion verhaftet wurde. Die Stelle, an der der dichtende Geheimrat damals saß, ist heute mit einer Gedenktafel verziert.

Die weitläufige Festung der Skaliger thront auf einem Hügel, der zum See hin steil abfällt. Im Umkreis zieht sich der mittelalterliche Ortskern bis zu den Burgmauern hinauf. Das malerische Gewirr von engen, teils holprigen und sehr steilen Pflasterwegen, kleinen Plätzen und überwölbten Durchgängen reizt zum ziellosen Bummeln – immer wieder landet man unversehens in einer Sackgasse oder am Seeufer. Ganz zentral liegt das stimmungsvolle Hafenbecken, von dem man Bootsausflüge aller Art unternehmen kann, südlich schließt sich daran eine Seepromenade bis zur

Malcésine 159

üppig grünen Halbinsel Val di Sogno an. Die Seilbahn auf den grandiosen Monte Baldo rundet die Palette der Unternehmungen eindrucksvoll ab.

Dank dieser Vorzüge ist Malcésine natürlich völlig im Tourismus aufgegangen, in den schmalen Gassen drängen sich die Urlauber zu Tausenden, ein Shop reiht sich an den anderen, die Restaurants versuchen, sich gegenseitig durch noch „gemütlichere" Aufmachung zu übertrumpfen. Trotzdem wird die dichte Atmosphäre des Orts durch den Massenbetrieb nur wenig beschädigt.

Goethe in Malcésine

Eigentlich wollte der Dichterfürst von Torbole aus (→ Kasten, S. 89) nur an Malcésine vorbeisegeln. Doch schon damals gab es die berühmten Seewinde, die heute die Surfer erfreuen. Als mittags plötzlich der Wind drehte und die Ora aus Süden heftig dem Schiffchen entgegenblies, musste Goethe in Malcésine notlanden. Um die Zeit sinnvoll zu verbringen, stieg er hinauf zum Kastell und begann selbiges schwungvoll abzuzeichnen. Doch diese ungewohnten Aktivitäten erregten das Misstrauen der Dorfbevölkerung – das Kastell war zwar eine Ruine, aber immerhin ein militärisches Objekt. Konnte der Fremde ein österreichischer Spion sein? Die Grenze zwischen Venetien und der Habsburger Monarchie lag damals nur wenige Kilometer weiter nördlich. Erst ein zufällig anwesender Italiener, der lange in Frankfurt gearbeitet hatte und sich mit Goethe angeregt über dessen Heimatstadt unterhielt, konnte letztendlich dem Bürgermeister vermelden: *„Herr Podestà, ich bin überzeugt, dass dieses ein braver, kunstreicher Mann ist, wohl erzogen, welcher herumreist, sich zu unterrichten."* Trotzdem blieb Goethe nur bis Mitternacht, um dann mit dem einsetzenden Nordwind Vento nach Bardolino weiterzusegeln, wo er seine Reise per Maultier nach Verona fortsetzte. Die Episode aber, in seiner „Italienischen Reise" breit ausgewalzt, trug den Namen Malcésines in die hohe Literatur.

Der Dichterfürst – damals beinahe verhaftet, heute durch eine Büste geehrt

Anfahrt/Verbindungen

• **PKW** Das enge Zentrum ist für den motorisierten Verkehr gesperrt. Eine Reihe gebührenpflichtiger **Parkplätze** liegt oberhalb der Durchgangsstraße, z. B. oberhalb der **Busstation**, ein weiterer (der teuerste) an der **Piazza Statuto** unterhalb der Garde-

Ostufer

sana. Kostenlos parken kann man von 9–19 Uhr bis zu 2 Std. neben der **Pfarrkirche** (→ Stadtplan).
Ein großer **Parkplatz** liegt außerdem nördlich vom Zentrum an der Gardesana, direkt bei der Anlegestelle der Autofähre zwischen Malcésine und Limone (1–5 Std. kosten für PKW ca. 1–4 €, darüber 5 €).

- *Bus* Haltestelle zentral an der Gardesana, oberhalb vom Ortskern. **ATV-Busse 62–64** pendeln je nach Saison alle 1–2 Std. von Riva das Ostufer entlang nach Verona und umgekehrt.
- *Schiff* Anlegestelle direkt im alten Zentrum, Piazza Porto. **Fähren** und **Schnellboote** fahren etwa halbstündlich bis stündlich über Limone und Torbole nach Riva, in die andere Richtung ca. 7 x tägl.
Eine **Fähre mit Autotransport** nach Limone am Westufer startet ca. 9 x tägl. bei einem großen Parkplatz nördlich vom Zentrum (Preise unter Limone, S. 101).
- *Taxi* **Taxi** Chincarini Armando, ℅ 338-5921846; **Taxiboot** der Gebrüder Peroni am Hafen, ℅ 045/7400927.

> **Ausflug auf den See**: Schöne Touren kann man mit dem historischen Segelschiff **Siora Veronica** machen, ein umgebauter Lastensegler aus den zwanziger Jahren, der im alten Hafen vor Anker liegt. ℅ 335-5483030, www.letsgosailing.it.

*I*nformation

IAT (Informazione e Accoglienza Turistica), an der Via Capitanato 6–8, wenige Schritte vom Hafen. Mo–Sa 9.30–12.30, 15–18 Uhr, So 9.30–12.30 Uhr. ℅ 045/7400837, ℅ 6570963, www.malcesinepiu.it.
Weitere **Informationsstelle** (Mo/Di 9–13, 14–18 Uhr, Mi–Sa 9–18 Uhr, So 10–16 Uhr) und **Unterkunftsvermittlung** der Associazione Albergatori Malcésine (Mo 14–18 Uhr, Di–So 11–19 Uhr, So 14–18 Uhr) beim Busstopp an der Gardesana. ℅/℅ 045/7400373, www.gardaportal.de.

*Ü*bernachten (→ auch *K*arte *S*. 163)

Malcésine verfügt über zahlreiche, oft schön und ruhig gelegene Unterkünfte, die häufig einen Pool besitzen. Manche sind als „Bike Hotel" ausgewiesen, d. h. sie verfügen über Fahrradgarage, Werkstatt und Umkleideraum. Ohne HP oder VP ist in der Hauptsaison allerdings oft nichts zu machen.

- *Lido Paina* Nördlich der Altstadt kann man in mehreren Häusern unmittelbar am See unterkommen.

**** Castello (15), schöne Lage nördlich unterhalb der Burg direkt an der Seepromenade, wo auch gebadet wird. Liegewiese mit Fächerpalmen, Anlegesteg für Boote, Surfgarage, Dachterrasse mit Seeblick, Parkplatz, Restaurant. In den gepflegten Zimmern Sat-TV, z. T. Balkon. DZ mit Frühstück ca. 90–180 €. Via Paina 21, ℅ 045/7400233, ℅ 7400180, www.h-c.it.

*** Ambienthotel Prima Luna (2), ebenfalls ideale Strandlage, allerdings führt die Gardesana dicht hinter dem Haus vorbei, der Parkplatz befindet sich auf dem Dach. Größeres Haus mit Pools auf zwei Ebenen und einer beliebten Beach Bar, wo tagsüber auch viel Publikum von draußen anzutreffen ist. Moderne Zimmer, gutes Frühstücksbuffet. Am See entlang kann man bequem nach Malcésine laufen. DZ mit Frühstück ca. 80–170 €, auch Suiten. Via Retelino 4, ℅ 045/7400301, ℅ 7401255, www.ambienthotels.eu.

- *Oberhalb der Durchgangsstraße* Hier wohnt man recht ruhig und meist ruhig, oft besitzen die Häuser große Gärten. Zahlreich sind die Unterkünfte vor allem an der „Strada Panoramica".

*** Alpi (30), beliebtes Haus in zentraler Lage, trotzdem ruhig. Geführt von einer freundlichen Südtirolerin, behagliche rustikale Einrichtung, großer Garten mit Olivenbäumen, großer Pool, Solarium, Sauna, Parkplatz. DZ mit Frühstück ca. 90–110 €. Località Campogrande, ℅ 045/7400717, ℅ 7400529, www.alpihotel.info.

*** Ariston (17), wenige Schritte vor der Seilbahnstation zum Monte Baldo, nettes und gepflegtes Garni-Hotel mit schönem Garten, Sauna, Solarium, Parkplatz/Garage. Alle Zimmer mit Balkon (See- oder Bergblick) und Sat-TV. DZ mit Frühstück ca. 74–140 €. Via Navene Vecchia 4, ℅ 045/7400368, ℅ 7400744, www.hotel-ariston.net.

*** **Catullo (19)**, benachbart zum Ariston, Olivengarten mit Pool, ruhig, familiär geführt. DZ mit Frühstück 74–150 €. Via Priori 11, ✆ 045/7400352, 📠 6583030, www.catullo.com.

* **Villa Nadia (1)**, ruhiges, familiär geführtes Haus mit Garten und Garage, Zimmer z. T. mit Balkon oder Terrasse, auch Apartments. DZ mit Frühstück ca. 60–80 €. Via Navene Vecchia 54, ✆ 045/7400088, 📠 6583693, www.villanadia.it.

**** **Casa Barca (9)**, gepflegtes und gastliches Haus, 2007 komplett renoviert, mit schönem Pool und Garage für Mountainbiker und Motorräder, außerdem kleiner Wellnessraum mit Sauna, Whirlpool und Dampfsauna. Schöne moderne Zimmer mit Klimaanlage, Sat-TV und Balkon. Freundliche Führung durch Claudio Bertuzzi. DZ mit Frühstück ca. 104–164 €. Strada Panoramica 15, ✆ 045/7400842, 📠 045/6570763, www.casabarca.com.

*** **Capri (8)**, das moderne Hotel von Familie Bergonzini steht unterhalb der Strada Panoramica, herrlich unverbauter Seeblick, Dachterrasse, Pool, Parkplatz. Zimmer mit Balkon und TV, gute Küche, die auch Angebote für Vegetarier bereit hält. DZ mit Frühstück ca. 70–135 €. Strada Panoramica 26, ✆ 045/7400385, 📠 7400825, www.hotelcapri.com.

*** **Villa Smeralda (10)**, äußerlich ein eher etwas unschöner Betonbau, aber gepflegt, hinter dem Haus Pool, Frühstück auf der Terrasse zum See, auf dem Dach Sonnenterrasse mit Whirlpool, Zimmer mit Balkon. Ins Zentrum etwa 700 m. DZ mit Frühstück ca. 85–130 €. Strada Panoramica 41, ✆ 045/7400230, 📠 6570161, www.villasmeralda.info.

** **Casa Bianca (11)**, Garni-Haus mit großem Garten und Parkplatz, geführt von einer deutsch-italienischen Familie. DZ mit Frühstück ca. 64–80 €. Strada Panoramica 47, ✆/📠 045/7400601, www.casa-bianca.com.

* **Casa Popy (7)**, seit 1966 familiär geführt. Zimmer nach vorne recht laut, aber Leserempfehlung: „Wir hatten ein schönes Zimmer zum Berg mit Blick auf den Swimmingpool und den liebevoll angelegten Garten." DZ mit Frühstück ca. 50–74 €. Via Gardesana 28, südlich vom Zentrum direkt an der Durchgangsstraße, ✆/📠 045/7400545, www.casapopi.com.

Casa Rossi (12), Ferienwohnungen für 2–4 Pers. in einem frisch renovierten Haus in Hügellage landeinwärts der Halbinsel Val di Sogno, toller Blick, ruhige Lage und schöner Garten mit Olivenbäumen. Via Dos del Pis 8, Località Tombi, ✆ 045/6570227, www.casarossimalcesine.it.

● *Am Hang des Monte Baldo* Vorteilhaft ist hier vor allem die idyllisch-ruhige Lage mit herrlichem Blick über den See, in den Ort hinunter ist es allerdings weit.

**** **Park Hotel Querceto (3)**, komfortable Oase am höchsten Punkt der Strada Panoramica, großartiger Blick, perfekt gestyltes Haus im rustikalen Alpenstil, gehobenes Ambiente mit viel Holz, schöner Garten mit jungen Eichen, gediegenes Restaurant, in der Bar 40 Grappasorten aus ganz Italien, Pool, Parkplatz, Sauna. Zimmer im ländlichen Stil der Toskana, jeweils Sat-TV. DZ mit Frühstück ca. 140–180 €. Strada Panoramica 113, ✆ 045/7400344, 📠 7400848, www.parkhotelquerceto.com.

*** **Panorama (6)**, wunderbare Berglage mit herrlichem Blick auf den See (→ S. 22), geführt von italienisch-deutschem Paar. Großzügiger Aufenthaltsraum, Panoramaterrasse, großer Pool, Garten mit Liegewiese, Tennis, Ristorante, Wellness, Parkplatz. Moderne Zimmer mit Teppichboden, sehr sauber. DZ mit Frühstück ca. 70–170 €. Via Panoramica 83, etwa 3 km bis Malcésine, ✆ 045/7400171, 📠 7400608, www.panoramamalcesine.com.

● *Camping* * **Priori (16)**, im unmittelbaren Ortsbereich direkt unterhalb der Gardesana. 77 Stellplätze, etwas beengt, Strand wenige Schritte entfernt, auch Ferienwohnungen. Via Navene 31, ✆ 045/7400503, 📠 6583098, www.appartement-prioriantonio.it.

Richtung Norden findet man bei Campagnola die Plätze **Lombardi**, **Tonini**, **Campagnola** und **Claudia** (→ oben), bei Assenza im Süden **Panorama** und **Bellavista** (→ unten).

Essen & Trinken (→ auch Karte S. 161)

● *Im Zentrum* **Vecchia Malcésine (32)**, unterhalb der Gardesana, Nähe Pfarrkirche. Feinschmeckertreff mit schönem Olivenbaumvorgarten und herrlicher Panoramaterrasse. Feine, ideenreiche Küche, seit Kurzem mit einem Michelinstern gewürdigt, Menü ca. 60 € aufwärts. Mi geschl. Via Pisort 6, ✆ 045/7400469.

Taverna dei Capitani (29), im lang gestreckten, düsteren Gewölbe speist man wie in

Malcésine 163

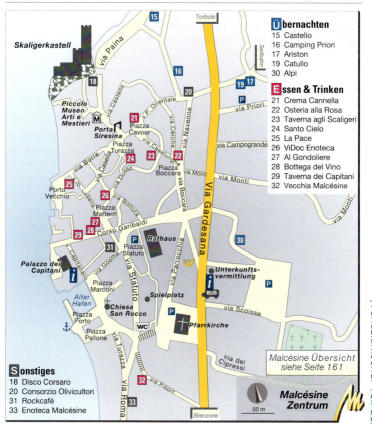

Übernachten
15 Castello
16 Camping Priori
17 Ariston
19 Catullo
30 Alpi

Essen & Trinken
21 Crema Cannella
22 Osteria alla Rosa
23 Taverna agli Scaligeri
24 Santo Cielo
25 La Pace
26 ViDoc Enoteca
27 Al Gondoliere
28 Bottega del Vino
29 Taverna dei Capitani
32 Vecchia Malcésine

Sonstiges
18 Disco Corsaro
20 Consorzio Olivicultori
31 Rockcafé
33 Enoteca Malcésine

(Venezianischer Teil des Gardasees) **Ostufer**

einer alten Burg, dahinter liegt ein schön begrünter Hof – touristisch gut bekannt. Mi geschl. Corso Garibaldi 2, ℅ 045/7400005.

Taverna Agli Scaligeri (23), bei der Piazza Cavour, ausgezeichnete Küche zu angemessenen Preisen, freundliche Bedienung. Via Caselunghe 14, ℅ 045/7401382.

Osteria alla Rosa (22), wenige Schritte vom Agli Scaligeri, seit 1919, rustikale Osteria/Trattoria mit karierten Decken in einer schlauchförmigen Passage, einfach, aber gut. Zu empfehlen sind die hausgemachten Polenta- und Pastagerichte, vor allem die Seefischravioli. Bei schönem Wetter sitzt man im Freien unter Weinreben. Piazzetta Boccara 5, ℅ 045/6570783.

Al Gondoliere (27), an der Piazza Matteotti auf einer Terrasse im ersten Stock. Schmackhafte Fisch- und Fleischgerichte, dazu freundlicher Service. Di-Mittag geschl. ℅ 045/7400046.

La Pace (25), im Porto Vecchio, an der intimen Piazza Magenta direkt am See. Flinker, professioneller Service, mittlere Preise. Di geschl. ℅ 045/7400057. Benachbart liegen das Restaurant/Pizzeria **Al Marinaio** und die Osteria **Porto Vecchio**.

● *Etwas außerhalb* **Lido Sopri (13)**, Strandlokal in herrlicher Panoramalage am Ende der südlichen Uferpromenade (Beginn von Val di Sogno), günstige Pizza, auf den satten Rasenflächen kann man Liegestühle und Sonnenschirme leihen. ℅ 045/7401595.

Lido Paina (4), nördlich vom Zentrum, schöne Terrasse direkt am See, neben dem gleichnamigen Strand, Blick auf die Burg.

Umkleidekabinen, Sonnenschirme, Liegestühle. Mo geschl. ✆ 045/7400587.
- *Enoteche/Snacks* **Bottega del Vino (28)**, zentraler und sehr populärer Abendtreff. Hier kann man Gardasee-Weine, Grappa und Liköre kaufen – oder sie gleich an Ort und Stelle trinken. Dazu werden kalte Platten, hausgemachte Nudeln und Pizzen gereicht. Corso Garibaldi 17.
ViDoc Enoteca (26), gemütlich-elegantes Plätzchen abseits vom Trubel, ausgewählte Weine und gute regionale Küche, z. B. Risotto mit Amarone-Wein oder Gardaseefisch mit Polenta, dazu eine reiche Vielfalt an Wurstwaren und Käse. Gelegentlich Jazz und Folkmusik live. Via Dosso 1.
Santo Cielo (24), einladende Osteria in einem überwachsenen Haus, auch nett zum Draußensitzen. Gute Weine, dazu kleine Gerichte wie *taglieri* (Wurst-/Käseplatten) und Bruschetta. Piazza Turazza 11.
- *Cafés* **Crema Cannella (21)**, verschiedenste Kaffevariationen, Fruchtsäfte, Eis und belegte Brote, die man sich individuell zusammenstellen kann. Freundliches Ambiente und gutes Preis-Leistungs-Verhältnis. Piazza Cavour 3.

Sport (→ Karte S. 161)

Malcésine gehört noch zur Surferecke des Sees, doch der Monte Baldo bietet auch Wanderern, Mountainbikern und Drachenfliegern eine Herausforderung.

- *Fahrradverleih* **Bike Xtreme (5)**, bei der Talstation der Seilbahn auf den Monte Baldo. Verleih und Reparatur, Shuttledienst und organisierte Touren. Via Navene Vecchia 10, ✆ 045/7400105, www.bikeapartments.com. Ein weiterer Verleih ist **Stickl Sportcamp** (→ Windsurfen).
- *Paragliding* Der Monte Baldo ist Zentrum der Drachenfliegerei am See, dank der Seilbahn kann man mehrmals am Tag starten. Der Startplatz oben liegt 200 m nördlich von der Seilbahnstation, gelandet wird 2 km nördlich von Malcésine.
Paragliding Club Malcésine, Via Gardesana 228, c/o Hotel Ideal (bei der Abzweigung der Strada Panoramica). ✆ 335-6112902, ✉ 045/6583168, www.paraglidingmalcesine.it. Tandemfliegen bietet z. B. **Condor Fly**, ✆ 338-3922412, ww.condorfly.com.
- *Segeln* **Sailing Center Hotel**, nördlich von Malcésine direkt am See (→ S. 158), ✆ 045/740055, ✉ 7400392, www.malcesine.com/sailing.
Fraglia Vela Malcésine, Jachtclub südlich vom Hafen, ✆/✉ 045/6570439, www.fragliavela.org.
- *Windsurfen* **Stickl Sportcamp (14)**, in Val di Sogno, direkt an der Uferstraße. Der mehrfache Europa- und Weltmeister Heinz Stickl bietet seit Mitte der siebziger Jahre Windsurf-, Kitesurf- und Segelkurse, außerdem geführte Mountainbiketouren an. Die ruhige Bucht ist auch gut für Kinder geeignet. Das angeschlossene Restaurant „La Vela" ist ebenfalls ein Tipp. Sportcampgäste können eine Unterkunft im Sporthotel „Villa Orizzonte" buchen (mit Pool). ✆/✉ 045/7401697, www.stickl.com.
- *Sonstiges* **Minigolf**, am Aufgang zur Seilbahn, eigener Parkplatz. ✆ 045/7400097.
Tennis, neun Plätze im großen Club Hotel Olivi, oberhalb der Gardesana in Val di Sogno. ✆ 045/7400444.
Trimm-dich-Pfad (mit Turngeräten), 1,5 km lang, an der Mittelstation der Seilbahn, Start- und Endpunkt ist die Kirche San Michele.

Sonstiges (→ Karte S. 163)

- *Adressen* **Ärztliche Versorgung**, Guardia Medica Turistica im Privatkrankenhaus auf der Halbinsel Val di Sogno, Eingang an der Gardesana. ✆ 045/6589317.
Gottesdienst, von Juli bis Sept. jeden So 11 Uhr evangelischer Gottesdienst in deutscher Sprache in der Kirche „Benigno e Caro" an der kleinen Piazza Cavour (Altstadt).
Post, gegenüber der Busstation, hinter dem Rathaus.
Sprachschule, „Acontatto", Villa Gelmi, Via Gardesana 222, Kursdauer ab einer Woche. Kontakt: Schlössle Bernhausen, Rosenstraße 4, D-70794 Filderstadt/Stuttgart, ✆ 0711/78740090, www.acontatto.com.
Toiletten in der Busstation und unterhalb der Pfarrkirche.
- *Internet* **Il Punto**, Internet-Café in der Via Borre 15, die zum alten Hafen (Porto Vecchio) hinunterführt. ✆ 045/6570734.
- *Nachtleben* Zunächst trifft man sich in den Cafés um das Hafenbecken, dann geht's in die beliebte „In"-Disco **Corsaro (18)** nördlich unterhalb der Burg, Via Paina 17 (im Sommer täglich bis 3 Uhr, gelegentlich „free for girls").

Im Hafen von Malcésine

Rockcafé (31), Vicolo Porticchetti 16, kleiner, populärer Pub unter einem düsteren Torbogen, Stimmung bis 2 Uhr nachts.
● *Shopping* **Markt** jeden Samstagvormittag an der zentralen Piazza Statuto unterhalb der Durchgangsstraße.
Enoteca Malcésine (33), südlich vom alten Hafen im Zentrum. Riesenauswahl an Weinen verschiedener Regionen Italiens, sogar der rare Cinque-Terre-Wein (Riviera) ist zu haben. Viale Roma 15.
Consorzio Olivicultori Malcésine (20), Verkaufsstelle für Olivenöl mit D.O.P.-Klassifizierung (geschützte Herkunftsbezeichnung) der örtlichen Genossenschaft. Via Navene Vecchia 21, ✆ 045/7401286, www.oliomalcesine.it.

Sehenswertes

Ein Spaziergang durch die Altstadt führt fast immer zunächst zum malerischen *Hafenbecken*. Am dortigen Hotel San Marco erinnert eine *Gedenktafel* an Goethes Aufenthalt am 13. September 1786. Im Umkreis begrenzen venezianische Palazzi die Uferfront. Der *Palazzo dei Capitani*, in dem heute das Informationsbüro untergebracht ist, war einst Sitz des venezianischen Statthalters. Die Serenissima herrschte wechselweise hier, in Torri del Benaco und in Garda fast vierhundert Jahre lang über den See, nämlich 1405–1797. Durch die düstere Eingangshalle kommt man in einen hübschen Garten mit Blumenrabatten und Fächerpalmen, zum See begrenzt durch eine Mauer mit den typischen Schwalbenschwanzzinnen – das richtige Plätzchen für ein zeitloses Viertelstündchen. Im Tonnengewölbe der Halle zeigt ein Fresko von 1672 die Burg von Malcésine mit einem stolzen Markuslöwen, ein nachdrückliches Emblem der Herrschaft Venedigs, das damals den Gemeinden am Ostufer allerdings bereits Teilautonomie zugestanden hatte. Diese hatten sich in der so genannten „Gardesana dell'Acqua" zusammengeschlossen. Im Obergeschoss ist noch der historische *Ratssaal* mit bemalter Kassettendecke, bunt geschmückten Wänden, Zierfries und Kamin erhalten – wenn Ausstellungen stattfinden, ist eine Besichtigung möglich.

Ein wenig weiter nördlich liegt etwas versteckt der alte Hafen *Porto Vecchio* mit einer Bootsrampe ins Wasser – ein hübsches Plätzchen, das heute mit modernen Skulpturen geschmückt ist. Einige Restaurants laden zum Verweilen ein.

Skaligerkastell

Die große Sehenswürdigkeit von Malcésine erhebt sich unmittelbar über den Häusern der Altstadt. Das weitläufige Gemäuer besteht aus Unter- und Oberburg, mehreren Innenhöfen auf drei Ebenen und dem markanten, 33 m hohen Bergfried. Bereits im 6. Jh. hatten hier die Langobarden eine Burg errichtet, später wurde von wechselnden Herrschern daran weitergebaut. Die Skaliger übernahmen im 13. Jh. die Anlage und bauten sie im Wesentlichen zur heute existierenden Festung aus, die allerdings von den Österreichern noch einmal baulich verändert wurde.

Öffnungszeiten/Preise April bis Okt. tägl. 9.30–20 Uhr (letzter Einlass 19 Uhr), übrige Zeit nur Sa/So und Feiertage 11–16 Uhr. Eintritt ca. 5 €, über 65 J. 3,50 €, Kinder von 6–13 J. 2 €.

> In einem schmalen Durchgang östlich außerhalb der Burgmauer ist die Stelle markiert, an der vor mehr als zweihundert Jahren der malende Goethe saß. Wohl in Anspielung auf die klassischen Ambitionen des deutschen Dichters steht hier in schwungvollem Latein: „Hinc J. W. Goethe i. d. Sept. MDCCLXXXVI arcem delineavit".

Rundgang: Im unteren Komplex, dem Palazzo Veneziano, ist das neu gestaltete *Museo di Storia Naturale (4)* untergebracht, das mit vielen multimedialen Spielereien und Touchscreen-Monitoren die vielfältige Flora und Fauna des Monte-Baldo-Gebiets zeigt und Entstehung, Geologie und Geomorphologie des Gardasees erklärt.

Als nächstes erreicht man an der Nordseite des Kastells einen *Aussichtsbalkon (5)* mit herrlichem Blick seeaufwärts. Treppen führen hinauf zur Pulverkammer, die

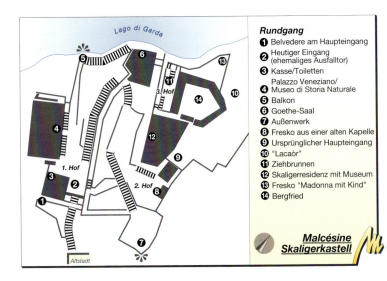

Blick vom Turm des Skaligerkastells

die österreichischen Militärs im 19. Jh. erbauten. Sie ist heute als *Goethe-Saal (6)* eingerichtet. Hier kann man die Skizzen betrachten, die der Dichter in Malcésine angefertigt hat, Auszüge aus seinem Tagebuch („Italienische Reise") und Bilder der Casa di Goethe in Rom sind kopiert. Außerdem sind die Pläne der Österreicher ausgestellt, die im 19. Jh. die Burg erstmalig kartografierten. Vor dem Saal ist ein kleiner Garten angelegt, hier steht eine Büste des Dichters. Weiter geht man zu einem zweiten Hof, an dessen Ostmauer Reste eines *Freskos (8)* erhalten sind. Benachbart liegt das ehemalige Haupttor der Burg *(9)*, außerhalb davon eine Wiese, der so genannte *Lacaòr (10)*, auf der eine etruskische Nekropole freigelegt wurde (nicht zu besichtigen). Vom südlichen *Außenwerk (7)* hat man einen herrlichen Blick auf die roten Schindeldächer von Malcésine.

Im *obersten Gebäude*, neben dem Hauptturm, lag einst die Residenz der Skaliger *(12)*. Im *Hof* ist ein Ziehbrunnen *(11)* erhalten, in der Nordostecke sieht man ein mittelalterliches Fresko „Madonna mit Kind" der ehemaligen Burgkapelle *(13)*, außerdem hat hier eine 8,5 m lange „Barbotta" ihren Platz, ein Boot, das früher zur Entenjagd benutzt wurde. Im vorderen Saal stehen einige moderne Kunstobjekte, im hinteren Raum wird der spektakuläre Schiffstransport der Venezianer über den Pass von Nago dokumentiert (→ Kasten S. 96), der zur Vertreibung der Mailänder Visconti vom See führte. Als krönenden Abschluss kann man schließlich auf steilen Treppen den *Mastio* (Hauptturm) erklimmen und den herrlichen Blick über Malcésine und den See genießen *(14)*.

Il Piccolo Museo Arti e Mestieri: Kurz vor dem Burgeingang in der Via Castello 17 befindet sich dieses Kunst- und Handwerksmuseum mit religiösen Artefakten, Waffen und anderen Relikten in einem z. T. noch original eingerichteten mittelalterlichen Haus. Daneben führt ein Weg hinunter zu einer winzigen ruhigen Bucht unterhalb vom Kastell.

Öffnungszeiten/Preise 10–19 Uhr, Do geschl., Eintritt frei..

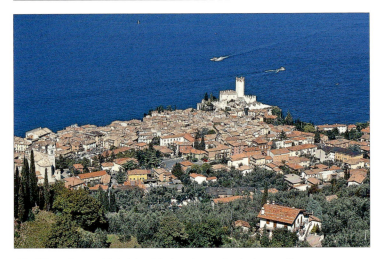

Die Silhouette von Malcésine ist eine der markantesten am See

Pfarrkirche: Die einschiffige Barockkirche *Santo Stefano* steht exponiert über dem alten Zentrum, nahe der Gardesana. Ihre Altäre sind von zahlreichen Gemälden geschmückt, z. B. am ersten Seitenaltar rechts die „Kreuzabnahme" von Girolamo dai Libri. Im zweiten Altar werden sterbliche Überreste der beiden Heiligen Benignus und Carus aufbewahrt, die im 9. Jh. in einer Höhle am Hang des Monte Baldo hausten. Ein Ortsfest zu ihren Ehren findet am 26. Juli statt.

Seepromenade: Südlich vom Hafenbecken trifft man bald auf den Viale Roma, der am See mündet. Im Folgenden kann man noch einen guten Kilometer die Seepromenade *Lungolago* entlang spazieren, hat dabei schöne Rückblicke auf Malcésine und findet auch Bademöglichkeiten. Am Scheitel der Halbinsel Val di Sogno verleitet ein Lokal und schöne grüne Rasenflächen direkt am See zur ausgiebigen Rast, danach folgt eine ruhige Kiesbucht gegenüber der *Isola dell'Olivo*. Durch das Gelände des Krankenhauses gelangt man zur Gardesana und kann bis zum Val di Sogno weitergehen.

Val di Sogno: „Traumtal" heißt übersetzt die üppig grüne Halbinsel im Süden von Malcésine. Zypressen, Oliven, Zedern und Palmen gedeihen hier, ein ebenso grünes Inselchen liegt vorgelagert, die *Isola di Sogno*. Da ein Großteil des Terrains aus Privatgrundstücken besteht, kann die Halbinsel leider nur punktuell besichtigt werden. In einigen Vier-Sterne-Hotels kann man dort jedoch auch stilvoll wohnen.

Malcésine/Baden

Nördlich vom Zentrum kann man am schmalen, kiesigen *Lido Paina* das herrliche Panorama der Burg genießen und auf der langen Promenade bis zur Anlegestelle der Fährschiffe gehen.

Südlich vom Zentrum gibt es Badestellen an der langen *Seepromenade*, vor allem am *Lido Sopri* im südlichen Teil, der schöne Liegewiesen besitzt (Nähe Halbinsel Val di Sogno). In *Val di Sogno* findet man schmale kiesige Uferbereiche, die aber oft von den anliegenden Hotels bzw. der dortigen Surfschule besetzt sind.

Monte Baldo

Mit über 2000 m Höhe, 37 km Länge und bis zu 11 km Breite das größte und höchste Bergmassiv am Gardasee, lang gestreckt und mächtig flankiert es die gesamte obere Hälfte des Ostufers. Während die unteren Lagen dicht bewaldet oder mit Olivenhainen bedeckt sind, zeigen sich die Gipfelregionen vom Wind glatt geschoren und kahl. Nur eine dünne Gras- und Heidenarbe gibt es hier oben, jedoch gesprenkelt mit zahllosen Blumen. Das Besondere: Der Monte Baldo ragte in der Eiszeit aus dem umgebenden Gletschermeer heraus, war oberhalb von 1200 m nie von Eis bedeckt. Seine Hänge gelten als Pflanzenparadies – was hier wächst, hat teilweise Ursprünge, die Jahrmillionen zurückgehen. Mehr als 600 Pflanzenarten wurden katalogisiert, darunter zahlreiche Raritäten. „Botanischer Garten Italiens" wird der Berg deshalb auch genannt.

Eine Fahrt mit der modernen Kabinenbahn „Funivia Panoramica" zum Gipfel *Tratto Spino* („Dornbusch") in 1760 m Höhe ist teuer, aber eigentlich ein „Muss". Die Talstation liegt direkt in Malcésine, wenige Meter von der Durchgangsstraße. Während der Fahrt dreht sich die Kabine um ihre Achse, so dass jede Perspektive ins Blickfeld der Passagiere gerät. An der Mittelstation *San Michele* (57 m) muss man umsteigen. Mancher wandert von hier hinauf, andere machen den Rückweg vom Gipfel zu Fuß (→ S. 172). Da die Hänge des Monte Baldo für Mountainbiker und Paraglider (Drachenflieger) geradezu prädestiniert sind, können diese ihre Sportgeräte per Lift hinauftransportieren lassen. In jedem Fall sollte man sich einen wolkenlosen und klaren Tag für die Tour aussuchen, denn bei diesigem Wetter – nicht selten am Gardasee – erkennt man oft nicht einmal den See unter sich, geschweige denn die majestätischen Bergketten im Norden. Kombinieren lässt sich die Fahrt mit dem erst 2009 eröffneten Sessellift *Nuova Seggiovia Prà Alpesina* (→ S. 174).

Was nicht jeder weiß: Den Monte Baldo kann man auf der „Strada Panoramica del Monte Baldo" auch mit dem eigenen Motorfahrzeug bezwingen. Die lange Bergfahrt beginnt allerdings nicht am Gardasee, sondern im Etschtal, an der Ostseite des Monte Baldo. Man startet in *Mori* an der SS 240 (Nähe Rovereto) und fährt über Brentonico und San Giacomo zum Rifugio Bocca di Navene oder beginnt die Fahrt im weiter südlich gelegenen *Avio*. Etwas südlich vom Einschnitt *Bocca di Navene* (1425 m) zwischen Monte Altissimo und Monte Baldo führt eine etwa 2 km lange Schotterpiste zur Seilbahnstation hinauf, die zwar für den motorisierten Verkehr gesperrt, aber zu Fuß leicht zu bewältigen ist.

> Achtung: Der **Aufstieg** von der Mittelstation zum Gipfel ist kein Spaziergang und vor allem im letzten Abschnitt sehr steil und anstrengend! Gehen Sie nur hinauf, wenn Sie über genügend Kondition verfügen und solide Ausrüstung (Wanderschuhe, Stöcke etc.) besitzen. Rechnen Sie mit gut 4 Std. Aufstiegszeit.

● *Anfahrt/Preise* Die **Seilbahn** verkehrt tägl. 8–18.45 Uhr (Anfang April bis Mitte Sept.), 8–17.45 Uhr (Mitte Sept. bis Mitte Okt.), 8–16.45 Uhr (Mitte Okt. bis Anfang Nov.). Abfahrten alle halbe Stunde. Achtung: Wegen des großen Andrangs ist im Sommer sowohl bei Hin- wie Rückfahrt mit Wartezeiten bis zu 1 Std. zu rechnen.

Der Abstieg ist beschwerlich, das Panorama überwältigend

Hin/Rückfahrt ca. 18 € (einfach 12 €), nur bis Mittelstation ca. 9 € (einfach 5 €). Ermäßigung für Familien ab 3 zahlenden Pers., Kinder von 1–1,40 m, über 65 J. und Gruppen ab 20 Pers. (nach Anmeldung): hin/rück bis zum Gipfel ca. 14,50 €, einfach 9 €. Kinder unter 1 m Körpergröße fahren gratis. Bis zu 9 x tägl. gibt es Sonderfahrten für Mountainbiker, eine Person mit Bike kostet einfach 16 € (ab 15 Uhr 11 €). Auch Paraglider können ihr Fluggerät mitnehmen lassen. Ein Hund kostet ca. 4 € hin/rück (Maulkorb und Leine sind obligatorisch). Infos und Reservierung bei der Talstation, ✆/ 045/7400206, www.funiviedelbaldo.it.

Bis zur Mittelstation kann man auch mit dem **PKW** hinauffahren, bei der Weiterfahrt per Seilbahn spart man 3 € zur Abfahrt ab Talstation.

> Für **Mountainbiker** ist der Monte Baldo im wahrsten Sinn des Wortes ein Höhepunkt. Rollendes Material vermietet „Bike Xtremes" in Malcésine (→ S. 164), anschließend kann man das Bike in der Seilbahn hinauftransportieren. Die 1800 m Höhe lassen sich dann in verschiedenen Varianten überwinden – besonders reizvoll ist die Fahrt zum Monte Altissimo (Rifugio Damiano Chiesa) und von dort weitgehend in Schussfahrt hinab bis Torbole.

▸ **San Michele** (536 m): Benannt ist die Mittelstation nach der kleinen Kirche, die in der Nähe steht (beschildert). Bei der Seilbahnstation kann man auf der Terrasse der „Locanda Monte Baldo" gemütlich und mit schöner Aussicht eine Stärkung zu sich nehmen, auch Zimmer werden vermietet, vom Pool Panoramablick über den See (DZ mit Frühstück ca. 76–92 €, ✆/ 045/7400612, www.locandamontebaldo.com).

▸ **Tratto Spino** (1760 m): Am Gipfel angelangt, ist die Sicht fast unbeschreiblich – wie auf dem Dach der Alpen fühlt man sich hier oben. Tief unten liegt das blaue Band des Sees, eingebettet in majestätische Bergketten, die bis zum Horizont reichen.

Monte Baldo 171

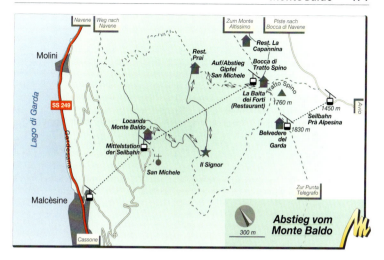

Bunte Farbtupfer setzen oft die zahlreichen Drachenflieger, die die hervorragende Thermik an den Hängen des Monte Baldo nutzen und langsam zum See hinunterkreisen. Einen besonders guten Seeblick hat man von dem felsigen Vorsprung, der unmittelbar nördlich der Seilbahnstation liegt. Wenn man stattdessen vom See weg nach Nordosten blickt, erkennt man eine Straße, die östlich unterhalb vom Monte Altissimo heraufkommt und als Schotterpiste bis zum Gipfel La Colma führt. Dies ist die oben erwähnte „Strada Panoramica del Monte Baldo", auf ihr erreicht man in etwa 40 Min. das Rifugio „Bocca di Navene" (→ Essen & Trinken).

Wenn man von der Seilbahnstation nach Norden geht, kommt man nach einer kurzen Anhöhe auf eine lang gestreckte Bergwiese, die *Colma di Malcésine*. Im dortigen Gasthof „La Capaninna" versammeln sich alle, die von ihren Füßen nicht mehr weiter getragen werden, und lassen sich stattdessen in Liegestühlen bräunen – „belästigt" zur allgemeinen Gaudi von zahlreichen Kühen, die hartnäckig auf Essbares lauern. Für Kids gibt es Spielgeräte und im Sommer Ponyreiten. Weiter vorne starten bei guter Thermik die Paraglider. Nach einigen hundert Metern in Richtung Norden bricht der Bergrücken abrupt zur darunter liegenden Bocca di Navene ab und man genießt den herrlichen Panoramablick auf das Nordende des Sees und die dahinter aufsteigenden Bergriesen Adamello, Brenta u. a.

• *Übernachten/Essen & Trinken* **La Baita dei Forti**, rustikales Lokal mit solider Bergküche (11.30–17 Uhr), wenige Schritte von der Seilbahnstation. Tische im Freien, drinnen Bar mit Snacks und Getränken. Sechs Zimmer werden vermietet, Sauna mit Blick auf den See. Ganzjährig. DZ mit Frühstück ca. 80 €. ☏ 045/7400319, ☏ 045/6570685, www.baitadeiforti.com.

La Capannina, Berggasthof mit großem Gastgarten am Beginn der Colma di Malcésine, 300 m nördlich der Station. Auch hier gute Küche sowie Milchprodukte aus eigener Herstellung. Eine Außenbar versorgt die Liegestuhlgäste mit Getränken. Ganzjährig. ☏ 045/6570081.

Bocca di Navene, Rifugio mit Ristorante und Aussichtsterrasse am gleichnamigen Einschnitt zwischen Monte Altissimo und Monte Baldo, etwa 3,5 km (40 Fußmin.) in Richtung Monte Altissimo (von der Seilbahnstation die Schotterstraße Richtung Nordosten hinunter). Man kann dort auch übernachten. Nur Juni bis Sept. ☏ 045/7401794.

Monte Baldo/Wandern

Viel begangen wird natürlich der Weg bergabwärts zur Mittelstation *San Michele*. Sehr reizvoll und nicht übermäßig anstrengend ist die Wanderung auf den *Monte Altissimo* in Richtung Norden. Der hochalpine Weg nach Süden zur *Cima Valdritta*, mit 2218 m der höchste Gipfel des Baldomassivs, und weiter zur *Punta Telegrafo* (2200 m) mit dem gleichnamigen Rifugio (eigentlich: Rif. Gaetano Barana, S. 185) ist dagegen langwierig und vor allem für ausdauernde Bergwanderer geeignet. In jedem Fall sind eingelaufene Wanderschuhe und gute Kondition Voraussetzung! Einen guten Überblick über das Wegenetz bietet die Wanderkarte „Carta dei Sentieri Monte Baldo" (1:25.000, zwei Blätter mit deutschsprachigen Routenbeschreibungen), erhältlich im örtlichen Buchhandel.

▸ **Abstieg vom Tratto Spino nach San Michele**: Man geht zunächst zum Sattel *Bocca di Tratto Spino* (auch: Bocca Tredes Pin) südlich unterhalb vom Gasthof „La Baita dei Forti", dort zeigt ein Wegweiser („San Michele", „Rist./Bar Prai", „Col di Crat") Richtung Nordwest schräg den Hang hinunter. Man folgt dem gut zu erkennenden Weg, der allmählich abfällt und die gesamte Westseite der Colma di Malcésine passiert, unterquert die Seilbahn und erreicht nach ca. 20 Min. ein Waldstück. Kurz darauf trifft man auf die schöne Hochebene *La Prada*, die wie eine Höhenterrasse über dem See liegt. 40 Min. nach Aufbruch läuft der Weg parallel zum Hang über saftige Kuhweiden nach Norden, mehrere Gatter werden passiert. Nach 50 Min. erreicht man das Ristorante „Prai", das mit seiner einladenden Terrasse so richtig geeignet ist für eine ausgiebige Rast. Durch ausgedehnten Nadelwald geht es nun auf einem breiten Fahrweg sehr steil hinunter in Richtung San Michele. Unterwegs durchquert man den *Porticato de Il Signor*, einen über die Straße gebauten Torbogen in Art einer offenen Kapelle. Kurz vor San Michele weist ein Wegweiser vom Hauptweg nach links zur „Funivia" in einen schmalen Pfad. Hier erreicht man in wenigen Minuten die Seilbahnstation (geradeaus geht es in 1,5 Std. nach Navene). Insgesamt braucht man etwa 2,5–3 Std. für die Strecke vom Gipfel nach San Michele. Von San Michele nach Malcésine ist man weitgehend auf Asphaltstraßen unterwegs (Dauer ca. 1,5 Std.) und kann bedenkenlos die Seilbahn nehmen.

Wanderung vom Tratto Spino zum Monte Altissimo

Beliebter Treffpunkt bei Mensch und Tier: der Berggasthof La Capannina

▶ **Vom Tratto Spino zum Monte Altissimo**: In Richtung Norden erreicht man in etwa 3 Std. das gemütliche und viel besuchte Rifugio „Damiano Chiesa" am *Monte Altissimo* (2079 m). Man geht zunächst über die *Colma di Malcésine* bis zum Ende, dort steigt rechts ein „Sentiero Naturalistico" zwischen seltenen Blumen den Hang hinab und trifft auf die Schotterpiste zur Bocca di Navene. Man folgt ihr ein Stück, bis in der ersten scharfen Rechtskurve ein markierter Weg geradeaus zur *Bocca di Navene* (1425 m) mit dem gleichnamigen Gasthaus führt, die man nach ca. 45 Min. ab Seilbahnstation erreicht. Ein weiterer Weg führt nun parallel unterhalb der Asphaltstraße in weiteren 45 Min. zur *Bocca di Creer* (1617 m) mit dem „Rifugio Graziani" (✆ 0464/867005). Hier kann man das benachbarte, unter Naturschutz stehende Felsplateau *Corna Piana* besuchen, wo ein Großteil der vielfältigen Pflanzenwelt des Monte Baldo wächst (→ Kasten, S. 174). Ein Fahrweg (früherer Militärweg) führt nun in Serpentinen zum Rifugio am *Monte Altissimo* hinauf, wo man sich ausgiebig stärken und am fantastischen Panoramablick erfreuen kann. Für die Rückkehr bietet sich der Weg 651 an, der von der heraufkommenden Fahrpiste nach der ersten starken Kurve rechts abzweigt und am Kamm entlang wieder zur Bocca di Navene hinunter führt. Von dort kann man die bequeme Schotterstraße zur Seilbahnstation zurück nehmen.

Tipp: Anstatt zur Seilbahnstation zurückzuwandern, könnte man vom Monte Altissimo den schönen Weg 601 nach Norden nehmen, der nach etwa 4 km auf eine Asphaltstraße mündet, die steil nach Nago oberhalb von Torbole führt (→ Kasten S. 95). Allerdings sind dabei 2000 Höhenmeter im Abstieg zu bewältigen und die Knie beginnen bald zu schmerzen.

Übernachten/Essen & Trinken **Rifugio Damiano Chiesa**, Juni bis Sept. tägl., außerhalb dieser Zeit nur Sa/So geöffnet. 30 Übernachtungsplätze. ✆ 0464/867130, der Pächter Signore Zampiccoli kann unter ✆ 0464/518926 in Arco erreicht werden.

Erlebnis Natur: Blumen am Monte Baldo

Orchideen, Anemonen, Edelweiß, Primeln, Trollblumen, Gelber Enzian, Holunderknabenkraut, Feuerlilie, Pfingstrose, Bärentraube, Klebrige Akelei, Dolomiten-Teufelskralle – mehr als 600 Arten sollen es sein, die an den Hängen des Monte Baldo wachsen. Das ihre zur Arterhaltung tut die ausgeprägte Weidewirtschaft – Kühe halten die Büsche klein, das nutzt den Blumen. Manche Pflanzen sind endemisch, d. h. sie gedeihen nur hier, z. B. *Kerners Schmuckblume* (callianthemum kernerianum), andere tragen die Bezeichnung „baldensis", d. h. sie wurden hier erstmalig entdeckt, kommen aber auch woanders vor, darunter das *Monte-Baldo-Windröschen* (anemone baldensis), die *Felsenglockenblume* (campanula del Monte Baldo), die *Baldensische Witwenblume* (knautia baldensis), das *Südtiroler Labkraut* (galium baldensis), der *Baldo-Steinbrech* (saxifraga baldensis) u. a.

Wer ernsthaft an der Flora des Monte Baldo interessiert ist, kann den Naturpark *Corna Piana* unterhalb des Monte Altissimo über die Autostraße Mori-Brentonico besuchen. Man fährt dafür bis zum Rifugio Graziani und kann von dort schnell die Blumenwiesen auf dem benachbarten Plateau erreichen (Fußweg vom Monte Altissimo siehe oben). Oder man fährt über Caprino di Veronese, Spiazzi und Ferrara di Monte Baldo zum *Rifugio Novezzina* (✆ 0456/247162) in 1230 m Höhe, östlich unterhalb der Punta Telegrafo. Benachbart zum Rifugio liegt der sehenswerte Botanische Garten *Orto Botanico del Monte Baldo*, wo zahlreiche Pflanzen des Monte Baldo kultiviert werden (Mai bis Sept. tägl. 9–18 Uhr, bei Anmeldung auch deutschsprach. Führungen, ✆ 0456/247288, www.ortobotanicomontebaldo.org).

▸ **Nuova Seggiovia Prà Alpesina**: Erst 2009 wurde diese moderne Sesselliftanlage eröffnet, die südlich vom Tratto Spino an der Straße von/nach Avio beginnt. Von der Bergstation der Seilbahn aus Malcésine geht man dorthin etwa 30 Min. Aus 1450 m fährt man in bequemen Viersitzern hinauf zum *Belvedere del Garda* in 1830 m Höhe, genießt unterwegs den herrlichen Blick zurück ins Etschtal, oben angekommen das Panorama des Gardasees. Eine Snackbar ist vorhanden.

• *Öffnungszeiten/Preise* Ende Juni bis Mitte Sept., jeweils 9–13, 14–18 Uhr. Preis hin u. zurück ca. 7 €, 5 € für Kinder von 1–1,40 m Größe, Gruppen ab 20 Pers. (mit Reservierung), über 65 J. und Familien ab drei zahlenden Pers., außerdem für Auffahrten nach 16 Uhr. ✆ 045/7400206, www.funiviemontebaldo.it.

Von Malcésine nach Torri del Benaco

Unmittelbar südlich von Malcésine passiert die Gardesana Orientale die malerische Halbinsel Val di Sogno mit zwei vorgelagerten Inseln. Während im Folgenden landeinwärts die dicht begrünten Hänge des Monte Baldo ansteigen, verläuft die Straße bis Torri del Benaco fast durchweg nah am Wasser – begleitet von einer ununterbrochenen Folge kleiner Campingplätze, Pensionen und Hotels. Dazwischen liegt eine Reihe von Seeorten, die zur Gemeinde Brenzone zusammengefasst wurden.

▸ **Cassone**: Das Dörfchen wird wie so viele Orte an dieser Seeseite brutal von der Gardesana durchschnitten. Doch ziehen sich landeinwärts enge Kieselgässchen den Hang zur achteckigen (!) Pfarrkirche hinauf und um die bescheidene Seepromenade und den hübschen kleinen Hafen mit seinen historischen Häusern ist es fast immer sehr ruhig. *La Torricella* heißt das malerische venezianische Türmchen (erbaut um 1500), das das Hafenbecken bewacht. In einem Gebäude, das ursprünglich zur Fischzucht diente, kann man das kleine *Museo del Lago* besuchen, das historische Fischereiutensilien u. Ä. zeigt.

Nördlich vom Ort liegen ein Parkplatz und ein kleiner Kiesstrand. Unter der Gardesana rauscht der Fluss *Aril* in Richtung See. Das Kuriosum: Nur 175 m weiter oben entspringt er aus dem Berg – tatsächlich also der kürzeste Fluss der Welt?

- *Öffnungszeiten* **Museo del Lago**, Di–So 10–12, 15–18 Uhr.
- *Anfahrt/Verbindungen* **ATV-Busse 62–64** je nach Saison alle 1–2 Std. in beide Richtungen. Station beim Postamt.
- *Übernachten* **** Cassone**, ein wenig zurück von der Via Gardesana, der Fluss Aril enspringt kurz hinter dem Haus und strömt unter dem Speisesaal hindurch. Einfaches, korrektes Haus mit günstigen Preisen. Großer „Schlossteich" mit Enten, Parkplatz. DZ mit Frühstück ca. 60–80 €. ✆ 045/6584197, www.hotelcassone.com.
- *Essen & Trinken* **Al Vogaór**, am nördlichen Ortseingang zwischen Gardesana und See, sehr schöner Blick, große Auswahl und zivile Preise. ✆ 045/6584111.

Aril, direkt unterhalb der Gardesana, neben dem gleichnamigen Flüsschen. Riesige, preiswerte Pizzen, die Calzone wird auf zwei Tellern serviert, einer allein reicht nicht aus. ✆ 045/6584197.

Brenzone

Am Fuß des Monte Baldo erstreckt sich diese Streugemeinde, die aus etwa sechzehn Dörfern besteht – die größten sind Assenza, Porto di Brenzone, Sommavilla, Castello, Magugnano, Marnige und Castelletto di Brenzone.

Außer Sommavilla und Castello liegen alle genannten Orte am See, die verkehrsreiche Gardesana durchschneidet sie und wirkt oftmals recht störend. Um die Region touristisch aufzuwerten, hat die Stadtverwaltung deshalb beschlossen, eine 8 km lange Strandpromenade zu bauen, die ausschließlich für Fußgänger bestimmt ist.

▶ **Assenza**: nettes Örtchen, das nur aus ein paar Häusern und einem Dorfplatz direkt an der Gardesana besteht. Es gibt allerdings sogar eine Schiffsanlegestelle (2 x tägl.

Der Hafen von Cassone: zeitlos ruhiges Eckchen am See

Ostufer

in jeder Richtung). Ein schmaler Kiesstrand liegt direkt an der Straße, südlich vorgelagert ist die Isola Trimelone, Richtung Süden liegt die Segel- und Kitesurfschule „Circolo acqua fresca" (✆ 045/7420575, www.circoloacquafresca.it.).

An der Oberkante der Piazza steht das romanische Kirchlein *San Nicolò* aus dem 14. Jh. In ihrem Inneren sind einige Fresken erhalten, z. B. rechts eine Madona mit zwei Heiligen, im Chor eine Reihe von Heiligen mit einer Kreuzigung und links ein naiv anmutendes „Abendmahl" in byzantinischer Tradition: Über den Brot essenden Jüngern sind deren Namen vermerkt.

- *Anfahrt/Verbindungen* ATV-Busse 62–64 je nach Saison alle 1–2 Std. in beide Richtungen.
- *Übernachten/Essen & Trinken* ***** Villa Isabella**, etwas landeinwärts der Gardesana, gepflegtes Haus mit Pool und kleinem Hallenbad. Fast alle Zimmer mit Terrasse/Balkon, Seeblick und Sat-TV. Parkplatz und Garage. DZ mit Frühstück ca. 60–90 €. Via Vecchia 10, ✆ 045/7420048, ✉ 6590042, www.villaisabella.com.

* Casa Este, familiäre Pension mit Garten und Garage, direkt neben der Kirche, geführt von einer freundlichen Signora. DZ mit Frühstück ca. 50–70 €. ✆ 045/7420165, ✉ 7420482, www.casaeste.it. .

Zwischen Cassone und Assenza liegen etwas erhöht die Campingplätze *** Bellavista** (✆/✉ 045/7420244) und *** Panorama** (✆/✉ 045/6584119), durch eine Unterführung gelangt man zum Strand.

> ### Isola Trimelone
> Etwa 400 m vor Assenza liegt die auffallend lang gestreckte Insel – die Legende berichtet, es handle sich dabei um die fest verschlungenen Arme zweier Brüder, die von den Göttern verwandelt worden seien und als Felsen tot unter Wasser ruhen. Im 10.–12. Jh. stand hier ein Kastell, das gegen Kaiser Barbarossas Eroberungsgelüste Front machte, doch davon ist nichts mehr übrig. Erhalten sind dagegen betonierte Festungsreste aus dem Ersten Weltkrieg – damals hatten die Italiener hier eine Batterie in Stellung gebracht und bombardierten Riva. Nach dem Zweiten Weltkrieg wurde die Insel als Depot für Kriegsmaterial und viele Jahre lang zum Entschärfen von Bomben und Sprengstoff genutzt, bis 1954 einer der Bunker dabei in die Luft flog. 2005 hat man endlich begonnen, die Insel und den Seegrund in ihrer Umgebung systematisch abzusuchen. Das Ergebnis war erschreckend: Etwa 90.000 Sprengkörper wurden entdeckt, mussten z. T auch noch entschärft werden.

▸ **Porto di Brenzone**: sehr hübsches Hafenbecken und ebensolche Promenade. Richtung Süden zieht sich ein Kiesstrand mit einer Reihe Badehotels bis ins benachbarte Magugnano, die Gardesana verläuft recht nah dahinter.

- *Anfahrt/Verbindungen* ATV-Busse 62–64 je nach Saison alle 1–2 Stunden in beide Richtungen. **Fähren** 2–3 x tägl.
- *Information* **Pro Loco** am nördlichen Ortseingang. Via Zanardelli 38. ✆ 045/7420076, ✉ 7420758, www.brenzone.it.
- *Übernachten* ***** Du Lac**, beliebtes Familienhotel am See, moderne und schön gestaltete Zimmer, Rasen mit Schatten spendenden Bäumen am Ufer, Strand, Tennis, Hallenbad, Restaurant. DZ mit Frühstück ca. 88–140 €. Località Vaso, Via Zanardelli 3, ✆ 045/7420138, ✉ 7420675, www.dulachotel.it.

*** Belfiore Park Hotel, kurz vor Hotel Du Lac am Ufer, vollkommen neu konzipiert, elegante Zimmer, Liegefläche am See, dort auch ein schöner Swimmingpool, gutes Restaurant. DZ mit Frühstück ca. 42–100 €. ✆ 045/7420102, ✉ 7420653, www.consolinihotels.it.

- *Essen & Trinken* **Taverna del Capitano**, hübscher Fleck am Hafen, schlicht eingerichtet, aber sehr leckere Fischspezialitäten aus dem See, mittel teuer. Di geschl. (nicht im Sommer). ✆ 045/7420101.
- *Shopping* **Cooperativa Uliveti Brenzone**, schön aufgemachter Verkaufsladen der Ge-

Brenzone

nossenschaft der Ölbauern von Brenzone (über 300 Mitglieder) direkt an der Gardesana, zu erkennen an den beiden großen Mahlsteinen vor der Tür. Da das unwegsame Gelände eine maschinelle Pflückung verhindert, erfolgt die Olivenernte noch heute per Hand. Gepresst wird nach alter Tradition mit Steinpressen (Ölmühle in der Via Ca' Romana 10). Das Ergebnis ist ein geschmacklich interessantes, zart-aromatisches Öl (1 Liter ca. 12,50 €). Via Zanardelli 18, ✆ 0456/590002, ✉ 59400, www.coop-uliveti.it.

▶ **Magugnano**: etwas größerer, dennoch sehr ruhiger Ort mit Anlegestelle (2 x tägl. Fähren in jeder Richtung). Das alte Zentrum liegt zwischen Gardesana und See. Um das Hafenbecken gibt es eine Reihe verglaster Restaurants, herrlich ist das Seepanorama mit Blick hinüber nach Tignale.

Einen Blick wert ist der große *Stein von Castelletto* (Pietra di Castelletto) im Eingangsbereich des Rathauses (rechter Eingang), den man 1965 beim Bau eines Hauses gefunden hat. Diese 3,60 x 1,60 m große Felsplatte aus der Bronzezeit ist gut 4000 Jahre alt und mit ebenso alten Einritzungen bedeckt, die Menschen, Speere, Schwerter und Äxte zeigen – eine Erinnerung an die Anfänge der Metallverarbeitung.

• *Übernachten* *** **Rely**, etwa 200 m vom Ufer in einem großen Olivenhain, schöner Blick auf See und Monte Baldo. Zimmer im Haupthaus und in 18 Bungalows. Großer Pool und Kinderbecken, Minigolf, Boccia, Restaurant. DZ mit Frühstück ca. 80–105 €. Via C. Colombo, 36/38, ✆ 045/7420025, ✉ 7420026, www.hotelrely.com.
*** **Villa Beatrice**, geschmackvolles Haus an der Uferpromenade, Zimmer mit Sat-TV, Klimaanlage und Balkon zur Seeseite, Parkplatz und Bikegarage, nettes Eiscafé. DZ mit Frühstück 72–86 €. Via XX Settembre, ✆ 045/7420077, ✉ 7420517, www.villabeatrice.com.
** **Villa del Lago**, ruhig gelegenes Haus mit entspannter Atmosphäre, das nur durch eine Fußgängerpromenade vom See getrennt ist. Seit 1911 Hotel und seit drei Generationen in Familienbesitz. 16 Zimmer mit massivem Holzmobiliar und TV. Frühstück vom Buffet kann im Garten eingenommen werden. Frau Anna Alba Brighenti ist eine erlebenswerte Persönlichkeit und spricht sehr gut Deutsch. Mit Garage. DZ mit Frühstück ca. 75–120 €. Via XX Settembre 25, ✆ 045/7420388, ✉ 7420622, www.gardalago.com.
* **Camping Denis**, zwischen Straße und Kiesstrand. ✆ 045/7420237, camping.denis@libero.it.
* **Camping Primavera**, beim benachbarten Marniga, oberhalb der Straße im Olivenhain, Unterführung zum Kiesstrand. ✆/✉ 045/7420421, www.camping-primavera.com.
• *Essen & Trinken* **Osteria La Roche**, netter Platz unter einem hohen Kastanienbaum am Hafenbecken, Fischspezialitäten vom See, z. B. Gardasee-Sardine und Carpaccio vom Hecht. ✆ 045/7420632.
Club da Bahia, gestyltes Hotelrestaurant mit Panoramablick, sehr modern und gänzlich verglast, interessante Speisekarte, z. B. *tonno al thymio* und *Sushi all'italiano*. ✆ 045/7420144.
• *Shopping* **Internationale Presse** in der Hauptgasse, wenige Meter nördlich vom Hafen.

▶ **Castelletto di Brenzone**: Der größte Ort der Gemeinde Brenzone besitzt ein besonders malerisches Hafenbecken und eine Seepromenade, an der dienstags ein weitläufiger Markt stattfindet. An der Gardesana fällt das große Frauenkloster „Istituto Piccole Suore della Sacra Familia" auf, eins der größten am Gardasee. Der 1988 selig gesprochene Ordensgründer Monsignore Giuseppe Nascimbeni stammt aus dem nahen Torri del Benaco (→ dort). Landeinwärts der Gardesana zieht sich der verwinkelte Altstadtkern steil den Hang hinauf. Im Geburtshaus der Ordensmitbegründerin Madre Maria Domenica Mantovani ist ein *Museo Etnografico* eingerichtet (neben dem Kloster ausgeschildert), es zeigt eine typische Wohnung des 19. Jh. mit den charakteristischen Utensilien und Arbeitsgeräten aus Fischerei, Olivenanbau, Seidenraupen- und Viehzucht.

• *Verbindungen* **ATV-Busse 62–64** alle 1–2 Stunden in beide Richtungen. **Fähren** 2 x tägl. in jeder Richtung.
• *Öffnungszeiten* **Museo Etnografico**, Juli/August Mo, Mi, Fr 18–21 Uhr, Di 10–12 Uhr, Sa/So nach Vereinbarung, ✆ 045/6589500 o. 045/6589111.

- *Übernachten* ***** Santa Maria**, gut ausgestattetes Haus, direkt am Kiesstrand mit Baumschatten. Auch Surfer kommen hier wegen der benachbarten Surfstation gerne unter (→ Sport). Mit Hallenbad. HP pro Pers. ca. 50–70 €. Nördlich von Castelletto zwischen Uferstraße und See, ☎ 045/7420555, 🖷 7420149, www.bertoncellihotels.com.
*** La Caletta Hotel Bolognese, ebenfalls direkt am See, seit 30 Jahren Familienbetrieb. Kürzlich modernisiert, schöne Panoramaterrasse, Privatstrand. Ins Zentrum 10 Fußmin. entlang der Promenade. DZ mit Frühstück ca. 80–150 €. Via Vespucci 44, ☎ 045/7430159, 🖷 7430188, www.hotel-bolognese.it.
** Taki, schöne Lage direkt am See, dahinter die Gardesana. Ein Stück oberhalb der Straße Vermietung von Bungalows, dort auch Pool mit Kinderbecken und Tennis. DZ mit Frühstück ca. 50–100 €. Località Salto, ☎ 045/7430035, 🖷 7430154, www.hoteltaki.it.
* Camping Baldo, direkt am See. Nördlich von Castelletto, zwischen Straße und Ufer, ☎/🖷 045/7420429, campingbaldo@tiscalinet.it.
* Camping Le Maior, südlich von Castelletto ruhig im Olivenhain. ☎/🖷 045/7430333, www.campinglemaior.it.
* Camping San Zeno, hübscher Wiesenplatz neben der gleichnamigen Kirche südlich vom Ort. Zum Baden über die Straße. Via Vespucci 97, ☎ 045/7430231, 🖷 430171, www.campingsanzeno.it.
- *Essen & Trinken* **Alla Fassa**, beliebte Adresse am nördlichen Ortsausgang, Gartenplätze mit schönem Seeblick, sorgfältig zubereitete Fischgerichte und Antipasti, guter Service durch Mario und Roberto. Di geschl. (außer im Sommer). ☎ 045/7430319.
Da Umberto, großes, auffällig dekoriertes Restaurant am Hafenbecken. Auch hier wird hauptsächlich Seefisch serviert, Hummer lässt man sich ebenfalls schmecken. ☎ 045/7430388.
Al Sole, im Backsteingewölbe eines schönen gotischen Palazzo, zur Seepromenade hin überdachter Hof. Im Angebot auch traditionelle Gerichte wie *baccalà con polenta* (Stockfisch). ☎ 045/6590058
La Primeria dal Sarsisa, Piazza dell'Olivo, rustikale Trattoria mitten in der Altstadt, Nudelgerichte, Vorspeisen, Wurst- und Speckplatten. ☎ 045/7430402.
- *Shopping* **Internationale Presse** gibt es wenige Schritte vom Hafenbecken.
Oleificio Piccoli Produttori, kleine, genossenschaftlich betriebene Ölmühle direkt an der Gardesana (Seeseite). Mo 9–11.30, Di–Sa 9–12.30, 15–18.30 Uhr, So geschl. ☎ 045/7430251.
- *Sport* Ans Hotel Santa Maria angeschlossen ist die **Segel- und Surfschule Vito** von Vito Steiger aus Olang (Südtirol), ☎ 338-3388817, www.gardasurf.com.

▸ **Castelletto di Brenzone/Umgebung**: Ein 15-minütiger Spaziergang führt von der Piazza dell'Olivo durch schöne Olivenhaine hinauf in den winzigen Weiler *Biazza*, der auf und in den Ruinen einer alter Skaligerburg erbaut wurde. Am Karfreitag findet auf diesem Weg eine eindrucksvolle Prozession statt. Die romanische Pfarrkirche Sant'Antonio erhebt sich etwas abseits auf einem Felsvorsprung.

Ein Stück südlich von Castelletto steht direkt an der Gardesana neben dem Friedhof die romanische Kirche *San Zeno* aus dem 12. Jh., einer der ältesten erhaltenen Sakralbauten am Ostufer. Sie besitzt eine eigentümliche Form mit zwei Schiffen, die wechselweise durch Säulen und Pfeiler getrennt sind, die Kapitele sind z. T. römischen Ursprungs. Mehrere byzantinisch anmutende Freskenreste sind erhalten, darunter in der linken Apsis Johannes der Täufer (12. Jh.). An der Fassade ein großes Fresko von Christopherus mit Kind. Die Kirche trägt den Spitznamen *San Zen de l'oselet*, also „San Zeno zum Vögelchen". Grund dafür ist der eiserne Hahn auf der Turmspitze, der tatsächlich wie ein kleiner Vogel wirkt. An der Seeseite der Gardesana findet man hier schöne Badestellen am Kiesstrand, ein Campingplatz liegt neben der Kirche.

▸ **Pai**: nur eine Handvoll Häuser, darunter einige prächtige, herrschaftliche Palazzi des 19. Jh. direkt an der Straße, einer sogar mit zinnenbewehrtem neogotischen Turm. Auch eine Anlegestelle gibt es (1 x tägl. in jeder Richtung). Der alte Ortskern mit der Pfarrkirche liegt etwas oberhalb am Hang.

- *Anfahrt/Verbindungen* **ATV-Busse 62–64** je nach Saison alle 1–2 Stunden in beide Richtungen.
- *Übernachten* **** Monaco**, das ruhige Haus mit Familie Reinstadler (deutschsprachig) liegt im Grünen, etwa 100 m landeinwärts der Straße. DZ mit Frühstück ca. 80–90 €. Via Gardesana 66, ✆ 045/7260001, ✉ 7260280, www.hmonaco.it.
- *** Lorolli**, etwas nördlich vom Ort, schöne Lage oberhalb der Straße, herrlicher Blick, freundlich geführt von Familie Tronconi. Gemütlich eingerichtete Zimmer und Apartments, große Aussichtsterrasse, unten ein schmaler Kiesstrand mit Badesteg. DZ mit Frühstück ca. 70–80 €. ✆ 045/7260010, ✉ 7260386, www.lorolli.it.

Weiterhin gibt es zwei Campingplätze:
- *** Ai Salici**, Via Pai di Sotto 97, ✆/✉ 045/7260196, www.gardalake.it/aisalici.
- *** Pai da Maria**, Via Pai di Sotto, ✆/✉ 045/7260079.

▶ **Crero**: winziges Bergdörfchen oberhalb der Gardesana, etwa 3 km nördlich von Torri del Benaco. Von der Spiaggia d'Oro führt eine extrem enge und steile Straße mit verwegenen Haarnadelkurven ca. 1,5 km hinauf. Doch die Fahrt lohnt sich, denn oben bietet die kleine Trattoria „Panoramico" (✆ 045/6290654) einen herrlichen Seeblick bis hinüber nach Toscolano-Maderno am Westufer (leider nur drei, vier Parkplätze). Auch aus einem weiteren Grund ist der Abstecher interessant, denn etwa 600 m oberhalb von Crero findet man einige der teilweise prähistorischen *Felszeichnungen*, für die diese Ecke des Sees berühmt ist.

Erlebnis Kultur: Rocca dei Graffiti

Tausende dieser stilisierten Bilder namens „Rupestri" hat man auf den Bergen um den Gardasee entdeckt, vor allem am nahen Monte Luppia (→ Garda/Umgebung). Ihr Alter ist höchst unterschiedlich und reicht von etwa 200 bis zu 3000 Jahren, letztere sind damit die ältesten menschlichen Kunstwerke am Gardasee.

Vom zentralen Platz in Crero folgt man hangwärts dem Schild „Crero 207, Rocca dei Graffiti". Nach 10 m Abzweig nach links, wir gehen rechts weiter zwischen Bauernhäusern und Misthaufen und bald darauf durch Wald. Bei Gabelung rechts (rot-weiß-rot), kurz darauf liegt links die deutlich mit Hinweisen gekennzeichnete, von Eiszeitgletschern glatt geriebene Felskuppe „Pietra Grande" (Rocca dei Graffiti) mit den Zeichnungen, die erst Ende der siebziger Jahre freigelegt wurden. Auf der großen Fläche findet man verstreut diverse Einritzungen, darunter eine Leiter (Vereinigung von Erde und Himmel), drei hübsche „Strichmännchen", die aus dem Mittelalter stammen, und ein so genanntes „Mühlespiel", das wohl eine Art Labyrinth darstellte und zur Zeit der Kreuzzüge als Symbol für den Weg ins Heilige Land verwendet wurde.

Torri del Benaco (ca. 2500 Einwohner)

Ein hübscher Ort und dazu erfreulich ruhig, kein Vergleich mit dem weiter südlich liegenden Garda. Selbst im Hochsommer geht es hier noch recht beschaulich zu.

Die alte langobardische Festungsstadt drängt sich seitlich der Gardesana lang gestreckt an den See, eine lange, malerische Hauptgasse durchzieht den historischen Kern, am Ufer verläuft eine breite Fußgängerpromenade. Am südlichen Ortsende liegt das intime Hafenbecken, eins der malerischsten am See. Daneben erhebt sich das Wahrzeichen der Stadt, eine stolze Skaligerburg, in der ein sehenswertes Mu-

seum untergebracht ist. Die Bademöglichkeiten sind gut, vor allem am baumbestandenen Nordstrand *Baia dei Pini*.
Wichtig für Autofahrer: Von Torri del Benaco pendelt eine Fähre mit Fahrzeugtransport regelmäßig ins gegenüberliegende Maderno am Westufer.

*A*nfahrt/*V*erbindungen/*I*nformation

• *Anfahrt/Verbindungen* **PKW**, großer gebührenpflichtiger Parkplatz am südlichen Ortsende, Nähe Skaligerkastell. An der Seeseite des Parkplatzes kann man entlang der Mauer 1 Std. gratis parken.
Schiff, auch die Fähranlegestelle liegt im südlichen Ortsbereich. *Autofähren* pendeln etwa im 40-Min.-Rhythmus nach Maderno – in der Hochsaison mindestens 15 Min. vorher da sein, die Stellplätze sind schnell belegt. Preise siehe unter Maderno.
Passagierschiffe und *Schnellboote* fahren etwa 2–3 x tägl. in beide Richtungen.
Bus, *ATV-Busse 62–64* gehen je nach Saison alle 1–2 Std. in beide Richtungen.
Taxi, ✆ 045/6290049.
• *Information* **IAT (Informazione e Accoglienza Turistica)**, Via Fratelli Lavanda 1, Nähe Skaligerkastell. Reichhaltige Auswahl an Prospekten, nicht nur über Torri del Benaco, gute Umgebungskarte mit Wandervorschlägen. Tägl. 9–13, 15–19 Uhr. ✆/✉ 045/7225120 und 6296482, www.comune.torridelbenaco.vr.it.

*Ü*bernachten

Viele Häuser liegen direkt an der Gardesana, bei der Unterkunftssuche ist also etwas Vorsicht geboten wegen eventueller Lärmbelästigung.

*** Gardesana**, traditionsreiches Haus direkt am Hafenbecken, im 15. Jh. als Sitz der Ratsversammlung der umliegenden Gardasee-Gemeinden erbaut, vis-à-vis steht die Skaligerburg. Geschmackvoll nostalgisch eingerichtete Zimmer mit Klimaanlage und Sat-TV, im ersten Stock stimmungsvolle Speiseterrasse, im heutigen Speisesaal tagten früher die Ratsherren, Parkplatz. DZ mit Seeblick (im obersten Stock am besten) und Frühstücksbuffet ca. 116–166 €, hinten hinaus günstiger. Piazza Calderini 20, ✆ 045/7225411, ✉ 7225771, www.hotel-gardesana.com.

*** Al Caminetto**, schön renoviertes Haus am südlichen Ortsausgang etwas zurück von der Gardesana, etwa 100 m vom Strand. Parkplatz und Garten. Hervorzuheben die gute Küche der Hausherrin. DZ mit Frühstück ca. 82–94 €. Gardesana 58, ✆ 045/7225524, ✉ 7225099, www.alcaminetto.com.

** Baia dei Pini**, nördlicher Ortsrand, geschmackvoll im Designerstil eingerichtetes Haus mit separatem Nebengebäude direkt am Strand, jung und dynamisch geführt. Restaurantterrasse zum See, schattiger Garten mit Zypressen und Pool, Zimmer mit Balkonen, schöner Blick. Parkplatz. Straße noch in Hörweite, doch das Wellenplätschern übertönt meist den Verkehr. Auf der Uferpromenade kann man gemütlich nach Torri spazieren. DZ mit Frühstück je nach Blick und Saison ca. 120–180 €. Via Gardesana 115, ✆ 045/7225215, ✉ 7225595, www.baiadeipini.com.

** Villa Susy**, direkt neben Baia dei Pini, etwas näher an der Straße, aber zum See hin genauso schön wie beim Nachbarn. Saubere Zimmer mit Balkonen, malerische Seeterrasse unter hohen Zypressen, hervorragende Küche sehr freundliche Betreuung durch Familie Veronesi, die Hausherrin stammt aus Vorarlberg. DZ mit Frühstück ca. 95–120 € pro Pers., in der HS nur mit Halbpension. Via Gardesana 119, ✆ 045/7225965, ✉ 7225022, www.villasusy.com.

* **Belvedere**, netter Familienbetrieb mit großem Garten und schönem Blick, etwas oberhalb der Gardesana an der Straße nach Albisano. 21 Zimmer, Garage. DZ mit Frühstück ca. 72–108 €. Via per Albisano 9, ✆/✉ 045/7225088, www.belvederetorri.com.

* **Onda**, an der Straße nach Albisano, fünf Minuten vom Ortszentrum. Von Marco und Anselmo freundlich geführt, Marco spricht Deutsch. Sehr sauber, 26 Zimmer, alle mit Balkon oder Terrasse, außerdem drei große Apartments für Familien. Sehr gutes Frühstücksbuffet mit frischem Obstsalat auf einer Terrasse im Freien. Parkplatz und Tiefgarage. DZ mit Frühstück ca. 60–72 €. ✆/✉ 045/7225895, www.garnionda.com.

Die zwei einfachen Campingplätze * **Oliveti** (✆ 045/7225522) und * **San Remo**, (✆ 045/6296571, ✉ 7225262, www.campingsanremo.com) liegen in Terrassen am südlichen Ortsausgang über der Gardesana.

Torri del Benaco

Badevergnügen an der Baia dei Pini

Essen & Trinken

Gardesana, das Restaurant im gleichnamigen Hotel (→ Übernachten) bietet zu gehobenen Preisen hervorragende Küche mit Blick auf Kastell und Hafen – Seefisch, Hummer, Fischsuppe, marinierte Krebse, Leber venezianische Art u. a. Eine preisgekrönte Hausspezialität ist *girella di cavedano al burro e timo* (gefüllte Crêpes-Röllchen mit Döbel-Fisch auf Butter und Thymian). Di geschl. (außer im Sommer). ✆ 045/7225411.

Bell'Arrivo, vis-à-vis vom kleinen Hafen beim Hotel Gardesana, deshalb der Name „Zur Schönen Ankunft". Hübsche, modernisierte Taverne mit erhöht gelegenem Innengarten (Zugang auch von der Gardesana). Mo geschl. (außer im Sommer). Piazza Calderini 10, ✆ 045/6290256.

Alla Grotta, an der Seepromenade vor der Altstadt, hier kann man idyllisch auf einer über den See gebauten Plattform essen. Lecker z. B. *trota ai ferri* (Forelle vom Rost). ✆ 045/7225839.

El Trincerò, Pizzeria/Ristorante im nördlichen Ortsbereich, Nähe Pfarrkirche, leckere hausgemachte Pasta und ebensolche Pizzen, gutes Preis-Leistungs-Verhältnis. Vicolo Chiesa 3/Vicolo Alessandro Volta 9 (Vorder- und Rückseite). ✆ 045/7225589.

Al Caval, im gleichnamigen Hotel direkt an der Gardesana 186. Ein wenig ungünstige Lage, aber bei Isidoro Consolini gibt es anerkannt feine und vor allem stets frische Küche, sogar einen Michelinstern hat er sich schon erworben. Hinten kann man im kleinen Garten sitzen. Elegantes Ambiente, preislich gehoben (Menü ab 60 €). Nur abends (an Feiertagen auch mittags), Mi geschl. ✆ 045/7225083.

• *Etwas außerhalb* **Trattoria agli Olivi**, in Valmagra, am Weg nach Albisano. Herrlicher Seeblick und vorzügliche Gerichte, vor allem das „Menu degli Olivi" zeigt, was die Küche alles zu bieten hat. Mo geschl. ✆ 045/7225483.

Osteria da Ago e Rita, etwa 2 km nördlich von Torri del Benaco, direkt an der Gardesana. Man sitzt geschützt vor dem Verkehr auf einer hübsche Weinlaubterrasse. Eine Speisekarte gibt es nicht – es wird gegessen, was auf den Tisch kommt. Zunächst wird „Pinzimonio" gereicht, knackiges Rohkostgemüse der Saison mit Dipp. Dann folgt die Pasta – zur Auswahl stehen z. B. „Pennette alla cubana" (Makkaroni mit scharfer Tomatensauce), „Gnocchetti verdi alla Gorgonzola" (kleine grüne Kartoffelklößchen mit Käsesauce) und „Tris" (drei Nudelsorten

Ostufer (Venezianischer Teil des Gardasees)

182 Ostufer

Der kleine Jachthafen von Torri, dahinter das Traditionshotel Gardesana

auf einem Teller). Im Anschluss gibt es kein Secondo im üblichen Sinn, stattdessen isst man „Tigelle", frisch im Ofen gebackene Brötchen mit feinem Parmaschinken. Dazu wird in kleinen Tiegeln Schmalz, „Squaquerone" (Frischkäse) und Schokoladen-/Nusscreme serviert. Der gute Hauswein – oder wahlweise ein perlender Lambrusco aus Modena – rundet das Gebotene ab. Übrigens: Auch Hochprozentiges wird freigiebig gereicht, deswegen besser nicht mit dem Auto kommen ... Nur abends, Mi geschl. ☏ 045/6290054.
* *Cafés/Bars* **Bar Taverna Norma**, gegenüber vom Kastell, urige, mit schwerem Holz ausgekleidete Bar, einer Schiffskombüse nachempfunden.

Sonstiges

* *Ärztliche Versorgung* **Guardia Medica Turistica**, Villa Gloria Angela, Via Gardesana 50. ☏ 045/7225548.
Dr. Burkard Brückner, deutsche Zahnarztpraxis, Via per Albisano 2. ☏ 045/6290550.
* *Kino* **Open Air Sommerkino**, 1 x wöch. im Parco del Castello Scaligero beim Kastell (Beginn 21.15 Uhr, Eintritt ca. 4 €).
* *Shopping* **Antiquitätenmarkt**, von Juni bis Sept. jeden Mittwochabend vor der Burg.
Markt, jeden Mo entlang der gesamten Hauptgasse (Corso Dante Alighieri und Via Cesare Battisti), die sich parallel zur Uferpromenade durch den ganzen Ort zieht.
Da Giovanna, Via Cesare Battisti 54, farbenfrohe Keramik.
Internationale Presse, Via Cesare Battisti 63.
Galleria Bell'Arte, Via Cesare Battisti 94, im großen Innenhof stehen und hängen Dutzende Gemälde, darunter interessante freskoartig hergestellte Stücke. April bis Okt. tägl. 10–13, 15.30–22 Uhr.

Sehenswertes

Die gesamte Altstadt von Torri del Benaco war im frühen Mittelalter von einer Mauer umgeben, Reste davon sind noch erhalten – der Langobarde Berengar I. hatte hier eine starke Festung errichten lassen, in die er sich während seiner zahlreichen Kämpfe in Oberitalien zeitweise zurückzog.

Torri del Benaco/Umgebung 183

Skaligerburg: Das eindrucksvolle Kastell mit seiner zinnenbewehrten Mauer und drei quadratischen Türmen steht pittoresk am Seeufer. Zunächst besaßen die Römer hier ein Fort, um die aufsässige Seebevölkerung zu beherrschen, im frühen Mittelalter baute dann Berengar I. an dieser Stelle den Schwerpunkt seiner starken Festung. Im 14. Jh. hatten schließlich die Skaliger aus Verona in der Region das Sagen und Antonio della Scala ließ seit 1383 auf den Überresten der alten Wehranlagen eine neue Burg errichten. Doch bereits kurz nach Fertigstellung überrannten die Truppen der mailändischen Visconti die stolze Wehr – ihre militärische Rolle hatte sie damit ausgespielt.

Die Burg ist zu besichtigen, man kann die Wehrmauern und Türme erklettern und hat dort einen schönen Blick auf See und Stadt. Im Inneren ist ein instruktives *Museum* untergebracht, das anschaulich die frühere Tätigkeit der Seebewohner darstellt: Zunächst ist die traditionelle Seefischerei mit allerlei Netzen, Reusen, Werkzeug und anderen Fanggeräten dokumentiert, auch eine alte „Gardaseegondel" kann man bewundern. Danach wird der Olivenanbau erläutert, eine altrömische Ölpresse steht im Garten, dort findet man auch die Hauptvertreter der wild wachsenden Pflanzen vom Monte Baldo. Im Zwischengeschoss gibt es ein anschauliches historisches Stadtmodell von Torri, im Obergeschoss folgt anhand von Gipsabdrücken und Fotos eine umfangreiche Dokumentation der faszinierenden prähistorischen Felszeichnungen, die man auf den umliegenden Bergen gefunden hat.

An der Südseite der Festung steht eine 250 Jahre alte *Limonaia* – eins der wenigen Gewächshäuser am See, in dem noch heute Zitronen, Orangen und Mandarinen wachsen (→ Westufer/Limone), begünstigt durch die Wärmespeicherung der dicken Burgmauer, die gleichzeitig die kühlen Nordwinde abhält.

Öffnungszeiten/Preise April/Mai und Okt. Di–So 9.30–12.30, 14.30–18 Uhr, Juni–Sept. Di–So 9.30–13, 16.30–19.30 Uhr, Mo geschl. Eintritt ca. 3 €, ermäß. 2 €. ✆ 045/6296111.

Um die Piazza Calderini: Am idyllischen, von Olivenbäumen schmuck umrahmten Hafenbecken thront platzbeherrschend das altehrwürdige *Hotel Gardesana*. Im 15. Jh. tagte in diesem Palazzo die „Gardesana dell'Acqua", die Ratsversammlung der vereinigten Gardasee-Gemeinden am Ostufer, denen Venedig eine gewisse Verwaltungsautonomie zugestanden hatte. Tagungsstätte war der heutige Speisesaal des Hotels. Der Gedenkstein am Beginn des Laubengangs trägt die Jahreszahl MCCCCLXXVIII (1478) und erinnert an das Sterbejahr des Gelehrten Domizio Calderini, der aus Torri stammte und sich mit Übersetzungen lateinischer Dichter einen Namen gemacht hatte. Er starb mit 34 Jahren an der Pest, der Stein stammt von seinem Vater.

Direkt landeinwärts vom Hotel steht das *Oratorio della Santissima Trinità*, eine kleine Kirche, die einst zum Palast gehörte, aber noch älter ist. Im Inneren sind einige schöne, jüngst restaurierte Fresken des ausgehenden 14. Jh. erhalten, u. a. an der Ostwand Christus in der Mandorla und neben dem Altar ein Abendmahl, außerdem der heilige Antonius von Padua, die Taufe Christi sowie seine Kreuzigung und der heilige Christophorus.

Santi Pietro e Paolo: Die barocke Pfarrkirche findet sich am Nordrand der Altstadt. Sie besitzt eine prächtige Orgel aus dem 18. Jh., erbaut von Angelo Bonatti aus Desenzano. Rechts vom Eingang steht die kleine vergoldete Statue des 1874 verstorbenen Pfarrers Beato Giuseppe Nascimbeni. Er stammte aus Torri del Benaco und war Gründer des Frauenordens „Suore della Sacra Familia" (→ Castelletto di Brenzone).

Berengar-Turm: Der bullige mittelalterliche Turm neben der Kirche ist Teil der Festung des Langobarden Berengar aus dem 10. Jh., vorher stand hier – wie an der Stelle der Skaligerburg – eine römische Befestigung.

Sonstiges: Am nördlichen Ortsende kann man einen Bummel durch den öffentlichen Park *Giardino Comunale* machen, in dem hauptsächlich Zypressen und Oliven wachsen, auch einige Kinderspielgeräte gibt es hier. Der Eingang liegt direkt an der Gardesana. Taucher können außerdem vor der nördlichen Uferpromenade zu einer 1991 geweihten *Krippe* mit etwa 30 Figuren in einer Grotte in 26 m Tiefe hinabtauchen, die Stelle ist an der Uferpromenade markiert.

Torri del Benaco/Umgebung

Über Albisano und San Zeno di Montagna kann man zur Prada-Hochebene hinauffahren, wo es seit 2005 wieder eine Seilschwebebahn zum Monte Baldo gibt.

Aperitivo im Hafen von Torri del Benaco

▶ **Albisano**: Eine steile Serpentinenstraße führt durch Olivenhaine und Gärten in diesen kleinen Ort oberhalb von Torri del Benaco. Vom Kirchenvorplatz genießt man einen fantastischen Blick auf den See, das gegenüberliegende Brescianer Ufer und die Berge dahinter – „Balcone del Garda" nannte Gabriele d'Annunzio (→ Gardone Riviera) diesen Aussichtspunkt.

• *Übernachten/Essen & Trinken* ****** Le Torri del Garda**, großzügig konzipierte Anlage oberhalb vom Ort, ruhige Lage, 85 komfortable Zimmer und Suiten mit Sat-TV, schöner Swimmingpool mit Bar, Kinderbecken, Fitness- und Sportangebot, Restaurant. DZ mit Frühstück ab ca. 110 €. ☎ 045/6298111, 📠 6296766, www.letorridelgarda.com.

*** Panorama, vollständig modernisiertes Hotel/Restaurant wenige Schritte vom Kirchenplatz, an der Straße nach San Zeno. Zimmer mit Panoramabalkonen und TV, große Sonnenterrasse, Pool. Besonders hervorzuheben ist die traumhafte Speiseterrasse mit großartigem Seeblick. DZ mit Frühstück ca. 80–130 €. Via San Zeno 9, ☎ 045/7225102, 📠 6290162, www.panoramahotel.net.

▶ **San Zeno di Montagna**: Diesen weit verstreuten Luftkurort in 585 m Höhe erreicht man, wenn man von Albisano etwa 5 km in Richtung Norden fährt. Hier oben gibt es sogar einen ganzjährig geöffneten Zeltplatz namens „Mamma Lucia" (☎/📠 045/7285038, www.campingmammalucia.it) sowie eine Reihe recht günstiger Ein- und Zwei-Sterne-Unterkünfte für Sommerfrischler und Wanderer – letztere nehmen hier gerne Quartier, um den Monte Baldo zu besteigen. Vor wenigen Jahren wurde der Abenteuerpark „Jungle Adventure" eröffnet, was vermehrt Familien mit Kindern anzieht, die sich auf verschiedenen Erlebniswegen über Hängebahnen, „Korsarennetze" und „Bärenbalken" durch die Wildnis kämpfen.

• *Öffnungszeiten/Preise* **Jungle Adventure**, Juni bis Mitte Sept. tägl. 9.30–19 Uhr, Mai & Mitte Sept. bis Okt. Sa/So 10–18 Uhr. Eintritt je nach Erlebnisweg ca. 12–28 €. Für Kinder von 8–14 J. ☎ 045/6289306, www.jungleadventure.it.

• *Verbindungen* **ATV-Bus 69** fährt 4–5 x tägl. von Verona am südlichen Ostufer des Gardasees entlang, von Garda oder Torri del Benaco (verschiedene Routen) über Costermano hinauf nach San Zeno und bis zur Prada-Hochebene.

- *Information* IAT, zusammen mit der Stadtbibliothek in einem historischen Gebäude mit breitem Laubengang an der Hauptstraße. Unterkunftsverzeichnis, Wanderkarte. Via Ca' Montagna. ✆/🖷 045/6289296, www.tourism.verona.it, iatsanzeno@provincia.vr.it.
- *Essen & Trinken* **La Casa degli Spiriti**, an einer scharfen Straßenkurve kurz vor San Zeno. Vom verglasten Restaurant im Untergeschoss des „Geisterhauses" aus dem 18. Jh. und der offenen Terrasse darüber genießt man einen herrlichen Blick über bewaldete Hügel zum See. Zu deutlich gehobenen Preisen wird leichte mediterrane Küche serviert. Im Cafélokal „La Terrazza" in der oberen Etage kann man etwas günstiger einkehren. März bis Okt. tägl. (übrige Zeit nur Fr, Sa & So). ✆ 045/6200766, www.casadeglispiriti.it.

Giardinetto, Café-Restaurant direkt an der Hauptstraße in der Ortsmitte, vom Gastgarten mit prächtigen Nadelbäumen genießt man auch hier einen herrlichen Blick auf den See. Mo geschl. ✆ 045/7285018.

Taverna Kus, rustikal-elegantes Restaurant mit überdachter Terrasse am nördlichen Ortsausgang, untergebracht in einem ehemaligen Bauernhaus. Traditionelle Küche, hausgemachte Pasta und beste Weine. Mi & Do mittags geschl. Via Castello 14, ✆ 045/7285667.

Chiosco Pineta, Snackbar im grünen Pinienwald östlich vom Ort. Beliebter Platz fürs Picknick sowie ausgedehnte Spaziergänge. Via Pineta Sperane (von der Piazza Schena rechts die Via Capra nehmen).

Prada-Hochebene

Auf steil ansteigender Straße geht es von San Zeno durch saftig grüne Gebirgsalmen weiter auf die Prada-Hochebene in 1000 m Höhe, unterwegs genießt man herrliche Ausblicke, an klaren Tagen über den Süden des Sees und die Poebene sogar bis zum Apennin.

Große Attraktion ist hier die Seilschwebebahn *Telecabina Seggiovia Prada–Montebaldo*, die 2005 wiedereröffnet wurde. Seitdem kann man wieder bequem zum Rifugio Fiori del Baldo auf den Kamm des Monte Baldo in 1850 m Höhe hinaufschweben. In zwei Abschnitten gleitet man in 30 Min. lautlos über die wunderbare Berglandschaft hinweg, im ersten Teil im offenen Stehkorb für zwei Personen bis *Malga Prada* (1550 m) mit dem gleichnamigen Panoramarestaurant, danach in Einzelsesseln bis zum Kamm. Oben angekommen genießt man einen herrlichen Panoramablick in alle Richtungen, das Rifugio Fiori del Baldo sorgt für Verköstigung. Auf dem Europawanderweg E 5 kann man anschließend nach Norden zum nahe gelegenen Rifugio Giovanni Chierego (1911 m) wandern und – nur als ausdauernder Bergwanderer – weiter zur *Punta Telegrafo* (2200 m) mit dem Rifugio Gaetano Barana (auch: Rifugio Telegrafo). In Richtung Süden kommt man zu den Gipfeln des *Naole* (1659 m) mit Almen und Sennereien.

- *Öffnungszeiten* **Telecabina Seggiovia Prada–Montebaldo**, Mitte Juni bis Mitte Sept. tägl. 9–18 Uhr (ab Sept. bis 17 Uhr), April bis Mitte Juni nur samstags und an Feiertagen, Mitte Sept. bis Mitte Okt. nur sonntags. Hin und zurück ca. 14 €, gratis für Kinder bis 1,20 m, Ermäßigung für Familien und Senioren über 65 J. ✆ 045/7285662, www.gardabaldo.eu.
- *Anfahrt* Die bequemste Anfahrt führt über **Torri del Benaco** und **San Zeno di Montagna**. Man kann aber auch von **Assenza** (→ S. 175) auf enger und kurviger Straße nach **Castello** mit seinem großen klassizistischen Dom und schönem Seeblick fahren. Weiter führt eine mehr als 10 km lange Bergstraße steil und eng in Serpentinen auf die Prada-Hochebene.
- *Übernachten/Essen & Trinken* **Malga Prada**, Restaurant und Imbissstand mit Sonnenterrasse an der Umstiegestation von der Seilbahn in den Sessellift. ✆ 045/7285728.

Rifugio Fiori del Baldo, das Restaurant an der Bergstation der Seilbahn wird geführt von Familie Oliboni mit Berhardinerhündin Meggy. Auch einige Schlafplätze gibt es hier. ✆ 045/6862477, www.fioridelbaldo.it.

Rifugio CAI Giovanni Chierego, Restaurant und 24 Schlafplätze. ✆ 348-8916235 u. 349-3817402.

Rifugio CAI Gaetano Barana, Juni bis Sept. 50 Schlafplätze. ✆ 045/7731797.

Die Hütten sind alle in der Sommersaison geöffnet, z. T. auch an Wochenenden während des ganzen Jahres.

Punta San Vigilio: der „schönste Ort der Welt"

Die baumbestandene Landzunge Punta San Vigilio liegt zwischen Torri del Benaco und Garda, unmittelbar seitlich der Gardesana. Sie markiert das Ende des lang gestreckten, fjordartigen Nordteils des Sees. Von der Durchgangsstraße ist sie durch eine schattige Zypressenallee zu erreichen. Am Ende der Zufahrt trifft man auf die Renaissancevilla *Guarienti* inmitten eines eleganten Zypressen- und Zedernparks. Erbaut wurde sie im 16. Jh. vom berühmten Baumeister Sanmicheli, Besitzer war der vermögende Humanist *Graf Agostino Guarienti di Brenzone*, von dem der etwas vermessene Ausspruch stammt, dass „San Vigilio der schönste Ort der Welt ist".

Die Villa ist in Privatbesitz und nicht zu besichtigen. Wenn man allerdings vom schmiedeeisernen Tor links hinuntergeht, trifft man auf das ehemalige Gästehaus der Villa direkt am Ufer, das heute als *Locanda San Vigilio* eins der exklusivsten Hotels am Gardasee ist (→ Garda). Ganz wunderhübsch ist der kleine, steingefasste *Hafen* neben dem Haus, auf dessen schmaler Mole man beschaulich unter Weinranken sitzt und zu gehobenen Preisen die exquisiten Antipasti und Salate der hauseigenen Taverna kosten kann (Tipp: Fr- und Sa-Abend Gran Buffet).

An der Nordseite der Landzunge liegt der *Parco Baia delle Sirene*, ein 30.000 qm großer Park mit Rasen unter alten Olivenbäumen und einem besonders schönen Kiesstrand. Der Eintritt kostet allerdings, je nach Jahreszeit, bis zu saftigen 11 € (Kinder 5 €), ab 14.30 Uhr ermäßigt, ab 16.30 Uhr nochmals. Zur Ausstattung gehören zwei Esskioske und ein Eisstand, Sonnenliegen, Volleyballfeld, Tischtennis und Kinderspielplatz, außerdem Duschen und Umkleidekabinen (✆ 045/7255884, www.parcobaiadellesirene.it).

Anfahrt/Verbindungen: gebührenpflichtiger Parkplatz an der Seeseite der Straße (Gäste der Locanda und Baia delle Sirene parken gratis). Die Zypressenallee darf man nur zu Fuß begehen, außer man wohnt im Hotel. Manche illustren Gäste legen im kleinen Hafen mit dem eigenen Boot an. Zu Fuß kann man von Garda in etwa 20 Min. zur Punta San Vigilio gelangen, indem man immer am Strand entlanggeht (→ Garda/Baden).

Südlich der Punta San Vigilio treten die Berge zurück, der Lago di Garda weitet sich zum breiten Südteil mit grünen Wiesen, Weinbergen, Olivenbäumen und sanften Hügeln. Gewaltig wie ein Meer wirkt hier der See – vom gegenüberliegenden Ufer sieht man nichts, falls nur etwas Dunst in der Luft liegt.

Garda
(ca. 3300 Einwohner)

Viel besuchter Ferienort in einer sanft geschwungenen Bucht, nach Süden und Norden geschützt durch steile Bergrücken, das Ganze in einem Meer von Grün – üppig mediterrane Vegetation, Zypressen und Oliven bedecken alle Hänge und das Hinterland. Berühmt ist der Sonnenuntergang von Garda, der den See in ein funkelndes Goldmeer verwandelt.

Seit alters spielt Garda eine besondere Rolle am See – neben der idealen Lage und der natürlichen Schönheit der Bucht war es vor allem der markante Tafelberg südlich davon, der für die frühmittelalterlichen Herrscher wichtig war. Bereits unter den Ostgoten im 5. Jh. stand hier oben eine Burg – angeblich war sie die Stammburg des berühmten Hildebrand aus der deutschen Heldensage. Nach Langobarden, Franken und Skaligern kamen schließlich die Venezianer und machten Garda zu ihrer Residenz am See – mit zahlreichen stilvollen Palazzi prägten sie die Architektur des Ortes, wenngleich heute davon in der kleinen Altstadt nur noch Bruchstücke erhalten sind. Auch in den späteren Jahrhunderten entstanden in der Bucht eine Reihe prachtvoller Paläste inmitten großer Parkanlagen (→ Sehenswertes).

Die Promenade von Garda gehört heute zu den schönsten am See – Cafés, Restaurants und Gelaterie reihen sich aneinander, man sitzt behaglich mit viel Platz und herrlichem Seeblick. Gleich dahinter erstreckt sich der stimmungsvoll verwinkelte Altstadtkern mit überwölbten Wegen und zwei Tortürmen, zwischen denen die Hauptgasse verläuft. Die Bademöglichkeiten gehören zu den besten am Ostufer – eine lange Strandzone zieht sich südlich bis ins benachbarte Bardolino, nördlich bis zur Landzunge San Vigilio.

Von Garda zu Gardasee

Wie kommen Ort und See zu ihren Namen? Zwei Versionen werden berichtet. Die erste ist die Sage von der schönen Nymphe *Engardina*. Sie lebte in einem kleinen Bergsee und der mächtige Meeresgott verliebte sich in sie. Er verlangte von ihr, ihm zu folgen, doch sie forderte für dieses Ansinnen einen größeren See! Also schuf der Gott flugs den Gardasee, indem er mit seinem Dreizack an den hiesigen Burgfels schlug – sofort sprangen gewaltige Wassermassen heraus und bildeten den See. Engardina und ihr Galan stürzten sich wonnig in die Fluten, wobei sich vom Haar der Nymphe das Wasser leuchtend blau färbte ...

Realistischer ist vielleicht folgende Deutung: das Wort Garda stammt vom germanischen Begriff „warden" (beobachten) ab – tatsächlich war der Burgfels über Garda ein idealer Beobachtungspunkt – und in der althochdeutschen Literatur wurde aus w ein g. Aus *warden* entstand so *garden*, aus dem von den Römern „lacus benacus" genannten Gewässer wurde der „See am Garden" oder „Gardensee".

Ostufer

Anfahrt/Verbindungen/Information

• *Anfahrt/Verbindungen* **PKW**, Garda liegt nur etwa 10 km von der Autobahnausfahrt *Affi–Lago di Garda Sud* entfernt, man fährt über Affi und Costermano.
Ein großer gebührenpflichtiger Parkplatz liegt landeinwärts der Durchgangsstraße, südlich der Ampelkreuzung (beschildert), von dort sind es 2 Min. in die Altstadt. Im südlichen Bereich der Uferpromenade kann man ebenfalls parken.
Bus, die Haltestelle liegt an der Gardesana, etwas südlich der zentralen Ampelkreuzung. *ATV-Busse 62–64* fahren etwa stündlich in Richtung Verona, in Richtung Riva etwa alle 1–2 Stunden.
Schiff, Fähren gehen etwa stündlich nach Süden, weniger häufig nach Norden, Schnellboote etwa 5 x tägl. in beide Richtungen.
Taxi, Zampini (✆ 347-3488636), De Beni (✆ 349-3411603) u. a.
• *Information* **IAT (Informazione e Accoglienza Turistica)**. Piazza Donatori di Sangue 1, an der Straße nach Costermano. Mo/Di 9–13, 15–19 Uhr, Mi–Sa 9–19 Uhr, So 10–16 Uhr. ✆ 045/6270384, ✉ 7256720, www.tourism.verona.it, iatgarda@provinvia.vr.it.
Associazione Albergatori Garda e Costermano, ebenfalls Piazza Donatori di Sangue 1. Zimmervermittlung. Mo & Do–So 10.30–20 Uhr, Di/Mi 13.30–20 Uhr. ✆ 045/7255824, ✉ 6270156, www.hotelsgarda.com.

Übernachten (→ Karte S. 190/191)

Garda besitzt eine Reihe von komfortablen Großhotels für Pauschalreisende, allerdings liegen diese Unterkünfte fast alle an den Hügeln oberhalb der Stadt, relativ weit vom See entfernt. An der Promenade findet man zahlreiche ordentliche Unterkünfte der ** und ***-Kategorie, gepflegte Mittelklassehäuser landeinwärts der Gardesana.

**** **Regina Adelaide (16)**, das komfortable Haus liegt mitten im Ortskern, etwas seewärts von der Gardesana, Parkplatz vor dem Haus. Geschmackvolle Zimmer verschiedener Kategorien, im schönen Garten Palmen und Pool, zudem Hallenbad und Wellness-Center mit Sauna und Whirlpool. DZ mit Frühstück ca. 200–230 €, die gehobenen Junior Suiten sind noch teurer. Via San Francesco d'Assisi 23, ✆ 045/7255977, ✉ 72526263, www.regina-adelaide.it.

**** **Sporthotel Olimpo (1)**, große, sehr gut ausgestattete Anlage in einem weitläufigen Park, sehr ruhige Panoramalage am Hang. Fünf Tennisplätze, Frei- und Hallenbad, Sauna, Solarium, Hydromassage. Modern ausgestattete Zimmer mit Sat-TV. Zum See läuft man 500 m. HP pro Pers. ca. 43–65 €. Località Ca' Madrina, ✆ 045/7256444, ✉ 7256797, www.chincherini.com.

**** **Du Parc (3)**, gehobene Adresse nördlich vom Ortskern, prächtiger historischer Palazzo zwischen Gardesana und See, Zimmer unbedingt zur Seeseite nehmen, wo sich auch die weitläufige Parkanlage mit vielen Pflanzen und Blumenarten erstreckt. Imposante Terrasse mit Meerblick, Strand liegt vor dem Gartentor. DZ mit Frühstück ca. 140–220 €. Via Marconi 3, ✆ 045/7255343, ✉ 7255642, , www.chincherini.com.

*** **Roma (14)**, familiär geführtes Hotel an der Uferpromenade, ordentliche Zimmer mit TV und Balkons, im Dachgeschoss hübsche Terrassen, weitgehend Seeblick. DZ mit Frühstück ca. 66–102 €. Lungolago Regina Adelaide 26, ✆ 045/7255025, ✉ 6270266, www.hotelromagarda.it.

** **Degli Olivi (2)**, das familiär geführte Haus liegt mitten im Grünen, landeinwärts der Durchgangsstraße. Vermietet werden Zimmer in drei unterschiedlichen Kategorien (zum See hin mit Balkon bzw. große und kleine Zimmer nach hinten), dazu gibt es gute Küche, denn die „Mamma" kocht selber. DZ mit Frühstück ca. 62–100 €. Via Olivai 2–4, ✆ 045/7255637, ✉ 7255495, www.hoteldeglilolivi.it.

** **San Marco (10)**, am Südende der Promenade, kurz vor dem Badestrand. Schmuckes Haus mit grünen Fensterläden, innen sehr behaglich, Frühstücks-/Aufenthaltsraum ähnelt einer Gemäldegalerie, davor Terrasse. DZ mit Frühstück ca. 70–86 €. Largo Pisanello, ✆ 045/7255008, ✉ 7256749, www.hotelsanmarcogarda.it.

** **Alla Torre (13)**, schlichtes, sauberes Hotel im Stadtzentrum, direkt neben dem südlichen Torturm. In der Bar unten im Haus gelegentlich Livemusik, hinter dem Haus kann man auch draußen sitzen. DZ mit

Garda

Eingebettet in üppiges Grün: die Bucht von Garda

Frühstücksbuffet ca. 70–80 €. Piazza Calderini, ℅ 045/7256589, ℅ 7255731, www.gardatourist.com.

• *Außerhalb* *** **Locanda San Vigilio (6)**, auf der gleichnamigen Landzunge (→ oben). Schon Otto Hahn, Winston Churchill und Prinz Charles haben hier übernachtet. Nur vier Doppelzimmer und drei Suiten mit Parkettboden und edlen Antiquitäten warten auf komfortbedürftige Gäste. Stilvolles Restaurant, Swimmingpool, Parkplatz. Der Besitzer ist ein Nachfahre des Grafen von Brenzone, der das Anwesen in der Renaissance erbauen ließ. DZ mit Frühstück ca. 270–375 €, Suite 440–890 €. ℅ 045/7256688, ℅ 6278182, www.locanda-sanvigilio.it.

**** **Madrigale**, im Örtchen Marciaga, landeinwärts hoch oben am Hang, gegenüber der Einfahrt zum Golfplatz. Herrlicher Panoramablick, sehr ruhig, großer Garten, Terrasse mit schönem großem Pool. Animation und Miniclub, Ermäßigung am Golfplatz. DZ mit Frühstück ca. 140–230 €. Via Ghiandare 1, ℅ 045/6279001, ℅ 6279125, www.madrigale.it.

**** **Boffenigo Small & Beautiful Hotel**, ruhige Alleinlage in den Hügel von Costermano, Blick auf die Bucht von Garda. Schöne Zimmer mit Balkon, ums Haus gepflegte Rasenflächen, draußen ein netter Pool, im Haus ein Hallenbad mit heilsamem Thermalwasser („Terme di Garda e Costermano"), zwei Restaurants. DZ mit Frühstück ca. 130–300 €. Via Boffenigo 6 (zum deutschen Soldatenfriedhof und die Straße weiterfahren), ℅ 045/200178, ℅ 6201247, www.boffenigo.it.

• *Ferienwohnungen* **Residence La Filanda**, in Costermano, Località Tavernole. Stilvoll umgebaute Spinnerei des 18. Jh. inmitten eines großen Weinguts mit viel Grün. Gut eingerichtete Apartments für 2–6 Pers. Swimmingpool und Kinderbecken, Liegewiese, Spielplatz und Supermarkt. Günstiges und gutes Essen im hauseigenen Restaurant. Besonders für Familien geeignet. Zu buchen über Europlan (→ Bardolino/Reisebüros). Preis für 2 Pers. ca. 30–110 €. Via Tavernole 1/7, ℅ 045/6209446, ℅ 045/6210420, www.europlan.it.

Residence San Michele, Apartmentanlage in Marciaga, herrlicher Panoramablick, schöne Lage im Grünen, sehr ruhig, mit großem Pool, Kinderbecken, Spielplatz und Liegewiese, gut geeignet für Familien. Apartment ca. 40–120 €. Via Vacce, ℅ 045/6279008, ℅ 6279125, www.madrigale.it.

• *Camping* Zwischen Garda und dem südlich benachbarten Bardolino liegen mehrere große und gut ausgestattete Plätze direkt am Strand (→ Bardolino).

Ostufer (Venezianischer Teil des Gardasees)

Essen & Trinken

Garda ist kein Ort für Feinschmecker, zu groß ist der Massenansturm auf die Restaurants an der Uferpromenade. Außerhalb findet man jedoch einige gute bis sehr gute Adressen, die z. T. günstiger sind als in Garda.

• *Im Zentrum* **Da Graspo (12)**, bei der Hauptkreuzung der Gardesana, das sicherlich originellste Lokal im Ort: zwei kleine, dunkle Räume, ein paar Stühle vor der Tür, eine offene Küche, in der es dampft und brodelt – voilà, das ist das Reich von Luca del Graspo. Der sympathische, etwas beleibte Wirt winkt jeden herein, schnell hat man ein Gläschen Prosecco in der Hand. Es gibt keine Speisekarte. „Das Menü bin ich", sagt Luca in Anlehnung an das bekannte Zitat des Sonnenkönigs. Dass Qualität und Ambiente stimmen, zeigen der rege Zuspruch und die gute Laune, die hier stets herrschen. Di geschl. Piazzale Calderini 12, ✆ 045/7256046.

Il Giardino delle rane (15), direkt an der Seepromenade, gleich beim Rathaus. Das Restaurant ist vom Boden bis zur Decke übersät mit Froschfiguren in allen Variationen, vom Porzellanfrosch bis hin zur bestickten Socke – eine Leidenschaft der Inhaberin, die sich durch den Verkauf der Figuren für ein Afrikaprojekt einsetzt. Trotz zentraler Lage prima Küche ohne Affinität zum Massentourismus, Preise okay. ✆ 045/7255278.

• *Am See* **La Sirena del Lago (17)**, originelles Ristorante mit schöner Terrasse und Bar direkt am Seeufer vor Camping La Rocca, 1963 aus kleinsten Anfängen als Strandbar entstanden. Kitschig-gemütlich, freundlich geführt, gute Seeküche. Im Rahmen eines kleines Uferspaziergangs gut zu erreichen. Auch nach dem Essen noch ein Tipp, im Sommer auch Livemusik und Disco. ✆ 045/6210015, www.barsirena.it.

• *Landeinwärts, in Richtung Costermano* **First Meeting (5)**, unprätentiöse Pizzeria an der Straße nach Costermano. Große Terrasse, gute Auswahl an riesigen Pizzen, aber auch z. B. Forelle mit Kartoffeln und *arrosticini abruzzesi* (Fleischspieße nach Art der Abruzzen). Spielgeräte für Kinder. Via Don Gnocchi 33, ✆ 045/7255723.

Hostaria La Cross (4), neben einem Kreisverkehr in Richtung Costermano. Mehrere Leserempfehlungen für die gemütliche Osteria von Andrea und Fausto. Jeden Tag wird aus der Karte ein anderes Menü zusammengestellt, Preis ca. 20 € (ohne Getränke). Ganz lecker z. B. die hausgemachten Tortellini mit Ricotta und Trüffel. Man sitzt im Garten unter Olivenbäumen. Di geschl. Via della Pace 4, ✆ 045/7255795.

La Lanterna (4), sympathisches Restaurant in Costermano, Außenbereich mit grünen Lauben, deftige Grillküche (Angussteak, Rumpsteak), hausgemachte Pasta und Pizza. Im Sommer freitags oft Themenabende. Mit Zimmervermietung. Mi geschl. Via Torrente Gusa 4, ✆ 045/6279040.

Le Rasole (4), am Ortsrand, die Straße links neben der Pfarrkirche nehmen und ein ganzes Stück laufen (oder ab Costermano der Beschilderung folgen). Kleine Ferienanlage mit netter Trattoria, auf deren großer Terrasse man zu anständigen Preisen Seefisch

und hausgemachte Pasta genießen kann. Freundlicher und zuvorkommender Service. Via San Bernardo 151, ℡ 045/7255686.

Ai Beati (4), die Straße nach Costermano nehmen und links in die Via Monte Baldo (beschildert), dann rechts in die Via Val Mora. In der umgebauten alten Ölmühle am Ende der Straße sitzt man in einem rundum verglasten Speiseraum mit herrlichem Seeblick (Verglasung kann bei schönem Wetter teilweise geöffnet werden) und auf einer großen, im Grün versteckten Terrasse. Sehr gute Küche und ebensolcher Service, allerdings entsprechende Preise, Degustiermenü ab ca. 45 €. Sept.–Juni Di & Mi mittags geschl., Juli/August Di & Do mittags. Via Val Mora 57/59, ℡ 045/7255780.

La Val (4), im Valle dei Mulini (kurz vor Costermano links), auch diese Anfahrt hat es in sich, denn das abgelegene „Mühlental" besitzt nur eine Schotterpiste, auf der man gut 2 km fahren muss, bevor man den Gasthof erreicht. Hier sitzt man besonders auf der Außenterrasse sehr schön. Die Küche ist gut, die selbst gemachten Nudeln und die Seefische sollte man versuchen. Erminio bedient sehr freundlich, sein Bruder steht in der Küche. Die Preise sind günstiger als in Garda. Abends ab 18.30 Uhr, Di geschl. ℡ 045/7200188.

Molini (4), das erste Restaurant im Valle dei Mulini ist ebenfalls einen Versuch wert, man sitzt im Garten neben einer alten Mühle, etwas einfacher, nette Bedienung und preiswert. ℡ 045/7256339.

Antica Osteria San Verolo (4), in der Località Verolo (Costermano), schön renoviertes, ehemaliges Bauernhaus im rustikalen Stil. Man kann auch im Freien sitzen, hervorragendes Essen, mittlere Preisklasse. Übernachtungsmöglichkeit in 12 luxuriösen DZ, Pool vorhanden. Mo geschl. ℡ 045/7200930.

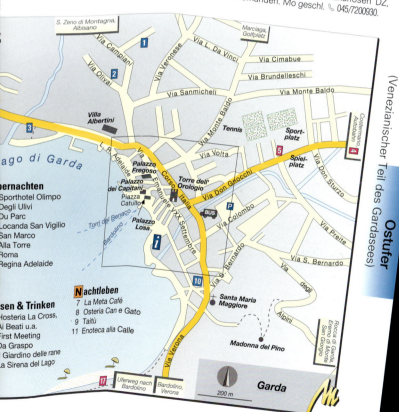

Venezianisches Relikt: der Palazzo dei Capitani

Sonstiges (→ *Karte S. 190/191*)

- *Ärztliche Versorgung* **Guardia Medica Turistica**, Edificio Polifunzionale, Piazza Donatori di Sangue 2, an der Straße nach Costermano. ✆ 348-1000701.
- *Fahrzeugverleih* Motorroller und Mountainbikes findet man bei **Velocifero**, Via Don Gnocchi 36, ✆ 346-0910232, www.velocifero.com (gegenüber vom Ristorante „First Meeting").
- *Kinder* **Spielplatz** zwischen Via Don Gnocchi (beim Infobüro einbiegen).
- *Nachtleben* **La Meta Café (7)**, gleich außerhalb des nördlichen Stadttors, große, sehr populäre Kneipe mit günstigen Preisen, prima Pizza, auch gute Salate, Livemusik. Geöffnet bis 4 Uhr morgens.
Osteria Can e Gato (8), kleine, urgemütliche Wein- und Bierschenke innerhalb vom nördlichen Stadttor.
Enoteca alla Calle (11), intime Weinbar in der Altstadt, wenige Meter von der Uferfront, auch zum Draußensitzen. Calle dei sotto Portici.
Taitù (9), Cocktailbar im Vicolo Cieco Forni, einem Seitengässchen der Hauptgasse. Bis 4 Uhr morgens.
Discogänger finden im benachbarten Bardolino mehrere angesagte, allerdings auch teure Adressen.

- *Shopping* **Markt**, jeden Fr 6–15 Uhr entlang der Uferfront.

> **Tipp**: Günstiger als die Märkte am Seeufer ist am Samstagvormittag der große Markt in **Caprino Veronese**, wenige Kilometer landeinwärts von Garda.

Distilleria Carlo Gobetti, alteingesessene Grapperia mit edlen Tresterschnäpsen aus Bardolino- und Amarone-Trauben. Via Ghiandare 14, Località Marciaga, ✆ 045/6279000, www.distilleriacarlogobetti.it.
Internationale Presse bei der Busstation und in der Via Manzoni 9 (neben Hotel Ancora).
La Pescheria, stets frischen Fisch gibt es im Laden der Fischereigenossenschaft von Garda. Via Antiche Mura 8. 7.30–13, 16–18.30 Uhr (Mi-Vormittag geschl.).

- *Sport* **Associazione Tennis Garda**, drei Sandplätze im „Centro Sportivo" an der Via Monte Baldo, landeinwärts der Gardesana. ✆ 045/7255203.
Ca' degli Ulivi, Golfplatz oberhalb von Garda bei Marciaga, malerisches Gelände inmitten von Olivenhainen, Weinbergen und Zypressen, herrlicher Blick auf den See. Dri-

ving Range, zwei Putting Green, 18-Loch- und 9-Loch-Anlage. Auch einen Pool gibt es. Via Ghiandare, ✆ 045/6729030, 🖷 6729039, www.golfcadegliulivi.it.

Camping Serenella, zwischen Garda und Bardolino, Tretboote, Wasserski, Fahrradverleih und Fallschirmsegeln.

Gruppo Vela Lega Navale Italiana, Segelkurse im kleinen Jachthafen kurz vor dem nördlichen Strandbeginn. ✆ 045/7256377.

Joggen, eine 3 km lange Schotterpiste verläuft im schönen Tal der Mühlen, Valle dei Mulini. Sie beginnt kurz vor Costermano links, durchquert das Mühlental und führt weiter nach Marciaga, dort kann man auf der „Via per Marciaga" wieder nach Garda gelangen.

Minigolf mit 15 Bahnen in der Via San Francesco, ✆ 045/7255977.

Velo Club di Garda, Biketouren verschiedener Schwierigkeitsgrade mit Führung. Località Confine 19, ✆/🖷 045/7570250.

Mountainbike-Transport per Bus nach Novezza im Massiv des Monte Baldo und zur Prada-Seilbahn bietet die Busgesellschaft ATV (Azienda Trasporti Verona) von etwa Mitte Juni bis Mitte Sept. ab Garda und Torri del Benaco. Tickets und Informationen an der Busstation (Corso Italia 62) und in Torri del Benaco bei Tabaccheria Brusco (Via Gardesana 102). Reservierung ✆ 045/8057917 (Mo–Fr 8–14.30 Uhr) u. ✆ 045/7255833 (Mo–Fr 8–17 Uhr).

> **Garda Acqua**: Der kürzlich eröffnete Glaskuppelbau hinter Garda (an der Straße nach Costermano rechter Hand in die Via Turisondo einbiegen) besitzt neben verschiedenen Innenbecken einen 700 qm großen Outdoor-Pool sowie ein Solebecken, außerdem Wellnessbereich, Fitnessstudio, Beauty- und Gesundheitscenter. Im 7000 qm großen Park gibt es eine schöne Liegewiese und einen Olivenhain. Tägl. 10–22 Uhr (außen 10–20 Uhr). Eintritt für 2,5 Std. ca. 11,90 €, 4–14 und über 65 J. 6,90 €, Tagesfamilienkarte (mit 1 Kind) ca. 32 € bzw. 35 € (2 Kinder). Via Cirillo Salaorni 10, ✆ 045/7255594, www.gardacqua.it.

Sehenswertes

Der alte Ortskern mit seinen engen Gassen und schönen Fassaden lässt sich in Ruhe am besten frühmorgens betrachten, da sich tagsüber meist Touristenströme hindurchwälzen.

Palazzo dei Capitani: Der gotische Palast steht mit seinen schönen Spitzbogenfenstern und seinem Blumenschmuck an der zentralen Piazza der Seefront. Einst residierte hier der venezianische Vorsteher der Ufergemeinden, die in der „Gardesana dell'Acqua" zusammengeschlossen waren (→ Torri del Benaco und Malcésine), der Platz vor dem Palazzo war damals Hafenbecken.

Palazzo Losa: Der lange als Zollamt („Antica Dogana") genutzte Palast steht ebenfalls an der Uferfront. Erbaut wurde er nach Plänen von Sanmicheli, er besitzt schöne Arkadengänge und eine fünfteilige Balkonloggia.

Palazzo Fregoso: Dieser venezianische Palast aus dem 16. Jh. bildet das nördliche Stadttor, innen neben dem Tor führt eine malerische Freitreppe in den ersten Stock mit einem stilvollen Biforenfenster.

Santa Maria Maggiore: Die barocke Pfarrkirche steht im südlichen Ortsbereich unterhalb des Tafelbergs der Rocca (Burg), direkt an der Durchgangsstraße. Wenn man sich vom Haupteingang nach links wendet, sieht man ein eindrucksvolles Holzkreuz aus dem 16. Jh. mit dem leidenden Christus. In der Gefallenenkapelle weiter vorne ist das Altarbild „San Biagio" des Veronesers Palma il Giovane (1544–1628) das bedeutendste Kunstwerk.

Angeschlossen an die Kirche ist ein Innenhof, einst der Kreuzgang des früheren Klosters *Chiostro della Pieve*. In seinen Ursprüngen stammt er aus dem 14. Jh., im Raum neben dem Tordurchgang mussten früher die Bauern ihren Zehnt abliefern.

Im Kreuzgang findet man Reste von Fresken des 15. Jh., am Treppenaufgang ist ein großer Bildstein langobardischer Herkunft eingemauert, der von einem Vorgängerbau des 8. Jh. an dieser Stelle stammt. Weitere Bildsteine erkennt man im oberen Bereich der Turmfassade.

Villa Albertini: Gut verborgen hinter einer langen Mauer steht diese prächtige schlossähnliche Villa mit Türmen und Zinnen am nördlichen Ortsausgang, direkt an der Straße. Besonders auffällig ist ihre Farbgebung in kräftigen rot-gelben Farbtönen. In seinen Ursprüngen stammt der Bau aus dem 15. Jh. Im Jahre 1848 weilte hier König Carlo Alberto von Piemont und nahm die Urkunde entgegen, die den Anschluss der Lombardei formulierte. Besichtigung ist nicht möglich, da privat.

> **Palio delle Contrade**
> Wettstreit der acht Stadtviertel Gardas jährlich am 15. August zu Ehren der Madonna Assunta, der Schutzhelferin der Stadt – ihre Statue steht am Hang der Rocca und wird abends beleuchtet. Der spannende Kampf wird nachts in acht traditionellen Ruderbooten ausgetragen.

Garda/Baden

Ausgedehnte Badezonen erstrecken sich zu beiden Seiten der Bucht. Südlich der Promenade beginnt zunächst die *Spiaggia La Cavalla*, ein befestigter Uferstreifen mit Liegeflächen, Fächerpalmen und Ölbäumen. Danach folgen Kiesstrände und Rasenflächen bis zur Ortsgrenze von Bardolino, hinter dem Uferweg liegen mehrere große Campingplätze. Nördlich der Promenade zieht sich ein schmaler *Kiesstrand* in Richtung Punta San Vigilio. Im vorderen Teil recht gut besucht, wird er weiter hinten immer einsamer. Unter schattigen Bäumen findet man dort ruhige Badestellen, kann anschließend in der nahen, jedoch teuren „Taverna" von San Vigilio einkehren (→ S. 186). Bademöglichkeiten gibt es ferner an der *Baia delle Sirene* nördlich der Landzunge *Punta San Vigilio* (gebührenpflichtig), außerdem liegt ein beliebter Strand ein Stück weiter in Richtung Torri del Benaco unterhalb der Gardesana (beim Ortsschild von Garda), parken kann man bei der Punta San Vigilio.

Garda/Umgebung

Hübsche Seespaziergänge kann man in beide Richtungen machen – mit Fahrrad oder zu Fuß lohnt der Uferweg ins 3 km entfernte *Bardolino*, zur 2 km entfernten *Punta San Vigilio* im Norden geht man besser zu Fuß, da der Weg im letzten Teil sehr steinig wird.

▸ **Cimitero Tedesco**: Am Ortsende von Costermano, wenige Kilometer landeinwärts von Garda, liegt einer der größten deutschen *Soldatenfriedhöfe* in Italien (ab Ampelkreuzung in Garda beschildert, in Costermano rechts abbiegen). Die sterblichen Überreste von 21.951 Soldaten wurden aus ganz Norditalien überführt und ruhen in drei terrassenförmig angeordneten Gräberfeldern. Steinerne Platten und Kreuze zeigen die Lage der Grabstätten an, sie tragen jeweils die Namen von zwei Toten. Am höchsten Punkt ist in einer Kapelle ein Gemeinschaftsgrab untergebracht. Am Eingang liegt ein Besucherbuch aus.

In Costermano sind auch die SS-Kommandanten der Vernichtungslager Sobibor, Belzec und Treblinka beerdigt, die zu den Verantwortlichen für die Judenvernich-

tung gehören. Dies hat den Friedhof immer wieder in den Brennpunkt der Kritik gerückt. Begraben sind hier aber auch fünf Soldaten, die den nationalsozialistischen Angriffskrieg ablehnten und von der Wehrmacht erschossen wurden.
Öffnungszeiten tägl. 8–19 Uhr. ✆ 045/7200060.

▶ **Rocca di Garda**: Auf dem 249 m hohen Tafelberg südlich vom Ort findet man nur spärliche Mauerreste der großen frühmittelalterlichen Burg von Garda, denn Anfang des 16. Jh. schleiften die Venezianer die veraltete Festung. Im 5. Jh. war sie in Besitz von Hildebrand, dem Heerführer des Theoderich, bei uns besser bekannt als Dietrich von Bern (Bern = Verona). Später folgten die Langobarden, dann die Franken, letztendlich die Skaliger. Im Jahr 951 spielt in der Rocca von Garda die abenteuerliche Geschichte der jungen burgundischen Königstochter Adelheid, die zwangsweise mit

An der Spiaggia La Cavalla

einem Langobardenkönig verheiratet werden sollte und hier eingekerkert war, schließlich flüchten konnte und stattdessen den deutschen König Otto I. ehelichte – ein eigentümlich geformter Felsblock wird heute „Thron der Adelheid" genannt.
Ein recht anstrengender Weg führt aufs Plateau. Unterwegs kann man rechter Hand einen gut beschilderten, kleinen Abstecher durch dichten Nadelwald zur nach dem Ersten Weltkrieg errichteten Statue der *Madonna del Pino* machen, die über dem See thront und Schutzhelferin Gardas ist. Wenn man den Weg von der Madonna weitergeht, erreicht man bei der Pfarrkirche wieder die Gardesana (→ Stadtplan).

● *Hinkommen* Man startet links von der Pfarrkirche in **der Via San Bernardo**, geht vor dem Friedhof rechts und gleich wieder rechts in die **Via degli Alpini** (dort zweigt der Weg zur Madonnenstatue ab). Etwa 40 Min. läuft man bis zum **Sattel** zwischen Monte San Giorgio und der Rocca. Unterwegs passiert man einige so genannte „Canevini", in den Fels gehauene ehemalige Weinkeller. Ein steiler Weg mit Holzbohlen führt schließlich durch den Wald hinauf zum Plateau, die Beschilderung ist dabei leider unvollständig und etwas verwirrend.

▶ **Eremo dei Camaldolesi**: Von der Rocca läuft man etwa 30 Min. auf markiertem Waldweg hinüber zum Zwillingsberg *Monte San Giorgio* (305 m). Dort steht seit dem 17. Jh. ein großes Kamaldulenser-Kloster, dessen Kirche dem Ordensgründer Romuald geweiht ist. Die Kamaldulenser sind ein Seitenzweig der Benediktiner, gegründet wurde die Bruderschaft 1012 in der Toskana. Eine Besichtigung des Klosters ist teilweise möglich und seit einigen Jahren auch Frauen gestattet. Die Klausur, wo die Mönche leben und arbeiten, bleibt allerdings verschlossen.

● *Öffnungszeiten* tägl. 9–12, 15.30–18.30 Uhr, bitte an der Tür klingeln. ✆ 045/7211390, www.eremosangiorgio.it.
● *Wegbeschreibung* mit **PKW** am nördlichen Ortsausgang von Bardolino einbiegen, bis Cortelline fahren, dort links den Weg zum „Eremo" nehmen und bis zum Ende fahren.
Zu Fuß ab Garda etwa eine Stunde, im Sattel zwischen Rocca und Monte San Giorgio links halten.

Ostufer

▸ **Felszeichnungen am Monte Luppia**: Der 416 m hohe Monte Luppia schließt die Bucht von Garda nach Norden ab. An seinem Hang wurde ein Großteil der berühmten, z. T. bis in prähistorische Zeiten zurückreichenden Zeichnungen entdeckt, die von Malcésine bis Garda in zahlreiche Felsen des Monte-Baldo-Massivs eingeritzt sind. Seit Anfang der 1960er Jahre hat man etwa 3000 davon gefunden (→ Crero, S. 179), die aus den verschiedensten Epochen stammen. Einige sind mehrere tausend Jahre alt, andere stammen aus dem Mittelalter oder sind sogar noch jünger. Warum hier diese Vielzahl von Zeichnungen? Die einleuchtendste Vermutung ist vielleicht, dass es weitgehend einfache Hirten waren, die ihre Herden auf die Hochalmen am Monte Baldo trieben und sich an den vielen Felsplatten künstlerisch versuchten, um sich die Zeit zu vertreiben – sie ritzten vor allem das ein, was sie gut kannten und vielleicht tagtäglich von ihrer hohen Warte aus sahen: Schiffe nämlich. Aber auch Reiter auf Pferden, bewaffnete Krieger, Lanzen, Menschen und Ornamente sind thematisiert. Leider ist keines der Bildwerke vor Witterungseinflüssen geschützt, sodass es wirklich verwundert, dass sie nicht längst von Niederschlägen verwaschen sind. Ein scharfes Auge braucht man gelegentlich, um sie zu entdecken – bei manchen sind aber die Konturen mit Kreide nachgezogen.

In einer anregenden kleinen Wanderung kann man einige der Steinzeichnungen besuchen, hin und zurück braucht man etwa 90 Min.

• *Wegbeschreibung* Wir starten unsere Wanderung etwa 700 m östlich von der Zufahrt zur **Punta San Vigilio**. Dort zweigt von der Gardesana ein deutlich markierter Weg ab (rot-weiß-rot beschildert: Crero, Castei, Monte Luppia). Es handelt sich bei diesem gepflasterten Fahrweg um die **Strada dei Castei**, die alte Straße von Garda nach Torri del Benaco. Wir folgen ihr, bis wir rechts auf einen Abzweig treffen, der mit einer **Metallschranke** gesichert ist. Diesen Weg geht es hinauf bis zu einem Querweg, dort halten wir uns links durch dicht wuchernde Waldvegetation, entlang einer 90 cm hohen, efeuüberwachsenen Mauer. Wir treffen auf eine **Kreuzung**, hier den schmalen Weg halbrechts hinauf zu den „Rupestri".

Nach wenigen Minuten passiert man links ein Haus, kurz danach liegt der erste Bilderfels rechts am Weg, die **Pietra delle Griselle** – Blickfang ist hier das große Schiff mit Masten und Strickleitern (Griselle). Weiter oben auf der Platte sind schwerttragende Menschen und Lanzen eingraviert.

Es folgen noch mehrere Felsplatten mit Schiffszeichnungen und anderen kleinen Einritzungen, berühmt ist die wahrscheinlich aus vorchristlicher Zeit stammende **Pietra dei Cavalieri** mit einer Reihe von reitenden Kriegern, die Lanzen tragen.

Spektakulär: Madonna della Corona

Die Wallfahrtskirche, die in schwindelnder Höhe über dem Etschtal thront, erreicht man von Garda über Costermano und Caprino Veronese (samstags großer Wochenmarkt). In *Spiazzi* parkt man an der Straße und steigt zur Kirche in ca. 20 Min. zu Fuß hinunter, vorbei an einer Reihe von Kreuzwegstationen mit lebensgroßen Figuren. Von Juni bis September gibt es auch Pendelbusverkehr (April, Mai und Oktober an Sonn- und Feiertagen). Pilger klettern dagegen in ca. 2 Std. vom tief unterhalb liegenden Örtchen *Brentino* einen anstrengenden Bußerweg hinauf.

774 m hoch über dem Etschtal klebt die Kirche mit Nebengebäuden wie ein Adlernest in der überhängenden Felswand. Als hier 1522 eine *Marienstatue* gefunden wurde, der schnell Wundertaten zugesprochen wurden, begann man mit dem Bau des Heiligtums, seitdem wurde es mehrfach umgestaltet und vergrößert. Doch auch schon viel früher wurde der äußerst beschauliche Ort bereits religiös genutzt, Eremiten lebten hier und sogar aus vorchristlichen Zeiten hat man Spuren entdeckt. Im Inneren stellt man beeindruckt fest, dass die Kirche direkt in den Fels hineingeschlagen ist. Die 70 cm hohe, aus Stein gehauene Statue der Madonna, die den toten Jesus beweint, thront über dem Hauptaltar. An der rechten Seitenwand zeigen schlichte Ölbilder hinter Glas, wo die Madonna schon überall geholfen hat. Mehrmals täglich finden Gottesdienste statt, auch in deutscher Sprache. Vom Untergeschoss der

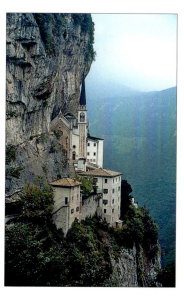

Wie ein Adlernest in der Felswand: die Kirche Madonna della Corona

Kirche führt eine *heilige Treppe* nach oben, die Bußfertige auf Knien hinaufrutschen. Ebenfalls unter der Kirche liegt der *Sepolcreto degli Eremiti*, hier ruhen die Knochen verstorbener Mönche in Glasvitrinen.

Öffnungszeiten: April bis Okt. tägl. 7–19.30 Uhr, übrige Zeit 8–18 Uhr.
Messe ganzjährig werktags 10.30 und 15.30 Uhr, Juli/August auch 17 Uhr, samstags ganzjährig 17 Uhr; sonntags Mai bis Okt 6 x tägl., April 4 x, übrige Zeit 2 x (10.30 und 15.30 Uhr). ✆ 045/7220014, www.madonnadellacorona.it.

Bardolino (ca. 5300 Einwohner)

Der populäre Ferienort hat eine freundliche, angenehm offen gebaute Altstadt, in den breiten, weitgehend rechtwinkligen Gassen lässt es sich gemütlich bummeln.

Bardolino besitzt eine sehenswerte romanische Kirche, ist aber vor allem bekannt für den gleichnamigen Rotwein, ein einfacher, süffiger Tropfen, der im hügligen Hinterland wächst und den man dort überall im Direktverkauf erwerben kann.

Am See erstreckt sich eine lange Promenade zwischen zwei weit vorspringenden Halbinseln, Richtung Norden kann man am Wasser entlang bis Garda laufen oder radeln, in der anderen Richtung bis Cisano. Wie im benachbarten Garda sind die Bademöglichkeiten sehr gut, Strände gibt es zu beiden Seiten des Orts.

Anfahrt/Verbindungen/Information

• *Anfahrt/Verbindungen* **PKW**, großer, gebührenpflichtiger Parkplatz landeinwärts der Durchgangsstraße, Nähe Kirche San Severo (1 Std. 1,50 €, 2 Std. 2,50 €). Die Gardesana wird im Fußgängertunnel unterquert. Kostenlos mit Parkscheibe parkt man beim Infobüro, doch sind die wenigen Plätze häufig belegt.
Bus, Station an der Gardesana (→ Stadtplan). *ATV-Busse 62–64* pendeln etwa stündlich in Richtung Verona und Garda.
Taxi, ☎ 045/7210350.
Schiff, Anlegestelle zentral am unteren Ende der Piazza Matteotti. Fähren etwa stündl. nach Süden, weniger häufig nach Norden, Schnellboote ca. 5 x tägl.
• *Information* **IAT (Informazione e Accoglienza Turistica)**, direkt an der Gardesana, Piazzale Aldo Moro 5. Mo/Di 9–13, 15–19 Uhr, Mi–Sa 9–19 Uhr, So 10–16 Uhr. ☎ 045/7210078, ✉ 7210872, www.tourism.verona.it, iat.bardolino@provincia.vr.it.
Associazione Albergatori Bardolino (Unterkunftsvermittlung), gleich neben der Informationsstelle. Mo u. Do–So 9–20 Uhr, Di/Mi 10–12.30, 14.30–20 Uhr. ☎ 045/6210654, ✉ 6228014, www.ababardolino.it.

Übernachten (→ Karte S. 201)

Bardolino besitzt eine Reihe von Badehotels in günstiger Strandlage, im Zentrum findet man ebenfalls zahlreiche Unterkünfte.

**** Parc Hotel Gritti (20), auf der Halbinsel südlich vom Zentrum, riesiger, aber sehr eleganter und durchgestylter Komplex – vier Restaurants, drei Bars, schöner Pool, Hallenbad. Über die Straße zum befestigten Uferbereich, Strandbad mit Liegewiese benachbart. DZ mit Frühstück ca. 110–230 €. Lungolago Cipriani 1, ☎ 045/6210333, ✉ 6210313, www.parchotels.it.
**** Du Lac et Bellevue (24), südlich von Bardolino zwischen Gardesana und Badezone, großzügiger Komplex mit wohnlichen Zimmern, vor dem Haus eine mit Sand aufgeschüttete Terrasse, Hallenbad, Sauna. DZ mit Frühstück ca. 100–185 €. Via Santa Cristina, ☎ 045/6210355, ✉ 6209491, www.europlan.it.
**** Sportsman (24), zwischen Bardolino und Garda, Badehotel direkt am See, vor dem Haus eine Bucht mit aufgeschüttetem Sand. Das Haus selbst wirkt äußerlich eher unschön, besitzt aber einen attraktiven Nebenbau (Villa), einen großen Pool und eine schöne Liegewiese. Der Tennisclub Arca mit acht Sandplätzen ist 400 m entfernt (→ Sport). DZ mit Frühstück ca. 90–185 €. ☎ 045/6210555, ✉ 6210861, www.europlan.it.
*** Quattro Stagioni (3), eine Überraschung – mitten in der Altstadt, doch sehr ruhig, herrlicher Garten mit üppiger, mediterraner Vegetation und einem hübschen Swimmingpool, Wellnesscenter, großer, schattiger Parkplatz. Einrichtung z. T. mit Antiquitäten, gemütlich und komfortabel, Zimmer mit Sat-TV und Klimaanlage. Seit langem in Familienbesitz, nette Leitung. DZ mit Frühstück ca. 100–150 €. Borgo Garibaldi 25, ☎ 045/7210036, ✉ 7211017, www.hotel4stagioni.it.
*** Alla Riviera (7), Villa aus dem 19. Jh. zentral im Ortskern direkt an der Seepro-

Bardolino

Die hübschen Gassen der Altstadt sind während der Siesta fast ausgestorben

menade. Die ansprechenden Zimmer besitzen Teppichboden und sind z. T. modern, teils mit Stilmöbeln eingerichtet, jeweils Föhn, Sat-TV und kleiner Balkon, einige Zimmer mit Kühlschrank. Große Sonnenterrasse und Kiesgarten mit Palmen. Gäste erhalten jeden dritten Tag freien Eintritt an der Baia delle Sirene (Strand mit Liegewiese bei Garda). Sergio spricht gut Deutsch. Parken ca. 5–9 €. DZ mit Frühstück ca. 80–125 €. Lungolago Lenotti 12, 045/6212600, www.allariviera.it.

*** **Villa Letizia (22)**, an der Uferstraße südlich vom Zentrum, von Familie Aldrighetti aufmerksam geführt. Komplett renoviert und vollklimatisiert. Zimmer mit z. T. großen Balkonen, auf der weitläufigen Sonnenterrasse kleiner Pool mit Jacuzzi und Gegenstromanlage, gute Küche. Über die Straße zum privaten Strand, hölzerner Badesteg, Garage 2 €/Tag. DZ mit Frühstück ca. 86–140 €. Lungolago Cipriani, 045/7210012, 6210650, www.hotelvillaletizia.com.

*** **Campagnola (24)**, modernes Haus am Uferweg südlich vom Zentrum. Zimmer mit Klimaanlage und Sat-TV, satte Rasenflächen mit Liegestühlen. Zimmer vorne raus schön, aber an der Rückseite des Hauses verläuft die Gardesana. Eigener Strandabschnitt und Landesteg. DZ mit Frühstück ca. 107–127 €. Via Santa Cristina 15, 045/7210015, 6228091, www.hcampagnola.com.

• *Außerhalb* * **Valbella (1)**, familiär geführtes Haus mit großem Garten/Liegewiese in den Hügeln, 2 km vom Zentrum. Geräumige und saubere Zimmer mit TV und Balkonen, wunderschöner Seeblick, Parkplatz. DZ mit Frühstück ca. 75 €. Via San Colombano 38, 045/6212483, www.valbellabardolino.com.

B & B SoleLuna (19), mitten im Grünen, etwa 15 Fußmin. vom Zentrum. Großer, üppiger Garten, gepflegte Zimmer, Pool. DZ mit gutem Frühstücksbuffet ca. 68–75 €. Contrada Ceole 19, 045/7210065, www.bb-soleluna.com.

• *Ferienwohnungen* Angebote bei **Europlan**, Via Gabriele d'Annunzio 11, www.europlan.it.

• *Camping* Vor allem nördlich von Bardolino liegen einige große und gut ausgestattete Plätze mit langen Badezonen.

** **San Nicolò**, direkt nördlich vom Zentrum, schmaler Strand mit Badesteg, nur z. T. schattige Stellplätze. Via Dante Alighieri 43. 045/7210051, www.campeggiobardolino.it.

** **Continental**, benachbart zu Camping Comunale, schattiger Platz mit Pappeln und

Ostufer (Venezianischer Teil des Gardasees)

Olivenbäumen, davor schöne Strandzone mit Grasböschung, Restaurant. ✆ 045/7210192, 🖷 7211756, www.campingarda.it.
*** La Rocca, großer Platz südlich unterhalb der Rocca von Garda, durch die Gardesana in zwei Teile getrennt. 300 m Strand, Restaurant/Pizzeria, im rückwärtigen Platzbereich großer Pool und Kinderbecken, Sanitäranlagen großzügig. Località S.Pietro, ✆ 045/7211111, 🖷 7211300, www.campinglarocca.com.

*** Serenella, großes Gelände, gut beschattet durch Laubbäume, großer Pool mit Kinderbecken, Kinderspielplatz, Animation, Restaurant, 250 m langer Strand. Großes Wassersportangebot: Windsurfen, Kanus, Wasserski, Paraflying, Fahrradverleih. Achtung: Keine Motorräder auf dem Gelände erlaubt. Località Mezzariva 19, ✆ 045/7211333, 🖷 7211552, www.camping-serenella.it.
** Europa, kleiner Platz unmittelbar südlich vom Zentrum, neben Hotel du Lac. ✆ 045/7211089, 🖷 7210073, www.campingarda.it.

*E*ssen & *T*rinken

Al Giardino delle Esperidi (6), kleine, feine Enoteca mit romantischem Innenraum und Plätzen im Hinterhof unter einer Pergola, auch einige Tische auf der Gasse. Einfallsreiche Gerichte, die häufig wechseln, z. B. *parmigiana di tartufo* (gratinierte Trüffel mit Parmesan), gute offene Weine, zum Dessert Leckereien mit diversen Käsesorten und Honig. Preise im höheren Bereich. Mi-Mittag und Di geschl. Via Goffredo Mameli 1, ✆ 045/6210477.
La Lanterna (4), hier legt man vor allem Wert auf die Zubereitung von Pasta in allen Variationen, es gibt aber auch Pizza und Fisch. Preislich okay und sehr lecker, beliebt bei Familien mit Kindern. Via Goffredo Mameli 18/a, ✆ 045/6210515.
Il Portichetto (9), wenige Meter vom Hafen bei einem kleinen Torbogen. Bekannt für seine hausgemachte Pasta und die Fleischgerichte vom Grill, als Secondi z. B. *cotoletta d'agnello* (Lammbraten) oder *tagliata con rucola e grana* (Entrecôte mit Rukola und Parmesan). Mi geschl. Piazza Catullo, ✆ 045/7211837.
Al Commercio (11), in dem alteingesessenen Familienbetrieb isst man im gemütlichen Innenraum oder im Gastgarten hinter dem Haus, z. B. *tagliatelle con ragù di coniglio* (Tagliatelle mit Kaninchenragout), *lumache alle erbe con polenta* (Schnecken mit Kräutersoße und Polenta), *fegato alla Veneziana* (Leber mit Zwiebeln) und *Gulasch di manzo alla Trentina*. Keine Pizza. Di geschl. Vie Solferino 1, ✆ 045/7211183.
San Martino (16), gepflegtes Restaurant mit gemütlichen Plätzen in einer ruhigen Seitengasse. Guter Fisch und große Weinauswahl, etwas teurer. Via San Martino 12, ✆ 0456/212489.
La Loggia Rambaldi (15), einen Katzensprung vom See. Ein ehemaliges Adelspalais des 16. Jh. wurde in den neunziger Jahren in ein geschmackvolles Restaurant umgebaut. Großer, gewölbter Speisesaal mit zwei Säulenreihen und einem gemütlichen Kamin. Vor dem Haus Sitzplätze mit Seeblick. Gute Fischküche, aber auch Pizza, etwas höhere Preise. Di geschl. Piazza Principe Amedeo 7, ✆ 045/6210091.
La Strambata (10), gut eingeführtes Grillrestaurant mit Pizzeria, hinten eine große, schattige Laube, davor viele Tische mit karierten Decken an der Straße, das gegenüber liegende **Virata** gehört ebenfalls dazu. Hausspezialität ist die *pizza a metro* (z. B. ein halber Meter Pizza für 3 Pers.), aber auch sonst große Auswahl: Risotto, Spaghetti, Forelle, Spiedino misto, Speck vom Schneidebrett, vieles mit Kartoffeln, außerdem üppige Salatteller. Geschäftstüchtig geführt, flinker Service. Via Fosse 27, ✆ 045/7210110.
Le Palafitte (23), Pizzeria/Ristorante in schöner Lage am Seeufer südlich vom Zentrum. Relativ preiswert, Plätze im Freien, Seeblick. Di geschl. ✆ 045/6212755.
● *Weinlokale* **Café Italia (17)**, exponierte Lage an der Uferpromenade, Wein glasweise ab 2,50 €, dazu Polenta, Carpaccio und Pasta. Eine Geschenkboutique gehört auch dazu.
Ca' del Vini (Vini Veronesi e Nazionali) (8), nett aufgemachtes Lokal in einer kleinen Sackgasse des Corso Umberto. Kompetente und freundliche Beratung, zu den Weinen werden *bruschette*, aber auch Hauptgänge gereicht. Via Palestro 12.
Osteria Lo Strambino (14), nahe der Durchgangsstraße, gemütliche Kneipe mit viel Holz, beliebter Treff der Einheimischen – Bier, Wein und Sprizz, besonders zum Aperitivo populär. Essen kann man Pizza. Geöffnet bis 2 Uhr. Borgo Cavour 41.
● *Cafés/Eis/Bars* **Gelateria Cristallo**, unschlagbares Eis an der Anlegestelle, seit Jahren der Favorit in Bardolino – allerdings nicht nur das Eis (große Portionen), son-

Bardolino 201

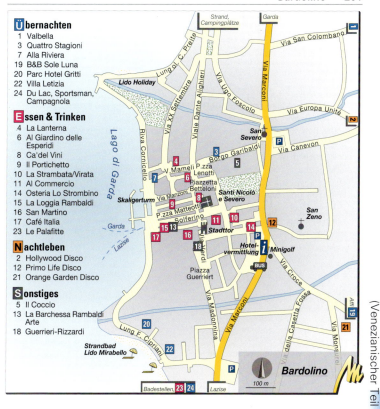

Übernachten
1 Valbella
3 Quattro Stagioni
7 Alla Riviera
19 B&B Sole Luna
20 Parc Hotel Gritti
22 Villa Letizia
24 Du Lac, Sportsman, Campagnola

Essen & Trinken
4 La Lanterna
6 Al Giardino delle Esperidi
8 Ca'del Vini
9 Il Portichetto
10 La Strambata/Virata
11 Al Commercio
14 Osteria Lo Strombino
15 La Loggia Rambaldi
16 San Martino
17 Café Italia
23 Le Palafitte

Nachtleben
2 Hollywood Disco
12 Primo Life Disco
21 Orange Garden Disco

Sonstiges
5 Il Coccio
13 La Barchessa Rambaldi Arte
18 Guerrieri-Rizzardi

(Venezianischer Teil des Gardasees) **Ostufer**

dern auch die Longdrinks, z. B. der legendäre „Cristallo".
La Barchessa Rambaldi Arte (13), im Palazzo Rambaldi nahe am See, neben Restaurant La Loggia Rambaldi. Große coole Kunstbar mit Ausstellungen, man schlürft Sekt und knabbert Finger-Food. Originelle Sitzmöbel vor der Tür. Via San Martino 28/38, ℅ 045/6212024, www.labarchessa-arte.com.

Shopping

● *Märkte* Jeden Do-Vormittag riesiger **Kleidermarkt** an der Promenade. **Lebensmittel** gibt es auf einem Platz neben der Pfarrkirche. **Antiquitätenmarkt** jeden 3. So im Monat.
● *Olivenöl* **Oleificio Sociale di Bardolino**, an der Gardesana (gegenüber Camping Europa), Via Santa Cristina 15. Direktverkauf von Olivenöl, außerdem Wein und Honig. Tägl. 8.30–12.30, 14.30–19 Uhr. ℅ 045/7210214, www.oleificiosocialebardolino.it.
Oleificio Viola, auch hier Olivenöl direkt vom Erzeuger, Verkaufstelle mit großem Parkplatz oberhalb von Bardolino (Verlängerung der Via Croce), Via Molini 7. ℅ 045/7210143, www.oleificioviola.com.
● *Souvenirs* **Il Coccio (5)**, jeder, der die Altstadt von der Durchgangsstraße her betritt, kommt hier entlang. Sergio Velini und sein Sohn Riccardo fertigen fantasievoll bemalte Keramikkacheln, Vasen und Teller. Borgo Garibaldi 52.
Arts Nouveaux, Kunstantiquariat in der Via Cesare Battisti 2.
● *Wein* **Guerrieri-Rizzardi (18)**, Piazza Guerrieri 1 (→ Kasten).

Cantina Lenotti, angesehener Weinproduzent mit Verkauf direkt an der Gardesana, große Vielfalt von Weinen, ein Tipp ist der Cabernet Sauvignon Garda DOC „Terre di Pra". Mo–Fr 9–12, 14.30–18, Sa 9–12 Uhr. Via Santa Cristina 1, ✆ 045/7210484, www.lenotti.it.

- *Sonstiges* **Internationale Presse** im Buchladen an der Piazza Matteotti 30 und neben Hotel Villa Letizia an der südlichen Uferpromenade.

Azienda Agricola Conti Guerrieri-Rizzardi (18): Das große Landwirtschaftsgut eines alten Adelsgeschlechts hat seinen Standort in einem herrschaftlichen Park innerhalb der Stadtmauern südlich vom Zentrum von Bardolino. Eine Verkaufsstelle wurde am Platz vor dem südlichen Stadttor eingerichtet, dort kann man DOC- und DOCG-Weine, außerdem Olivenöl, Weinessig, Grappa und andere hausgemachte Produkte erwerben (Mo–Sa 10–13, 15–19, So 10–13 Uhr). Nach Vereinbarung werden von April bis Oktober außerdem Führungen durch den historischen Garten, den Gemüsegarten des Palazzo Guerrieri und die in den Stadtmauern gelegenen alten Kellereien veranstaltet. Zum Abschluss findet im Kellerei-Museum eine Weinverkostung statt. ✆ 045/7210028, www.guerrieri-rizzardi.com.

Sonstiges (→ *Karte S. 201*)

- *Ärztliche Versorgung* **Guardia Medica Turistica**, Distretto Sanitario, Via Gardesana dell'Acqua 9. ✆ 045/6213108.
Dr. Dieter Grewe, deutscher Zahnarzt in Affi, Via Danzia 1, ✆ 045/7238233.
- *Fahrzeugverleih* **Mountainbikes** und Motorroller/-räder gibt es bei „Ercospazi", Via Borgo Cavour 30, ✆ 045/6211422, www.ercospazi.com.
Motorboote mit und ohne Führerschein vermietet Dario Zeni im „Boat Charter", Lungolago Cipriani 1. ✆/@ 045/6210190.
- *Gottesdienst* evangelischer Gottesdienst in deutscher Sprache Anfang Juni bis Anfang Sept. So 10 Uhr in San Severo (→ Sehenswertes), **katholische Messe** Juli/August Sa 20.30 Uhr in der Pfarrkirche Santi Nicolò e Severo.
- *Internet* am **Camping La Rocca** (→ Übernachten).
- *Nachtleben* Die Discos liegen ein Stück außerhalb vom Zentrum, allerdings noch in erträglicher Fußentfernung.
Hollywood (2), angesagte Edeladresse mit fantasievoller Gestaltung, schönem Palmengarten und dem angeschlossenen Ristorante Montefelice, dazu vier Bars, zwei Tanzflächen und ein Pool. Geöffnet Do–So. Via Montavoletta 11, Località San Felice, ✆ 045/7210580, www.hollywood.it.
Orange Garden Disco (21), weitere populäre Disco, ebenfalls mit Restaurant, gele-

Cura dell'uva: Traubenkur in Bardolino

Alljährlich von 15. September bis 15. Oktober kann man die heilsame, weil entschlackende Wirkung von *Traubensaft* probieren – der Genuss frisch geernteter Trauben tut dem Magen gut, wirkt abführend und harntreibend, regt die Funktionen der Leber an und fördert die Gallensekretionen. Auch bei Problemen mit Arthrose, Gicht und Rheuma sind die Rebfrüchte zu empfehlen. Wer es ernst nimmt mit der Kur, sollte zwei Wochen lang täglich 2 kg Trauben zu sich nehmen – d. h. zu den Mahlzeiten je 500 g, morgens auf nüchternen Magen und nachmittags je ein Glas Saft. Wer nur mal kosten will – in einem Kiosk am Hafen werden in dieser Zeit 250 ml Traubensaft für ca. 1,50 € angeboten.

gentlich Livemusik. Geöffnet Mi–So. Via Monsurei 1 (Via Croce hinauf und zweite rechts), ✆ 045/6212711, www.orangedisco.it.
Primo Life Club (12), der dritte im Bunde, an der Gardesana, elegantes Ambiente mit Disco, Restaurant und Pianobar, in letzterer häufig Livemusik. Via Marconi 14, ✆ 045/6210177, www.primolifeclub.it.
• *Sport* **Minigolf**, an der Durchgangsstraße, Via Marconi/Ecke Via Croce.
Segeln, im „Centro Nautico Bardolino", Lungolago Preite, nördlich vom Ortskern. ✆ 045/7210816, www.centronauticobardolino.it.

Tennis, die deutsch geführte Tennisschule „Thorstennis" liegt in der Ferienanlage „Arca sul Garda" zwischen Bardolino und Garda, Strada dell'Arca 3, www.tennisschule-gardasee.de.
Außerdem „Circolo Tennis" landeinwärts der Gardesana, Via dello Sport 3, ✆ 045/7211320, www.tennisbardolino.com.
Wasserski/Paraflying, bei Herbert Planatscher am Camping Serenella. ✆ 045/7211333, ✆ 7211552, waterskicenter-garda@hotmail.com.

Sehenswertes

Die lang gestreckte Fußgängerzone *Piazza Matteotti* bildet das Herz der Altstadt. Die geschäftige Einkaufs- und Flaniermeile verläuft vom Hafen zur klassizistischen Pfarrkirche *Santi Nicolò e Severo* am oberen Ende. Am Eckhaus schräg gegenüber vom Dom ist unter dem Dach ein mittelalterliches Fresko erhalten. Im rechten Winkel zur Piazza Matteotti zieht sich der *Corso Umberto* quer durchs Zentrum.

An der Uferpromenade steht wenige Meter nördlich vom Hafen der verwitterte *Turm* einer alten Skaligerfestung, weiterhin findet man hier eine Reihe von herrschaftlichen Villen, z. B. die rosafarbene *Villa delle Rose*. Am Nordende des Lungolago erstreckt sich der große *Parco Comunale*, wo gelegentlich öffentliche Veranstaltungen und Feste stattfinden.

Ebenfalls Überreste der Skaligerfestung sind die Stadtmauern und das *Stadttor* am Südende des Corso Umberto und die *Porta San Giovanni* an der gleichnamigen Piazza.

Santi Nicolò e Severo: Die große Kirche des 19. Jh. dominiert das Zentrum der Altstadt, ihre „antike" Säulenfassade entspricht allerdings nicht mehr unserem heutigen Schönheitsideal. Im Inneren gibt es moderne Fresken und schöne Glasfenster, linker Hand steht eine Nachbildung der Grotte von Lourdes.

San Severo: Die schlichte romanische Kirche aus einfachen Bruchsteinquadern steht direkt an der Gardesana. Sie stammt aus dem 11. Jh., die Krypta hinter dem Altar von einem langobardischen Vorgängerbau des 8. Jh. Dort sind

Die romanische Kirche San Severo

Bummel auf der Piazza Matteotti, im Hintergrund die Pfarrkirche

noch die typischen Flechtornamente der Langobarden zu erkennen. An der Außenfassade und den Apsiden sind die romanischen Schmuckelemente, Friese u. Ä. bemerkenswert. Im Innenraum sind stark verblasste *Fresken* des 12. Jh. erhalten, darunter rechter Hand sehr lebendig gestaltete Szenen der Apokalypse des Johannes. Links ist dagegen in verschiedenen Szenen der Leidensweg Jesu thematisiert, außerdem die Auffindung des so genannten „Wahren Kreuzes", an dem Jesus starb, durch die heilige Helena, Gattin des Kaisers Konstantin. Auch eine Darstellung kämpfender Ritter ist zu sehen. Die Unterseiten der Bögen sind mit Schmuckornamenten verziert.

San Zeno: Das 1200 Jahre alte, kürzlich restaurierte Kirchlein steht ganz versteckt in einem Hof, landeinwärts der Durchgangsstraße. Es stammt aus der Zeit der fränkischen Besetzung. Der erstaunlich hohe, fast turmartige Kreuzkuppelbau besitzt noch spärliche Freskenreste. Die *Säulenkapitelle* im Langschiff stellen frühmittelalterliche Versuche dar, die klassischen korinthischen und ionischen Kapitellformen nachzuahmen.

San Pietro: kleine romanische Kirche nördlich von Bardolino direkt an der Gardesana, neben Camping La Rocca. Sie steht auf einem Privatgrundstück und ist an ein Wohnhaus angebaut, doch einen Blick ins Innere kann man in der Regel wagen, Reste alter Fresken sind zu erkennen.

Bardolino/Baden

Auf der nördlichen Halbinsel Punta Riva Cornicello liegt die Pizzeria/Bar *Lido Holiday*, schön ist der Blick auf den Burgfels von Garda. Man kann Tretboote mieten, Liegestühle leihen und Minigolf spielen, für Kinder ist eine Wasserbahn mit kleinen Booten aufgebaut. Gute Badestellen findet man weiter nördlich beim Camping San Nicolò, z. T. reichen die Rasenflächen und schattigen Bäume bis zum Ufer.
Die südliche Halbinsel nimmt das hübsche Strandbad *Lido Mirabello* mit Café, Rasenflächen und Liegestühlen ein (Eintritt). An der südlich anschließenden Uferzone

sind meist die Gäste der anliegenden Hotels anzutreffen, die dahinter verlaufende Straße stört den Badebetrieb kaum, da sie nur von Anwohnern befahren werden darf. Nach dem Hotel „Villa Letizia" biegt die Straße landeinwärts ab, die folgende Uferpartie ist ruhig, jedoch stark verschilft. Nach etwa 1 km passiert man eine Werft und kann weiter ins 2 km entfernte Cisano laufen.

Bardolino/Umgebung

Hinter Bardolino und Cisano beginnt das Weinland, die kleinen, schmalen Straßen sind überall von Rebfeldern flankiert und nennen sich „strada del vino" (beschildert). Viele Winzer bieten hier ihre Weine im Direktverkauf an, ebenso viele Olivenölproduzenten.

Fahren Sie z. B. von Cisano hinauf nach *Calmasino*. Gleich im ersten Teil der Straße zweigt links die Via Costabella ab, dort liegt das Weingut der Gebrüder Zeni (→ Kasten, S. 206). Über *Cavaion Veronese* kommt man schließlich nach *Affi* beim Autobahnanschluss „Lago di Garda Sud". Der Ort ist bekannt für sein Shopping-Center „Grand'Affi", das größte am gesamten See.

Wenn man am nördlichen Ortsrand von der Gardesana landeinwärts auf einer Serpentinenstraße in die Weinberge Richtung Albarè abbiegt (beschildert: „Istituto Salisiano"), durchfährt man eine ruhige Landschaft mit Weinbergen, Olivenhainen, vereinzelten Landhäusern und Bauernhöfen. Hier kann man eine leichte Wanderung zur *Rocca*, dem Wahrzeichen von Garda, unternehmen und das Kamaldulenserkloster *Eremo dei Camaldolesi* besuchen (→ S. 195) oder aber einen Spaziergang zum *Istituto Salisiano* des Salesianer-Ordens von Don Bosco südlich der Straße machen (beschildert), das einen herrlichen Blick auf den Gardasee ermöglicht.

• *Essen & Trinken* **Al Torcolo**, ländliches Ristorante am Weg von Calmasino nach Cavaion rechter Hand in den Weinbergen. Gute Qualität zu günstigen Preisen, große Terrasse, Kinderspielplatz. Abends tägl., an Wochenenden auch mittags. Via Torcolo 5, ☏ 045/7235462.

Locanda al Bersagliere, an der Straße nach Albarè, nach etwa 2–3 km linker Hand. Stimmungsvolle Terrassentaverne mit schattiger Weinlaube. Hervorragende regionale Küche, nicht ganz billig, aber seinen Preis wert – besondere Empfehlung für Hecht mit Polenta (Antipasto) und Risotto mit Schleie (Primo), als Secondo diverse Fischgerichte und Fleischspeisen, von Lamm bis Pferd. Mi geschl. Via San Colombano 47, ☏ 045/6212361.

• *Shopping* **Cantina Vinicola Fratelli Zeni**, Via Costabella 9 (→ Kasten).

Turri, einer der größten Olivenölproduzenten der Region, Strada Villa 9, Cavaion Veronese. ☏ 045/7235006, ✉ 6260207, www.turri.com.

Alessi Shop, direkt an der Hauptstraße in Cavaion Veronese, größte Auswahl an Alessi-Produkten am Gardasee. Di–Sa 9–12.30, 15.30–19.30 Uhr. Via Pozzo dell'Amore 50/54, ☏ 045/6260344.

Grand'Affi, Shopping Center mit fast vierzig Geschäften, darunter ein riesiger Supermarkt, ein großes Bekleidungs- und Schuhgeschäft, ein Baumarkt sowie zahlreiche Boutiquen. Mo–Sa 9–21 Uhr, So geschl. (im Sommer oft geöffnet). ☏ 045/7235607, www.grandaffi.it.

La Strambata: Weitgehend touristenfrei ist das von Monica und Mario (ehemalige Besitzer des La Strambata in Bardolino) eröffnete Lokal in Sega an der Straße von Affi nach Verona (von Affi über die Autobahn und nach Süden), mitten im Gebiet der Marmor- und Granitwerkstätten dieser Region. Der große Betrieb mit mehreren Terrassen und Innenräumen zieht Gäste bis aus Verona an, vor allem an Wochenenden herrscht Hochbetrieb – und zwar gänzlich italienisch geprägt, da Urlauber den weiten Weg vom See meist scheuen. Das Haus liegt unübersehbar direkt vor einer Kurve an der Durchgangsstraße. ☏ 045/7210110.

Dienstagnachmittag bei Zeni

Weinprobe in der Cantina Vinicola Fratelli Zeni

Das hübsch aufgemachte Haupthaus des großen Weinguts südlich oberhalb von Bardolino wurde zu einem Weinmuseum umgestaltet. Große Fässer und Utensilien zur Weinherstellung aus Vergangenheit und Gegenwart sind ausgestellt, ein Film vermittelt weitere Informationen. Im Weiteren schreitet man zur fröhlichen Kostprobe diverser Tropfen, die man im Anschluss einzeln oder kistenweise erwerben kann. Angeboten werden alle bekannten Weine vom Gardasee und aus den nahen Weinbaugebieten – *Bardolino*, *Chiaretto*, *Lugana*, *Valpolicella*, *Soave*, *Custoza* u. a. Die besten sind zweifellos die vergleichsweise teuren „Amarone" und „Recioto" aus dem Valpolicella.
Öffnungszeiten: Mitte März bis Ende Okt. Mo–Fr 9–13, 14–19 Uhr, Sa/So 9–13, 14–18 Uhr. Eintritt frei. ✆ 045/6228331, www.zeni.it.

Cisano

Kleiner Küstenort zwischen Bardolino und Lazise. Nur wenige Häuser gruppieren sich um das weite Hafenbecken, wo man in mehreren Lokalen angenehm und ruhig essen kann.

Die große Wiese nördlich vom Ortskern wird gelegentlich für Veranstaltungen, Rockkonzerte etc. benutzt. Davor verläuft ein befestigter Uferstreifen mit Promenade und Einstiegsmöglichkeiten ins Wasser. Südlich vom Hafen folgen einige kleine Badebuchten, danach schließt sich ein 500 m langer, sehr schmaler Badestrand mit dem Camping Cisano unter hohen Bäumen an. Auf schmalem Trampelpfad kann man durch Wiesen- und Schilfzonen weiter nach Süden laufen, vorbei an mondänen Villen mit Bootsstegen.

Landeinwärts der Gardesana versteckt sich die romanische Kirche *Santa Maria Maggiore* aus dem 12. Jh. Im 19. Jh. brach man den Großteil der Kirche ab und gestaltete den Innenraum neu, die schöne Fassade mit Ornamenttafeln und Reliefs, Turm und Apsis blieben jedoch erhalten.

Ebenfalls ein Stück zurück vom See wurde kürzlich das vogel- und fischereikundliche *Museo Sisàn* in einer ehemaligen Grundschule eingerichtet (Via Federico Marzan 24).
Öffnungszeiten/Preise Mi–So 8.30–12.30 Uhr, Eintritt ca. 3,50 €, Kinder 7–16 J. 2 €, über 65 J. frei. 045/2377935, www.sisan.it.

Wassergetriebene Mühle mit lebensgroßen Puppen

Il Museo dell'Olio: das Ölmuseum von Cisano

Das Museum steht südlich von Cisano direkt an der Gardesana. Anhand vieler Exponate und bebilderter Beschreibungen wird die lange Geschichte der Olivenölgewinnung dokumentiert – von einer historischen *Hebelpresse*, die schon aus dem alten Ägypten bekannt ist, über Mühlsteine, die von Tieren gezogen wurden, bis zu hölzernen Riesenpressen aus dem 17.–19. Jh. und der modernen *Zentrifuge* des 20. Jh., die eine saubere Scheidung von Öl, Fruchtfleisch und Pflanzenwasser erreicht. Ein Raum ist den Gegenständen rund ums Öl gewidmet – historische Öllampen und -gefäße, alte Verpackungen etc. Besonders hübsch und anschaulich ist die *Wassermühle* im hinteren Teil des Gebäudes, wo die Arbeitsvorgänge mit lebensgroßen Puppen demonstriert werden.

Im angeschlossenen Laden, der eigentlich die Hauptsache ist, kann man zahlreiche kulinarische Kostbarkeiten erstehen: natürlich jede Menge Öl aus eigener Produktion, aber auch Olivenölkosmetik, Grappa, eingelegte Pilze, Honig, Aceto di Balsamico (Balsamessig aus Modena), Limoncino vom Gardasee (30%iger Likör) und zahlreiche Weine, darunter die herrlichen Tropfen „Amarone" und „Recioto".

Öffnungszeiten: Mo–Sa 9–12.30, 14.30–19, So 9–12.30 Uhr, Eintritt frei. Achtung – es gibt nur eine Handvoll Parkplätze vor dem Haus. 045/6229047, www.museum.it.

• *Anfahrt/Verbindungen* **ATV-Busse 62–64** pendeln etwa stündlich in Richtung Verona und Garda. **Fähren** gehen etwa 5–6 x tägl. nach Süden, in der anderen Richtung bis Garda, keine Schnellboote.

• *Übernachten* ***** Vela d'Oro**, großer, eigenartiger Bau direkt am Hafenbecken, der vielleicht einst ein Krankenhaus oder öffentliches Gebäude war. Restaurant mit schönen Plätzen auf dem seeseitigen Platz, Sonnenterrasse, Zimmer mit TV. Gäste können weiter südlich den „Club Cisano" kostenfrei nutzen, einen großen, grünen Park mit Swimmingpool, Tennis und Bar direkt am Strand. DZ mit Frühstück ca. 77–109 €, mit Balkon 10 € Zuschlag. Via Peschiera 2, ✆ 045/7210067, ℻ 7211091, www.hotelveladoro.it.

** **Villa Katy**, landeinwärts der Gardesana (beschildert), beliebte Pension mit schönem Garten und nur sieben Zimmern. DZ mit Frühstück ca. 85 €. Via G. Rossini 5, ✆ 045/7210345, ℻ 6211182, www.hotelvillakaty.it.

** **Panoramica**, gepflegtes Haus in 700 m Höhe über Cisano, schöner Seeblick, Garten mit Pool, gutes Ristorante, Spielplatz und kostenloser Parkplatz. DZ mit Frühstück ca. 60–80 €. Via Costabella 38, ✆ 045/7211487, ℻ 7210229, www.albergopanoramica.com.

Agriturismo Costa d'Oro, südlich oberhalb von Bardolino. Weingut mit Bed & Breakfast, von Valentino und seiner Familie freundlich geführt. Ordentliche Zimmer und Apartments mit Terrassen, schöner Pool, Grillrestaurant und Weinverkostung (Mo–Sa 9.30–11.30 Uhr). DZ mit Frühstück 85–100 €. Via Costabella 29/a, ✆ 045/7211668, ℻ 6227330, www.agriturismocostadoro.com.

Zwei Campingplätze unter gleicher Leitung liegen beiderseits der Gardesana und werden z. T. vom Straßenlärm erheblich beeinträchtigt.

**** **Camping Cisano**, großes Gelände am schmalen Lido Cisano. Tagsüber Kinderanimation (leider nur bei gutem Wetter, da kein geschlossener Raum zur Verfügung steht). Keine Motorräder auf dem Gelände erlaubt. ✆ 045/6229098, ℻ 6229059, www.camping-cisano.it.

**** **Camping San Vito**, landeinwärts der Gardesana, mit einer etwas älteren, oft überfüllten Poolanlage. Durch eine Unterführung kommt man zum Camping Cisano und zum See. ✆ 045/6229026, ℻ 6229059. .

• *Essen & Trinken* **Locanda Al Germano Reale**, ein wenig zurück vom Hafenplatz, familiär geführt, große Auswahl aus See und Meer, auch Pizza. ✆ 045/7210452.

Taverna al Porto, man sitzt hübsch unter Sonnenschirmen und Olivenbäumen. Gute Seeküche zu etwas höheren Preisen, z. B. *risotto di tinca* (Schleie) für 2 Pers. ✆ 045/7211667.

Al Cardellino, an der Straße von Cisano nach Camalsino, von der Uferstraße ca.

Sagra dei osei: das Fest der Singvögel

Am ersten Wochenende im September und an den Tagen danach (Fr–Mi) erwacht das sonst eher beschauliche Cisano zu ungewohnter Betriebsamkeit. Die traditionelle Vogelmesse, die in ihren Ursprüngen bis ins Mittelalter zurückgeht, zieht Besucher von nah und fern an und hat sich zu einem großen mehrtägigen Volksfest mit Karussells, Buden und Fahrgeschäfte entwickelt. Im Mittelpunkt stehen aber natürlich immer die Amseln, Finken, Nachtigallen und anderen gefiederten Piepmätze. Ein erster Höhepunkt ist ein *Gesangswettbewerb*, der allerdings wegen der Natur der Konkurrenten bereits um 5.30 Uhr morgens stattfindet. Am nächsten Tag zeigen Greifvögel ihre Jagdkünste und ein großer Markt bietet alles für Vogelfang und -zucht. In einem Zelt kann man sich währenddessen reichlich verköstigen – Trippa mit Polenta, Entenbraten, Wachteln und „pasta e fagioli" (Bohnensuppe mit Nudeln) sind die typischen Gerichte. Ein Feuerwerk am Montag um 23.45 Uhr beendet das viertägige Fest.

Traurig, aber wahr – Italien ist ungekrönter Weltmeister in der Jagd auf Singvögel. Naturschützer laufen Sturm gegen das mörderische Vergnügen, aber bisher weitgehend vergeblich, obwohl in den letzen Jahren immer wieder hart durchgegriffen wurde, im Bereich des Gardasees Zehntausende von Fallen zerstört und viele Wilderer von der Forstpolizei entwaffnet wurden.

Internet: www.sagradeiosei.com, www.komitee.de (Komitee gegen den Vogelmord e.V.)

200 m entfernt (Abzweig beschildert). Landhaus mit schönem Garten und einigen gut eingerichteten Ferienwohnungen (Wochenpreis ca. 400–700 €). Serviert werden hausgemachte Pasta und leckere Fleisch- und Fischgerichte, die man am Tisch nach Augenschein auswählt, nicht von der Karte. Keine Pizza. Via Pralesi 16, ℅ 045/6229048, www.alcardellino.it.

Da Angelo, ein schmales Gässchen führt gegenüber vom großen Wiesengelände von der Gardesana etwa 100 m hinauf zu dieser ruhigen und unscheinbaren Trattoria, die schräg gegenüber vom Albergo Eden liegt (unten ausgeschildert). Hier isst man gut und zu unschlagbar günstigen Preisen (Primo 4 €, Secondo ab 7 €). Meist werden einige Fleischgerichte angeboten, dazu eine Auswahl an Saisongemüsen sowie Pasta und Minestrone. Fisch und Pizza gibt es nicht. Mi geschl. Via Giacomo Puccini 11. ℅ 045/7211477.

• *Shopping* Anfang Juni bis Anfang Sept. jeden Montagabend **Markt** auf der Piazza Lago.

Lazise (ca. 5500 Einwohner)

Ein ganz besonders malerischer Ort innerhalb einer prächtig erhaltenen Stadtmauer mit Wehrtürmen und drei Toren, im Sommer allerdings dementsprechend von Touristen überflutet.

Das Ensemble der Altstadt gehört heute zu den reizvollsten am See – enge Straßen öffnen sich zu kleinen Plätzen, mitten darin zieht sich das intime, schmale Hafenbecken tief landeinwärts. Außerhalb der Altstadt thront in einem üppig grünen Park eine große Skaligerburg. Seit dem 15. Jh. diente das gut befestigte Lazise als Kriegshafen der venezianischen Flotte gegen die Mailänder – die alte Stadtmauer der Skaliger wurde deshalb damals nicht geschleift, sondern hatte die Aufgabe, die strategisch wichtige Hafenanlage zum Land hin zu schützen. Trotzdem mussten die Venezianer 1509 im Krieg gegen die Liga von Cambrai ihre Schiffe vor Lazise schmählich selber versenken, damit sie nicht in die Hände der Feinde fielen (→ Kasten, S. 213). Viel Luft und Platz hat man auf der breiten Promenade vor der Altstadt. Ein langer Strand (im Sommer mit Eintritt) liegt südlich vom Ort, Richtung Norden kann man von Holzstegen aus gebührenfrei ins Wasser hüpfen. Lazise ist außerdem eins der Campingzentren im unteren Seebereich – südlich vom Ort findet man eine ganze Reihe teilweise komfortabler Zeltplätze mit hervorragenden Bademöglichkeiten.

*A*nfahrt/*V*erbindungen/*I*nformation

• *Anfahrt/Verbindungen* **PKW**, kostenpflichtige Parkplätze liegen nördlich der Stadtmauer und landeinwärts der Gardesana (30 Min. 1 €, 1 Std. 2 €). 2 Std. gratis parken kann man am Lungolago Marconi (→ Stadtplan) und auf den großen Parkplätzen südlich der Stadtmauer.
Bus, Station an der Gardesana, *ATV-Busse 62–64* pendeln etwa stündlich in Richtung Verona und Garda.

Schiff, Anlegestelle zentral vor dem Hafenbecken, etwa zehn Schiffe tägl., kein Schnellboot.

• *Information* **IAT (Informazione e Accoglienza Turistica)**, am Hafen rechts, neben Hotel Alla Grotta. Mo–Sa 9–13, 15–19, So 9–13 Uhr. ℅ 045/7400555 o. 7580114, ✆ 7581040, www.tourism.verona.it, iatlazise@provincia.vr.it.

*Ü*bernachten (→ *K*arte *S*. 211)

Es gibt eine ganze Reihe ordentlicher Unterkünfte. Südlich vom Ort liegen außerdem einige große, gut ausgestattete und entsprechend teure Campingplätze mit besandeten Uferstreifen, bestens geeignet für Familien mit Kindern.

**** Palazzo della Scala (18), am südlichen Ortsausgang, einzige Vier-Sterne-Anlage von Lazise. Mediterraner Palmenpark mit naturhaft geformtem Swimmingpool (Sandstrand, Wasserfall, Whirlpool, Kinderbecken), 1- bis 3-Zimmer-Suiten mit exquisiter Ausstattung, Panorama-Aufzug, schickes Restaurant. Einzimmer-Wohnung für 2 Pers.

(Venezianischer Teil des Gardasees) **Ostufer**

mit Frühstück ca. 130–200 €. Via Gardesana 54, ℡ 045/6470797, ℻ 6479329, www.palazzodellascala.it.

*** Miralago (4), gepflegtes Haus am See, von den Zimmern mit kleinen Balkonen herrlicher Seeblick, Parkplatz, Ristorante. DZ mit Frühstück ca. 80–110 €. Lungolago Marconi 16, ℡ 045/7580015, ℻ 7581189, www.hotelmiralago.info.

*** Giulietta Romeo (17), landeinwärts der Gardesana, an der Straße nach Verona. Gepflegtes und gemütliches Haus mit hübschem Garten und Pool, allerdings relativ nah an der Straße. Zimmer mit Minibar. DZ mit Frühstück ca. 100–140 €. Via Dosso 12, ℡ 045/7580288, ℻ 7580115, www.hotelgiuliettaromeo.com.

** Alla Grotta (13), wunderbare Lage im Hafen, oben 14 kleine, saubere Zimmer, im historischen Gewölbe unten beliebtes Fischristorante. DZ mit Frühstück ca. 93 €. Via Fontana 8, ℡/℻ 045/7580035, www.allagrotta.it.

** Sirena (2), etwas zurück vom Nordende der Promenade, gemütliches Haus mit Kiesterrasse, großem Garten und Pool. Parkplatz, Ristorante, moderne Zimmer mit Seeblick. DZ mit Frühstück ca. 75–120 €. Via Roma 4/6, ℡ 045/7580094, ℻ 6470597, www.hotelsirenalazise.com.

* Tecla (6), beim nördlichen Stadttor (über Enoteca „L'Arte del Bere"). Zwölf Zimmer mit Bad, teilweise mit kleinen Balkonen über der lebhaften Straße, nicht ganz leise. DZ mit Frühstück ca. 47–70 €. Via Cansignorio 12, ℡ 045/7580032, ℻ 6470618, www.artedelbere.com.

• *Etwas außerhalb* **** Santa Marta (19)**, ca. 1 km südlich vom Ortszentrum, Einfahrt von der Gardesana aus. Das üppig grüne Anwesen liegt zwischen Weinreben und Obstbäumen, die nahe Straße stört kaum. Solide eingerichtete Zimmer, großer Garten, nette Frühstücksterrasse, Garage. Schnell ist man am Strand unten. DZ mit Frühstück ca. 70–110 €. Via Sentieri 13, ℡ 045/7580026, ℻ 7580639.

** Castello Sant'Antonio (14), herrschaftliche Villa, etwa 1,5 km landeinwärts von Lazise, Dachterrasse, kleiner Pool, Zimmer mit Teppichboden und Balkonen, toller Blick und sehr ruhig. DZ mit Frühstück ca. 70–100 €. Località Montioni 6, ℡/℻ 045/7580387, www.castellosanantonio.com.

La Tinassara (15), das historische Residence-Haus liegt in den Hügeln, etwas oberhalb von Lazise, im 19. Jh. war es der Sommersitz des Bischofs von Verona, später eine Weinkellerei. Für die Restaurierung wurden nur Naturmaterialien oder recycelte Teile des Altbaus verwendet. Die geräumigen Zimmer sind mit Holz rustikal eingerichtet, Blick auf den Garten oder auf den See. Im Garten kleiner Pool. DZ mit Frühstück ca. 80–120 €. Via Vallesana 18, ℡ 045/6470088, ℻ 6470098, www.latinassara.com.

• *Camping* (von Nord nach Süd):

** Municipale, der einzige Platz nördlich vom Zentrum, vom See durch eine Promenade getrennt, Stellplätze unter Pinien, außerdem Bungalows. Viale Roma, ℡ 045/7580020, ℻ 7580549.

*** Du Parc, unmittelbar südlich vom Ortskern, direkt am 300 m langen Strand. Dichter Baumbestand, Holzbungalows, gute Sanitäranlagen, großer Poolbereich mit Bar, Kinderbecken und Rutschen nahe der Gardesana. Hinter dem Strand gepflegte Uferwiese mit Liegestühlen, Kinderspielgeräten, Sportmöglichkeiten und Bar/Ristorante. ℡ 045/7580127, ℻ 6470150, www.campingduparc.com.

*** Spiaggia d'Oro, schöner, großer Grasplatz mit weitgehend dichtem Baumbestand, einige Stellplatzreihen allerdings schattenlos. Vor dem Platz ein 300 m langer, sandiger Strand, gleich dahinter Ristorante/Pizzeria, Terrasse mit schönem Seeblick, drei Pools mit Rutschen. Top renovierte Sanitäranlagen, sogar mit Wickelräumen. Maxicaravans für bis zu 5 Pers. Keine Motorräder! ℡ 045/7580007, ℻ 7580611, www.campingspiaggiadoro.com.

**** La Quercia, großes, schönes Wiesengelände 2 km südlich von Lazise, viel Baumschatten, langer, besandeter Strand, gute Sanitäranlagen, geräumiger Pool und Kinderbecken, außerdem großer Hydromassage-Pool, Kinderspielplatz, Animation, Reiterhof, Tennis, Tauchkurse, Bungalows. In der Hochsaison Arzt und Kinderarzt ständig anwesend. Keine Motorräder! ℡ 045/6470577, ℻ 6470577, www.laquercia.it.

*** Park delle Rose, guter Standard, großer Pool, Restaurant/Pizzeria, Tennis, Fußball, Minigolf, Sanitäranlagen okay. Località Vanon, ℡ 045/6471181, ℻ 7581356, www.campingparkdellerose.it.

**** Piani di Clodia, moderner, großzügig angelegter Platz, tolle Poolanlage mit fünf Becken und Rutschen, Uferzone teils Kiesstrand, teils naturbelassen, schön zum Spazieren. Vermietung von Bungalows und Mobil Homes. Località Bagatta, Via Fossalta 42, ℡ 045/7590456, ℻ 7590939, www.pianidiclodia.it. .

Lazise 211

Ü bernachten
2 Sirena
4 Miralago
6 Tecla
13 Alla Grotta
14 Castello Sant'Antonio
15 La Tinassara
17 Giulietta Romeo
18 Palazzo della Scala
19 Santa Marta

E ssen & Trinken
3 Il Porticciolo
9 Kambusa
10 La Forgia
11 Da Oreste
12 Cordonega
16 Al Castello

N achtleben
8 Cortès

S onstiges
1 Internationale Presse
5 L'Arte de Bere
7 Zweiradverleih

(Venezianischer Teil des Gardasees) **Ostufer**

Essen & Trinken

In Lazise kann man vor allem vorzüglich die zahlreichen Fische des Gardasees kosten: Hecht, Lachsforelle, Blaufelchen u. v. a.

Da Oreste (11), der Platzhirsch am Hafen, draußen nur wenige Tische, drinnen geht es dafür hoch her. Durch eine Glasfront ist die Küche mit mächtigem Holzkohlengrill und pittoreskem Kamin zu bestaunen. Gute Qualität zu gehobenen Preisen. Mi geschl. ✆ 045/7580019.

La Forgia (10), hübsches Plätzchen in einer Seitengasse der Uferpromenade, die Fischspezialitäten werden auf einer alten schmiedeeisernen Herdplatte gegrillt. Mo geschl. Via Calle 1°, ✆ 045/7580287.

Kambusa (9), um die Ecke vom „La Forgia", historisches Haus mit ausnehmend schönem Innenraum in einer kleinen Seitengasse der Uferpromenade, auch Tische im Freien. Große Speisekarte und sehr gutes Essen, preislich leicht gehoben. Di-Mittag und Mo geschl. Via Calle 1° 20, ✆ 045/7580158.

Al Castello (16), Pizzeria in einer schönen Loggia neben dem südlichen Stadttor, Sitzplätze in einem großen Garten, oft bis auf den letzten Platz belegt, trotzdem meist sehr guter Service und ebensolche Essenqualität. Von Lesern gelobt. ✆ 045/6471022.

Cordonega (12), im Zentrum der Altstadt, leckere Küche an einem netten Platz, daher immer gut besucht, überdachte Freiterrasse. Im Winter Di geschl. Via Cordonega, ✆ 045/7580037.

Il Porticciolo (3), beliebtes Fischrestaurant an der nördlichen Promenade, an Wochenenden finden auf der großen, schattigen Terrasse oft wahre Festgelage statt. Vielfältige Risotti „ai sapori del lago", z. B. mit

Ostufer

luccio (Hecht), *trota* (Forelle) oder *pesce persico* (Barsch). Di geschl. Lungolago Marconi 22, ℡ 045/7580254.
- *Außerhalb* **Gem's Brew Pub**, große, rustikale Abfütterungsstelle an der Gardesana, etwas südlich von Lazise, an Sommerabenden meist bis auf den letzten Platz besetzt. Es gibt *galleto* (Grillhähnchen), Pizza und jede Menge selbst gebrautes Bier (Helles, Weizen, Malz etc.). Hauptsächlich Italiener kommen hierher und genießen das Oktoberfestambiente. ℡ 045/6471144.

Sonstiges (→ Karte S. 211)

- *Ärztliche Versorgung* **Guardia Medica Turistica**, Ambulatorio Comunale, Vicolo San Nicolò. ℡ 045/6445132.
- *Fahrzeugverleih* **Da Gianni**, Wassertaxi und Motorbootverleih im alten Hafen, Bootsführerschein nicht nötig, 50 €/Std. ℡ 349-4067366.
Cicli Degani Motor (7), Piazzetta Beccherie 13, Verleih von Motorrädern, Rollern und Fahrrädern. ℡ 045/6470173, www.ciclidegani.com.
- *Gottesdienste* evangelischer Gottesdienst in deutscher Sprache So 11.30 Uhr in der historischen Kirche San Nicolò (→ Sehenswertes).
- *Nachtleben* **Cortès (8)**, Via Francesco Scolari 18/a, beliebteste Nachtadresse im Ort, schöne Location in einem restaurierten Palazzo, im Vorgarten kann man draußen sitzen. Bei den gelegentlichen Festen geht es hoch her.
- *Shopping* Im Zentrum gibt es jede Menge Schuhgeschäfte, Schnäppchen kann man hier und dort machen.
Der **Markt** findet am Mittwoch an der Promenade statt.
Internationale Presse (1) am Nordende der Promenade, neben Ristorante Il Porticciolo.

L'Arte del Bere (5), in der Enoteca von Giuseppe Pachera kann man die „Kunst des Trinkens" mit Sicherheit erlernen, denn dies ist die wohl bestsortierte Weinhandlung der Stadt. Riesige Auswahl an Tropfen aus ganz Italien von preisgünstig bis über 200 €, auch Raritäten. Via Cansignorio 8/10, am nördlichen Stadttor. www.artedelbere.com.
Vini Lamberti, gegenüber Hotel Palazzo della Scala (→ Übernachten), direkt am südlichen Kreisverkehr. Verkaufsladen der alteingesessenen Weinkellerei Lamberti, Verkostung möglich. Via Gardesana 13/15, ℡ 045/6778120.
Frantoio di Veronesi, Ölmühle mit Verkaufsladen am nördlichen Ortsausgang. Direktverkauf von Olivenöl, Wein und anderen kulinarischen Spezialitäten. Schon seit 1918 wird hier Olivenöl produziert, gleich neben dem Laden kann man den Kollergang mit schweren Granitsteinen und daneben eine traditionelle Mattenpresse (mit modernen Nylonmatten) betrachten. Ein Film gibt Überblick über Ernte und Produktion. Do–Sa und Mo/Di 9–12.30, 15–19, So 9–12 Uhr, Mi geschl. Via Gardesana 3, ℡ 045/7580030, www.frantoioveronesi.com.

Sehenswertes: Die schmalen Gässchen und Plätze der Altstadt gruppieren sich um das tief landeinwärts gezogene *Hafenbecken*, dahinter öffnet sich die weite *Piazza Vittorio Emanuele II*, in früheren Zeiten der Marktplatz. Quer durch die Altstadt, vom Nord- bis zum Südtor, zieht sich der stets belebte *Corso Ospedale*. Die Stadtmauer kann man sehr gut von der wenig begangenen *Via Rocca* aus betrachten, die vom Osttor an der Innenseite der Mauer entlang zum Südtor führt.
Die schlichte romanische Kirche *San Nicolò* aus dem 12. Jh. steht direkt im Hafen. An der nördlichen Außenwand ist ein Marienfresko vom Anfang des 14. Jh. erhalten, das noch im strengen, „entpersönlichten" byzantinischen Stil gemalt wurde. Die Fresken im Inneren, die nur einige Jahrzehnte später entstanden sind, besitzen bereits individuelle menschliche Züge, besonders eindrucksvoll ist das Marienfresko neben dem Portal an der Nordwand. Auf den Altar der Apsis ist nach jahrelangen Restaurierungsarbeiten wieder ein „Pietà"-Gemälde aus dem 16. Jh. zurückgekehrt.
Vorgelagert in Richtung See dominiert das mächtige ehemalige Arsenal der venezianischen Flotte, das später zeitweise als Viehstall, danach als *Dogana* (Zollstation) genutzt wurde. Heute finden im restaurierten Innenbereich Veranstaltungen und Ausstellungen statt.

Hübsches Fleckchen: der Hafen von Lazise

Außerhalb vom Südtor liegt eine große *Picknickfläche* mit schattigen Bäumen. Das westlich anschließende *Skaligerkastell* ist in Privatbesitz und kann nicht besichtigt werden.

Venezianische Galeere vor Lazise im See versenkt

Seit dem Frühsommer 1509 liegt knapp 500 m vor dem Ufer in etwa 25 m Tiefe eine venezianische Galeere samt mehrerer bewaffneter Beiboote. Versenkt wurden die kleine Flotte auf Befehl des Flottenkapitäns Zaccaria Loredan, denn sie sollte nicht in die Hände der übermächtigen Liga von Cambrai (Frankreich, Spanien, Deutschland und die Kurie) fallen, deren Truppen sich nach der siegreichen Schlacht von Agnadello in Eilmärschen Lazise näherten. Bei der Entdeckung der Wracks Anfang der sechziger Jahre konnten einige Stücke geborgen werden, zwanzig Jahre später erkundete sogar der bekannte Tiefseeforscher Jacques Picard mit seinem Unterseeboot „Forel" die Galeere. Eine genaue Untersuchung des 30 m langen Schiffes soll Grundlagen für eine eventuelle Bergung schaffen.

◆ **Lazise/Baden**: Nördlich der Stadt erstreckt sich eine etwa 1 km lange Promenade unter Pinien, dahinter liegt Camping Municipale. Das Ufer ist mit Felsbrocken befestigt, aber mehrere Holzstege führen ins Wasser und können gratis benutzt werden. Südlich von Lazise gibt es lange, teils sandige Strände, die sich bis Pacengo fortsetzen, dahinter liegen mehrere große Campingplätze. Unmittelbar südlich vom Zentrum fungiert der Strand vor dem Campingplatz „du Parc" in der Hochsaison tagsüber als kostenpflichtiges Strandbad (Eintritt ca. 3 €, Kinder die Hälfte).

Pacengo

Das winzige Dorf liegt nördlich von Peschiera direkt an der Gardesana, einige Kilometer oberhalb eines langen Kiesstrands. Eine schmale Zufahrt führt hinunter zum Sporthafen, der vor allem bei Seglern und Motorbootbesitzern beliebt ist. Nördlich davon erstreckt sich ein schöner, etwa 400 m langer Sandstrand. Richtung Süden findet man ebenfalls einen kurzen, sandigen Uferstreifen, dann nur noch Schilf und einige Badestege. Wegen der unmittelbaren Nähe zu den Vergnügungsparks „Gardaland", „Caneva" und „Parco Natura Viva" sowie zu den touristischen Zentren an Süd- und Südostufer haben sich im Umkreis einige Campingplätze etabliert.

• *Übernachten* ** **Villa Playa**, gemütliches Haus mit hübscher Liegewiese direkt am Strandbeginn. DZ mit Frühstück ca. 85 €. ✆/✉ 045/7590216, www.hotelvillaplaya.com.

Ca' del Sol, Agriturismo-Hof südlich von Pacengo, nahe der Straße (beschildert). Geräumiges Anwesen mit Swimmingpool und viel Grün, gepflegte Zimmer, auch Stellplätze für Wohnmobile. DZ mit Frühstück ca. 84–98 €. Località Casa Antonia 1, ✆ 045/6490008, ✉ 6499161, www.cadelsol.com.

Al Bor, weiterer Agriturismo, vor kurzem neu eröffnet (ebenfalls ausgeschildert), schöne Lage zwischen Wiesen und Ölbäumen. Acht moderne Zimmer, Kinderspielgeräte, kleiner Pool, 200 m Fußweg zum Privatstrand, auch der Hafen von Pacengo ist schnell erreichbar. DZ mit Frühstück ca. 60–120 €. Località Riare 6, ✆ 045/6400200, ✉ 6490200, www.al-bor.it.

• *Campingplätze von Nord nach Süd*
** **Belvedere**, Platz mit schöner großer Poolanlage, etwa 200 m vom Wassersportzentrum Caneva. ✆ 045/7590228, ✉ 6499084, www.campingbelvedere.com.
** **Fossalta**, ebenfalls in Nachbarschaft zum Wasserpark Caneva, Pool mit Kinderbecken, außerdem Kiesstrand. ✆ 045/7590231, ✉ 7590999, www.fossalta.com. .
*** **Lido**, sehr großer Platz zwischen Gardesana und Kiesstrand, Pool und Kinderbecken, Fitnesscenter, Bungalows. Nördlich von Pacengo, ✆ 045/7590611, ✉ 7590611, www.campinglido.it.
** **Eurocamping Pacengo**, unmittelbar südlich vom Hafen unter Pappeln, davor sandiges Ufer, weit weg von der Gardesana. Via del Porto 13, ✆/✉ 045/7590012, www.eurocampingpacengo.it.
*** **Le Palme**, etwas kleinerer Platz, ebenfalls ruhig, freundlich geführt. Kleiner Pool mit Rutsche und Kinderbereich, Spielplatz, Minimarkt und Bar. Villen, Bungalows und Mobil Homes. Via del Tronchetto 2, ✆ 045/7590019, ✉ 7590554, www.lepalmecamping.it.

• *Essen & Trinken* **La Guglia**, Ristorante/Pizzeria im Hotel Villa Playa, fast direkt am Strand. ✆ 045/7590216.
Senza Nome, ebenfalls im Hafen, etwas erhöhte Lage, schöner Ausblick und günstiges Essen, vor allem Pizza.

Vergnügungsparks und andere Attraktionen im Südosten

▸ **Parco Termale del Garda**: bei *Colà di Garda*: Südwestlich von Lazise liegt dieser 5000 qm große Thermalsee mit 37 Grad warmem Wasser, eingebettet in einen Park mit der historischen *Villa dei Cedri*, ausgedehnten Liegewiesen und jahrhundertealten Bäumen. In einer Grotte am Rand des Sees sind Hydromassagedüsen installiert, es gibt ein Self-Service-Restaurant und einen Picknickbereich. Abends wird der See angestrahlt und man kann beim Schwimmen die illuminierten Springbrunnen bewundern. Das Thermalwasser entspringt in 150 m Tiefe und wird ständig in den See gepumpt.
Öffnungszeiten/Preise ganzjährig Mo–Do 9–21, Fr/Sa 9–2, So 9–23 Uhr. Eintritt ca. 22 € (Kinder 1,10–1,40 m 15 €), ab 16 Uhr ermäßigt (Fr/Sa ab 18 Uhr). ✆ 045/7590988, www.villadeicedri.com.

▸ **Parco Natura Viva**: So nennt sich ein 40.000 qm großer zoologischer Park südlich von *Pastrengo*, etwa 8 km landeinwärts von Lazise. Hier erhält man umfassenden Anschauungsunterricht in Sachen Fauna, denn etwa 700 Exemplare von 175 verschiedenen Tierarten sind zu betrachten. Das Gelände ist in zwei Bereiche unter-

Gardaland

teilt: Im *Parco Safari* fährt man mit dem PKW (Cabrios verboten!) zwischen Löwen, Giraffen, Nashörnern, Zebras und Schimpansen hindurch, der *Parco Faunistico* (Tierpark) beherbergt zahlreiche seltene Spezies, darunter viele Wildtiere, außerdem ein großes tropisches Vogel- und Gewächshaus und – besonderer Spaß für kleine Besucher – einen Saurierpark mit Rekonstruktionen der gewaltigen Urwelttiere in natürlicher Größe.

• *Öffnungszeiten/Preise* Anfang März bis Ende Nov. tägl. 9 Uhr bis eine Stunde vor Sonnenuntergang, Dez. bis Febr. geschl. Eintritt in beide Parks zusammen je nach Saison ca. 17,50–19 € (Kinder 3–12 J. 14–16 €). ℡ 045/7170113, www.parconaturaviva.it.

▸ **Canevaworld**: Der größte Wasserpark im Gardaseegebiet liegt zwischen Lazise und Pacengo direkt an der Gardesana. Er besteht aus zwei Themenparks und zwei Verköstigungszonen. Kernbereich ist die fantasievoll ausstaffierte Wasserzone *Aqua Paradise*, wo man Riesenrutschen namens „Twin Peaks" und „Stukas" (im Anfangsbereich senkrechter Neigungswinkel!) testen kann, sich an einem Sandstrand unter Kokospalmen aalt, den „Crazy" oder „Lazy River" entlang treibt, die „Piratenlagune" besuchen und in zahlreichen Pools verschiedener Art und Größe (z. T. beheizt) schwimmen und plantschen kann. Daneben gibt es:

– den Themenpark *Movieland*, wo man spannende Filme und Stuntshows erleben kann und mit einer Einschienenbahn einen Blick hinter die Kulissen des Filmbetriebs werfen kann,

– das Restaurant *Medieval Times*, wo man im Rahmen eines mittelalterlichen Turniers zu Abend essen und eine Rittershow erleben kann,

– und das *Rock Star Café*, das den weltbekannten „Hard Rock Cafés" nachempfunden ist nachempfunden ist, mit "All you can eat"-Buffet und Musik von DJs.

• *Anfahrt/Verbindungen* **ATV-Busse 62–64** pendeln etwa stündlich in Richtung Verona und Garda. Busstopp vor dem Vergnügungspark.
• *Öffnungszeiten/Preise* **Aqua Paradise**, Mitte Mai bis Mitte Sept. tägl. 10–18 Uhr (Juli/August bis 19 Uhr); **Movieland**, Mitte April bis Ende Sept. tägl. 10–18 o. 19 Uhr; Eintritt ein Park ca. 23 € (1–1,40 m 18 €), ein Tag/zwei Parks 31 € (25 €), zwei Tage/zwei Parks 36 € (30 €);
Medieval Times, Mitte April bis Ende Sept. allabendlich 1 oder 2 Shows; Eintritt ca. 28 €, 1–1,40 m 20 €;
Rock Star Café, April bis Sept. 18–24 Uhr, Eintritt ca. 19,90 €, 1–1,40 m 12,90 €.
℡ 045/6969900, www.canevaworld.it.

▸ **Riovalli Parco Acquatico**: Wasserpark in der Località Fosse bei Cavaion Veronese, 2 km von der Autobahnausfahrt Affi. Olympisches Schwimmbecken, Rutschbahnen, Fitness, Tennis, Beach Volley u. a.

Öffungszeiten/Preise Ende Mai bis Anfang Sept. tägl. 9.30–19 Uhr; Eintritt für Erw. an Werktagen ca. 8 € (Kind 6 €), an Feiertagen 10 € (Kind 7 €). ℡ 045/6268392, www.riovalli.it.

Gardaland

Der große Vergnügungspark 2 km nördlich von Peschiera ist der touristische Anziehungspunkt schlechthin am südlichen Gardasee: Achterbahnen, Karussells, Wildwasserfahren und Afrika-Safari zwischen Tal der Könige, Grand Canyon, Merlins Burg, Flying Island und Korsarenschiff – für jeden etwas.

Gardaland besitzt mehr als dreißig Attraktionen, dazu kommen täglich turbulente Shows und Umzüge, die farbige Akzente im Geschehen setzen. Für einen Tag hat man also reichlich zu tun und schafft in der Regel lange nicht alles, zumal man oft lange Schlange stehen muss. Tipp: bei regnerischer Witterung ist es im Allgemeinen deutlich leerer. In jedem Fall sollte man sich vor dem Besuch die Website ansehen (www.gardaland.it) bzw. den Prospekt lesen, den man mit der Eintrittskarte erhält, um sich die Lage der interessantesten Anlaufpunkte einzuprägen und nicht verwirrt umherzustolpern. Wer sich zunächst einen Überblick verschaffen will, kann das mit der Einschienenbahn „TransGardaland Express", tun, von der aus das ganze Spektakel gemütlich von oben betrachtet werden kann.

> **Sea Life**: Neu seit 2009 ist diese 19.000 qm große Aquarienlandschaft bei den Parkplätzen auf der Landseite der Gardesana. In 37 Aquarien kann man über 5000 Exemplare von über hundert Wassertierarten beobachten. Erw. ca. 15 €, Kind über 1 m Größe bis zu 10 J. und Senioren über 60 J. 9,50 €, Kombiticket mit Gardaland ca. 39,50 € (Kind 32 €). Tägl. 10–18 Uhr (im Winter z. T. nur bis 16 Uhr). ✆ 045/6449777, www.sealifeeurope.com.

• *Anfahrt/Verbindungen* **PKW**, die großen Parkplätze müssen zusätzlich zum Eintritt bezahlt werden.
Bus, ATV-Busse 62–64 pendeln etwa stündlich in Richtung Verona und Garda, Busstopp vor dem Vergnügungspark. Von vielen Seeorten gibt es von Mitte Juni bis Anfang Sept. Zubringerbusse.
• *Öffnungszeiten/Preise* Anfang April bis Anfang Okt. tägl. 10–18 Uhr, Ende Juni bis Mitte Sept. 9–23 Uhr (mit nächtlichen Lasershows), Okt., Nov. u. Dez. nur an Wochenenden (bzw. Weihnachtsfeiertage) 10–18 Uhr. Eintritt ca. 35 € (Erw.) bzw. 29 € (Kinder über 1 m Größe bis zu 10 J.). Abendeintritt (ab 20 Uhr) 22 €, Kinder 20 €. Schwerbehinderte (100 %) und Kinder bis 1 m Größe frei. ✆ 045/6449777, www.gardaland.it.
• *Einrichtungen* Mehrere **Restaurants**, zahlreiche **Imbisse** und Dutzende von **Läden** mit Geschenkartikeln sowie viele **Sanitäranlagen**, in denen es auch Wickelmöglichkeiten gibt.

Parco delle Cascate: Ausflug in die Lessinischen Berge

Von Lazise lässt sich über Bussolengo eine bequeme Tagestour in die dicht bewaldeten Lessinischen Berge jenseit der Etsch machen. Die Berglandschaft schließt sich nördlich ans große Weinbaugebiet Valpolicella an, wo man in manchen Gasthöfen die Spitzenweine Amarone und Recioto verkosten und erwerben kann. Über Fumane und Manune kommt man ins kleine Dorf *Molina* mit dem „Parco delle Cascate", wo am Kreuzungspunkt dreier Täler mehrere Wasserfälle tosend vom Berg herunterstürzen. Ein beschilderter Fußweg führt vom Ortsende hinunter ins Flusstal des Progno. In verschieden markierten Rundgängen von einer halben bis zwei Stunden Dauer kann man die wasserreiche und üppig grüne Tallandschaft entdecken (Prospekte dazu in den Informationsbüros am Gardasee, sonst im Infobüro von Molina). In Molina gibt es außerdem ein *Museo Botanico* (Via Bacilieri 19/a), in dem etwa 300 verschiedene Pflanzenarten der Region ausgestellt und katalogisiert sind. Mit Führung besichtigen kann man auf Anfrage beim Infobüro außerdem das Innenleben der alten Mühle *Molin de Lorenzo* am Flusslauf etwas oberhalb vom Ort sowie die *Malga*, eine historische Molkerei.

Information: Ufficio Turistico di Molina, Via Bacilieri 1. ✆/fax 045/7720185, www.parcodellecascate.it.
Öffnungszeiten/Preise: Parco delle Cascate, April bis Sept. tägl. 9–19.30 Uhr, Okt. & März nur So 10–18 Uhr, sonst geschl. Eintritt ca. 4 €, Kinder 6–12 J. 2,50 €.
Museo Botanico, Juli/August Di–So 9.30–12.30, 15–18 Uhr, Mo geschl., übrige Monate nur Di u. Do 9.30–12.30, 15–16 Uhr. Eintritt ca. 3 €.

Im Süden: Türkises Wasser, die Sonne – was will ich mehr?

Südufer und Hinterland

(Ost nach West)

(Venezianischer und lombardischer Teil des Gardasees)

Das Südufer des Gardasees ist fast völlig flach, in der sanften Wiesen- und Baumlandschaft liegen nur drei größere Orte, allerdings mit Tendenz zur Zersiedlung. Teile der Küste sind verschilft, an den Kiesstränden und betonierten Plattformen drängen sich im Sommer die Massen – gleichermaßen Urlauber wie Bewohner der nahen Städte Brescia und Verona.

Größter Anziehungspunkt ist zweifellos das Städtchen *Sirmione* in seiner unvergleichlichen Lage an der Spitze eines schmalen Sporns, der sich kilometerweit in den See schiebt und das Südufer gleichsam in zwei Abschnitte teilt. Schon in der Antike kurten hier die alten Römer und heute gilt Sirmione als Aushängeschild des gesamten Gardasee-Tourismus, die feinen Hotelanlagen in den Olivenhainen nördlich der Altstadt sind sicherlich Garant für gelungene Ferienfreuden. Die anderen beiden Orte *Peschiera* und *Desenzano* sind zwar keine ausgesprochenen Urlaubsorte, doch gerade das macht sie sehenswert, zumal sie über interessante architektonische Eigenheiten verfügen. Da die einzige Bahnlinie am Südufer des Gardasees verläuft, fungieren sie auch als wichtige Knotenpunkte für Bahnreisende.

Das flache Südufer eignet sich für Camper, die hier zahlreiche gut ausgestattete Plätze finden, vor allem zwischen Peschiera und Sirmione. Weite Wiesenflächen reichen bis zum See hinunter, wunderschön ist an klaren Tagen der Blick auf die

Berge in Richtung Norden, das flache Uferwasser nimmt dann oft eine leuchtende Türkisfärbung an.

Ein großes Plus ist auch das interessante Hinterland. So kann man rasch die Kunstzentren *Verona* und *Mantua* erreichen, besucht sicher einmal *Solferino*, wo die Idee für das Rote Kreuz „geboren" wurde, oder besichtigt den mächtigen *Ponte Visconti* mit dem hübschen Weiler *Borghetto di Valeggio sul Mincio*. Familien mit Kindern haben es zudem nicht weit ins legendäre „Gardaland" und ins Wassersportzentrum „Caneva".

Peschiera del Garda (ca. 9000 Einwohner)

Geschäftiges Städtchen am Mincio, dem einzigen Abfluss des Gardasees. Die kleine Altstadt liegt in einer mächtigen Festung mit baumbewachsenen Bastionen und Mauern in Form eines fünfeckigen Sterns und ist völlig von Wasser umgeben. Im 19. Jh. hielt sich hier hartnäckig der letzte österreichische Widerstand gegen die Freiheitskämpfer in Oberitalien.

Abgesehen von den eindrucksvollen Militäranlagen (weitgehend Sperrgebiet) gibt es nur wenige ausgesprochene Sehenswürdigkeiten, doch die Fußgängergassen mit ihren netten Geschäften lohnen einen Bummel. Das Ambiente der Altstadt wird allerdings etwas durch den Verkehr im Umkreis getrübt, da die viel befahrene Uferstraße mitten durch die Stadt verläuft. Verkehrsknotenpunkt ist Peschiera auch für Bahnreisende, denn hier liegt einer der beiden einzigen Bahnhöfe am Gardasee. Die Bademöglichkeiten sind gut – einen Kiesstrand findet man westlich vom Ortskern, weitere Strände gibt es im nördlichen Ortsbereich.

Anfahrt/Verbindungen/Information

● *Anfahrt/Verbindungen* **PKW**, großer gebührenpflichtiger Parkplatz bei der Anlegestelle der Fähren. **Bahn**, Peschiera liegt an der Bahnlinie Venedig-Verona-Mailand, ab Verona ca. 20 Min., häufige Verbindungen. **Bahnhof** etwas nördlich der Altstadt, am Weg zum Ostufer des Gardasees. **Bus**, Haltestellen u. a. am Hafen und am Bahnhof. *ATV-Busse 62–64* gehen etwa stündlich nach Verona und am Ostufer des Gardasees entlang bis Riva. *Bus 26* von *Trasporti Brescia Nord* fährt von Verona über Peschiera am Südufer entlang bis Brescia und zurück.

Schiff, Anlegestelle der Fähren zentral vor der Altstadt. Etwa 8 x tägl. Verbindungen in Richtung Norden nach Lazise, Bardolino, Garda etc. (1 x bis Riva), 6 x nach Sirmione, 2 x nach Desenzano. 1 x tägl. Schnellboot nach Malcésine und Limone, 1 x bis Riva. **Taxi**, Standplätze am Parkplatz bei der Fähranlegestelle und am Bahnhof. ✆ 045/7552348 o. ✆ 045/6447331.

● *Information* **IAT (Informazione e Accoglienza Turistica)**, Piazzale Betteloni 15, zentral am Hafen. Mo, Do–Sa 9–19, Di/Mi 9–13, 15–19, So 10–18 Uhr. ✆ 045/7551673, ✆ 7550381, www.tourism.verona.it, iatpeschiera@provincia.vr.it

Übernachten (→ Karte S. 220/221)

**** **San Marco (21)**, modernes Hotel an der Uferstraße, 500 m westlich vom Zentrum, 200 m zum Lido Cappuccini. DZ mit Frühstück ca. 80–100 €. Lungolago Mazzini 15, ✆ 045/7550077, ✆ 7550336, www.hotelsanmarco.tv.

*** **Peschiera (17)**, gepflegtes Haus in einem Wohnviertel 3 km westlich vom Zentrum, nur durch Campinggelände vom schmalen Strand getrennt. Schöner Garten mit Pool, Zimmer fast alle mit Seeblick. DZ mit Frühstück ca. 75–110 €. Via Parini 4, ✆ 045/7550526, ✆ 7550444, www.hotel-peschiera.com.

** **Campanello (5)**, ca. 3 km nördlich vom Zentrum, ruhige Lage beim Camping dell'Uva, wenige Meter von der Uferprome-

Peschiera del Garda

Franzosen, später Österreicher, bauten Peschiera zur massiven Festung aus

nade, die nach Peschiera führt, Kiesstrand gleich in der Nähe, nach Gardaland 1,5 km. Zwei Gebäude, Zimmer mit Sat-TV und Balkon, im ersten Stock mit gemeinsamer Terrasse, z. T. Seeblick. DZ mit Frühstück ca. 70–92 €. Località Campanello 7–9, ☎ 045/7550253, 🖷 6446182, www.hotelcampanello.it.

** Fornaci (14), ruhiges Wohnen im winzigen Porto Fornaci, 4 km westlich vom Zentrum (→ „Von Peschiera nach Sirmione"), schöner, grüner Garten, gutes Restaurant, Zimmer mit Balkon und Seeblick. DZ mit Frühstück ca. 80–110 €. Località Fornaci 12, ☎ 045/7550749, 🖷 7551452, www.hotelfornaci.com.

** Cristallo (15), ein paar Schritte nach dem Hotel Fornaci, gemütliches Haus mit Garten und kleinem Pool, schöner Seeblick. DZ mit Frühstück ca. 70–105 €. Località Fornaci 11, ☎ 045/7550377, 🖷 7551216, angelaperotti@libero.it.

* Al Pescatore (11), ebenfalls in Porto Fornaci, einfaches Haus direkt am See, seit 1950 familiär geführt, herrlicher Blick, Zimmer z. T. mit Balkon, besonders schön der große Gemeinschaftsbalkon vorne raus. Die weinüberrankte Frühstücksterrasse ist ein Gedicht. Auf separatem Grundstück auch Apartments. DZ mit Frühstück ca. 75–90 €. ☎ 045/7550281, 🖷 6400316. .

Agriturismo Corte Salandini, renovierter Gutshof ein Stück landeinwärts von Peschiera, sehr ruhige Lage, schöner Pool, gut geeignet mit Kindern. Vermietet werden DZ und Fewos mit 1-3 Zimmern. DZ mit Frühstücksbuffet ca. 80–94 €, Fewo je nach Größe und Saison ca. 89–198 €. Strada della Colombara 7, Ponti sul Mincio, ☎ 0376/88184, 🖷 813147, www.agriturismosalandini.com.

• *Camping* Etwa zehn Campingplätze liegen im näheren Umkreis.

• *Nördlich von Peschiera* ****** Butterfly (12)**, neu renovierter Platz mit schönem Pool, nur 1 km vom Zentrum. Lungolago Garibaldi 11, ☎ 045/6401466, 🖷 7552184, www.campingbutterfly.it.

**** Del Garda (6), etwa 1,5 km vom Zentrum, schöner Wiesenplatz unter Laubbäumen, davor langer, besandeter Uferstreifen, Einstieg auf Holzstegen. Pool mit Kinderbecken, Tennis, Minigolf. Via Marzan, ☎ 045/7550540, 🖷 6400711, www.campingdelgarda.it.

** Dell'Uva (2), ehemalige Weinplantage mit Laubbäumen und Hecken, ebenfalls am Strand, Pool und Kinderbecken. Mit Bungalowpark. Ins Zentrum etwa 1,7 km, ☎ 045/7550403, 🖷 7551164, www.campingdelluva.it.

*** Gasparina (1), grüner Wiesenplatz mit Bäumen und Pool am See. Etwa 2,5 km ins Zentrum, ☎ 045/7550775, 🖷 7552815, www.gasparina.com.. .

Südufer und Hinterland (Venezianischer und lombardischer Teil des Gardasees)

220 Südufer und Hinterland

• *Westlich von Peschiera* **** **Cappuccini (19)**, zentrumsnächster Platz (ca. 700 m), am Beginn des gleichnamigen Strands. Terrassiertes Gelände mit zwei Pools(Erw. und Kinder) sowie Whirlpool. Mit Bungalows, die auch pauschal gebucht werden können. Via Arrigo Boito 2. ✆/≋ 045/7551592, , www.camp-cappuccini.com.

**** **Bella Italia (20)**, 1 km vom Zentrum, sehr weitläufiges Gelände, komfortabel, große Poollandschaft mit fünf Becken und Rutschen, guter Kinderspielplatz, langer Strand mit Liegewiese. Zahlreiche Bungalows, die auch pauschal gebucht werden können. Via Bella Italia 2, ✆ 045/6400688, ≋ 6401410, www.camping-bellaitalia.it.

*** **San Benedetto (18)**, großer Platz, der aus mehreren Bereichen besteht. Abschüssiges Wiesengelände mit Bäumen und 100 m Badestrand. Bungalows und Mobil Homes, die auch gerne von Jugendgruppen gebucht werden, gutes Restaurant, Pool und Kinderbecken, Spielplatz (in der Hochsaison Miniclub), Kanu-, Mofa- und Fahrradverleih. Via Bergamini 14. ✆ 045/7550544, ≋ 7551512, www.campingsanbenedetto.it.

*** **Bergamini (16)**, kleinerer Platz, sehr schattig, schöne Terrasse mit Pool, umweltbewusst geführt. ✆/≋ 045/7550283, www.gardanaturacamping.it. .

*** **Wien (13)**, unter österreichischer Leitung, Wiesengelände mit Bäumen, Pool mit Kinderbecken, davor kleiner Kiesstrand, benachbart der hübsche Porto Fornaci. Località Fornaci, ✆ 045/7550379, ≋ 7553366, www.campingwien.it. .

*E*ssen & *T*rinken

• *Im Zentrum* **L'Osteria (7)**, von der Gardesana kommend, gleich am Eingang der Altstadt. Zwei Innenräume mit viel Holz, auch einige Tische auf der schmalen Fußgängergasse. Tipp sind z. B. die *gnocchi della nonna al tartufo* (Gnocchi mit Trüffeln nach Großmutterart). Via Cavallotti 7, ✆ 045/7550545.

Osteria al Canal (4), stimmungsvolles Plätzchen am grünen Kanal, Pizza, Pasta und einige Fleisch- und Fischgerichte. Via Fontana, ✆ 045/7552770.

La Torretta (8), ruhige Ecke mitten in der Altstadt. Via Galilei 12, ✆ 045/7550108.

Il Gabbiano (9), viel besuchte Pizzeria einige Ecken weiter. Piazzetta Scaligera, ✆ 045/7552149.

• *Cafés* **Centrale (3)**, schwimmende Plattform auf dem Kanal, der die Altstadt nördlich begrenzt. Piazza San Marco.

• *Etwas außerhalb* **Ai Pioppi (10)**, modernes Terrassenlokal am Nordufer des Mincio (beim gleichnamigen Campingplatz), herrlicher Seeblick, allerdings liegt benachbart eine Werft. ✆ 045/7551566.

Antica Osteria Busocaldo, rustikale Osteria in der Località Massoni, zwischen Peschiera und San Benedetto ausgeschildert. Fleisch, Fisch und Gemüse vom Grill, dazu leckere Seefisch-Antipasti und hausgemachte Nudeln. Tipp ist *faraona ripiena* (gefülltes Perlhuhn). Gutes Preis-Leistungs-Verhältnis. Mo/Di geschl. ✆/≋ 045/6400614.

Peschiera del Garda

Übernachten
1. Camping Gasparina
2. Camping Dell'Uva
5. Campanello
6. Camping Del Garda
11. Al Pescatore
12. Camping Butterfly
13. Camping Wien
14. Fornaci
15. Cristallo
16. Camping Bergamini
17. Peschiera
18. Camping San Benedetto
19. Camping Cappuccini
20. Camping Bella Italia
21. San Marco

Essen & Trinken
3. Centrale
4. Osteria al Canal
7. L'Osteria
8. La Torretta
9. Il Gabbiano
10. Ai Pioppi

Shopping/Sport/Sonstiges

• *Shopping* **Markt**, jeden Montag außerhalb der Porta Brescia, dem landseitigen Stadttor der Festung.
La Grandemela, die SS 11 etwa 7 km in Richtung Verona und rechts abbiegen. Riesiges Shoppingzentrum mit acht Fachmärkten und 120 Geschäften, außerdem Restaurants und Vergnügungszentrum mit Kino und Bowlingcenter. Gute Auswahl an Bekleidung und Schuhen. Mo, Di, Do u. Sa 9–21, Mi u. Fr bis 22 Uhr. ✆ 045/6081824, www.lagrandemela.it.
• *Sport* **Tauchen** im „Sub Club Peschiera", Loc. San Benedetto di Lugana, ✆ 045/7552707.

Tennis im „Tennis Club Peschiera", Via Ragazzi del 99 Nr. 7, Località San Benedetto. ✆ 045/6447191, www.tcpeschiera.com.
Acquapark Altomincio, bei Salionze sul Mincio, wenige Kilometer südlich von Peschiera. Wasserspaß in einem 150.000 qm großen Park mit mehreren Becken und diversen Rutschen. Ende Mai bis Mitte Sept. 10–19 Uhr. Eintritt ca. 10 €, 3–10 J. 8 €. ✆ 045/7945131, ✆ 7945928, www.altomincio.com.
• *Sonstiges* **Kinderspielplatz** auf der hafennahen Bastion Togno.

Sehenswertes

Die Festung von Peschiera ist die größte Militäranlage am Gardasee. Obwohl weitgehend überwuchert, ungepflegt und verfallen, außerdem von der viel befahrenen Uferstraße durchzogen, kann man sich noch immer ein anschauliches Bild des gigantischen sternförmigen Schanzwerks machen, das hier mit seinen fünf Bastionen mitten in den Fluss gesetzt wurde. Wahrscheinlich schon in römischer Zeit befand sich am strategisch wichtigen Gardasee-Ausfluss – der Mincio bildet mit dem Po eine durchgehende Wasserstraße bis zur Adria – eine Festung. Im Mittelalter errichteten dann die Skaliger auf einer Insel im Mincio eine mächtige Burg, von der sich Dante sehr beeindruckt zeigte. Die Venezianer machten daraus im 16. Jh. eine hochmoderne Festung mit fünf Bastionen, die unter Napoleon noch einmal erweitert wurde. 1815 fiel Venetien in österreichische Hände und Peschiera wurde zum massiven Bollwerk mit zwölf Bastionen ausgebaut – mit Verona, Mantua und Legnago bildete es das gefürchtete Festungsviereck „Quadrilatero", das bis zuletzt die italienische Einigungsbewegung bedrohte. Doch mit dem siegreichen Ende der Risorgimento-Kriege wurde Venetien Teil des neuen Staates Italien. Der historische Festungskern, die *Rocca*, wurde von der italienischen Armee in Beschlag genommen, bis heute ist hier eine große Kaserne untergebracht.

Porta Verona: Wenn man Peschiera auf der „Gardesana Orientale" von Norden erreicht, durchquert man dieses eindrucksvolle Tor. An seiner Außenfassade prangte einst der österreichische Adler – die Stelle ist noch gut zu erkennen.

Porta Brescia: Das Südtor der Festung mitsamt den umgebenden Mauern und Bastionen ist ausgezeichnet erhalten. Jeden Montag findet hier ein großer Markt statt.

Bastione Tognon: Diese hafennahe Bastion kann man seitlich der Porta Brescia besteigen. Die breite, mit Pinien und Zypressen bepflanzte Mauer ist für ein kleines Picknick ideal, auch einen schönen Kinderspielplatz findet man oben.

Ponte dei Voltoni: Die Brücke aus Backstein überquert den Kanal am Nordrand der Altstadt. Mit ihren fünf Bögen bietet sie einen imposanten Anblick. Im Flusslauf sind große Reusen montiert, denn die starke Strömung unter der Brücke zieht immer viele Fische an. Hinter der Brücke führen Stufenwege auf die Ostmauer, oben kann man einen Blick auf die *Bastione San Marco* und den verschilften Lauf des Mincio werfen.

San Martino: Der städtische Dom *San Martino* steht an der großen Piazza Ferdinando di Savoia, am Fuß der Rocca. Über dem Eingang fällt das Relief des heiligen Martin auf, der seinen Mantel mit einem Bettler teilt. Im klassizistischen Inneren findet man Deckengemälde und bunte Glasfenster. Gleich neben der Kirche wurden die Reste der altrömischen Siedlung *Arilica* freigelegt.

Peschiera del Garda/Baden

Die baumbestandene Uferstraße vom Zentrum nach Westen endet am Beginn des Kiesstrands *Lido Cappuccini* mit verschiedenen Einrichtungen (Bar, Umkleidekabinen etc.) und dem gleichnamigen Feriendorf/Campingplatz. Im Weiteren verläuft ein gepflasterter Uferweg z. T. unter Bäumen zum *Porto Bergamini* (über beschilderte Zufahrt von der Straße Peschiera–Sirmione zu erreichen) und weiter bis zum idyllischen *Porto Fornaci* (→ unten). Vor allem an Wochenenden sind hier immer viele Spaziergänger unterwegs, auch schöne Kiesbadestrände findet man im Umkreis beider Hafenbecken. Landeinwärts des Wegs liegt ein halbes Dutzend Campingplätze (→ Peschiera/Übernachten), vor Camping Bergamini bietet sich die Bar „La Racchetta" zur Rast an.

Nördlich vom Mincio ist das steinige Ufer befestigt, einige Holzstege führen ins Wasser. Auch hier gibt es mehrere Campingplätze. Als besonderen Service für Badegäste hat man den Uferstreifen auf einige hundert Meter Länge mit Sand bedeckt.

Peschiera del Garda/Umgebung

Nördlich von Peschiera liegt der Vergnügungspark „Gardaland", im Sommer der Anziehungspunkt schlechthin für Familien mit Kindern, außerdem das Wassersportzentrum „Canevaworld" (→ Ostufer, S. 215). Südlich der Stadt schlängelt sich der Mincio durch die Moränenhügel des „Alto Mantoviano", bis er südlich von Mantua in den Po mündet. Reizvolle Ziele sind u. a. Valeggio sul Mincio mit dem *Parco Giardino Sigurtà*, die malerische Burgsiedlung *Castellaro Lagusello* und natürlich *Mantua* selber (→ S. 244 ff.).

> ### Santuario Madonna del Frassino: ein Ort der Verehrung
> Die prunkvoll ausgestattete Wallfahrtskirche liegt einige Kilometer südlich der Stadt (gut beschildert). Errichtet wurde sie im 16. Jh. zum Dank für die Muttergottes, die hier als lichtumflutete Statue in einer Esche (= *frassino*) erschien und damit einen Bauern vor einer Giftschlange gerettet haben soll. Ein Franziskanerkloster ist angeschlossen. Das einschiffige Tonnengewölbe ist überreich mit Stuck und Fresken verziert, die zahlreichen Seitenaltäre umrahmen Gemälde des Veronesers Paolo Farinati (16. Jh.). In einer Seitenkapelle steht die tönerne *Statuette* der Madonna, auf die sich die Gründungslegende bezieht. Angebaut an die Kirche sind zwei große *Kreuzgänge*, die durchgängig mit Szenen aus dem Leben verschiedener Heiliger bemalt sind. Ihre Wände sind über und über mit rührenden Danksagungen an die Muttergottes behangen – viele Gläubige, die etwa eine schwere Krankheit oder einen Autounfall überstanden haben, schreiben dies der Hilfe Marias zu. Hinweise auf andere katholische Wallfahrtsorte fehlen hier ebenso wenig wie Volieren mit zwitschernden Kanarienvögeln, die an die berühmte Predigt Franz von Assisis erinnern.
> **Öffnungszeiten** tägl. 6.20–12, 14.30–19.30 Uhr.

Zwischen Peschiera und Sirmione

Die SS 11 verläuft nicht direkt am See entlang, einige Zufahrten führen jedoch hinunter zu kleinen Hafenbecken, Hotels und Campingplätzen mit Kiesstränden. Zu Fuß kann man auf einem befestigten Uferweg von Peschiera bis zum Porto Fornaci laufen.

▶ **Laghetto del Frassino**: landeinwärts der SS 11, eine kleine Naturoase mit dichtem Schilfbewuchs, seit 1990 als Schutzgebiet ausgewiesen und derzeit praktisch unzugänglich, da die Ufer in Privatbesitz sind. Geplant ist die Anlage eines Besucherpfads, der in gewisser Entfernung vom Wasser verlaufen soll, um die Fauna nicht zu gefährden.
Wegbeschreibung Von **Peschiera** kommend kurz vor San Benedetto auf die beschilderte Abfahrt nach Broglie und Pozzolengo abzweigen und beim nächsten Kreisverkehr links fahren. Die Straße führt nah am See vorbei.

▶ **Porto Fornaci**: idyllisches Fleckchen, ganz versteckt unterhalb der SS 11 (beschildert). Um einen winzigen Sporthafen stehen drei kleine Hotels (→ Peschiera/Übernachten), benachbart liegen der österreichisch geführte Camping „Wien" und zwei Kiesstrände.

▶ **Hotel/Ristorante Dogana**: Die ehemalige österreichische Zollstation aus dem 18. Jh. wurde zum geschmackvollen Hotel umgebaut und steht direkt an der Straße. Hier passiert man die Grenze der Regionen Venetien und Lombardei.

▸ **Punta Grò**: An der Spitze der Halbinsel liegt der „Lido Comunale", ein Kiesstrand mit breiten, schattigen Rasenflächen und schönem Blick auf Sirmione. Dahinter erstreckt sich die weitflächige Ferienhaussiedlung „Residence Punta Grò" mit drei Pools und Kinderspielplatz, gut geeignet für Familienferien, zu buchen über Europlan (www.europlan.it).

Sirmione
(ca. 5000 Einwohner)

Einer der meistbesuchten Orte am See, bis zu zehntausend Besucher überfluten täglich die kleine, liebevoll herausgeputzte Altstadt. Kein Wunder, denn malerischer geht's kaum noch: Sirmione liegt an der Spitze einer nadelförmigen Halbinsel, die wie ein Keil 4 km weit ins Wasser vorstößt, und wird von einer der schönsten Wasserburgen Europas überragt.

Das alte Zentrum wird durch einen breiten Wassergraben vom Südteil der Halbinsel getrennt und ist ein echtes Städtchen für Fußgänger: Nur wenige autorisierte Fahrer dürfen ihre Benzinkutschen durch die engen Kopfsteinpflastergässchen bugsieren, die Besuchermassen drängen zu Fuß hindurch. Trotz des erheblichen Rummels kommt aber besonders abends viel Stimmung auf – alles ist festlich beleuchtet, man schlendert an Boutiquen und Souvenirläden vorbei, sitzt auf der Mauer am Wassergraben des Kastells und schleckt Eis.

Doch die Altstadt ist nicht das Einzige, was an Sirmione sehens- und erlebenswert ist, denn nördlich der Stadt erstrecken sich malerische Oliven- und Zypressenhaine, die ideal für einen gemütlichen Spaziergang sind. Die berühmte römische Villa „Grotten des Catull" an der Spitze der Halbinsel ist eine weitere Attraktion. Sirmione ist aber nicht nur ein bevorzugtes Urlauberzentrum, sondern dank der Thermalquellen, die seitlich der Halbinsel im See entspringen, auch ein bedeutender Kurort.

Ein pittoreskes Skaligerkastell bildet den Eingang zur Altstadt von Sirmione

Wunderschöne Badestelle an der Spitze der Halbinsel

Erlebnis Natur: die Kalkterrassen von Sirmione

An der äußersten Spitze der Halbinsel von Sirmione kann man ein eigenartiges Phänomen beobachten: Das Kap ist hier gänzlich von einem bis zu hundert Meter breiten Ring aus flachen Kalkplatten umgeben, die nicht einmal einen halben Meter unter dem Wasserspiegel liegen. Schuld daran waren einst die Gletscher, die sich nach Norden zurückzogen, bevor sie die Halbinsel im Süden des Sees gänzlich abgeschliffen hatten. Zwar hatten sie ihr Werk fast vollendet, aber ein dünner Span war stehen geblieben – die Halbinsel von Sirmione. Wegen der geringen Tiefe zeigt sich das Wasser, das die Kalkplatten überspült, je nach Sonneneinstrahlung in den faszinierendsten Türkistönen und bildet einen herrlichen Gegensatz zum satten Blau außerhalb der Kalkterrassen.

Anfahrt/Verbindungen

● *PKW* Spätestens am großen Skaligerkastell ist Schluss, hier beginnt die Altstadt, die für Autos gesperrt ist. Hotelgäste dürfen zum Be- und Entladen ins Zentrum fahren (Passierschein im Infobüro).
Kurz vor dem Kastell liegen am Zufahrtsdamm mehrere große **Parkplätze** mit hohen Preisen (1 Std. ca. 2,20 €, 7–22 Uhr). Direkt vor der Altstadt gibt es auch zahlreiche Standplätze mit ebenso teuren Parkuhren. In der Saison wird intensiv kontrolliert.

● *Bus* Haltestelle beim Tourist-Info am Viale Marconi, vor der Altstadt. Bus 26 von **Trasporti Brescia Nord** fährt mindestens stündlich nach Peschiera, Desenzano, Verona und Brescia, Verbindungen zum West- und Ostufer gibt es ab Desenzano bzw. Peschiera.

● *Schiff* Anlegestelle an der Piazza Carducci am Beginn der Altstadt. Häufige Verbindungen in die anderen Seeorte, Abfahrten z. T. alle halbe Stunde, 3 x tägl. Schnellboot bis Riva.

● *Taxi* am **Piazzale Porto**, vor der Altstadt (☎ 030/916082) und in **Colombare** (☎ 030/919240).

Infos

IAT (Informazione e Accoglienza Turistica), Viale Marconi 8, am Zufahrtsdamm, wenige hundert Meter vor der Skaligerburg. Gutes Unterkunftsverzeichnis mit dreidimensionaler Karte, Hilfe bei der Quartiersuche. ✆ 030/916114, 📠 916222, www.bresciaholiday.com, iat.sirmione@tiscali.it.

Auskunftsbüro der Hoteliersvereinigung (Associazione Albergatori) nur im Sommer am Beginn vom Damm rechts, Località Colombare. ✆ 030/919322, 📠 9197385, www.sirmionehotel.com.

Übernachten

Die gehobenen Hotels verstecken sich an der Spitze der Halbinsel im Grünen. Am Zufahrtsdamm liegen viele Häuser mit Gärten am See, besonders stimmungsvoll wohnt man direkt in der Altstadt (An- und Abfahrt für Hotelgäste mit Passierschein vom Tourist-Info). Achtung: Sirmione ist sehr beliebt, Hotels und Pensionen sind in der Saison oft ausgebucht, Reservierung ist angebracht.

- *Spitze der Halbinsel* ***** **Villa Cortine Palace (6)**, das Beste vom Besten, altehrwürdiger Palazzo aus dem 19. Jh. in einem riesigen Zypressenpark an der Ostseite der Halbinsel. Prächtige Einrichtung, Pool, Tennisplatz, Privatstrand mit großem Badesteg, stimmungsvolles Restaurant am See und im Garten beim Haus. DZ mit Frühstück ca. 280–430 €. Via Grotte 12, ✆ 030/9905890, 📠 916390, www.hotelvillacortine.com.

**** **Continental (5)**, am Westrand der Halbinsel, direkt am See, neben dem Thermalbad. Gehobene Ausstattung, sehr ruhige Lage, große Badeplattform und Swimmingpool. DZ mit Frühstück ca. 155–270 €. Punta Staffalo 7, ✆ 030/9905711, 📠 916278, www.continentalsirmione.com.

**** **Olivi (4)**, in der Parklandschaft nördlich vom Ort, gehobenes Hotel mit Raffinesse, Eleganz und etwas Kitsch, verspielte Halle mit Polstermöbeln, im großen Garten alte Olivenbäume und Pool, moderne Zimmer mit Klimaanlage, See- oder Parkblick. DZ mit Frühstück ca. 145–228 €, Suite bis 300 €. Via San Pietro 5, ✆ 030/9905365, 📠 916472, www.hotelolivi.com.

*** **Mon Repos (1)**, etwas oberhalb vom Lido delle Bionde (→ Baden). Ruhig gelegen, Zimmer mit Balkonen und Klimaanlage, schöne Terrasse mit Seeblick, sehr großer Garten mit Pool, Parkplatz. DZ mit Frühstück ca. 105–135 €. Via Arici 2, ✆ 030/9905290, 📠 916546, www.hotelmonrepos.com.

** **Villa Paradiso (2)**, Signora Sordelli hat ihr Elternhaus zu einer kleinen Pension umgestaltet. Wunderschöner Arkadengang, großer Garten, sieben einfache Zimmer mit herrlichem Blick, Frühstück unter Olivenbäumen. DZ ca. 62–68 €. Via Arici 7, ✆/📠 030/916149, http://digilander.libero.it/villaparadiso.

- *Im Ort* *** **Corte Regina (9)**, kleines Haus direkt im Zentrum, ordentliche Einrichtung, Zimmer mit Sat-TV und Klimaanlage, freundliches Personal, Parkplatz. DZ mit Frühstück ca. 80–110 €. Via Antiche Mura 11, ✆ 030/916147, 📠 9196470, www.corteregina.it.

*** **Degli Oleandri (13)**, in der Gasse hinter der Burg, hübsche Herberge mit geschmackvoll-antiker Einrichtung, Speisesaal mit gewölbter Decke, kleine Dachterrasse. DZ mit Frühstück ca. 80–120 €. Via Dante 31, ✆ 030/9905780, 📠 916139, www.hoteldeglioleandri.it.

** **Grifone (14)**, direkt am See, wenige Schritte vom „Oleandri". Freundliche Herberge aus Bruchsteinmauern, von Familie Marcolini seit 1967 geführt, innen vollständig renoviert, saubere Zimmer mit modernem Mobiliar, z. T. Klimaanlage, herrlicher Blick auf See und Kastell, wunderbar gelegenes Restaurant. DZ ca. 44–68 €, Frühstück extra. Via Gaetano Bocchio 4, ✆ 030/916014, 📠 916548, grifonesirmione@gmail.com.

** **Speranza (15)**, gepflegtes, kleines Albergo am Beginn der Altstadt. Lift, Gänge mit Teppichboden. In den Zimmern Parkett, sehr gute Betten, Klimaanlage und TV. DZ mit Frühstück ca. 90–105 €. Via Vittorio Emanuele 2, ✆ 030/916116, 📠 916403, http://hotelsperanza.sitonline.it.

- *Zufahrtsdamm* *** **Garten Lido**, an der Westseite der Halbinsel, 15 Fußminuten ins Zentrum. Ruhig gelegenes Haus mit eigenem kleinem Strand, Badesteg und Garten, vor dem Haus Parkplatz. Restaurant und Bar. Zimmer mit TV, z. T. Balkon. DZ mit Frühstück ca. 80–150 €. Via XXV Aprile 4, ✆ 030/916102, 📠 916170, www.hotelgartenlido.com.

***La Paül**, wenige Meter weiter südlich, elegantes Haus mit schattigem Garten am See, eigener Strand, Bootsanlegestelle, Pool, Restaurant, Bar, Fahrradverleih, Parkplatz. Zimmer mit TV und Klimaanlage. DZ mit Frühstück ca. 80–180 €. Via XXV Aprile 26, ✆ 030/916077, 🖷 9905505, www.hotellapaul.it.

**** Bagner**, in Colombare in der Nähe vom Sporthafen, nicht weit vom Wasser. Ruhig gelegenes, familiär geführtes Albergo mit kleinem Pool und Garten. DZ mit Frühstück ca. 55–80 €. Via G. Leopardi 1, ✆ 030/9196146, 🖷 9904208, www.hotelbagner.com.

• *Apartments* **Residence Alexandra**, am Zufahrtsdamm, Westseite, nicht direkt am Wasser. Gepflegte Studios und Apartments mit TV, mehrmals wöch. Room-Service. Neben dem Haus Pool, wenige Meter entfernt kleiner Privatstrand. Apartment für 2 Pers. ca. 100–170 € (Mindestaufenthalt drei Tage). Via Condominio 2, ✆ 030/9904188, 🖷 916304, , www.rossionline.it.

• *Feriendörfer* **The Garda Village**, großzügig konzipierte Feriensiedlung direkt am See, westlich von Colombare am Fuß der Halbinsel, neben Camping San Francesco. Hübsche, allerdings nicht allzu groß geschnittene Reihenbungalows (jeweils Sat-TV) und geräumige Mobile Homes inmitten sattgrüner Wiesenflächen. Vor der Anlage Kiesstrand und viel Platz zum Spazieren am Seeufer, herrlicher Blick auf Sirmione. Schöne Poolanlage, Kinderspielplatz, Sportmöglichkeiten, großzügiges Restaurant mit Seeblick, Animation, allabendliche Performance im Amphitheater. Im Hochsommer durch Reiseveranstalter belegt, in der NS aber auch Platz für Individualbucher. Standardbungalow ca. 60–137 €, Komfortbungalow 72–162 €, Mobil Home 50–115 €. Via Coorti Romane 47, ✆ 030/9904552, 🖷 9904560, www.gardavillage.it.

• *Camping* **** **San Francesco**, großer, aufmerksam geführter Platz westlich vom Zufahrtsdamm nach Sirmione. Dichte Pappeln ziehen sich bis zum Wasser hinunter, dort ist schattiges Baden möglich. Große Poolanlage, Sporteinrichtungen, sehr gute Sanitäranlagen (Einzelwaschkabinen), gemütliches Restaurant mit Bar/Enoteca. Viele Mobile Homes. ✆ 030/9110245, 🖷 9119464, www.campingsanfrancesco.com.

*** **Sirmione**, in Colombare, Lido Galeazzi (bei Tourist-Info in Colombare östlich abzweigen). Großer, gut ausgestatteter Platz mit Bungalows, Pools, Strand und Surfschule. Via Sirmioncino 9, ✆ 030/9904665, 🖷 919045, www.camping-sirmione.com.

**** **Tiglio**, 3,5 km vom Zentrum, bei der Halbinsel Punta Grò, ebenfalls gut ausgestattet, Pool, Kinderspielplatz, Kiesstrand, die nahe SS 11 hört man allerdings herüber. ✆/🖷 030/9904009, www.campingtiglio.it.

Essen & Trinken (→ Karte S. 227)

In zahllosen Restaurants, Eisdielen und Bars kann man sich verwöhnen lassen, zahlt aber reichlich dafür.

• *Im Zentrum* **La Rucola (12)**, in unmittelbarer Burgnähe, aber etwas versteckt gelegen. Beim jungen Chef Gionata und seiner Schwester Miriam gibt es interessante Gerichte der gehobenen Preisklasse. Keine Sitzplätze im Freien. Do geschl. Vicolo Strentelle 7, ✆ 030/916326.

Il Guelfo (16), gleich nach dem Kastell die Gasse rechts hinein. Kleine Osteria mit Garten. Serviert werden kalte Platten, Aufschnitt und Schinken, dazu Weine aus ganz Italien. Vicolo Bisse 1.

Il Grifone (14), ein echter „Klassiker", wunderbare Lage unter dichtem Blätterdach direkt am See, im Schatten der Burg, Blick rüber zum Ostufer. Hauptsächlich Fischspezialitäten mit Herkunftsbezeichnung, z. B. Hummer aus der Bretagne und Atlantikfisch, aber natürlich auch Lachsforelle. Entsprechend der Lage gehobene Preise. Auch als Hotel ein Tipp (→ Übernachten). Mi geschl. Via delle Bisse 5, ✆ 030/916097.

Osteria del Vecchio Fossato (10), in der engen Gasse gegenüber vom hohen Glockenturm. Hübsche Osteria, stilecht aufgemacht, nur Innenplätze. Via Antiche Mura 16, ✆ 030/919331.

La Nuova Botte (8), schräg gegenüber vom Vecchio Fossato. Hier stimmt alles – riesige Pizzen, gut angemachte Nudelschen und wunderbare Fleisch- und Fischgerichte, dazu eine wirklich aufmerksame Bedienung. Empfehlung für *luccio del lago con polenta* (Seehecht mit Kapern und Polenta). Leider nur wenige Außenplätze. Di geschl. Via Antiche Mura 21, ✆ 030/916273.

Al Torcol (7), exzellente Osteria in sehr hübscher Lage mitten im Ort, man sitzt an einigen Tischen auf terrassenförmigen Stufen vor dem Haus oder gegenüber im idylli-

Sirmione

schen, kleinen Garten unter Weinranken. Hausgemachte Pasta mit außergewöhnlichen Saucen, Fischgerichte und gute internationale Weinauswahl, beste Bedienung und gehobener Standard. ✆ 030/9904605.

La Speranzina da Checo e Gino (11), gegenüber vom „Albergo degli Oleandri", herrliche Lage direkt am See, romantisches Ambiente und hohes Preisniveau. ✆ 030/9906292.

Lido delle Bionde (3), nettes Restaurant mit tollem Seeblick am gleichnamigen Strand, nicht teuer, hier kann man auch in Badekleidung essen. ✆ 030/916495.

● *Am Zufahrtsdamm* **Erika (17)**, neues, ansprechend eingerichtetes Lokal mit „Pagodendach" kurz vor der Burg rechter Hand. Von Lesern gelobt, gutes Essen und freundliches Personal. Via Marconi 43, ✆ 030/916141.

Al Cantuccio, ein Stück weiter in Richtung Colombaro. Schöne Seelage, Terrasse mit Rasenstreifen davor, auch für Kinder Platz. Essen nicht billig, aber von bester Qualität. Di geschl. Via XXV Aprile 71/73, ✆ 030/9904394.

Al Porticciolo, beim kleinen Sporthafen Porto Galeazzi, beliebtes Ristorante hinter schützender Verglasung, davor verläuft der Uferweg. Oft bis auf den letzten Platz besetzt, auch hier Leserlob. Via XXV Aprile 83, ✆ 030/9196161.

● *Cafés/Snacks* **Gelateria Bounty**, Eisschlecken in optimaler Lage an der Piazza Castello vor der Burg. Weitere opulente Eisdielen folgen an der Fußgängergasse, z. B. das **Break** und das **Scaligeri** (seit 1948) gegenüber.

Cheese & Drink, populäre Enoteca am Beginn der Altstadt, 400 Weine können bei Antonio Botticchio geordert werden, dazu Käse- und Wurstspezialitäten.

Caffè Grande Italia, angenehm altmodisches Café an der Piazza Carducci, an den Wänden Fotos aus Sirmiones Vergangenheit. Gabriele d'Annunzio, Maria Callas und Arturo Toscanini waren hier bereits zu Gast.

La Torre, von der Bar an der Spiaggia Parrocchiale genießt man einen herrlichen Seeblick (→ Sirmione/Baden).

Il Fiore, kleine Bar inmitten grüner Rasenflächen am ruhigen Lido Brema, ebenfalls wunderbarer Seeblick (→ Sirmione/Baden).

Villa Pioppi, am Zufahrtsdamm (Westseite). Stilvolles Café in einer restaurierten Jugendstilvilla direkt am See. Sonnige Terrasse, Liegen und Sonnenschirme, Bootsanlegestelle. Auch Zimmervermietung. Via XXV Aprile 76.

Der ummauerte Hafen des Skaligerkastells

Sonstiges

● *Ärztliche Versorgung* **Assistenza Sanitaria Turistica**, Ambulatorio in Colombare, Piazza Virgilio 25. ✆ 346-0296312.

● *Shopping* zahlreiche schicke Boutiquen, Kunsthandwerksläden und Shops mit Geschenkartikeln im Ortskern.

Internationale Presse in der Via Antiche Mura, gegenüber Restaurant La Nuova Botte.

Montagsmarkt vormittags an der Piazza Mercato im Ortsteil Colombare am Beginn der Halbinsel.

Freitagsmarkt in Lugana (Richtung Peschiera), ebenfalls nur vormittags.

● *Sport* **Bootsverleih/Taxiboot**, „Consorzio Motoscafisti di Sirmione", am Hafen beim Kastell. ✆/🖂 030/9905235.

Fahrrad-/Motorradverleih, „Sirmio Trans", Viale Marconi, kurz vor dem Kastell. ✆ 333-2705604.

Tennis, „Circolo Tennis Benaco", Lungolago Armando Diaz (✆ 030/9905585), vom Kastell ca. 1 km die Zufahrtsstraße zurück und rechts, dort auch **Minigolf**.

Tretboote an verschiedenen Stellen, z. B. Lido delle Bionde und Lido Brema.

Wasserski, „Scuola sci nautico Bisoli", Via XXV Aprile 29, ✆ 030/916088.

Wassersportpark Waterland-Le Ninfee, bei San Martino della Battaglia, wenige Kilometer südlich von Sirmione. Mehrere Becken mit Rutschen, außerdem Tennis, Minigolf, Kinderspielplatz, Restaurant, Disco. Vom letzten So im Mai bis zum ersten So im Sept. tägl. 9–19 Uhr, Eintritt am Wochenende ca. 10 €, sonst 8 €. ✆ 030/9910414, 9108789, www.parcowaterland.it.

Windsurfen, Windsurf- und Kitesurfkurse sowie Vermietung von Kajaks im „Centro Surf Sirmione" am ruhigen Lido Brema (→ Sirmione/Baden), geleitet von Claudio Lana, einem Windsurf-Pionier des Gardasees. ✆ 0338/6243650, www.lanaplanet.it.

Sehenswertes

Das kleine Sirmione ist völlig vom Fremdenverkehr eingenommen. Doch die Sightseeing-Massen flanieren meist nur den zentralen Corso Vittorio Emanuele auf und ab und lagern danach in einem der zahlreichen Cafés an der *Piazza Carducci*, die sozusagen das „Wohnzimmer" des Städtchens ist. Relativ unberührt vom Trubel bleibt der verwinkelte Ortsteil hinter dem Kastell mit seinen hügelwärts ansteigenden Gässchen und der Pfarrkirche. Ein ausgedehnter Bummel setzt sich danach fast automatisch in den *Olivenhainen* nördlich der Altstadt fort und endet bei den berühmten Grotten des Catull.

Skaligerkastell: Die fotogene Wasserburg mit ihren Türmen, Zinnenmauern und Zugbrücken bildet den Eingang zur Altstadt. Erbaut wurde sie 1250 unter dem Skaligerherrscher Mastino I della Scala. Später übernahmen die Venezianer für fast 400 Jahre den Bau, der geflügelte Markuslöwe prangt noch über dem Haupttor. Leider gibt es trotz des malerischen Anblicks im weitgehend leeren Innern nicht viel zu sehen – das Kastell diente augenscheinlich als reine Soldatenkaserne und besaß keinerlei repräsentative Räumlichkeiten. Die architektonische Gestaltung ist aber sehr eindrucksvoll, außerdem kann man den 30 m hohen Hauptturm namens *Mastio* besteigen, von oben genießt man einen herrlichen Ausblick über Stadt und See. Interessant ist auch der große ummauerte *Hafen*, der die Burg von der umgebenden Siedlung völlig unabhängig machte. Im Gewölbe des Innenhofs sind einige archäologische Fundstücke ausgestellt.

Öffnungszeiten/Preise Di–So 8.30–19 Uhr, Mo geschl., im Winter 8.30–16.30 Uhr. Eintritt ca. 4 €.

> Leicht vergisst man beim Anblick solch pittoresker Gemäuer, dass ihre Geschichte mit Blut geschrieben wurde und oft Willkürherrscher das Sagen hatten: Mastino I della Scala hatte von Papst Gregor X. den Auftrag erhalten, die Bevölkerung von Sirmione, die der Ketzerei verdächtigt wurde, auszulöschen. Dies erledigte er auch prompt und sein Bruder ließ später die Überlebenden des Massakers in der Arena von Verona öffentlich verbrennen – der Papst wars zufrieden.

Santa Maria Maggiore und Umgebung: Die Pfarrkirche Sirmiones steht auf einer kleinen Anhöhe an der Ostseite der Stadt. Zu erreichen ist sie über die *Via Antiche Mura*, wo früher die alte Stadtmauer verlief. Sie stammt vom Ende des 15. Jh. und steht auf den Grundmauern eines langobardischen Kirchenbaus. In ihrer Vorhalle sind römische Säulen eingelassen. Im Inneren gibt es zahlreiche Fresken, einen mächtigen Marmoraltar und eine besonders schöne Orgel aus dem 18. Jh. sowie ein großes Altarbild von Paolo Farinati.

Hinter der Kirche erhebt sich noch ein *Turm* der früheren Stadtbefestigung, dort kann man zu einem kleinen Strand hinuntersteigen (→ Sirmione/Baden). Richtung Norden beginnt hier ein *Panoramaweg* am Ufer entlang. Auf dem dicht bewachsenen Hügel, den man dabei passiert, stand einst ein römisches Kastell, später das langobardische Kloster *Monastero di San Salvatore*, von dem die Grundmauern ausgegraben wurden. Auch die dreigliedrige Apsiswand der Kirche ist gut zu erkennen (Funde im Skaligerkastell). Danach geht es am Zypressenpark des Luxushotels „Villa Cortine Palace" entlang bis zum Lido delle Bionde.

Stabilimento Termale Catullo: Das große Thermalbad Sirmiones liegt am nördlichen Ausgang der Altstadt, am Beginn der Olivenhaine. Man lässt sich am besten von der Nase hinführen, der schweflige Geruch ist nicht zu „überriechen". Rheuma, Gicht, Nervenentzündungen, Erkrankungen der Atemwege, Gefäß-, Haut-, Gehör- und Frauenleiden – dies alles wird mit dem schwefel-, natrium-, brom- und chlorhaltigen Wasser sowie Schlammbädern, Massagen und Atemwegtherapien behandelt. Angeschlossen ist das moderne Wellness-

Mit dem Schlauchboot durch die Wasserburg

Zentrum „Aquaria" mit Hallenbad, Schwimmbädern im Freien, Therapieabteilung für Gefäßleiden, Fitnessraum und zwölf thermalen Wellnesskabinen.

Öffnungszeiten **Therme**, Mo–Fr 8.30–12.30, 14.30–18.30 Uhr, Sa 8.30–12.30 Uhr. ✆ 030/9904923; **Wellnesscenter**, Mo–Sa 10–22 Uhr, Do bis 24 Uhr, Mo erst ab 14 Uhr, So geschl. ✆ 030/916044, www.termedisirmione.com.

Villa Cortine Palace und Umgebung: Wenn man die Via Catullo nimmt, kommt man bald am Tor dieses luxuriösen 5-Sterne-Hotels vorbei (→ Übernachten). Der klassizistische Palast steht auf einem Hügel in einem prächtigen Zypressenpark. In der gelben *Villa* schräg gegenüber vom Eingangstor wohnte einige Jahre lang die legendäre Opernsängerin Maria Callas.

San Pietro in Mavino: Die kleine frühmittelalterliche Kirche steht mitten im Grünen, zwischen Zypressen und Oliven, auf einem Hügel nördlich der Altstadt (von der Via-Catullo-Gasse links hinein). Gegründet wurde sie von langobardischen Mönchen. In der Mittelapsis beeindruckt das byzantinisch anmutende Fresko vom „Jüngsten Gericht" aus dem frühen 14. Jh., auch die Seitenapsiden und der Hauptraum sind mit zahlreichen Fresken verschiedenen Alters ausgemalt. Neben der Kirche erinnert eine große Glocke an die Gefallenen der Weltkriege.

Öffnungszeiten tägl. 8 Uhr bis Sonnenuntergang (2009 wegen Restaurierung geschl.).

Grotten des Catull

Die erstaunlich weitläufigen Ruinen einer Villa der römischen Kaiserzeit liegen in wunderbar exponierter Seelage am äußersten Ende der Halbinsel von Sirmione.

Ihre poetische Bezeichnung ist allerdings irreführend – weder handelt es sich um Grotten, noch wohnte hier einst der römische Dichter Catull. Der Ausdruck „Grotten" geht ins 15. Jh. zurück, so bezeichnete ein Chronist damals bildhaft die eingestürzten und überwucherten Gebäudestrukturen. Und – Catulls Familie besaß zwar tatsächlich in der Gegend von Sirmione ein Landhaus, doch Catull (ca. 87–54 v. Chr.) lebte gut zweihundert Jahre vor dem Bau der Villa (ca. 150 n. Chr.). Dass er die wunderschöne Stelle mit dem herrlichen Seeblick aber gekannt hat, gilt als wahrscheinlich, da er die Schönheit Sirmiones in seinen Versen besungen hat. Bis heute ist nicht geklärt, worum es sich bei dem riesigen Komplex gehandelt haben könnte – die Vermutungen reichen von einer privaten Landvilla über ein staatliches Gästehaus bis zum kaiserlichen Sommerpalast oder einer großen Thermalbadeanstalt. Letztere Vermutung wird dadurch erhärtet, dass man antike Bleirohre gefunden hat, die in 18 m Tiefe zur nahen Thermalquelle im See verliefen. Unterhalb der Ausgrabung bilden helle, flache Kalkplatten die Uferlinie, hier kann man besonders schön baden (→ Kasten S. 225).

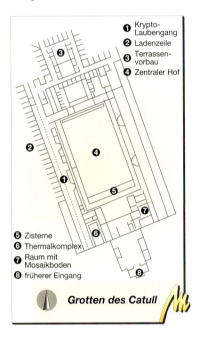

① Krypto-Laubengang
② Ladenzeile
③ Terrassenvorbau
④ Zentraler Hof
⑤ Zisterne
⑥ Thermalkomplex
⑦ Raum mit Mosaikboden
⑧ früherer Eingang

Grotten des Catull

Besichtigung: Die Villa liegt annähernd in Nord-Süd-Richtung und hat einen rechteckigen Grundriss von 167 x 105 m – sie ist damit das größte bekannte römische Landhaus in Oberitalien. Die Anlage erstreckte sich über mehrere Etagen, von denen aber nur noch die Unterbauten erhalten sind. Die *Herrschaftsräume* sind bereits in der Antike eingestürzt, sie lagen im nördlichen und südlichen Teil des Obergeschosses, dazwischen befand sich ein zentraler *Hof*, heute ein Olivenhain. Am südlichen – landseitigen – Ende ist der Villa ein aufwändiger *Thermalkomplex* vorgelagert, am Nordende – zum See hin – eine Art *Terrassenvorbau* mit hohen Gewölben, der aber nur das Fundament von heute verschwundenen Aufbauten darstellt. Besonders markant ist der 150 m lange so genannte *Kryptolaubengang* an der westlichen Längsseite, der durch eine lange, z. T. wieder aufgebaute Reihe von Säulenarkaden in zwei Schiffe geteilt war. Seitlich davon liegen kleine Räume, die vielleicht als Läden genutzt wurden, da der Komplex möglicherweise auch als Handelszentrum fungierte.

Sirmione/Baden

Am Eingang kann man in einem kleinen *Antiquarium* sehr schöne Mosaike und kunstvolle Freskenreste betrachten – Indiz für die fast märchenhaft prachtvolle Ausstattung des Anwesens.

- *Öffnungszeiten/Preise* März bis Mitte Okt. Di–So 8.30–19.30 Uhr, So 9–18 Uhr, Mo geschl., übrige Monate bis 17 Uhr, So bis 14 Uhr. Eintritt ca. 6 €, frei unter 18 und über 65 J.
- *Wegbeschreibung* Vom Nordende der Stadt nimmt man die **Via Catullo** und läuft etwa 15 Min. bis zur Spitze der Halbinsel. Im Hochsommer kann man auch gemütlich mit einer kleinen **Elektrobahn** zum Eingang fahren (ca. 1 € einfach), Abfahrt an der Piazza Don A. Piatti am Ende der Altstadt.

> **Salve, o venusta Sirmio! „Ich grüße dich, schönes Sirmio! Augenstern von all den Halbinseln – wie frohgemut, wie gern erblick' ich dich wieder …"**
>
> Gaius Valerius Catullus, geboren 87 v. Chr. auf der Halbinsel von Sirmio (Sirmione), gestorben bereits im zarten Alter von 33 Jahren. Er gilt als der natürlichste und am wenigsten gekünstelte römische Dichter. Seine „Liebesgedichte an Lesbia" (die Römerin Clodia) waren angereichert mit Erotik, Leidenschaft und Empfindsamkeit, was vielen seiner Zeitgenossen als anstößig erschien. Seine Hymne auf Sirmione war es, die die Schönheit der Halbinsel erstmals literarisch manifestierte.

Boiola-Quellen: Diese 69 Grad heißen Thermalquellen entspringen draußen im See in 19 m Tiefe, etwa 350 m südöstlich der Grotten des Catull. Wenn man mit dem Boot vorbeifährt, erkennt man sie an den vielen aufsteigenden Luftbläschen. Schon die Römer hatten sie gekannt, in der Neuzeit werden sie das erste Mal in historischen Schriften des 16. Jh. erwähnt. Vor hundertzwanzig Jahren entdeckte ein einheimischer Arzt ihre Heilwirkung neu, 1889 wurde eine Rohrleitung zur Halbinsel gelegt, seitdem avancierte Sirmione zu einem der wichtigsten Kurorte im nördlichen Italien.

Sirmione/Baden

Um Sirmione gibt es eine ganze Reihe von teils recht schönen Stränden.

▶ **Spiaggia Parrocchiale**: breite Kiesfläche mit kleinem Strand und der Bar „La Torre" direkt im Ort. Man geht die Via Antiche Mura an der Pfarrkirche vorbei bis zum Ende.

▶ **Lido delle Bionde**: viel besuchter Kiesstrand mit Olivenbaumwiesen am Ende der Via Gennari, am Nordende begrenzt von einem pittoresken senkrechten Uferabbruch. Hier gibt es einen langen Badesteg, ein Restaurant/Bar mit Seeblick (→ Essen & Trinken), außerdem Tret- und Ruderbootverleih. Manchmal riecht man das überschüssige Thermalwasser, das von hier in den See zurückströmt.

▶ **Lido di Grotte**: reizvolle Badestelle westlich unterhalb der Grotten des Catull. Flache Felsplatten aus Kalk bilden dort die Uferlinie (→ Kasten, S. 225). Man erreicht sie nur vom Lido delle Bionde aus zu Fuß am Ufer entlang, z. T. muss man dabei auch durchs Wasser waten.

▶ **Lido Porto Galeazzi**: an der Ostseite von Colombare. Kein eigentlicher Strand, sondern Uferpromenade mit einigen Einstiegen, dahinter Liegewiese und diverse Sportmöglichkeiten (Basketball, Trampolin, Tischtennis). Kleiner Sporthafen benachbart. Weiterhin Surfschule, Campingplatz, mehrere Hotels und Restaurants.

234 Südufer und Hinterland

Badestrand vor dem Garda Village westlich von Sirmione

▸ **Lido Brema**: angenehme und entspannende Ecke westlich vom Fuß der Halbinsel. Eingelagert zwischen weiten Rasenflächen und Schilfzonen liegt der kleine, ruhige Kiesstrand westlich vom Sporthafen von Colombare. Liegestühle, Sonnenschirme, Surfschule (→ Sirmione/Sport), Vermietung von Kajaks und Tretbooten, nette Bar „Il Fiore".

Desenzano   (ca. 20.000 Einwohner)

Größte Stadt am See, sehr lebendig und urban wirkend. Tourismus spielt nicht die Hauptrolle, doch gibt es einen großen Jachthafen.

Seit dem Mittelalter, besonders unter venezianischer Herrschaft (Mitte des 15. Jh.), wurde Desenzano zu einem der größten Handelszentren Oberitaliens ausgebaut – vom Mittelmeerhafen Venedig wurde vor allem Getreide herangeschifft, das hier in die Lombardei und nach Norden weiterverteilt wurde. Überall um den Hafen und in der Altstadt trifft man auf die für Handelshäuser typischen gewölbten Lagerräume, die alte Bausubstanz ist teilweise sehr gut restauriert. Die viel befahrene Durchgangsstraße verläuft unmittelbar am Seeufer, passiert den großen neuen Hafen mit der *Piazza Matteotti* und erreicht über den schmalen „Ponte alla veneziana" das malerische alte Hafenbecken namens *Porto Vecchio*. Wenige Schritte landeinwärts trifft man auf die *Piazza Malvezzi* mit tiefen Laubengängen, in deren Schatten man gemütlich sitzt. Links und rechts beginnt hier eine breite Fußgängerzone, der große städtische Dom steht nur einige Meter weiter. Dahinter zieht sich die Altstadt einen Hügel hinauf bis zu einem großen Kastell, von dem allerdings wenig mehr als die Außenmauern erhalten sind.

Die Badestrände im Umkreis sind im Sommer überfüllt und die meisten Hotels liegen so schön nicht. Desenzano bleibt so für die meisten Urlauber nur ein Ausflugsziel – doch das sollte man nicht auslassen.

> **Achtung**: Im Gebiet des Porto Vecchio wird die Uferstraße zeitweise für den Verkehr gesperrt, und zwar Mo–Sa 21–6 Uhr und So 0–24 Uhr.

Desenzano

Anfahrt/Verbindungen/Information

• *Anfahrt/Verbindungen* **PKW**, im Bereich der Uferstraße kaum Parkmöglichkeiten, ein gebührenpflichtiger Parkplatz liegt neben der Busstation gegenüber vom Museum, zwei weitere an der Via Antonio Gramsci westlich vom Hafen, Nähe römische Villa.
Bahn, Desenzano liegt an der Bahnlinie Venedig-Verona-Mailand, häufige Züge in beide Richtungen (nach Verona ca. 30 Min.). Der Bahnhof befindet sich etwas südlich vom Zentrum, der Viale Cavour und seine Fortsetzung führen genau geradeaus zum Alten Hafen.
Bus, ein Stopp liegt beim Bahnhof, einer im Hafen (Achtung: Letzterer wird am Di wegen des großen Marktes bis 16 Uhr nicht angefahren). *Bus 27* von *Trasporti Brescia Nord* fährt etwa 6 x tägl. am Westufer des Gardasees entlang über Salò, Gardone Riviera, Toscolano-Maderno und Gargnano bis Riva, weitere Linien verkehren im südlichen Teil des Westufers. *Bus 26* von *Trasporti Brescia Nord* fährt von Verona am Südufer des Gardasees entlang nach Brescia und zurück.
Schiff, Desenzano ist Anfangs- bzw. Endpunkt der Gardaseeschifffahrt. Abfahrten nach Sirmione und weiter Richtung Norden etwa stündlich, 2 x tägl. Autotransport nach Riva. Die Anlegestelle liegt zentral im neuen Hafen.
Taxi, ✆ 030/9141527.
• *Information* **IAT (Informazione e Accoglienza Turistica)**, im Palazzo Todeschini (Palazzo del Turismo) am Alten Hafen. Viel Prospektmaterial, auch zur Umgebung. Mo/Di & Do-Sa 9-18 Uhr, Mi 9-15 Uhr, So geschl. Via Porto Vecchio 34, ✆ 030/9141510, ✉ 9144209, iat.desenzano@provincia.brescia.it.

Übernachten (→ *Karte S.* 237)

**** Lido International (12), schöne Lage direkt am See, sehr ruhig, Liegewiese, exponierte Badeterrasse, hübscher kleiner Pool, Restaurant am See, Parkplatz. DZ mit Frühstück ca. 90-180 €. Via Tommaso dal Molin 63, ✆ 030/910427, ✉ 9143736, www.lido-international.com.
*** Tripoli (10), zentrales Business-Hotel, plüschig-komfortabel, Zimmer mit Sat-TV, Klimaanlage und Hafenblick, Garage. DZ mit Frühstück ca. 95-125 €. Piazza Matteotti 18, ✆ 030/9141305, ✉ 9144333, www.hotel-tripoli.it.
*** Piroscafo (7), Familienbetrieb in idyllischer Lage am alten Hafen, geschmackvolle Rezeption unter den für Desenzano typischen Gewölbebögen. Kleine Zimmer mit hellen Holzmöbeln, Klimaanlage und Sat-TV, schmalen Balkonen und schönem Blick. Ristorante mit feinem Arkadengang. Garage 400 m entfernt. DZ mit Frühstück ca. 85-124 €. Via Porto Vecchio 11, ✆ 030/9141128, ✉ 9912586, www.hotelpiroscafo.it.
*** Mayer e Splendid (8), altehrwürdiges Haus am Hauptplatz beim Hafen, schon länger nicht modernisiert, aber gerade deshalb mit einem gewissen Charme. Breite Treppenaufgänge und ordentliche Zimmer mit TV, teils Balkon mit schönem Blick auf Platz und See. DZ mit Frühstück ca. 80-98 €, Parken 5 €/Tag. Piazza Ulisse Papa, ✆ 030/9142253, ✉ 9142324, www.hotelmayeresplendid.com.
** Alessi (5), Altstadthaus in einer Seitengasse der Fußgängerzone, kleine, saubere Zimmer mit Sat-TV und Klimaanlage, unten nettes Restaurant mit einigen Außenplätzen. Auch Apartments werden vermietet, die sich um den Hof des Restaurants Corte Pozzi gruppieren. DZ ca. 60-80 € (Frühstück extra), Apartment bis zu 5 Pers. 120-160 €. Via Castello 7, ✆ 030/9141980, www.hotelalessidesenzano.com.

Essen & Trinken (→ *Karte S.* 237)

Als bevorzugtes Ausflugsziel von Brescia sind die Preise in Desenzano meist im höheren Bereich angesiedelt.

Esplanada (13), östlich außerhalb der Altstadt, direkt am See. Elegante Terrasse mit Panoramablick, Schwerpunkt liegt bei Meeresküche, aber auch Seefische werden zubereitet. Ein Michelinstern, entsprechend die Preise. Menü um die 70 € aufwärts. Mi geschl. Via Lario 10, ✆ 030/9143361.

236 Südufer und Hinterland

Antica Hostaria Cavallino (1), etwas zurück vom See, am Rand der hoch gelegenen Altstadt. Bei Gianfranco Dallai speist man hervorragend im großen Innenhof, der von einem Schutzdach überspannt ist. Drei Michelingabeln, Menü um die 60 € aufwärts. So-Abend und Mo geschl. Via Murachette/Ecke Via Gherla, ✆ 030/9120217.

Colomba (6), schöne Lage im Porto Vecchio neben dem Informationsbüro. Serviert werden z. B. Risotto, *fegato* (Leber) und *tagliate di angus* (Rind), natürlich auch Seefisch und Pizza. Mo geschl. ✆ 030/9143701.

Corte Pozzi (4), originelle Lage in einem Innenhof mit historischem Brunnen, umgeben von dreistöckigen Fassaden. Fulvio bietet seinen Gästen vor allem Gegrilltes, z. B. Spieß nach Art von Brescia und Florentiner Steak, dazu gibt es eine große Auswahl an Weinen. Mi geschl. Via Stretta Castello 12, ✆ 030/9141980.

La Cantina dè Corte Pozzi (3), kurz nach Hotel/Restaurant Alessi (→ Übernachten). Gepflegte Weinkneipe, wo die Schinken von der Decke baumeln und auf der Theke verführerische Leckereien aufgereiht sind. Via Castello 15, ✆ 030/9141980.

Osteria La Contrada (9), kleines, gepflegtes Lokal mit gediegener Wohnzimmeratmosphäre, nur eine Handvoll Tische, keine Plätze im Freien. Täglich wechselnde Karte mit teils raffinierten Gerichten, dazu gute Weinauswahl. Auch hier höheres Preisniveau. Mi geschl. Via Girolamo Bagatta 15, ✆ 030/9142514.

• *Außerhalb* **Antica Hostaria Il Massadrino**, westlich außerhalb, an der Straße nach Maguzzano, zu erreichen über Viale Ettore Andreis. Einfaches, rustikales Ausflugslokal im Grünen mit Blick auf den Monte Corno (Punta del Vò). Regionale Küche, Fleisch und Fisch vom Grill, sonntags *tipico spiedo alla bresciana con polenta*. Im Sommer oft Livemusik. Do geschl. Via Massadrino 1, ✆ 030/9121813, www.massadrino.com.

Azienda Agricola Spia d'Italia, großes Weingut mit Reitschule und gemütlichem Restaurant im Grünen. Auf der Außenterrasse kann man die traditionelle Brescianer Küche kosten, darunter natürlich auch den bekannten Fleischspieß. Von Desenzano die Straße nach Castiglione nehmen, über die Autobahn und rechts Richtung Lonato abzweigen. Via Marziale Cerutti 61, ✆ 030/9130233, www.spiaditalia.it.

*N*achtleben/*S*hopping/*S*port/*S*onstiges

• *Nachtleben* Im Umfeld von Desenzano liegen die meisten Diskotheken am See – im Sommer macht hier die einheimische Jugend aus der Poebene, Brescia und Mailand die Nacht zum Tag. Geöffnet meist Fr u. Sa, manchmal auch So und weitere Tage.

Circus Café (11), elegant-exklusive Cocktailbar mitten im Zentrum, dekoriert mit vielen Spiegeln. Piazza Matteotti 23. Tägl. 18–3 Uhr.

Coco Beach Club (früher: Malemi Club), Trendsetter am Lido di Lonato nördlich der Stadt direkt am Strand. Tagsüber am Beach relaxen (Eintritt frei), auf Wunsch Speiseservice direkt an der Liege, Restaurant auf einer Holzterrasse am See, mehrmals wöch. ab 18 Uhr Beachparty mit DJ, Fr und Sa-Nacht die perfekte Verstärkeranlage im Club genießen (23–4 Uhr, Eintritt ca. 15– 20 €). ✆ 338-8666854, www.cocobeachclub.net.

Sesto Senso, an der Straße nach Sirmione. Schicke Disco, die ab 1 Uhr nachts zu vollen Touren aufläuft, auch VIPs lassen sich manchmal sehen. Angeschlossen ist ein edles Restaurant. Viale Tommaso dal Molin 99, ✆ 030/9141211, www.sestosenso.it.

Mazoom Le Plaisir Club, Club in Rivoltella, an der Straße, die von der Uferstraße landeinwärts nach San Martino della Battaglia abzweigt. Via Colli Storici 179, ✆ 335-8460165, www.mazoom.net.

Fura, in Richtung Lonato. Vor allem von Einheimischen besuchte Disco mit häufigen Live-Performances, z. B. Theater, Tanz und Akrobatik. Jeweils Fr und Sa bis 5 Uhr, So bis 3 Uhr. Via Lavagnone 1, ✆ 347-7699860 o. 335-7611512, www.fura.it.

Dehor (früher: Genux), top gestylte Edeldisco mit großem Park und mehreren gediegenen Restaurants fürs gepflegte Candlelight-Dinner an der Straße nach Castiglione delle Stiviere (SS 567), südlich der Autobahn. Via Fornace dei Giorghi 2, ✆ 346-2178804, www.dehordiscoteca.altervista.org.

Art Club, diese Disco wird von Gays bevorzugt: Männerstrip, Travestieshows, Livemusik. Mi, Fr & Sa. Via Mantova 1/a, ✆ 030/9991004, www.artclubdisco.com.

• *Shopping* **Markt**, jeden Di weitläufiges Markttreiben um den alten Hafen, geht in seinen Ursprüngen bis ins Mittelalter zurück, als Desenzano seine große Zeit als Handelszentrum hatte.

Desenzano 237

Übernachten
5 Alessi
7 Piroscafo
8 Mayer e Splendid
10 Tripoli
12 Lido International

Essen & Trinken
1 Antica Hostaria Cavallino
3 La Cantina dè Corte Pozzi
4 Corte Pozzi
6 Colomba
9 La Contrada
13 Esplanada

Nachtleben
11 Circus Café

Sonstiges
2 Luciano Girelli

zeitweise für den Verkehr gesperrt

Desenzano del Garda

50 m

Südufer und Hinterland (Venezianischer und lombardischer Teil des Gardasees)

Mercatino Antquariato, großer Antiquitätenmarkt jeden ersten Sonntag im Monat auf der Piazza Malvezzi (außer Januar/August).

Cantina Visconti, Stammvater Luigi Visconti kreierte Anfang des 20. Jh. aus den hellen Trauben der Umgebung den "Lugana"-Wein, der seitdem überall im Süden des Sees produziert wird. Die Kellerei ist an der Uferstraße am Ortsausgang in Richtung Salò zu finden, man erkennt sie am Schild "Lugana". Via Cesare Battisti 139, ✆ 030/9120681.

● *Fahrzeugverleih* Fahrräder bei **Luciano Girelli (2)**, Via Annunciata 10, Nähe Piazza Malvezzi. ✆ 030/9119797.

● *Sonstiges* **Ärztliche Versorgung**, Guardia Medica Turistica, Ambulatorio Presidio ASL, Via Gramsci 2, ✆ 030/9120393.

Inter Mondo, Via Girolamo Bagatta 6. ✆ 030/9140544, www.intermondosrl.com.

238 Südufer und Hinterland

Der malerische Hafen von Desenzano war einst Mittelpunkt des Getreidehandels

Sehenswertes

An der Landseite des hübschen *Porto Vecchio* steht der restaurierte *Palazzo Todeschini* mit einem breiten Arkadenvorbau. Früher wurde hier Getreide gelagert, heute sind die Tourist Information und ein kleines Kongresszentrum darin untergebracht. An der Piazza Malvezzi dahinter ist ein großer Stein erhalten, auf dem im Mittelalter Schuldner öffentlich zur Schau gestellt wurden. Gegenüber steht der *Palazzo del Provveditore*, der Sitz des venezianischen Statthalters, in dem auch Gericht gehalten wurde.

Dom Santa Maria Maddalena: Der Renaissancebau mit seinem barocken Portal bietet eine faustdicke Überraschung: Der gesamte Innenraum gleicht einer Gemäldegalerie, großflächige Ölgemälde zieren die Wände – Sinnbild für den Reichtum der früheren Handelsstadt. Alle Gemälde sind beschildert, der Großteil stammt vom venezianischen Künstler Andrea Celesti (17. Jh.). Besonders auffallend sind seine dramatische „Auferstehung" über dem Hauptportal, die „Taufe Christi" in der rechten hinteren Domecke und die drei riesigen Gemälde im Altarraum: „Maria Magdalena", „Auferstehung des Lazarus" und „Abendmahl beim Pharisäer Simone". Als größtes Kunstwerk gilt aber das leidenschaftliche „Abendmahl" (Ultima Cena) von Giovanni Battista Tiepolo (1696–1770), das exponiert in der Kapelle des heiligen Sakraments hängt.
Öffnungszeiten 8.30–18, So 8.30–10, 11.30–18 Uhr.

Römische Villa: Nur wenig westlich vom Dom hat man 1921 bei Hausausschachtungen die weitläufigen Ruinen einer prunkvollen römischen Villa der Spätantike (3. Jh. n. Chr.) entdeckt, samt weiteren Gebäuden im Umkreis – damals (wie heute)

war der Südrand des Gardasees beliebtes Wohngebiet der Besserverdienenden, die sich aus den Städten zurückzogen und hier feudale Gutshöfe erbauen ließen. Die Villa von Desenzano gilt als die wichtigste ihrer Art in Norditalien. Einst lag sie direkt am See, heute ist sie auf Grund von Anschwemmungen etwa 70 m entfernt. Die erstaunlich geräumige Anlage ist vor allem für ihre hervorragend erhaltenen *Mosaikböden* bekannt, mehr als 200 qm sind es. Neben geometrischen Formen und Tierdarstellungen fallen darin vor allem die so genannten „Amorini" (oder Amoretten) auf – kleine geflügelte Wesen, die dem Liebesgott Amor dienen und hier mit den unterschiedlichsten ländlichen Verrichtungen beschäftigt sind. Weiterhin bemerkenswert sind die kunstvollen *Hohlraumheizungsanlagen*, die unter verschiedenen Fußböden entdeckt wurden. In einem *Antiquarium* am Eingang sind Funde ausgestellt. Im Umkreis vermutet man weitere römische Gebäude – vielleicht Reste einer ganzen Siedlung am See.
Öffnungszeiten/Preise März bis Okt. 9–18.30 Uhr, Nov. bis Februar 9–17 Uhr (nur Antiquarium). Eintritt ca. 4 €, bis 18 und über 65 J. frei.

Sonstiges: Schräg gegenüber vom neuen Hafen ist an der Uferstraße im ehemaligen Kloster Santa Maria de Senioribus das sehenswerte *Museo Civico Archeologico* untergebracht. Ausgestellt sind vor allem Funde aus der Pfahlbausiedlung Lavagnone, ca. 5 km südlich der Stadt. Neben Keramik, Waffen, Gerätschaften etc. sieht man hier den angeblich ältesten Holzpflug, der je gefunden wurde (ca. 2000 v. Chr.). Oberhalb der Piazza Malvezzi winden sich steile Gässchen zwischen hohen Mauern und kleinen Gärten den Hang hinauf. An der Spitze steht ein mittelalterliches *Castello*, von dem nur die äußeren Mauern und Türme unversehrt erhalten sind. Die Österreicher bauten es im 19. Jh. zur Kaserne aus, dabei wurde viel Historisches zerstört. Der Innenhof kann betreten werden, dort finden manchmal Veranstaltungen und Konzerte statt.
Öffnungszeiten **Archäologisches Museum**, Di–Do 16–20.30, Fr–So 17–20.30 Uhr, Mo geschl., Eintritt frei.

Desenzano/Baden

Westlich von Desenzano verläuft die Promenade Lungolago Cesare Battisti am See, davor liegt die *Spiaggia Desenzanino*, eine terrassenförmig in den See gebaute Plattform mit einigen kiesigen Strandabschnitten. Weiter nördlich folgt der *Lido di Lonato*. Östlich von Desenzano kann man an der *Spiaggia d'Oro* und an der *Spiaggia al Porto* beim Vorort Rivoltella ins Wasser springen. Unterhalb der exponiert stehenden Kirche gibt es ein Beachvolleyball-Feld und eine große Strandbar. Neben der Kirche kann man in der kleinen Trattoria „Al Mulino" in einer einstigen Mühle gemütlich und gut essen (Mo geschl., ✆ 030(9902253). Hinweis: Alle Strände in Stadtnähe sind an Sommerwochenenden von der einheimischen Jugend gut besucht.

Desenzano/Umgebung

▶ **Lonato**: Das Hügelstädtchen liegt 6 km südlich von Desenzano. Seitlich der schnurgeraden Hauptstraße erstreckt sich der Ortskern um den monumentalen Dom. In seinem Umkreis findet an jedem dritten Sonntag im Monat der große Antiquitätenmarkt *Mercantico di Lonato* statt. Übertragt wird Lonato von einer gewaltigen *Burgruine*, in der ein *Vogelkundemuseum* mit 700 Exemplaren eingerichtet wurde. Auf halber Höhe steht die *Casa del Podestà*, das mittelalterliche Haus des Bürgermeisters. Im 19. Jh. erwarb es der örtliche Senator Ugo da Como und richtete eine große Bibliothek mit über 50.000 Bänden ein, die ältesten aus dem 12. Jh., darunter mehr als 400 wertvolle Inkunabeln (Wiegendrucke, mittelalterliche Vorläufer der Buchdruckerei), 470 Handschriften und 411 Erstausgaben. Das prächtig restaurierte Haus ist mit wertvollem Mobiliar, Fresken und Gemälden außerordentlich reich ausgestattet.

• *Öffnungszeiten/Preise* **Burg**, im Juli/August tägl. 10–12, 14.30–18.30 Uhr, übrige Zeit des Jahres nur Sa/So; **Casa del Podestà**, tägl. 10–12, 14.30–18.30 Uhr; Eintritt zusammen 8 € (unter 12 und über 65 J. 5 €), einzeln je 6 €. 030/9130060, www.fondazioneugodacomo.it.

▸ **Parco La Quiete**: grüner Erholungspark mit kleinem See bei der Località Passo dei Corvi, Nähe Centenaro, südlich der Autobahn. Auf über 100.000 qm Spielplätze für Kinder, zwei Swimmingpools, Minigolf, Volleyball, Sportfischen, Tennis u. a. Fürs leibliche Wohl Restaurant, Snackbars, Picknick- und Barbecue-Plätze.
Information Eintritt ca. 8 €, an Sonn- und Feiertagen 11 €, Kinder von 4–10 J. ermäß. 030/9103171, www.parcolaquiete.it.

> **South Garda Karting**: Die über 1 km lange Gokart-Bahn liegt abseits der Straße nach Castiglione delle Stiviere, ein wenig südlich der Autobahn. Nicht nur angehende Rennsportler üben hier, sondern auch gestandene Weltmeister – Michael Schumacher hat hier im Sommer 2009 vor seinem missglückten Comeback trainiert. Auf seiner Internetseite schreibt er, dass bezüglich der Lenkkräfte Kartfahren sogar noch schwieriger sein kann als Formel-1-Fahren.
> Ganzjährig geöffnet, April bis Okt. bis 24 Uhr. Via Monti Slossaroli, 0309919997, www.southgardakarting.it.

Infos zu „La Valtenesi" und südwestlichen Seebereich siehe S. 149.

Südlich vom Gardasee

„Colline Moreniche Mantovane del Garda" – Moränenhügel im Raum Mantua – nennt sich die ruhige Landschaft mit üppigen Wiesen und Weinfeldern südlich von Sirmione, Peschiera und Desenzano. Entstanden sind die Hügel vor einer guten Million Jahren als Ablagerungen des Gardasee-Gletschers. Das friedliche Erscheinungsbild lässt heute nicht mehr ahnen, dass hier vor etwa hundertfünfzig Jahren erbitterte Kämpfe stattfanden – die italienischen Befreiungskriege gegen die Österreicher.

Auf Spuren der Schlachten trifft man noch überall, vor allem im kleinen Ort Solferino, der zum Symbol geworden ist. Ein mahnendes Zeichen setzt der 64 m hohe Turm von San Martino, der an klaren Tagen viele Kilometer weit zu sehen ist. Eine Warnung jedoch: Die zahlreichen Beinhäuser der Region sind nicht unbedingt für schwache Nerven geeignet.

San Martino della Battaglia

Nur etwa 6 km landeinwärts der Landzunge von Sirmione liegt dieses unscheinbare Örtchen inmitten grüner Weinberge. Zu verfehlen ist es nicht – auf einer Anhöhe etwas außerhalb setzt der Turm von San Martino eine weithin sichtbare Landmarke.

Entsetzliches Sterben: Schlacht von Solferino und San Martino

Am 24. Juni 1859 prallen im Moränengürtel südlich vom Gardasee die Heere der vereinigten Franzosen und Piemontesen (Italiener) mit den österreichischen Truppen des erst 29-jährigen Kaiser Franz Joseph I. aufeinander – 150.000 Mann und 360 Kanonen gegen 135.000 Mann und 400 Kanonen im Kampf um das von den Habsburgern besetzte Oberitalien. Zwei Schwerpunkte der Schlacht gibt es: den Raum San Martino und den Hügel von Solferino, weiter südlich. Es gelingt den vereinigten französisch-italienischen Divisionen, die Österreicher entscheidend zu schlagen – die blutige Schlacht markiert den beginnenden Untergang der Habsburger Vielvölkermonarchie und die Möglichkeit der nationalstaatlichen Einigung Italiens.

Der schweizerische Kaufmann *Henri Dunant* war damals dem französischen Kaiser und Oberbefehlshaber Napoleon III. nachgereist, da er von ihm Hilfestellung bei seinen verlustreichen Geschäften in Algier erhoffte. In Castiglione delle Stiviere wartet er den Verlauf der Kämpfe ab. Danach betritt er das Schlachtfeld. Neben den 25.000 Toten liegen dort mehr als 10.000 Verwundete und Schwerverwundete in ihrem Blut – ohne ärztliche und pflegerische Hilfe sind viele von ihnen dem Tod geweiht. Dunant ist erschüttert von dem Elend, er hilft, wo er kann, organisiert den Transport der Verletzten beider Parteien nach Castiglione, wo sich viele Familien spontan bereit erklären, die Soldaten bei sich unterzubringen und zu pflegen. Dunant lässt sich durch Augenzeugen vom Kämpfen berichten und schildert das entsetzliche Geschehen in seinem Buch *Eine Erinnerung an Solferino*: „Es ist ein Kampf Mann gegen Mann ... Österreicher und alliierte Soldaten treten sich gegenseitig unter die Füße, machen einander mit Kolbenschlägen nieder, zerschmettern dem Gegner den Schädel, schlitzen einer dem anderen mit Säbel und Bajonett den Bauch auf ... Selbst die Verwundeten verteidigen sich bis zum letzten Augenblick. Wer keine Waffe hat, packt den Gegner und zerreißt ihm die Gurgel mit den Zähnen." In einem Brief aus jener Zeit schreibt er: „Seit drei Tagen sehe ich in jeder Viertelstunde einen Menschen unter unvorstellbaren Qualen sterben ... Verzeihen Sie mir, aber ich weine unaufhörlich beim Schreiben. Ich muss aufhören ..." Tief getroffen von dem Erlebten, beschließt er, fortan seine ganze Energie dafür zu verwenden, eine internationale Rettungsorganisation zu gründen, die in Kriegshandlungen neutral bleibt und sich um die Versorgung der Verletzten beider Seiten kümmert – das „Rote Kreuz" ist geboren. Trotz dieses großartigen Erfolgs ist Dunant selber jedoch kein Glück beschieden (→ Kasten, S. 245).

Lesetipp: *Solferino – Kleine Geschichte eines großen Schauplatzes* von Ulrich Ladurner (Residenz Verlag 2009). Ladurners Urgroßvater kämpfte auf Habsburger Seite in der Schlacht von Solferino. Sein Tagebuch führt Ladurner über die Schlachtfelder, er streift durch die Orte und spürt dem Kriegsalltag nach – ein gelungenes und berührendes Stück Geschichtsschreibung.

Monumento della Battaglia: Der imposante Turm besitzt ein eigentümliches Innenleben. In national-heroischer, aber trotzdem höchst eindringlicher Weise wird hier an die zahlreichen Schlachten der italienischen Unabhängigkeitskriege (Risorgimento) erinnert. Im Erdgeschoss betritt man zunächst eine Art Ruhmeshalle mit dem

242 Südlich vom Gardasee

Standbild von König Vittorio Emanuele II, der die Truppen bei Solferino befehligte. Im Umkreis stehen die Büsten der gefallenen Generäle, aber auch Garibaldi hat hier einen Platz gefunden, an den Wänden prangen Gemälde mit Ruhmesszenen zur Verherrlichung des Königs, die Frauengestalten in der Kuppel stellen Italien und italienische Städte dar. Auf einer 490 m langen, ansteigenden Rampe kann man nun den Turm bis zur offenen Plattform an der Spitze erklimmen. Nach einer Galerie mit Gemälden und verschiedenen Erinnerungsstücken folgen in jedem der sieben Stockwerke großflächige Wandgemälde mit dramatischen Szenen aus den verschiedenen Risorgimento-Schlachten in chronologischer Reihenfolge von 1848 (Schlacht von Goito) bis 1870 (Angriff auf die Porta Pia in Rom). Die vierte Plattform, von unten gezählt, widmet sich der Schlacht von Solferino und San Martino. Der Ausblick vom Turm ist herrlich – man sollte einen Tag mit klarer Sicht für den Besuch wählen.

Museo della Battaglia: Hinter dem Turm steht ein Kriegsmuseum. Mit einer großen Menge von Exponaten wird der Schlacht von Solferino und San Martino gedacht – Uniformen, Waffen, historische Stiche, Dokumente, Skizzen der Schlachtordnung etc.

Öffnungszeiten/Preise **Monumento e Museo della Battaglia**, März bis Sept. tägl. 9–12.30, 14.30–19 Uhr, Okt. bis Febr. Di–So 9–12.30, 14–17.30 Uhr (Mo geschl.), Eintritt ca. 5 €, Kinder 6–13 J. 2 €.

Ossario: Wenn man das Museumsgelände wieder verlässt, kann man von der Zufahrtsstraße noch hinüber zum Beinhaus gehen, wo über tausend Schädel und die Gebeine von fast dreitausend Gefallenen der Schlacht von San Martino ruhen – makaber ist der Anblick der meterhoch gestapelten Knochen, fein säuberlich nach Gattungen getrennt. Das internationale Ausmaß der Schlacht wird hier deutlich:

Er wird diese Schrecken hoffentlich nie erleben müssen

Die Soldaten der Vielvölkermonarchie Österreich stammten u. a. aus Russland, Rumänien, Ungarn, Polen, Jugoslawien und der Tschechoslowakei.

Solferino

Der kleine Ort drängt sich an einen bewaldeten Hügel. „Hier wurde die Idee des Roten Kreuzes geboren" steht auf den Ortsschildern zu lesen. Der Name ist zum weltbekannten Symbol geworden – doch es hätte auch das benachbarte, größere Cavriana sein können, denn nach diesem Ort wurde die Schlacht von Solferino und San Martino zunächst benannt.

Museo Storico Risorgimentale: Das Museum an der Durchgangsstraße im Ortskern thematisiert die militärische Geschichte Italiens von 1796 bis 1870. Die meisten Relikte stammen dabei aus der Schlacht von 1859.

Öffnungszeiten/Preise März bis Sept. Di–So 9–12.30, 14.30–19 Uhr, Mo geschl., übrige Zeit des Jahres nach Vereinbarung (✆ 376-854019); Eintritt ca. 3 €, Kinder 6–13 J. 1,50 €.

Ossario: Neben dem Museum führt eine Zypressenallee hinauf zum großen Beinhaus in der *Chiesa San Pietro*. Bis zur Decke gestapelt ruhen im Altarraum, in zwei Seitenkapellen und im Kellergeschoss die Gebeine von 7000 Gefallenen aller Nationen – „Feinde im Kampfe, ruhen sie im Frieden des Grabes beisammen als Brüder". Büsten erinnern an die bei Solferino gefallenen französischen Generale Augier und Dieu und weitere Offiziere.

Kilometerweit sichtbare Landmarke: der Turm von San Martino

Burghügel: Eine steile Straße zieht sich hinauf, oben liegt die große rechteckige *Piazza Castello*, umgeben von Burggebäuden neueren Datums. Mittendrin steht die Kirche *San Nicola di Bari* (17. Jh.) mit einer schönen alten Orgel und einem Altarbild des 18. Jh.. Etwas erhöht erhebt sich die 23 m hohe *Rocca*, ein mittelalterlicher Vierecksturm mit Dokumenten zur Schlacht von 1859 und Stücken, die auf dem Schlachtfeld gefunden wurden. Genannt wird er „Spia d'Italia" (Spion von Italien), denn von der exponierten Hügelspitze konnte man weit ins österreichisch besetzte Veneto hinübersehen. Auch das Schlachtfeld von 1859 ist von hier oben gut zu überblicken.

Durch eine Zypressenallee kommt man hinüber zum *Memoriale croce rosso internazionale*, an dem auf Marmortafeln sämtliche Mitgliedsländer des Roten Kreuzes eingraviert sind.

Öffnungszeiten/Preise **Rocca**, Di–So 9–12, 14–18 Uhr, Mo geschl. Eintritt ca. 2,50 €, Kind. 6–13 J. 1 €.

244 Südlich vom Gardasee

Mit diesen Gefährten wurden viele Leben gerettet

Castiglione delle Stiviere (ca. 10.000 Einwohner)

Die kleine Industriestadt war im 17. Jh. eine Residenzstadt der Gonzaga und besitzt heute einen ansehnlichen historischen Kern. In der großen Hauptkirche „Chiesa Maggiore" waren nach der Schlacht von Solferino Hunderte von Verletzten gepflegt worden. Der damals gerade dreißigjährige Henri Dunant fasste hier erstmals den Gedanken, das Rote Kreuz zu gründen. Heute arbeitet das IKRK (internationales Komitee des Roten Kreuzes) mit über 12.000 Mitarbeitern in unzähligen Ländern.

An der langen Via Garibaldi, die das Zentrum durchquert, trifft man auf den noblen Palazzo Triulzi-Longhi (Nr. 50) aus dem 18. Jh. Hier ist das *Museo internazionale della Croce Rossa* (Rot-Kreuz-Museum) untergebracht, 1959 eröffnet anlässlich des hundertjährigen Bestehens der Hilfsorganisation. In mehreren Stockwerken sind zahlreiche Erinnerungsstücke zur Geschichte des Roten Kreuzes ausgestellt: alte chirurgische Instrumente und Medikationsmaterial aus Feldlagern, Fotos, Gemälde, Dokumente u. Ä. Am interessantesten ist das große Untergeschoss, wo historische Tragbahren, Tragsessel und Transportkutschen – die Vorgänger der heutigen Krankenwagen – aus der Zeit des Ersten Weltkriegs und der Risorgimento-Schlachten stehen.

Öffnungszeiten **Rot-Kreuz-Museum**, April bis Okt. Di–So 9–12, 15–18 Uhr, Mo geschl., übrige Zeit 9–12, 14–17 Uhr. Eintritt ca. 3 €, Kinder 1,50 €. ℡ 0376/638505, www.micr.it.

Um den Mincio

Südlich von Peschiera del Garda schlängelt sich der Mincio hinunter bis nach Mantua, wo er kurz darauf in den Po mündet. Über fast jedem Ort in der grünen Hügellandschaft thront hier eine mehr oder minder gut erhaltene Burg, z. B. über *Ponti sul*

Henri Dunant: Weltverbesserer und glückloser Unternehmer

Kann ein Gegensatz größer sein? Hier der aufgeblasene, eitle und kriegsbegeisterte Lebemann Gabriele d'Annunzio, vermögend und ichbezogen in seiner Villa in Gardone Riviera (→ S. 139), dort der scheue, etwas weltfremde und wirtschaftlich schwer gebeutelte Idealist Henri Dunant, der lange Jahre seines Lebens in bitterer Armut leben musste.

Schon als junger Mann ist Dunant christlich motiviert, er setzt sich für den damals gerade entstehenden YMCA (Christlicher Verein junger Männer) ein. Das Erlebnis der Schlacht von Solferino und das Sterben der vielen Menschen erschüttert ihn. Sein Buch „Eine Erinnerung an Solferino" lässt er auf eigene Kosten drucken und versendet es an alle europäischen Fürstenhöfe sowie an wichtige Personen des öffentlichen Lebens. Die Wirkung ist immens, begeisterte Reaktionen und Rezensionen folgen, die meisten Fürsten und Politiker stehen der Idee einer internationalen Hilfsorganisation wohlwollend gegenüber, auch die Militärs anerkennen die humanitäre Zielrichtung. Ein Stein ist ins Rollen geraten – der

Henry Dunant, Gründer des Roten Kreuzes

Schweizer Jurist Gustav Moynier nimmt die Zügel in die Hand, Konferenzen und Versammlungen folgen, 1864 ist es soweit: am 8. August unterzeichnen 16 Staaten die „Genfer Konvention", damit hat das Rote Kreuz seine diplomatische Anerkennung gefunden. Doch Dunant nützt der Ruhm nicht viel. Zum einen ist er aus dem Internationalen Komitee des Roten Kreuzes nach und nach herausgedrängt worden. Zum anderen ist er von Beruf Bankkaufmann und hat sein Geld (er stammt aus begüterter Familie) und das Geld vieler Gläubiger aufgrund seiner Unerfahrenheit und Naivität in nicht genügend abgesicherte Unternehmen in Algier gesteckt. Die Bank bricht zusammen, Dunant muss für einen Teil des Konkurses persönlich haften. Der wirtschaftliche Zusammenbruch kommt 1867 und treibt ihn in jahrzehntelange bittere Not. Er verschwindet aus den Schlagzeilen, überlebt mit Hilfe von Wohlgesinnten und Freunden. 1895 entdeckt ihn ein Journalist im kleinen Appenzeller Dorf Heiden – für die Öffentlichkeit eine Sensation, denn Dunant galt als verschollen. 1901 erhält er den Friedens-Nobelpreis, eine späte Rehabilitation für den überzeugten Pazifisten. 1910 stirbt er in einem Hospiz und wird nach eigenem Wunsch ohne Trauerfeier „wie ein Hund" zu Grabe getragen.

Mincio und *Monzambano*. Zwischen beiden Orten liegt die große Winzergenossenschaft „Cantina Colli Morenici", wo man im Direktverkauf die zahlreichen Weine des Alto Mantovano erhält. Einen Abstecher wert ist außerdem das nahe gelegene „Museumsdorf" *Castellaro Lagusello* und bei *Valeggio sul Mincio* mit seiner markanten historischen Brücke liegt der großartige *Parco Giardino Sigurtà*, der zu den schönsten Parkanlagen Europas zählt.

- *Öffnungszeiten* **Cantina Colli Morenici**, Strada Monzambano 75, etwas nördlich von Monzambano. Mo–Sa 8.30–12, 14.30–18, So 8.30–12 Uhr. ✆ 0376/809745/6, ✉ 809753, www.cantinacollimorenici.it.

> **Tipp**: Ein Radweg führt von Peschiera am Gardasee den Mincio entlang bis ins 40 km entfernte Mantua.

▸ **Castellaro Lagusello**: hübsches mittelalterliches Dorf südwestlich von Monzambano. Durch das hohe Portal eines Uhrturms gelangt man in das Innere der vollständig ummauerten Burgsiedlung aus dem 12. Jh., die sich um den leer stehenden Gutsbesitz der *Villa Arrighi* gruppiert. Südlich vom Ort liegt ein kleiner Gletschersee, der allerdings nicht zugänglich ist. An Wochenenden herrscht immer viel Ausflugsverkehr.

- *Übernachten/Essen & Trinken* **Corte Uccelanda Suite**, das ehemalige Landwirtschaftsgut am Ortseingang links wurde zu originellen und aufwändig ausgestatteten Apartments mit Sat-TV und Klimaanlage umgebaut, die sich in mehreren Häusern um einen großen Hof gruppieren. Es gibt außerdem Sauna, Solarium und ein Türkisches Bad. Auskünfte und Buchung im Restaurant La Pesa (→ unten). Preis mit üppigem Frühstück ca. 100 €. ✆ 0376/88763, ✉ 88764, www.corteuccellanda.it.

La Pesa, alteingesessenes Restaurant am Ortseingang rechts, seit 1908 in Familienbesitz. Großer, gegen Sonne geschützter Hof, mehrere verschieden gestaltete Innenräume. Diego und Monica Ferri kreieren feine Mantovaner Küche, mehrere Menüs stehen zur Auswahl. Di geschl. ✆ 0376/88901, www.lapesa.it.

La Dispensa, stilvolles Restaurant an der Hauptgasse linker Hand, kurz vor dem Eingang zur Burgsiedlung. Daneben die urige **Osteria**, im winzigen Hof werden kalte und warme Platten serviert, die angebotenen Weine kann man zum Mitnehmen kaufen. Nur abends (außer Sa/So), Mo geschl. ✆ 0376/88850.

Antico Borgo, zentral in der Burgsiedlung, gepflegtes Ristorante mit Sommergarten und mehreren Innenräumen. Kredenzt wird auch hier die „cucina tipica Mantovana", z. B. Tortelli di zucca und Risotto, Schleie und Hecht mit Mantovaner Soße (Kapern, Anchovis und Polenta), die Pasta-Variationen und Dolci sind hausgemacht. Degustationsmenü ca. 32 €. Chef des Hauses spricht hervorragend Deutsch. Mo geschl. Es werden auch sieben Zimmer mit Stilmöbeln vermietet. ✆/✉ 0376/88978, www.anticoborgosas.it.

Borgo Antico, am Uhrturm links, gemütliche Gartenkneipe.

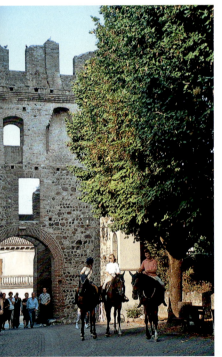

Ausflugsziel Castellaro Lagusello

Im Schatten des Ponte Visconti lässt es sich wunderschön speisen

Valeggio sul Mincio

Die kleine, im Zentrum recht gemütliche Stadt mit weitläufigem Fußgängerbereich liegt am Ostufer des Mincio, etwa 8 km südlich von Peschiera del Garda. Nach einer Legende wurden hier im Mittelalter die mit Kürbisbrei gefüllten „Tortellini di Valeggio" erfunden, die heute in jedem der zahlreichen Restaurants auf der Speisekarte stehen und „Knoten der Liebe" (nodo d'amore) genannt werden.

Die imposanten Ruinen einer großen Skaligerfestung dominieren das Ortsbild (Aufstieg nur zu Fuß über die Via degli Scaligeri) und in den malerischen Ortsteil Borghetto auf der anderen Flussseite führt der „Ponte Visconti", ein einzigartiges Relikt aus dem Mittelalter. Hauptsehenswürdigkeit ist jedoch der 500.000 qm große „Parco Giardino Sigurtà".

▸ **Borghetto di Valeggio sul Mincio**: Der Vorort am Westufer des Mincio besitzt ein malerisches altes Mühlenviertel mitten im Mincio. Eine hölzerne Brücke führt vom Parkplatz hinüber zu den alten Häusern, zwischen denen sich noch die Mühlräder drehen. In mehreren Flusslokalen kann man hier idyllisch essen.

Nur wenig hundert Meter weiter nördlich zieht sich der 600 m lange *Ponte Visconti* als gewaltiges Backsteinbauwerk über den Mincio. Was heute als Straßenbrücke dient, war ursprünglich ein gigantischer Staudamm. Der Visconti-Herrscher Giangaleazzo hatte nämlich 1393 die perfide Idee, das Wasser des Mincio zu stauen und so den schützenden See um die weiter südlich gelegene Gonzagastadt Mantua trocken zu legen. Der Plan wurde damals aus bis heute nicht geklärten Gründen nicht vollendet. Doch nicht einmal fünfzig Jahre später erwies sich der Damm als unüberwindliches Bollwerk gegen die Venezianer, die ihre Kriegsflotte den Mincio

248 Südlich vom Gardasee

> ### Erlebnis Natur: der Parco Giardino Sigurtà
>
> Anfang der 1940er Jahre erwarb der Pharmaindustrielle Dottore Giuseppe Carlo Sigurtà (1898–1983) am Nordrand von Valeggio preisgünstig ausgedehnte Ländereien, die damals sehr trocken und unfruchtbar waren. Laut der Gründungslegende stieß er durch reinen Zufall darauf, dass er mit dem Kauf auch das hundertjährige Recht erworben hatte, das Land mit Wasser aus dem Mincio zu bewässern. So gelang es dem Dottore in vierzigjähriger Arbeit, das hüglige Terrain in eine wunderschöne Abfolge fruchtbarer mediterraner Landschaften mit prächtiger Wald- und Wiesenflora und kleinen Teichen zu verwandeln. Besonders malerisch ist dabei auch der Blick auf die nahe Skaligerburg. Signore Sigurtà starb 1983, der Park wird nun von Familienangehörigen geführt und zählt heute zu den schönsten Gartenanlagen Europas.
> Besichtigung zu Fuß (Lagepläne mit eingezeichneten Routen sind erhältlich, Dauer jeweils ca. 50 Min.), per Fahrrad, Golfmobil, Shuttlebus oder mit einer Bimmelbahn, die das Gelände in einer guten halben Stunde durchquert. Auf einigen ausgeschilderten Plätzen ist das Betreten der Grünflächen und Picknick erlaubt, einige Kioske verkaufen Snacks.
> **Öffnungszeiten/Preise**: April bis Sept. tägl. 9–19 Uhr, März, Okt. & Nov. bis 18 Uhr, Eintritt ca. 12 € pro Pers., Kind (5–14 J.) 6 €, über 65 J. 8,50 €, Trenino ca. 2,50 € (bis 5 J. gratis). ℡ 045/6371033, ℻ 6370959, www.sigurta.it.

hinauf in den Gardasee schicken wollten. Die Kriegsherren der Serenissima mussten sich deshalb eine ziemlich tollkühne Idee ausdenken, um ihre Schiffe doch noch in den See zu bekommen (→ Kasten S. 93). 1993 wurde die 600-Jahr-Feier der Brücke begangen – seitdem wird alljährlich jeden dritten Dienstag im Juni eine etwa 1,5 km lange Doppelreihe von Tischen über die gesamte Brücke gestellt und ein opulentes Festmahl namens *Festa del nodo d'amore* veranstaltet. Etwa 4000 Personen werden dabei verköstigt, die u. a. 600.000 Tortellini verspeisen – ein höchst eindrucksvolles Spektakel und immer monatelang im Voraus ausverkauft.

- *Anfahrt/Verbindungen* von Westen kommend, vor dem Ponte Visconti rechts nach Borghetto abbiegen. Kurz vor der Holzbrücke kleiner gebührenpflichtiger **Parkplatz** (ca. 1 €/Std.).
- *Übernachten* ***** Faccioli**, idyllisch ruhige Lage mitten im Weiler Borghetto. Die historische Herberge wurde schon in den Risorgimento-Kriegen als Truppenquartier genutzt. Zehn hübsche Zimmer mit TV. DZ mit Frühstück ca. 90 €. Via Tiepolo 8, ℡ 045/6370605, ℻ 6370571, www.valeggio.com/faccioli.
Il Borghetto, mehrere gut ausgestattete Ferienwohnungen im Mühlenbezirk, dort liegt auch die Rezeption. Preis für 2 Pers. ca. 160 €, Frühstück extra. Via Raffaello Sanzio 14/A, ℡ 045/7952040, ℻ 6379625, www.borghetto.it.
- *Essen & Trinken* **Antica Locanda del Mincio**, ein kleines Stück den Fluss hinunter, bei der Brücke von Borghetto sul Mincio. Man sitzt an einem lauschigen Fleckchen unter prächtigen Linden direkt am Fluss oder bei schlechtem Wetter im historischen Innenraum mit großem Kamin und prachtvollen Wandbildern. Zu den Spezialitäten zählen feinen Mincio-Aal und andere Flussfische, außerdem natürlich die handgefertigten Tortellini mit Kürbisbrei. Mi-Abend und Do geschl. ℡ 045/7950059.
La Vecchia Bottega, direkt neben der Antica Locanda del Mincio, leckere hausgemachte Kürbistortellini und wunderschön zum Sitzen. Auch Verkauf von Spezialitäten. Mo geschl. ℡ 045/6370183.
Enoteca Divin Osteria, exponierte Lage im Mühlenbezirk, gute Tropfen mit *bocconcini di mais* (gegrillter Maisbrei), Salami und Bruschetta. Do geschl.
Lepre, mitten in der Fußgängerzone von Valeggio, wenige Schritte vom Hauptplatz. An der Bar vorne trifft sich die Männerwelt,

hinten speist man in altmodischem Rahmen. Do-Mittag und Mi geschl. Via Marsala 5, ℡ 045/7950011.
Alla Borsa, Familienbetrieb seit 1959, populäres Stadtlokal mit ausgezeichneter Küche, ebenfalls bekannt für seine vielfältigen und hauchzarten Tortellini. Di-Abend und Mi geschl. Via Goito 2, ℡ 045/7950093.

• *Shopping* großer **Antiquitätenmarkt** jeden vierten Sonntag im Zentrum von Valeggio.

• *Sport* **Wasserpark Cavour**, in Ariano, 2 km von Borghetto auf der Westseite des Mincio. Fünf Pools, darunter ein großes, seeförmiges Becken mit Sandstrand, lange Rutsche mit drei Spuren, Tennis, Kinderspielplatz u. a. Eintritt ca. 10 € (So 13 €), Kinder (3–10 J.) 8 €. ℡ 045/7950904, ✉ 6370618, www.parcoacquaticocavour.it.

Mantua (ca. 60.000 Einwohner)

Nur knapp 40 km südlich vom Gardasee liegt die ehemalige Residenzstadt der Gonzaga-Herzöge auf einer Halbinsel im Flussknie des Mincio.

Das historische Zentrum besteht aus vier aufeinanderfolgenden Plätzen, eingefasst von schönen, alten Bürgerhäusern mit Laubengängen. Die verschwenderisch geschmückten Palazzi waren seinerzeit bedeutende Zentren der Renaissance und noch heute sind hier einige der schönsten Meisterwerke dieser Epoche zu betrachten: die herrlichen Fresken von Andrea Mantegna (1431–1506) im Palazzo Ducale und die fantastisch-allegorische Ausstattung des Palazzo del Te.

• *Anfahrt/Verbindungen* **PKW**, Mantua liegt an der A 22 von Verona nach Modena, Ausfahrt Mantova-Nord. Parkplätze gibt es östlich (Lungolago dei Gonzaga) und nördlich vom Zentrum (Viale Mincio).
Bahn, Bahnhof am Fluss (Lago Superiore) westlich vom Zentrum. In die Altstadt die Via Solferino schräg nach links nehmen, ca. 10 Min.
Bus, von Desenzano, Sirmione und Peschiera del Garda fahren APAM-Busse (www.apam.it) nach Mantua und zurück.

• *Information* **IAT**, Piazza Mantegna 6, rechts um die Ecke der Kirche Sant'Andrea. Es wird Deutsch gesprochen. Tägl. 9–19 Uhr. ℡ 0376/432432, ✉ 432433, www.turismo.mantova.it.

Auf der Piazza Sordello, rechter Hand der Palazzo Ducale

Südlich vom Gardasee

• *Essen & Trinken* Die berühmte „cucina Mantovana" geht auf die Gonzagas zurück, die die besten Köche Italiens verpflichteten. Stimmungsvoll, allerdings hochpreisig speist man in den Lokalen unter dem Säulengang des Palazzo della Ragione an der zentralen Piazza dell'Erbe, z. B. im **Cento Rampini** (So-Abend u. Mo geschl., ✆ 0376/366349).
Antica Osteria Broletto, im überwölbten Durchgang zwischen Piazza dell'Erbe und Piazza Broletto, populär und gemütlich, vom Mittagsimbiss bis zum Menü ist hier alles zu haben, z. B. *salame Mantovana con polenta, luccio in salsa verde, stracotto Mantovano* und *tortelli di zucca.* Di geschl. ✆ 0376/225420.
Antica Hostaria Leoncino Rosso, nett eingerichtete Trattoria unter einem Torbogen zwischen Piazza dell'Erbe und Piazza Broletto, im Sommer auch draußen einige Tische. So-Abend geschl. Via Giustiziati 33, ✆ 0376/323277.
Osteria della Vecchia Mantova, am Nordende der Piazza Sordello, noch hinter dem Dom. Freundlich und unprätentiös eingerichtete Osteria, täglich wechselnde Menüempfehlungen. Mi geschl. ✆ 0376/329720.

> Jeden Donnerstagvormittag findet in Mantua ein riesiger **Markt** statt, der einen großen Teil der Innenstadt in Beschlag nimmt.

Sehenswertes

An der kleinen Piazza Mantegna steht die gewaltige Kirche *Sant'Andrea*, ein gigantischer Renaissancebau mit gotischem Campanile, Riesenkuppel und turmhohem Eingangsportal, dessen Rundung sich in der Tonnenwölbung des monumentalen Innenraums fortsetzt. In der ersten Seitenkapelle links liegt das Grab Mantegnas.
Die Piazza Sordello ist mit Palazzo Ducale, Dom und zinnenbewehrten Stadtpalästen das repräsentative Zentrum der Stadt. Der *Dom* zeigt sich als eine Mixtur verschiedenster Epochen – klassizistische Fassade, gotische Elemente, romanischer Glockenturm. Das Innere ist in streng klassischen Formen gehalten, korinthische Säulen trennen die fünf Schiffe voneinander ab.

Palazzo Ducale: Die gewaltige Ausdehnung dieses Palastes, der mit seinen 500 (!) Räumen der größte Italiens ist und nahezu stadtähnliche Ausmaße hat, lässt sich von außen kaum erahnen. Die zahlreichen Gebäudeflügel der Gonzaga-Residenz wurden im Lauf mehrerer Jahrhunderte aneinander angeschlossen und ergeben architektonisch ein ziemlich kunterbuntes Bild. Sie gruppieren sich um mehrere Innenhöfe bzw. Gartenanlagen und stehen mit dem mittelalterlichen Castello di San Giorgio in Verbindung. Nur ein Bruchteil der Räume kann besucht werden, trotzdem lohnt eine Besichtigung, um einen Eindruck von der Prachtentfaltung der Renaissance- und Barockfürsten zu bekommen. Unbestrittener Höhepunkt ist die „Camera degli Sposi" mit den Fresken Mantegnas. Gerade mal 3 Min. darf man sich hier aufhalten (nur mit Reservierung an der Kasse oder unter ✆ 041/2411897, ca 1 €), denn die Bilder könnten durch die Feuchtigkeit des menschlichen Atems beschädigt werden. Zwei große Gemälde mit Themen aus dem Leben der Gonzaga beherrschen die Wände des Raums, ihre bestechende Wirklichkeitsnähe und detailgetreue Darstellung sind faszinierend. An der Decke erblickt man eine gemalte kreisrunde Öffnung, von dessen Rand freundlich lächelnde Mädchen und Puttenengel auf den Betrachter herunterschauen. Diese verblüffende Perspektive hat Mantegna als Erster entwickelt, sie wurde später immer wieder kopiert.

Palazzo del Te: Zweite große Sehenswürdigkeit ist dieser Palast, der im 16. Jh. weit außerhalb der damaligen Stadt erbaut wurde (ca. 20 Min. zu Fuß ab Palazzo Ducale). Ursprünglich sollte er nur eine Villa werden, in der sich Federico II di Gonza-

Fresko in der Sala di Psiche

ga zu vergnügen gedachte. Der Architekt und Innenausstatter Giulio Romano aber schoss weit über dieses Ziel hinaus. Er entwarf einen eleganten, für seine Zeit hochmodernen Palast, dessen lang gestreckte Flügel sich heute inmitten eines großen, grünen Parks ausbreiten. Im Inneren schuf Romano eine Vielzahl fantastisch-allegorischer Fresken, die zu den Glanzstücken des italienischen Manierismus gehören. Die *Sala di Psiche* ist eine einzige Farborgie und opulenter Tummelplatz nackter Jünglinge, holder Maiden und listiger Satyrn. In der benachbarten *Camera dei Veduti* sind in runden Medaillons Szenen aus Jagd und Kampf festgehalten, die *Camera degli Stucchi* besitzt sehr schöne Stuckreliefs auf schwarzem Grund, in der *Sala dei Cavalli* sind die Lieblingspferde Federicos verewigt. Am spektakulärsten ist aber die nach oben wie eine Kuppel zusammenlaufende „Sala dei Giganti", die von einem einzigen großen Gemälde eingenommen wird, der „Rebellion der Giganten" (nach Ovid): Die Giganten, riesige bärbeißige Knurrhähne mit finsteren Gesichtern, werden unter einem Inferno zusammenstürzender Bauten begraben, ausgelöst durch den Blitze schleudernden Zeus. Von einem Rundbau hoch oben blicken die olympischen Götter fasziniert auf das himmlische Strafgericht herunter.

- *Öffnungszeiten/Preise* **Palazzo Ducale**, Di–So 8.30–19 Uhr (letzter Eintritt 18.20 Uhr), Mo geschl.; Eintritt ca. 6,50 € (bei Ausstellungen 10 €), von 18–25 J. 3,25 €, unter 18 und über 65 J. frei.
Palazzo del Te, Di–So 9–18 Uhr, Mo 13–18 Uhr; Eintritt ca. 8 €, über 60 J. 50 €, 12–18 J. u. Stud. 2,50 €, bis 11 J. frei.

Mantova Fashion District: Bei der Autobahnausfahrt Mantova Sud liegt einer der größten Outlet-Komplexe Italiens, auf über 100.000 qm finden sich hier mehr als fünfzig Shops mit reduzierter Ware (www.fashiondistrict.com).

Auf der Piazza Bra: Blick auf die mächtige Arena

Verona

(ca. 260.000 Einwohner)

Die weltberühmte Stadt von Romeo und Julia liegt nur 20 km vom südlichen Gardasee entfernt. Ein Besuch ist fast ein „Muss": Veronas Altstadt ist bildschön und besitzt zahlreiche bedeutende Bauten, darunter eine mächtige römische Arena, die noch heute für Opernaufführungen unter freiem Himmel genutzt wird. Seit dem Jahr 2000 steht das Stadtzentrum als „Kulturerbe der Menschheit" unter dem Schutz der Unesco.

Das Centro storico schmiegt sich in einen tiefen Bogen der Etsch. Mit den malerischen Mittelalter-Gässchen, prächtigen Kirchen und historischen Palazzi ist es für einen Spaziergang wie geschaffen, weite Teile der Innenstadt wurden zu Fußgängerzonen umgewandelt. Zentraler Platz und immer belebter Treffpunkt ist die Piazza Bra mit ihrer altrömischen Arena – größte Attraktion der Stadt sind die hier allsommerlich stattfindenden Opernaufführungen: Die unvergleichliche Stimmung unter freiem Himmel, hervorragende Akustik und tolle Beleuchtung garantieren ein unvergessliches Kunsterlebnis. Weiterer Konzentrationspunkt ist die altertümliche Piazza delle Erbe mit ihrem sehenswerten Markt und den malerisch verblichenen Palazzi. Gleich nebenan liegt die Piazza dei Signori, das mittelalterliche Verwaltungszentrum, mit der prunkvollen Szenerie historischer Repräsentationsbauten. Nur ein paar Schritte sind es von hier zur Etsch, die mit ihrem breiten Bett das historische Zentrum von drei Seiten begrenzt. Doch auch den Hügel von San Pietro auf der anderen Seite sollte man einmal erklimmen und den herrlichen Blick auf die Stadt genießen.

*A*nfahrt/*V*erbindungen

- *Eigenes Fahrzeug* Verona liegt nur etwa 20 km vom Südostufer des Gardasees ganz zentral am Schnittpunkt der Autobahnen **A 22** vom Brenner (Ausfahrt: Verona Nord) und der **A 4** Mailand-Venedig (Ausfahrt: Verona Süd). Von Peschiera del Garda führt die **SS 11** schnurgerade nach Verona.

Verona

An vielen Stellen der Innenstadt kann man an Parkuhren bis zu einer Stunde parken, z. B. an der schattigen Alleestraße **Corso Porta Nuova** oder am **Stradone Porta Palio** beim Skaliger-Kastell.
Der zentrumsnahe **Parcheggio Tribunale** liegt an der Via dello Zappatore innerhalb der ehemaligen Kaserne Mastino. Tägl. 6.30–18.30 Uhr, erste Std. 1 €, jede weitere 0,80 €.
Am Parkplatz in der **Via Città di Nimes** (Nähe Bhf.) kann man Mo–Sa 6.30–19.30 Uhr parken, das Ticket für ca. 3,50 € berechtigt auch zur ganztägigen Benutzung öffentlicher Verkehrsmittel.
Der **Parcheggio Passalacqua** im Viale dell'Università unmittelbar östlich der Etsch ist tägl. 7–21 Uhr geöffnet, Tagestarif 5 €, Shuttlebus ins Zentrum.
Zentrumsnächster kostenloser Parkplatz ist der **Parcheggio Porta Palio** beim gleichnamigen Stadttor. Dort gibt es auch einen **Wohnmobilstandplatz** (4 Std./5 €).
Parkhäuser gibt es u. a. an der Piazza Citadella (Nähe Piazza Bra) und in der benachbarten Via Bentegodi.
Für die Besichtigung von **San Zeno Maggiore** kann man direkt vor der Kirche gebührenpflichtig parken.

Das **Centro storico** ist verkehrsberuhigt und darf nur von Mo–Fr 10–13.30, 16–18 und 20–22 Uhr und Sa/So 10.30–13.30 Uhr befahren werden, ausgenommen ist lediglich die einmalige Zufahrt zu einem Hotel.
● *Bahn* Verona ist wichtiger Knotenpunkt für die Linien Brenner–Bologna–Florenz und Mailand–Venedig. Letztere Linie passiert das Südufer des Gardasees, dort gibt es von **Desenzano** und **Peschiera** stündlich mindestens eine Verbindung hin/rück (ca. 30 Min. Fahrtzeit). Der Bahnhof **Stazione Porta Nuova** liegt ca. 20 Fußminuten südlich der zentralen Piazza Bra (den Corso Porta Nuova entlang). Die Busse 11, 12, 13 (sonntags 91 und 98) fahren zur Piazza Bra.
● *Bus* Vor allem vom Ost- und Südufer des Gardasees kommt man schnell und zuverlässig nach Verona. Wer sein Quartier am Westufer hat, muss in Desenzano oder Riva umsteigen oder fährt per Fähre ans Ostufer hinüber.
ATV-Busse 62–64 fahren von Riva das gesamte Ostufer entlang bis Verona (ab Riva ca. 5,30 € einfach), **Bus 26** von Trasporti Brescia Nord fährt ab Brescia über Desenzano, Sirmione und Peschiera nach Verona.

Information

IAT, in der Stadtmauer an der Südseite der Piazza Bra, Nähe Rathaus. Mo–Sa 9–19, So 9–15 Uhr. Man spricht Deutsch. Via degli Alpini 11, ✆ 045/8068680, ✉ 8003638, www.tourism.verona.it.

Zweigstellen im **Bahnhof** an der Piazza XXV Aprile (✆/✉ 045/8000861) und im **Flughafen** Aeroporto di Verona (✆/✉ 045/ 8619163).

Essen & Trinken/Unterhaltung (→ *Karte S. 255*)

Verona verfügt über eine beachtliche Gastronomie mit einigen Spitzenlokalen, doch findet man in der Altstadt auch einige preisgünstige Trattorien bzw. Osterien, in denen man häufig die Veroneser Spezialität *pastissada de caval* (Gulasch aus Pferdefleisch) kosten kann.

Al Pompiere (9), in einem kleinen Seitengässchen der Fußgängerzone Via Mazzini, hübsch aufgemachte Trattoria mit karierten Decken und historischen Fotos. Serviert wird herzhafte Veroneser und Veneto-Küche, z. B. *pasta e fagioli*, *bigoli e sarde*, *gnocchi*, *tagliatelle* und *risotto*, *baccalà* und *pastissada de caval*, dazu sehr gute Auswahl an Schinken, Wurst und Käse. Wird schnell voll, frühzeitig kommen! Mo-Mittag und So geschl. Vicolo Regina d'Ungheria 5, ✆ 045/8030537.
Greppia (11), ebenfalls in einer kleinen Seitengasse der Via Mazzini. Nett zum draußen sitzen, leckere Spezialitäten, preislich etwas angehoben. Mo geschl. Vicolo Samaritana 3, ✆ 045/8004577.
Antica Bottega del Vino (12), auch diese wunderschöne, alte Weinprobierstube liegt nur wenige Schritte seitlich der Fußgängerzone Via Mazzini. Vorne treffen sich die Männer zu einem Glas Wein und lesen in Ruhe ihre Zeitung, während man hinten an einigen wenigen, weiß gedeckten Tischen essen kann, z. B. Tortellini, Polenta, Risotto und den leckeren *brasato all'Amarone* (Schmorbraten in Amarone) für ca. 21 €, dazu ein Schluck aus dem mehr als üppi-

gen Weinkeller. Das Preisniveau ist hoch, die Bedienung leider nicht immer engagiert. Di geschl., außer Juli/August. Via Scudo di Francia 3, ☎ 045/8004535.

La Taverna di Via Stella (10), volkstümliche Osteria in zentraler Lage (vom Haus der Julia aus um die Ecke), fröhliche und lebendige Atmosphäre. Man kann zum Wein Kleinigkeiten vom Tresen kosten, aber auch vollständige Menüs wählen, z. B. diverse Polenta-Variationen und *baccalà*. Mo geschl. Via Stella, ☎ 045/8088008.

Osteria al Duca (6), im vermeintlichen Haus des Romeo, gemütliche Osteria der alten Art, Sitzplätze auf zwei Stockwerken. Sehr erfreuliche Küche mit großer Auswahl, serviert wird u. a. die Veroneser Spezialität *pastissada de caval con polenta*. Große Weinkarte mit süffiger roter Hauswein, Festpreismenü (ohne Wein) um die 15 €. So geschl. Via Arche Scaligeri 4, ☎ 045/594474.

Alla Colonna (7), hier sitzt man abends unter fast ausschließlich italienischen Gästen, die Preise sind günstig. So geschl. Largo Pescheria Vecchia 4, ☎ 045/596718.

La Torretta (1), wenige Meter vom Ponte Pietra, sympathisches Terrassenlokal auf einer ruhigen Piazza, schön zum Sitzen, Preise leicht gehoben. So geschl. (Mo im Juli/August). Piazza Broilo 1, ☎ 045/8010099.

● *Weinstuben* **Osteria del Bugiardo (8)**, neue Szenekneipe, man steht draußen auf der Straße oder sitzt am Tresen. Gute Weine (Glas ab 1,50 €) und Kleinigkeiten zum Essen. Mo geschl. Corso Porta Borsari 17/a.

Osteria al Duomo (2), hübsche und gemütliche Einheimischenkneipe, in der man auch essen kann, z. B. *tagliatelle*, *bigoli* und *gnocchi*. Do geschl. (im Sommer So). Via Duomo 7/a.

Osteria Sottoriva (5), urige Osteria unter den Arkaden der Via Sottoriva, vor allem am Samstagvormittag trinkt hier jeder Mann des volkstümlichen Viertels sein Gläschen. Mi geschl. Via Sottoriva 9/b.

● *Nachtkneipen* Vor allem in der etwas versteckt gelegenen Via Sottoriva und Umgebung.

Sottoriva 23 (4), unter eben dieser Hausnummer zu finden, populäre Kneipe, studentisches Publikum.

Cappa Café (3), wenige Schritte weiter, der Innenraum zeigt sich mit Polstersitzen orientalisch angehaucht, gelegentlich Jazzmusik live. Piazzetta Bra Molinari,

Sehenswertes

Bereits in römischer Zeit war Verona dank seiner beherrschenden Lage am Fuß der Alpen ein wichtiger Stützpunkt. Im Mittelalter baute das Geschlecht der Skaliger Verona zu seiner Residenzstadt aus, die Venezianer prägten mit aufwändigen Palästen und massiven Verteidigungsanlagen die folgenden Jahrhunderte, später kamen die Österreicher, die die Stadt zum wichtigsten Stützpunkt ihres Festungsvierecks in Oberitalien (Verona, Mantua, Legnago und Peschiera) machten.

Das alte Zentrum wurde im Zweiten Weltkrieg schwer beschädigt (u. a. sprengten die fliehenden deutschen Truppen alle Brücken), danach aber wieder sorgfältig restauriert und ist von modernen Zweckbauten fast völlig verschont geblieben.

Piazza Bra: am Eingang zur Altstadt, wunderschöner weiter Platz mit Parkanlage, großflächigen Straßenlokalen, Palästen aus mehreren Epochen und der prächtigen Arena, dem größten Amphitheater nach dem Kolosseum in Rom. Trotz der völlig unterschiedlichen Bauten, die von der Antike bis zum 19. Jh. reichen, ist es immer wieder ein Erlebnis, die großzügige Konzeption des Platzes zu genießen – 2000 Jahre Geschichte vom Kaffeetisch aus!

Die äußere Mauer der um 50 n. Chr. erbauten *Arena* war ursprünglich drei Stockwerke hoch, sie wurde durch Erdbeben fast vollständig zerstört, nur an der Nordwestecke steht noch ein kleines Stück mit vier Arkadenbögen. Ausgezeichnet erhalten ist dagegen der zweistöckige Innenring. Das Amphitheater bietet mit seinen zahlreichen Sitzreihen Platz für über 22.000 Zuschauer, im Sommer finden weithin

Sehenswertes 255

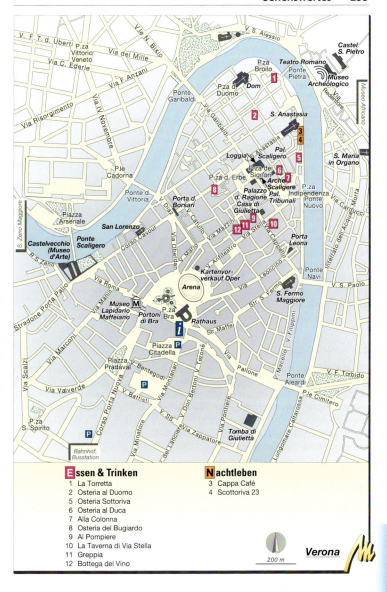

Essen & Trinken
1 La Torretta
2 Osteria al Duomo
5 Osteria Sottoriva
6 Osteria al Duca
7 Alla Colonna
8 Osteria del Bugiardo
9 Al Pompiere
10 La Taverna di Via Stella
11 Greppia
12 Bottega del Vino

Nachtleben
3 Cappa Café
4 Scottoriva 23

Verona
200 m

berühmte Opernaufführungen statt (→ Kasten, S. 261). An der kleinen *Piazza Mura Gallieno* steht noch ein Rest der römischen Stadtmauer, in deren Verlauf die Arena einbezogen war.

256 Verona

- Für ca. 10 € kann man die **Verona Card** (www.veronacard.it) erwerben. Sie gilt einen Tag lang und bietet freien Eintritt in alle Museen und Kirchen sowie kostenfreie Benutzung der Stadtbusse. Eine Karte für drei Tage (nicht übers Wochenende) kostet ca. 15 €.
- Für alle wichtigen **Kirchen** Veronas muss Eintritt bezahlt werden. Etwa 2,50 € kostet jeweils die Besichtigung von Dom (mit Baptisterium), Sant'Anastasia, San Zeno und San Fermo, für ca. 5 € erhält man ein Sammelticket, das zum Eintritt in alle vier genannten Kirchen berechtigt. Die Kirchen sind geöffnet Mo–Sa 10–18 Uhr (San Zeno ab 8.30 Uhr, Sant'Anastasia ab 9 Uhr), So 13–18 Uhr (Dom 13.30–17.30 Uhr), von Nov. bis Febr. kürzere Öffnungszeiten.
- **Stadtrundfahrten** mit Bus „Romeo" Anfang Juni bis Ende September ca. 4 x tägl. außer Montag (Dauer ca. 90 Min., ca. 15 €, 6–18 J. ca. 7 €), Treffpunkt vor dem Palazzo Gran Guardia (Piazza Bra). Weitere Infos im Tourist-Büro oder unter ✆ 045/8871207 (9–13 Uhr), www.amt.it.

Der Torbogen *Portoni del Bra*, der jüngst restaurierte klassizistische Palazzo *Gran Guardia*, das archäologische *Museo Lapidario Maffeiano* in der Nr. 28 gleich nach dem Torbogen und Reste der mittelalterlichen *Stadtmauer* schließen die Piazza nach Süden hin ab. Im Südosten hinter der Parkanlage steht das große ockerfarbene *Rathaus* mit seiner klassizistischen Säulenfassade (unter österreichischer Regierung erbaut), auf den Stufen kann man das Platzpanorama genießen. Im Norden beginnt neben der Arena die *Via Mazzini*, die wichtigste Fußgängerzeile Veronas, und führt zur Piazza delle Erbe.

- *Öffnungszeiten/Preise* **Arena**, Di–So 8.30–19.30 Uhr (Mo ab 13.30 Uhr), in der Opernsaison nur 8–15.30 Uhr. Eintritt ca. 6 €, Schül./Stud. (14–30 J.) 4,50 €.

Museo Lapidario Maffeiano, Di–So 8.30–14, Mo 13.30–19.30 Uhr, Eintritt ca. 3 €, Schül./Stud. (14–30 J.) 2 €. Erster Sonntag im Monat Eintritt frei.

Via Mazzini/Via Cappello/Via Leoni: Der größte Fußgängerbereich der Stadt erstreckt sich zwischen Piazza Bra, Piazza delle Erbe und der östlichen Etsch. Die marmorgepflasterte *Via Mazzini* ist sozusagen das Schaufenster Veronas und allabendlicher Schauplatz einer lebendigen „Passeggiata", vorbei an der Internationalen der Edel-Boutiquen. Nach etwa 400 m trifft man auf die *Via Cappello* – linker Hand geht es zur Piazza delle Erbe, rechts findet man unter Nr. 23 die ständig umlagerte Casa Capuletti, besser bekannt als *Casa di Giulietta*. Hier, heißt es, lebte das Mädchen, das Shakespeare in seinem Schauspiel „Romeo und Julia", verewigte. Durch einen von ganzen Touristengenerationen bis zur Unkenntlichkeit verschmierten Durchgang gelangt man in den hübschen gotischen Hof mit einer Bronzestatue der Julia, deren rechte Brust von zahllosen Touristenhänden blitzblank gerieben ist (soll Glück in der Liebe bringen). Darüber kann man andachtsvoll den berühmten *Balkon der Julia* bestaunen – allerdings handelt es sich dabei um einen historischen Sarkophag, den man erst im frühen 20. Jh. an die Hausfassade anbaute. Im Inneren sind Requisiten der in Verona gedrehten Shakespeare-Verfilmung „Romeo and Juliet" von Franco Zeffirelli (1968) zu bewundern, darunter das prächtige Bett der Julia, Kostüme, Mobiliar, Literatur, Fotografien etc.

Weiter in Richtung Fluss wird die Via Cappello zur Via Leoni – man kommt an der römischen *Porta Leona* vorbei, im Untergrund der Straße sieht man *römische Ausgrabungen*. Am Ostende der Via Leoni steht direkt an der Etsch *San Fermo Maggiore*, eine gotische Kirche mit niedriger Holzdecke und zahlreichen Resten von mittelalterlichen Wandfresken, über die ein deutschsprachiges Faltblatt Aus-

Täglicher Markt auf der Piazza delle Erbe

kunft gibt. Im Untergrund liegt eine ältere romanische Kirche, auf die der gotische Bau aufgesetzt wurde.

Öffnungszeiten/Preise **Casa di Giulietta**, Di–So 8.30–19.30 Uhr, Mo 13.30–19.30 Uhr. Eintritt ca. 6 €, Schül./Stud. (14–30 J.) 4,50 €.

Piazza delle Erbe: Der malerische Mittelpunkt der Altstadt liegt an der Stelle des einstigen römischen Forums. Heute findet hier täglich ein großer Markt statt, der mittlerweile allerdings sehr touristisch geprägt ist. Ständig umlagerter Mittelpunkt ist der *Capitello*, ein Marmorbaldachin auf vier Säulen, unter dem früher die Ratsherren und der Bürgermeister gewählt wurden – heute vor allem als Ruhepunkt erschöpfter Touristen begehrt, die sich mit dem eiskalten Wasser, das hier hervorsprudelt, geschwollene Füße und trockene Gaumen kühlen. An der südlichen Schmalseite steht eine gotische *Marktsäule*, am Nordende eine venezianische *Herrschaftssäule* mit dem Markuslöwen, die anzeigt, dass Verona unterworfen war. Dekorativ ist außerdem der *Marktbrunnen* mit der Madonna Verona, einer grazilen Frauenstatue, die ein Spruchband aus Metall in Händen hält, das die Pracht Veronas preist.

Von den Palästen ringsum sind beachtenswert der *Palazzo Maffei* an der Nordseite mit barocken Statuen auf der Balustrade, die benachbarte *Torre del Gardello* aus dem 14. Jh. (wenn man hier den geschäftigen Corso Porta Borsari Richtung Westen geht, kommt man zum alten römischen Stadttor *Porta Borsari*) und an der Ostseite die *Case Mazzanti* mit ihren verblassten Fassadenfresken. Der *Arco della Costa*, ein hoher Durchgang, in dessen Wölbung eine einsame Walrippe (!) baumelt (arco = Bogen, costa = Rippe), führt zur Piazza dei Signori. Der Legende nach soll sie auf die erste „gerechte" Person fallen, die den Bogen durchquert – bisher hängt sie noch. Die 83 m hohe *Torre dei Lamberti* überragt die Szene.

Piazza dei Signori (auch: Piazza Dante): Nur wenige Schritte vom Markt entfernt liegt das frühere Machtzentrum der Stadt mit den wichtigsten öffentlichen Gebäuden – Rathaus, Skaliger-Residenz, Gerichtsgebäude und Sitz des Stadtrats – ein äu-

Verona

Dante mit Adlerprofil und Denkermiene auf der Piazza dei Signori

ßerst stil- und würdevoller Platz, der von den alten Palazzi vollständig eingeschlossen ist und fast wie ein Innenhof wirkt. Im Zentrum steht mit strenger Denkermiene, Adlerblick und markantem Profil *Dante*, der berühmte Dichter der „Divina Commedia" („Göttliche Komödie"). Dante war einige Jahre Gast der Skaliger, nachdem er als kaisertreuer Ghibelline aus dem guelfischen (päpstlich gesinnten) Florenz fliehen musste. Benannt nach ihm ist das älteste Café Veronas in der Nordwestecke der Piazza.

Rechter Hand steht der *Palazzo della Ragione* mit seiner markanten Streifenfassade, in dessen harmonischem Innenhof eine verwitterte gotische Freitreppe zum Portal der Amtsräume im ersten Stock führt (nicht zugänglich). Unter dem hohen Laubengang im Erdgeschoss liegt der Zugang zur 83 m hohen *Torre dei Lamberti*, schweißtreibend ist der Aufstieg auf 368 Stufen oder man fährt bequem per Lift, oben bietet sich ein herrlicher Blick über Verona.

Durch einen Bogen mit dem Palazzo della Ragione verbunden ist das Gerichtsgebäude *Palazzo dei Tribunali* mit massivem Backsteinturm. Im Durchgang unter dem Bogen hat man die Reste einer römischen Straße entdeckt und mit Glas überdacht, auch im Innenhof des Gerichts sind Rundöffnungen im Boden verglast.

An der rückwärtigen Seite der Piazza steht der zinnengekrönte *Palazzo Scaligero*, früher die Residenz der Skaliger, heute Sitz der Präfektur und Polizei. Die daneben sich anschließende *Loggia del Consiglio* gilt als schönste Säulenhalle ihrer Art, hier versammelte sich im 15. Jh. der Rat der Stadt.

Öffnungszeiten/Preise **Torre dei Lamberti**, Mo–Do 9.30–20.30 Uhr, Fr–So 8.30–22 Uhr, Juni bis Mitte Sept. Fr/Sa 8.30–24 Uhr. Mit Lift ca. 3 €, zu Fuß 2 €, Schül./Stud. (14–30 J.) 1,50 €.

Skaliger-Gräber und Casa di Romeo: Gegenüber vom Palazzo Scaligero thronen die reich verzierten gotischen Gräber der Skaliger, des einflussreichsten Herrschergeschlechts der Region. Über hundert Jahre hielten sie die Stadt unter ihrer Knute, nicht viel Gutes wird von den wohledlen Herren mit ihren bezeichnenden Hundenamen berichtet. Hinter dem schmiedeeisernen Gitter, in dem das Symbol der Skaliger, die „Scala" (Leiter) eingearbeitet ist, sieht man die beiden Gräber von *Mastino II* („Dogge") und *Cansignorio* („Leithund"), gotisch himmelstürmend mit zahlreichen Spitzbögen, Baldachinen und Statuen. Über dem Eingang der kleinen romanischen Kirche *Santa Maria Antica* thront der Sarkophag von *Cangrande I* („Großer Hund"), gekrönt von einer eindrucksvollen Reiterstatue, deren Pferd bis zu den Fesseln mit einer schweren Kampfdecke bedeckt ist – die Statue ist allerdings nur eine Kopie, das Original steht im Skaliger-Kastell (→ unten).

Eine Ecke weiter, Via Arche Scaligeri 4, findet man das vermeintliche *Haus des Romeo*, ein düsterer Backstein-Palazzo mit Zinnen und einer kleinen, preiswerten Trattoria (→ Essen & Trinken).

Sehenswertes

Grab der Julia und Museo degli Affreschi: In der Via del Pontiere, südlich der Altstadt, steht die ehemalige Klosterkirche *San Francesco al Corso*. Hier sollen Romeo und Julia geheiratet haben und in der Krypta steht der mittelalterliche „Sarkophag Julias". Im benachbarten *Museo degli Affreschi* werden von Wänden abgelöste Fresken aus dem 14.–16. Jh. aufbewahrt.
Öffnungszeiten/Preise Di–So 8.30–19.30 Uhr, Mo 13.30–19.30 Uhr, Eintritt ca. 4,50 €, Schül./Stud. (14–30 J.) 3 €. Erster Sonntag im Monat Eintritt frei.

Nördliche Altstadt

Das Viertel im Etsch-Bogen ist touristisch noch kaum entwickelt. Als schönster Straßenzug zieht sich die *Via Sottoriva* parallel zum Fluss. Auf der einen Seite ein breiter Laubengang, in dem sich urige Weinkneipen verstecken, gegenüber haben die Antiquitätenhändler Veronas ihre Läden.

Sant'Anastasia: Die größte Kirche Veronas, ein mächtiger gotischer Backsteinbau im Bogen der Etsch, erbaut von Dominikanern im 13.–15. Jh., die Fassade blieb jedoch unvollendet. Zwölf Rundpfeiler aus Marmor tragen das hohe Kreuzrippengewölbe, an den ersten krümmen sich schmerzverzerrte Bucklige unter der Last der Weihwasserbecken. In den Seitenkapellen stehen reich ausgestattete Altäre mit Ölgemälden und Fresken. Im *Hauptchor* sieht man links das prächtige Grabmal des Heerführers Contesia Serego, eingerahmt vom Fresko „Verkündigung", und rechts das große Fresko „Das Jüngste Gericht" von Turone (ca. 1360). Rechts vom Hauptchor schließt sich die *Pellegrini-Kapelle* an. Sie enthält zwei gotische Grabmäler und ist vollständig mit Terrakottareliefs von Michele da Firenze bedeckt. Darüber kann man das großartige, leider recht weit entfernte Fresko „Der heilige Georg und die Prinzessin" (um 1435) von Pisanello erkennen, eine verblüffend realistische Darstellung der spätmittelalterlichen Welt – Pisanello wurde damit zum Wegbereiter der oberitalienischen Renaissance. In der benachbarten *Cavalli-Kapelle* ist rechts das berühmte Fresko „Madonna mit drei Heiligen und Familie Cavalli" des Giotto-Schülers Altichiero erhalten, links die „Taufe Christi" vom Bologneser Maler Iacopino di Francesco (Mitte des 14. Jh.).

Duomo Santa Maria Assunta: nicht weit von Sant'Anastasia. Der ursprünglich romanische Bau wurde später gotisch umgebaut, der strahlend weiße Turm erst im 20. Jh. fertig gestellt. Die Außenmauern sind z. T. im schönen Streifenmuster gehalten, das Fassadenportal besitzt bemerkenswerte Reliefs. Im hohen dreischiffigen Innenraum finden sich viele architektonische Details und Wandmalereien, in der ersten Kapelle links „Mariä Himmelfahrt" (1535) von Tizian. Links vom Dom schließt sich ein romanischer Kreuzgang mit römischen Fußbodenmosaiken im Untergrund an, außerdem stehen hier die kleine Kirche *Sant'Elena* und das Baptisterium *San Giovanni in Fonte* mit einem herrlichen achteckigen Taufbecken, das aus einem einzigen Marmorblock gehauen wurde.

Der Capitello – einst Wahlplattform für Ratsherren

Westlich vom Zentrum

Porta di Borsari: Das pittoreske römische Stadttor aus weißem istrischem Kalk am Corso Porta Borsari war einst das Haupttor der Stadt. Im Mittelalter saß hier ein bischöflicher Steuereintreiber, der einem tief in die Tasche (= *borsa*) griff.

Castelvecchio: Das große mittelalterliche Backstein-Kastell der Skaliger wurde 1354 unter dem tyrannischen Cangrande II am Rande der mittelalterlichen Stadt direkt ans Ufer der Etsch gebaut. Es war allerdings nicht etwa als Bollwerk gegen Feinde von außen gerichtet, sondern wendete sich gegen die eigene aufbegehrende Stadtbevölkerung, die in der zweiten Hälfte des 14. Jh. das despotische Regime der Skaligeri nicht mehr ertragen wollte. Der eindrucksvolle, 120 m lange *Ponte Scaligero* sorgte dafür, dass die Skaliger jederzeit die Kontrolle über den wichtigen Etschübergang hatten, aber auch umgehend die Flucht ergreifen konnten. Die massive Backsteinbrücke mit beiderseitigen Zinnenbastionen wurde im Zweiten Weltkrieg von fliehenden deutschen Truppen gesprengt und musste völlig neu aufgebaut werden – heute wird sie eifrig von Radlern genutzt und ist ein stimmungsvolles Plätzchen, um die Etsch zu betrachten.

Das Kastell beherbergt heute das *Museo di Castelvecchio*, eine bedeutende und umfangreiche Kunstsammlung mit Skulpturen, Gemälden und Fresken der Veroneser und Venezianischen Schule, darunter Pisanello, Bellini, Tintoretto, Mantegna und Tiepolo (bemerkenswert z. B. „Madonna mit der Wachtel" von Pisanello), aber auch die eindrucksvolle Originalstatue vom Grab des Cangrande I.

Öffnungszeiten/Preise Di–So 8.30–19.30 Uhr, Mo 13.30–19.30 Uhr. Eintritt ca. 6 €, Schüler/Stud. (14–30 J.) 4,50 €. Erster Sonntag im Monat Eintritt frei.

San Zeno Maggiore: An einem weiten, freien Platz (Parkplatz) steht eine der schönsten romanischen Kirchen Oberitaliens, ein ausgesprochen ästhetischer Bau, elegant und leicht. Die Fassade ist in einem warmen Gelbton gehalten, die Längsseite rot-weiß gestreift. Links erhebt sich der Turm der angeschlossenen Abtei, rechts der hohe, frei stehende Glockenturm. Das Portal wird von prächtigen Steinreliefs des Meisters Nicolò umrahmt, die bekannte Szenen aus der biblischen Geschichte und der Schöpfungsgeschichte darstellen, links oben z. B. der Judaskuss und die Reise nach Bethlehem. Das berühmte *Bronzeportal* stammt aus dem 12. Jh. und besitzt 48 Relieffelder, die auf den hölzernen Untergrund genagelt sind (Altes und Neues Testament, Wunder des heiligen Zeno) – nach außen ist es oft durch eine Holztür geschützt, kann aber von innen betrachtet werden.

Das tiefer liegende Innere ist feierlich und fast leer, massive Pfeiler und Säulen stützen das hohe Kielgewölbe, Licht fällt fast nur durch die Rosette in der Fassade. Überall an den Wänden sieht man Reste von Fresken, vor allem im erhöhten Chor über der Krypta. Der Chor ist zum Hauptraum durch Statuen von Christus und den Aposteln abgeschlossen, über dem Altar hat das berühmte Triptychon „Madonna mit Heiligen" von Mantegna seinen Platz. Linker Hand steht die berühmte, verschmitzt schmunzelnde Statue des dunkelhäutigen heiligen Zeno (14. Jh.), genannt „San Zeno che ride" („der lacht") – San Zeno stammte aus Afrika und war der achte Bischof von Verona (ca. 362–380). In der offenen Krypta befindet sich die Urne mit den sterblichen Überresten des Heiligen. Seitlich der Kirche liegt ein schöner *Kreuzgang* mit filigranen Doppelsäulen und zahlreichen Grabmälern.

Nördlich der Etsch (Oltre d'Adige)

Mit wenigen Schritten kommt man vom Dom zum großen Etschbogen an der Nordspitze der Landzunge, wo sich ein herrlicher Blick auf den zypressenbestande-

Sehenswertes 261

nen Hügel an der anderen Flussseite öffnet. Hinüber geht es über den *Ponte Pietra*, die einzige erhaltene römische Brücke (von deutschen Truppen gesprengt, jedoch wieder rekonstruiert) und zwischen alten Häusern, Bäumen, Treppen und Gärten hinauf zum *Kastell San Pietro* aus dem 19. Jh. (nicht zu besichtigen) – für die Mühe wird man mit einem wunderschönen Blick über ganz Verona belohnt.

An den Hang unterhalb des Kastells schmiegt sich ein *römisches Theater* mit seinen erhalten gebliebenen Bühnenaufbauten und Stufenreihen. Das ehemalige Kloster San Girolamo darüber ist vom Theater mit einem Lift zu erreichen und beherbergt in den Räumen um den Kreuzgang ein *Archäologisches Museum* mit Skulpturen und einigen schönen Mosaiken. Südlich vom Kastelhügel zeigt das *Museo Africano Missionari Comboniani* im Vicolo Pozzo 1 eine Sammlung afrikanischer Kult- und Kunstgegenstände, zusammengetragen von den Missionaren des Centro Comboniano in Limone am Gardasee (→ S. 107).

- *Öffnungszeiten/Preise* **Römisches Theater und Archäologisches Museum**, Di–So 8.30–19.30 Uhr, Mo 13.30–19.30 Uhr. Eintritt ca. 4,50 €, Schül./Stud. (14–30 J.) 3 €. Erster Sonntag im Monat Eintritt frei. **Museo Africano Missionari Comboniani**, Di–Sa 9–12.30, 14.30–17.30 Uhr, So 14–18 Uhr, Mo geschl. Eintritt ca. 3 €, ✆ 045/8092199.

„Arena di Verona": Opernerlebnis unter freiem Himmel

Weltgeltung hat das 1913 zum hundertsten Geburtstag von Giuseppe Verdi gegründete **Opernfestival**, das seitdem alljährlich in der Arena von Verona stattfindet. Von Ende Juni bis Anfang September kommen hier alle 2–3 Tage die großen Klassiker zur Aufführung: Von Verdi z. B. Aida, Rigoletto, La Traviata und Nabucco, von Puccini Turandot und Tosca, Bizet ist meist mit Carmen vertreten, während Prokofievs Ballett Romeo e Giulietta sozusagen am Originalschauplatz aufgeführt wird. Die Vorstellungen beginnen um 21 Uhr und dauern bis zu vier Stunden und länger! Ausgeruht kommen, Sitzpolster mitbringen und viel Ausdauer (Polster kann man auch gegen Gebühr ausleihen). Nach jedem Akt ca. 20 Min. Pause. Glasflaschen und Getränke in Dosen darf man nicht mitnehmen, Plastikflaschen sind erlaubt. Getränke werden auch für teures Geld in der Arena angeboten. Falls es regnet, werden Eintrittskarten nur zurückerstattet, wenn mit der Oper nicht begonnen werden kann. Sobald ein paar Takte gespielt wurden, gibt es kein Rückgaberecht mehr. Tipp: die billigsten Plätze sind nicht unbedingt die schlechtesten, aber dort bekommt man mehr von der volkstümlichen, lebendig-italienischen Atmosphäre mit als im eher steifen Parkett.

- *Informationen/Kartenvorverkauf* **Fondazione Arena**, Piazza Bra 28 (direkt am Torbogen Portoni di Bra), ✆ 045/8005151, ✇ 8013287, www.arena.it und www.arena-verona.de (nur mit Kreditkarte).
- *Abendkasse* Theaterkasse in der Via Dietro Anfiteatro 6/B (schmale Gasse hinter der Arena). Ende Juni bis Ende August an Tagen ohne Vorstellung 10–17.45 Uhr, an Tagen mit Vorstellung 10–21 Uhr. Auf jeden Fall schon vormittags hinkommen, nummerierte teure Plätze sind dann oft noch vorhanden. Die preiswerten unnummerierten Plätze sind oft von Schwarzhändlern aufgekauft, die die Karten vor dem Büro für ca. 35–40 € anbieten.
- *Preise* von ca. 21–29 € für **gradinata non numerata** (unnummerierte Rangplätze aus Stein ganz hinten und oben) über 73–124 € für **gradinata numerata** (nummerierte Rangplätze näher am Geschehen) bis zu den sündhaft teuren Plätzen im „Parkett": **poltrona numerata** (2. Parkett) bzw. **poltronissima numerata** (1. Parkett) für 127–147 bzw. 153–218 € (Fr/Sa jeweils die teureren Preise). Ermäßigung für Senioren ab 60 und Jugendliche bis 26 J. für die nummerierten und unnummerierten Rangplätze (nicht Fr/Sa). Bis 24 Stunden vor Beginn kommen auf alle Preise 10 % Vorverkaufsgebühr dazu.

Register

Acquapark Altomincio (Wasserpark) 221
Agriturismo 24
Al Prà de la Fam, Surfspot 110
Albisano 184
Anreise 13
 mit dem eigenen Fahrzeug 13
 mit dem Flugzeug 18
 mit der Bahn 17
Antiquitäten 37
Apartments 24
Arco 64
Ärztliche Versorgung 39
Assenza 175
Autofähre 19
Autotransport, Schiff 21
AutoZüge 13
Avio 169

Baden 32
Baia del Vento, Strand 151
Baia delle Sirene, Strand 186
Balbiana 152
Barbarano 143
Bardolino 198
Bazzanega 114
Bezzecca 80
Biazza 178
Bisse del Garda, Le (Bootswettkampf) 35
Bogliaco 124
Borghetto di Valeggio sul Mincio 247
Brentonico 174
Brenzone 175

Calmasino 205
Campagnola 158
Campi 74
Campingplätze 24
Campione del Garda 109
Canale del Monte 74
Canevaworld (Wasserpark) 215
Caprino Veronese 197
Cascata del Ponale, Wasserfall 61
Cascata Varone, Wasserfall 63
Cassone 174
Castellaro Lagusello 246
Castelletto di Brenzone 177
Castello 185
Castiglione delle Stiviere 244
Catullus, Gaius Valerius 233
Cavaion Veronese 215
Cecina 134
Celesti, Andrea (Maler) 131
Ceniga 72
Centomiglia, Segelregatta 124
Cima Rest 127
Cima SAT, Berg 61
Cimitero Tedesco, Friedhof 194
Cisano 150, 206
Colà di Garda 214
Colodri-Wand 70
Comboni, Daniele (Missionar) 107
Conca d'Oro, Strand 91
Corna Piana, Naturschutzgebiet 173
Corno di Bó, Kletterfelsen 96
Cortelline 195
Costermano 194
Crero 179

D'Annunzio, Gabriele 139
Dante Alighieri 258
Desenzano 234
Drena 72
Drò 72
Dunant, Henri 241, 245

Einkaufen 36
Entstehung des Gardasees 12
Eremo dei Camaldolesi 195
Eremo di San Paolo 71
Ermäßigungen 39
Essen und Trinken 25

Fahrradmitnahme, Zug 17
Fahrradtransport, Schiff 21
Fasano 142
Felszeichnungen 179, 196
Ferienhäuser 24
Ferrara di Monte Baldo 174
Feste 34

Gaino 134
Garda 187
Gardaland (Vergnügungspark) 215
Gardasee-Zeitung 40
Gardesana Occidentale, Straße 97, 98
Gardesana Orientale, Straße 156
Gardola 116
Gardoncino 152
Gardone Riviera 134
Gargnano 118
Geld 39
Geldautomaten 39
Gleitschirmfliegen (Paragliding) 32
Goethe, Johann Wolfgang von 10, 159
Golf 32
Gonzaga 249
Gor d'Abiss, Wasserfall 80
Gottesdienste, deutsche 40
Göttliche Komödie 258

Höchstgeschwindigkeit 16
Hotels 22
Hruska, Arthur (Zahnarzt) 138

Il Vittoriale degli Italiani, Museum 139
Information 40
Internet 41
Isola del Garda, Insel 150

CASA FERIA
Land- und Ferienhäuser

ABRUZZEN · ALENTEJO · ALGARVE · ANDALUSIEN · DODEKANES · IONISCHE INSELN · KRETA · LISSABON & UMGEBUNG · MARKEN · SARDINIEN · SIZILIEN · TENERIFFA · TOSKANA

Nette Unterkünfte bei netten Leuten

CASA FERIA die Ferienhausvermittlung von Michael Müller
Im Programm sind ausschließlich persönlich ausgewählte Unterkünfte abseits der großen Touristenzentren. Ideale Standorte für Wanderungen Strandausflüge und Kulturtrips. Einfach www.casa-feria.de anwählen, Unterkunft auswählen, Unterkunft buchen.

Casa Feria wünscht *Schöne Ferien*

www.casa-feria.de

Isola San Biagio, Insel 153
Isola Trimelone, Insel 176

Jugendherbergen 24

Karten 42
Kinder 38
Klettern 32
Kraftstoff 17
Kreditkarten 40

Lacus Benacus 128
Laghetto del Frassino, See 223
Lago d'Ampola, See 80
Lago di Cavedine, See 15, 72
Lago di Ledro (Ledrosee) 77
Lago di Santa Massenza, See 15
Lago di Tenno (Tenno-See) 74
Lago di Toblino, See 15
Lago di Valvestino, See 126
Landkarten 42
Lawrence, D. H. 123
Lazise 209
Leihfahrzeuge 21
Lido Brema, Strand 234

Lido delle Bionde, Strand 233
Lido di Grotte, Strand 233
Lido Porto Galeazzi, Strand 233
Lietzmann, Johann (Maler) 88
Limone 100
Linienbusnetz 20
Lonato 239
Lufttemperatur 12

Maclino 133
Madonna di Monte Castello, Wallfahrtskirche 116
Magasa 127
Magugnano 177
Malcésine 158
Malga Prada 185
Mandrea 71
Manerba del Garda 152
Mantegna 251
Mantua 249
Marmitte dei Giganti, Gletschermühlen 92
Marocche, Landschaft 72
Mincio, Fluss 244
Molina 216

Molina di Ledro 78
Moniga del Garda 154
Monte Altissimo, Berg 95
Monte Baldo, Bergmassiv 169
Monte Brione, Berg 62
Monte Calino, Berg 75
Monte Luppia, Berg 196
Monte Rocchetta, Berg 60
Monte San Giorgio, Berg 195
Monte San Martino 73
Monte Tombio, Berg 74
Montinelle 152
Mori 169
Motorboote 21
Mountainbikefahren 31
Mussolini, Benito 118

Nago 93
Navazzo 126
Navene 157

Olivenöl 36, 106
Ölmuseum 207
Opernfestival 261
Ora, Wind 30
Ossobuco 27

Register

Pacengo 214
Padaro 71
Padenghe sul Garda 155
Pai 178
Pannenhilfe 16
Parco delle Cascate, Landschaft 216
Parco Giardino Sigurtà, Park 248
Parco Natura Viva (Zoologischer Park) 214
Parco Termale del Garda 214
Parken 19
Passo di Tremalzo, Pass 80
Pastrengo 214
Pensionen 22
Peschiera del Garda 218
Pieve di Ledro 79
Pieve di Tremòsine 112
Pieve Vecchia 154
Polzone 115
Ponale, Fluss 76
Portese 150
Porto del Ponale 76
Porto di Brenzone 176
Porto di Tignale, Hafen 110
Porto Dusano 152
Porto Fornaci 223
Porto Portese 150
Prabione 117
Prada-Hochebene 185
Pranzo 74
Pregàsina 76
Pregasio 115
Privatzimmer 24
Punta Belvedere, Landzunge 152
Punta Grò, Halbinsel 224
Punta San Vigilio, Landzunge 186
Pur 80

Radiosendungen, deutsch 42
Republik von Salò 118, 144
Rifugio Damiano Chiesa, Schutzhütte 173
Rifugio Fiori del Baldo, Berghütte 185
Rifugio Garda, Schutzhütte 80
Rifugio Giovanni Chierego, Berghütte 185
Rifugio Novezzina, Schutzhütte 174
Rifugio San Pietro, Schutzhütte 75
Riva del Garda 47
Rocca dei Graffiti 179
Rocca di Garda, Berg 195
Rocca di Manerba, Berg 153
Romeo und Julia 256
Rotes Kreuz 243

Salò 143
San Biagio 152
San Felice del Benaco 151
San Giovanni al Monte 71
San Martino della Battaglia 240
San Michele 143, 170
San Valentino, Kirche 125
San Zeno di Montagna 184
Sanico 134
Sasso 126
Schiffsverkehr 20
Segeln 32
Sentiero del Sole, Wanderweg 108
Serniga 143
Shakespeare, Willliam 256
Sirmione 224
Skaliger, Geschlecht 254
Soiano del Lago 154
Solarolo 152
Solferino 243
Sopino-Wasserfall 108
Speisenfolge, italienische 26
Spiaggia delle Lucertole, Strand und Kletterfelsen 96
Spiaggia Parrocchiale, Strand 233
Spiazzi 197
Spirituosen 37
Sport 30

Tankstellen 17
Tauchen 32
Telefon 42
Telefonkarten 42
Tempesta 96
Tennis 32
Tenno 75
Tiarno di Sotto 80
Tignale, Hochebene 115
Torbole 81
Torri del Benaco 179
Toscolano-Maderno 128
Tratto Spino, Berg 170
Tremòsine, Hochebene 111

Übernachten 22

Val del Singol, Tal 108
Val di Bondo, Tal 115
Valeggio sul Mincio 247
Valle dei Fondi, Tal 126
Valle dei Molini, Tal 126
Valle delle Cartiere, Tal (Toscolano-Maderno) 132
Valle San Michele, Tal (Tremòsine) 115
Valtenesi, Gebiet 149
Varignano 71
Varone 63
Vento, Wind 30
Vergnügungsparks etc. 214, 221
Verkehrsbestimmungen 16
Verkehrsschilder 17
Verona 252
Vesio 115
Vestone 149
Villa 123
Visconti 93, 247
Vobarno 149
Voltino 114

Wandern 31
Wasserqualität 33
Wassertemperatur 12
Wein 28, 29, 37
Welcome Card 40
Windsurfen 30
Wohnmobil-Stellplätze 24

Zeno, *heiliger* 260